U0925874

涵芬学人随笔

一个被思想照亮的夜晚

傅道彬 著

商务印书馆
创于1897 The Commercial Press

图书在版编目(CIP)数据

一个被思想照亮的夜晚/傅道彬著. —北京:商务印书馆,2022
(涵芬学人随笔)
ISBN 978-7-100-20563-4

Ⅰ.①一… Ⅱ.①傅… Ⅲ.①社会科学—文集
Ⅳ.①C53

中国版本图书馆 CIP 数据核字(2021)第 272004 号

一个被思想照亮的夜晚
傅道彬 著

商 务 印 书 馆 出 版
(北京王府井大街 36 号 邮政编码 100710)
商 务 印 书 馆 发 行
北京市白帆印务有限公司印刷
ISBN 978-7-100-20563-4

2022 年 5 月第 1 版　　开本 880×1230 1/32
2022 年 5 月北京第 1 次印刷　　印张 16
定价:80.00 元

目 录

第一编 思想是路

仰望星空

1996年一个寂静的春夜，我独自站在东北平原的旷野上。

夜风送来远处大江东去的水声，草树间虫声低唱，偶尔传来一两声寂寞的狗吠，大地上静静回荡着一曲悠悠天籁。蓦地，仰天而望，才发现失去遮拦的天空竟是如此广阔而明丽，一天星斗远比城里的鲜活灿烂充满生机。澄静的天宇上，星星放射出神秘而智慧的光芒。仰望星空，我有一种被提升的感觉，思绪在无边无际的天宇间弥漫开来，整个心灵沐浴在宁静祥和的星光里，我仿佛听到天命般的召唤的声音。上天自有天机，只是平时难以察觉。只有在那澄澈明丽幽蓝玄远的夜色里，只有在微风吹拂草虫低吟的天籁中，只有从星斗近似禅悦般宁静而永恒的微笑里，才流露出一点转瞬即逝的天机的玄妙。这时有一种来自生命深处的感动涌上心头，我被崇高而神圣的美丽震慑了，刹那间远离了尘世，远离了劳顿，远离了生活的种种艰辛，一种似曾相识的返归生命源头的亲切向我袭来，那一刻我竟情不自禁，热泪盈眶。

许久没有这样注视遥远的星空了，许久没有这样深刻的心灵感动了。

长期生活在城市里已不大关心“天”的存在。夹在楼群里的天空变得狭窄而呆滞，行进在纷乱的灯火中，星光也显得暗淡而迷茫。坐在夜幕下数星星的日子，似乎已是一个古老的童话。住在城里的孩子，有谁还能叫出几颗星星的名字？

我们已经远离了大地，我们还能远离天空吗？

海德格尔说，无神代表着现代生活的根本性匮乏。神在海德格尔那里不是偶像，而是神秘与崇高，是永远探知未来的求索精神。无神使现代生活演变成头顶没有星空、脚下没有大地、心中没有神灵的非诗意状态。人类把自己设计成宇宙的中心，似乎一切都是物质，一切都可认知。星星是什么？那不过是一些巨大的冷冰冰的毫无意义的悬浮的石头。于是人类不再追寻身外的世界，人类自以为是的目光里充满了似乎了知一切的空洞和迷茫。

而人类最初是怀着怎样的神奇和激动去仰望苍穹啊！原始世界里，所有的星斗都充满了生命的灵机异趣，他们总是以第一次见到的目光充满诗意地为每颗星斗命名。每颗星都是一个故事，都是一个世界，都有一段历史。如果我们观察一下古代星象图，就可以看出那里竟有如此生动的世界：奔腾的银河，古老的城墙，耕种的牛郎，纺织的织女，热闹的街市，奔走的牛羊……顾炎武说："三代以上，人人皆知天文。"熟知天文，不是为了研究，而是为了生存。对于他们来说，天空并不遥远，星斗也不陌生，而是他们的世界，是他们生活的组成部分。他们吟唱着"明明上天，烂然星陈”的诗句走出蛮荒，走进文明。

在上古人类那里，星斗是悬挂于上空的智慧之灯，是启迪思想昭示未来的文化导师。原始先民常常凭借星象辨别方向、预知风雨、断定吉凶、指示未来。《周易·乾卦》中所描绘的“潜龙勿用”“见龙在田”“飞龙在天”“亢龙有悔”“群龙无首”，就记录了东方苍龙七宿春夏秋冬的变化历程，美丽的苍龙七宿带给中国古人的是诗一般的智慧。据说佛陀就是见晨星而悟道的，天总给人以一种特殊的启示，除非我们已不了解天的话语。相传印度一圣者是这样得道的：

> 他一天从田垄走过，天是一色的蔚蓝，微风柔和地吹拂着。他猛抬头看见一行白鹭紧紧靠着青天飞着，仿佛受了什么圣灵的默示似的，他就在田垄边跪下来。重新站起来的时候，他已经是一个新人了。

这位印度圣者的启示，不由使人想起康德遥望灿烂星空获得了道德启示，所以康德才把“头顶之星空，心中之道德律”奉为最高的格言。

仰望星空，带给人的是蔑视世俗的力量。在科学史上最具勇敢性格的是天文学家，哥白尼、伽利略等莫不如此。这个问题似乎很好理解，如果我们陶醉于天空的广阔无垠浩渺无穷，那么尘世间一时一地的个人得失又何足挂齿！我常常为古代诗人追求真理蔑视世俗的精神所感动，而他们身上往往表现出仰望星空的宏大天问意识。屈原《天问》中高昂头颅170多个追问、李白的“青天有月来几时，我今停杯一问之”、苏东坡的“明月几时有，把酒问青天”等，都代表着关心宇宙关注自然的天问精神。而失去天空的现代人，追问的已不是天空，而是金钱利禄等世俗的琐屑。没有天空，没有星斗，没有崇高，没有神秘，人的精神势必愈来愈狭隘孱弱。

走进自然，已成为一种流行的文化观念。但自然不仅仅是青山绿水花草树木，更大、更高、更雄伟的自然是天空。我们追寻大地，但不能漠视天空。天空中隐藏着一种话语、一种征兆、一种神秘、一种力量和一个家园。《旧约·诗篇》上说：“诸天述说神的荣耀，穹苍传扬他的手段。”因此海德格尔说，真正的诗人必须道出天空中灿烂的景观。

我们已疏离了大地，我们还能遗弃天空吗？

思想是路

思想是路，思想者就是问路人，当我们思想时就意味着已经在路上了。

最早用路来象征哲学的是老子和庄子，他们把哲学的最高境界称之为“道”。道是什么，过去人们给了它许多抽象的解释，以至于我们一提到“道”便联想到一堆玄奥的名词。其实道就是路，道家便是路家，道家思想揭示的就是一条源自往古通向诗意栖居的精神之路。

生活在现代，尤其是生活在城市里，已经很难体味到路的原始意义了。而如果回到原初、回到往古，可以想见生活在崇山峻岭中的原始人类第一次踩出一条依稀微茫通向远方的路时，该是怎样的新奇而神圣，那样的命名又是怎样诗意盎然而令人激动。路是一部筚路蓝缕以启山林的伟大历史，它意味着希望、意味着生存、意味着联系、意味着获救，因此古代思想家把自己对宇宙和人生的神秘理解都称之为道。人们将破灭称为“无路”“绝路”“死路”，而把希望称之为“出路”“活路”“生路”，正反映着“路”这一语词的原始意味——路是思想的象征。

思想家总是要问路的。海德格尔说：“也许是路，路这个词隐藏着思索着世界的全部秘密，一切都是路。”海德格尔径直把道家思想理解为关于路的思想，道家思想给他以极大启示，因此他以路命名的论文俯拾皆是，如《林中路》《路标》《通向语言之路》等。他用“道路”——而非“著作”来概括自己的思想，希望在于道路，成为他的最高格言。

问题是我们经常说到的“道”，往往被理解为抽象的理论或法则，而不是一条具体亲切的路。语词的单调重复损伤了原始命名的清新。而在诗人笔下，路往往是古道荒径，而很少描写喧闹的大道，如陶渊明的“三径就荒，松菊犹存”、王维的“古木无人径，深山何处钟”、赵师秀的“青苔生满路，人迹至应稀”等。为什么人们在生活中喜欢选择大道坦途，在艺术上却独辟幽径呢？因为那些青草覆盖荒凉寂寥人迹罕至的路，避免了现实的嘈杂，而把人带回到一种创业之初的浑莽境界中。思想之路是从诗开始的。

我曾多次站在人迹依稀通向苍茫远方的古路上，那古道一面连着现实，一面通向苍茫无尽的世界，它给我联想、给我感动、给我启示、给我以召唤。我相信那样的道路是启示思想的。精神的路是大“道”，大道无形无象，却可以感觉体悟。思想便是言说“道”，倾听思想，便是聆听对“道”的言说。传说诗人阮籍常常沿着一条路一直走到尽头，走到无路处，他便大哭而归。人们把这种途穷而归理解为诗人的绝望，但我宁愿相信诗人在路的尽头有一种感动有一种体悟。“行到水穷处，坐看云起时”——哭可以是悲痛，也可以是真诚的心灵感动。在有形的路的尽头，诗人一定有了精神的超越，海德格尔曾描写过这样的路：

林中有路。这些路多半突然断绝在人迹不到之处，这些路叫林中路。

在无边无际的精神世界里布满了许许多多精神上的林中路，在这样的路上记录着先哲们探索的足迹。因为所有的思想都是问路，无论是歧路彷徨，还是大道坦途。

“我思故我在”，思便是路。因此我们总要问路赶路，而伟大的思想是要开路的。

重操乡音

海德格尔说语言是人类的家园，这话常使我困惑：语言怎么会成为家园，难道人类不是住在辽阔的大地上，而是住在抽象的语言里？

1996 年一个秋季的黄昏，我从长春返回哈尔滨。这是从山东开往佳木斯的一列火车，车上灯光暗黄，人影婆娑。而昏暗灯光下的旅客都讲着地地道道的山东话，我敢说车上绝大多数旅客都来自山东，那一刻我被一层亲切温馨的山东话笼罩了。

那是一种久违的乡音啊。我的祖先们就是讲着这样的话站在黄河边的麦田里耕耘；我的先辈们就是说着这样的方言，从齐鲁之邦漂泊至塞北，点亮了山海关外的太阳；喝惯了黄河水的先辈们捧起了松花江的碧波。突然而至的方言犹如一阵天外来风，引我走进一个神秘的境地，我仿佛沿着一条石板路，推开了那棵大枣树下久已尘封的家门，那是我的家园啊！村外绿树环绕，梁间紫燕呢喃……一个流浪的灵魂就沿着这样的声音、这样的语调回家来了，我的山东老家！

我的家乡就住在那浓浓的方言里。黄河上的船工就用这样的声音喊着号子，升起那搏击风浪的船帆；麦田里的青铜色的汉子们就用这样的声音一面劳作一面歌唱；古树下的老人就用这样的语言讲着故事讲着历史；纺车前的女子们就用这样的声音唠着家常说着希望；黄昏的时候母亲就用这样的声音去呼唤在野外贪玩的孩子们归来……我已很久没有听到这样的声音，已很久没有回到那荒芜的家园了。

虽然东北绝大多数人来自山东，但操一口山东话往往成为人们取笑的对象。小时候我在山东读过几个月的书，回东北后怎么也改不了山东腔。记得一次老师让我念课文，我竟用方言大声朗读，惹得同学们哄堂大笑，好长时间里，有几个同学还学着我的山东腔说话。

但我的祖母总是喜欢说山东话，她来东北的时间很早，按说她可以改掉山东腔。但她不，她习惯于用很浓很浓的山东话与人交谈说笑，有人模仿她，她也不生气，甚至有几分自豪。在奶奶的生活圈子里，她们总嘲笑那些改了乡音的人。她们中间有一个流行的故事，说一个闯关东的人回了老家，去看望同族的一个长者，长者问他什么时候回来的，他用很标准的关东话说："昨儿晚上。"长者一个嘴巴打过去，他慌忙改口："夜个。"每当讲这个故事的时候，她们都笑成一团，那一巴掌似乎打出了她们的自尊和自信，为她们守住了家园。以前讲这样的故事，我总觉得她们那一辈人太守旧太顽固。

而此刻在这列笼罩着山东方言的列车上，我似乎明白了她们的心理。那些漂泊塞外的山东人，告别故乡，来到苍凉辽阔的东北大地。他们背井离乡，挑着破旧的行囊，一贫如洗，除了浓重的乡音，还怎么能证明他是一个山东人，还怎么保持他们与故乡的联系？乡音是他们从故乡带出的唯一的财富、唯一的标志。乡音是他们挂在嘴上的家园。只有乡音还能证明他们是山东人，还能沟通与家乡亲人的联系，是他们通向故乡的唯一道路。

故乡已深深印在乡音里了，无论你走到哪里，只要听一听你的乡音，就知道你的精神出处了。每一个语词都蕴藏着故园的性格，柔柔的吴侬软语记录着山清水秀的水墨江南；激越的秦腔陕调，让人领略到黄土高坡的苍凉悲壮；从东北话里你能体会到东北大平原的厚重坦荡；而广东话似乎能让人闻到大海的温润潮湿。《礼记·王制》云：“五方之民，言语不通，嗜欲不同。”言语的不通，正是物质的精神的“嗜欲不同”的显现，你选择了一种语言，你就选择了一种性格一种思想一种情感，你选择了怎样的语言，也就选择了怎样的家园。在中国有一些地方，方圆十几里，竟有几种不同的方言，不同的家园造就了不同的语言形式，不同的语言显示了不同的家园风貌。流浪的游子只要听到乡音，就能想起家乡的山水、家乡的草树、家乡的老井。长年在外的游子，乡音渐改，但只要你细心，就会发现他的一个语词、一种语气，总能透露出家乡的气息，总能透露出他与家乡的联系，乡音是流淌在精神血液里的家园。游子们走到哪里，便把乡音带到哪里，把家园带到哪里。

在技术化的时代，我们已渐去乡音。住在城市里，语音也变得雅致，同许许多多的时髦一样，标准话也成为流行的时尚。海德格尔说人们普遍有一种看法，认为方言是对标准的口头语言和书面语言的滥用和歪曲，然而这种看法是错误的。方言是每一成熟语言的种种源泉，一种语言的精神中所蕴含的那些东西，都是从方言那里得来的。

方言是我们的母语，一切命名的语言都是从被称为方言的乡土语言开始的。当原始人坐在星空之下、大地之上，呼唤星斗、命名天空、言说大地时，他们是诗意的、在家的，是与神与人与世界同在的。我们只有努力回忆已经遗失的乡音，才能回到命名，回到自然的家园。人与母语的关系是寓居性关系，人寓居在语言中，也便是寓居在母语中，寓居在乡音中，在乡音之中我们感到自己是在家的。乡音已去家安在?

标准话雅致而动听，但它更适于流行和交际，最本源最质朴的还是那命名的乡音，为了归家，人们就得重操乡音，建立人与语言的乡土联系。德国诗人赫贝尔（Hebel，1760—1826），被海德格尔称为返乡诗人。他的诗多半是用阿勒曼尼方言写就的，人们称他是家之友。他似乎是在用质朴的乡音，对抗着技术化的世界。他用浓重的乡音去呼唤大地呼唤天空呼唤太阳呼唤月亮，他让健壮的农妇坐在田垄上用故乡的语言讲述历史讲述爱情讲述心灵。在这里，他为我们找到了返归家园的宽广道路，语言是连接厚重的大地与悠远的天空的路径。

我们与语言结缘，正像与家园结缘，说不清理由，只能是一种命运。列车上这群家乡人的出现，似乎有一种神秘在向我昭示着什么。车到哈尔滨，那列火车将继续北上，消逝在无尽的夜色里。我多想回一次老家，坐在村东的大树下，与我的山东老乡们痛痛快快地说一次家乡话。

放归精神的山林

在哈尔滨的太阳岛上，有一个远近闻名的虎园。这里饲养了上百头东北虎，个个体格健壮，生活无忧无虑，因为它们有足够的羊牛鸡鸭等活物作为美餐。可是有关专家在考察了这个虎园之后，竟然不承认那些动物的老虎属性，其理由是这些老虎基本上都是近亲结婚的产物，其品种已大大退化；另外，老虎野外生存的能力也已基本丧失，这些每天需要喂食的庞然大物如果放归山林，很难自己觅食，其命运是可想而知的。老虎是属于自然属于山林的，山林才是它真正的家园。虎性也只有在茂密的森林和深邃的大山里，才能展现出它仰天一啸山林震动的百兽之王的气派，依靠人工喂养的老虎至多是老虎的一种相似物。这样的结果多少令人失望，可这些老虎如果不属于虎，又算是什么呢？

同样的担忧也体现在精神领域里。在一次学术讨论会上，一位颇有影响的教授不无担忧地说："我们的学者正被圈养起来，与那些人工饲养的野生动物一样，我们精神的力量正越来越变得孱弱，缺少生气，缺少自我觅食的能力。"因此，应该建立一种精神的野生领地，在这个领地里，思想自由地徜徉，思想者的自由与个性得到充分尊重，如同古希腊的智者时代与中国的春秋时代一样，精神创造不是功利的，而是充满了对人类对社会的关心与思考，充满了驳辩与问难的精神，同时也充满了宽容与理解的气氛。思想者需要回归精神的山林，在这个山林里，思想者将如同那些自由奔跑的野生动物一样，自我觅食，自己寻找精神的营养，而不是被喂养。惟其如此，才能充分享受精神的快乐、创造的快乐。喂养的精神与喂养的野生动物一样，虽然饮食无忧，却没有自然的鲜活与生机，没有自然的生动与强健。

海德格尔一直追问是谁把思想弄成了“哲学”，进而把“哲学”弄成了“形而上学”？思想本来是鲜活的、生动的，充满了对具体问题的关切，而我们看到的情况却是思想越来越陷入了技术的、形式的窠臼，成了一堆不食人间烟火的抽象名词。哲学究竟是书斋里的玄妙论证，还是生活世界里的具体思考？小圈子里的热闹，掩盖不了疏离生活的贫血与苍白，掩盖不了远离现实的虚弱与无力。哲学的技术化倾向已经越来越严重了，思想成了一门专业、一个学科、一种职业，成了逻辑推论高头讲章。思想与哲学不同，它应当是鲜活的、具体的、感物而动的。

比起动辄洋洋万言的哲学著作来，我更喜欢网络上那些鲜活的评论文字，我最喜欢阅读的是每一个新闻事件后面那些作为跟帖的评论，它们似乎更能反映思想的丰富性、广阔性，展现思考的多维视角。尽管那些文字很少修饰，有时甚至是粗糙的，但是这些文字背后却跃动着率真与坦诚，这让我们更能体会思想的原始形式。世界有多丰富，思想就有多么丰富。有时候让人诧异，一件相同的事件背后，为什么会有那么多不同的思考角度和思考方法。这是坐在书斋里无论如何也难以想象的。或许有人会觉得这类文字是即兴的，粗粝的，只能说是精神的粗粮，但由于较少污染，我以为，更应当说是精神的绿色产品，它们不但让人有新鲜的感觉，同时让人产生某种激情，某种力量。

思想家的缺席是理论的又一个悲剧。在技术化的时代，哲学也依靠技术的进步而进入批量的生产，结果，一方面是理论著作数量的激增，另一方面却是思想的匮乏。比如近年来在为社会普遍关注的诸如弱势群体保护及三农问题上，几乎看不到理论家们的身影，看不到他们对此所做的理论表述。也许有人会说思想家们是对人类命运的终极关怀，但这样的辩解总让人疑心是在为精神的退缩而寻找借口。

那些思想史上的伟人们，其实往往是宁可陷入理论的困境，也不愿回避现实的挑战的。许多思想家让人感动的不是其理论体系的完美，而是探索的惊人勇气。孔子的思想就充满了矛盾困惑，有时候甚至让人觉得好笑，但是那种以天下为己任的精神却不能不令人肃然起敬。

“我只知道我一无所知。”这是苏格拉底的格言，也是苏格拉底哲学的起点，他一生都在发问：人是什么？智慧是什么？勇敢是什么？美德是什么？而他追问的核心是现实世界里的善是什么？最好的国家是什么？与那些与现实渐行渐远的哲学不同，这些思想家使我们相信，思想永远是具体的思想，理论的追问总是基于现实的土壤的。有时候翻阅五四时期那一代人的著作，常常觉得汗颜。那一时代人的思想那么精彩，我们自以为是创见，其实那些先贤们早已知晓了。即便如陈寅恪、顾颉刚那样的纯然学者，他们的著作里也不全是静穆。

当下学术界经常提到"学术规则"，本来相对于没有规范与训练的学术，强调学术规范，严格学术纪律完全是必要的。但是即便如此，我们也不应忘记，真正的学术失范是对问题的漠视，是在精神追求上缺少关怀。如果失去了这些，那么无论我们如何讲究规则，至多也不过是一种高级的智力游戏。谈到学术规范、学术功力，有人喜欢标举清代乾嘉学派，可乾嘉学派的精神除了实事求是的严谨作风外，还有大胆的怀疑精神和经世思想。戴震十岁时即敢于打破对于朱子的迷信。他所追求的，也不纯然是书斋里的学问，而说"古人之学在行事，在通民之欲，体民之情，故学成而民赖以生"，"学成而民情不知，天下自此多迂儒"（《东原文集卷九·与某书》）。

问题是我们如同太阳岛上的老虎一样，已经习惯于被喂食、被圈养。职称、基金项目、物质奖励……这许许多多的功利活动，已经使得学术的竞争越来越像是一个热闹的运动会。而一些运动员过于发胖的体态本身就令人生疑，即使不是吃了过量的激素，也让人疑心他们是否拥有真正的健康。喂养的学术与喂养的动物一样，缺少应有的生机与活力。

尼采的一生都行进在朝拜古希腊的路上。在他看来，古希腊的天空像一口蔚蓝的钟，地中海的风清新而舒畅，古希腊人或是在大海边的沙滩上，或是在角斗场上，或是沉醉在酒神激情的世界里，或是沐浴在日神理性的朗照中，在这样的情境里他们追问、思考，提出了关于自然与社会、人类与宇宙的种种话题，自由地挥发自己的生命意志。可以与古希腊媲美的则是中国的春秋时代。士人或效命于战场，或奔走于列国，他们敲击着古老的编钟而驰骋奇思妙想，驾驶着战车披坚执锐，生气凛然，由此开启了一个富于原创力的思想的时代。那个被后人称之为轴心时代的时代之所以影响深远，正在于它为思想家们提供了广阔的精神山林。

光的隐喻：文学照亮生活

文学是生活的模仿，还是生活的超越？是客观世界的再现，还是主观感情的表现？这是一个古老而争论不休的话题。

根据美国学者艾布拉姆斯《镜与灯》的解释，镜子的比喻往往把文学理解为客观生活的再现，柏拉图在《理想国》里曾把诗人与画家看成是拿着镜子的人，向四面八方旋转，就能照出太阳、星辰、大地、自己和其他动物等一切东西。而灯的比喻则把文学看成是心灵的表现，英国文学家威廉·哈兹里特认为，如果文学仅仅像镜子那样描写自然，或者仅仅是叙述自然情感，那么它无论怎样清晰有力，都不能构成诗的终极目的，而真正的诗如灯如光："诗的光线不仅直照，还能折射，它一边为我们照亮事物，一边还将闪耀的光芒照射在周围的一切之上。"

必须指出的是，无论是客观生活的反映，还是主观世界的表现，都只是文学的手段，而不是文学的目的。我们需要文学，是需要文学的照亮和引领。

文学真正的目的是照亮，是借助理性与艺术的光辉映照历史与现实、心灵与情感的广阔世界，将隐蔽的现实和心灵世界呈现出来，接受理性与理想之光的映照。不被文学反映的生活处于自生自灭的幽暗、遮蔽状态中，而文学的出现恰恰如光的降临，将被遮蔽的生活从无边的幽暗中呼唤出来，让生活显现，让人的本性在艺术中出场，达到澄明之境，从而实现艺术的永恒。而生活一经文学的表现或者反映，其实最终都是现象，都是体验，都是被认知、被照亮，此时，生活便呈现出另一种状态、另一种意义。

古代先哲亚里士多德曾说："历史写已然之事，诗写当然之事。"从"已然"到"当然"，便是从无目的性转向有目的性，便是从现实生活转向理想生活，便是生活从混茫无序的自在状态，转向有方向感、明晰的自觉状态。因此对于文学而言，反映生活和表现生活都只是手段，照亮生活才是文学真正的目的。

文学照亮世界，至少有三种含义：一是呈现世界。无论反映不反映，生活都在，而只有文学反映的生活，才能将人们习以为常的世俗生活放置到人们的目光下接受理性的审视，生活才能被认识、被感知，从而有了理性的光芒。

二是敞开世界。无论反映不反映，人生都在，而只有文学反映的人生，人才出场，世界才敞开。不被文学反映的人生，则深深遮蔽于物性，难以自拔。而在艺术世界中，人能够出场，出场就是站出自身。人从遮蔽的混蒙状态中走出，一方面让人自身的本性得以显现，另一方面将人带入一种寻常人不曾到达的敞开状态，与世界融为一体，使作品建构的世界中有了艺术的光芒。

三是引领世界。依照亚里士多德的解释，诗写"当然"

生活。对于“已然”来说，所谓“当然”，就是理想的生活，就是以理想为旗帜、为参照书写生活。对现实的非理想状态的批判，也源于理想。艺术的理想之境是一种澄明之境，澄明是一种心灵的宁静与空间的洁净所构成的无边世界，这样的境界充满神性，充满光的澄澈，从而对人发出了一种召唤和命令。

午夜独坐深山中

2003 年 5 月 31 日午夜，我独坐在北方深山的一座楼台上。长夜漫漫，群山如墨，绵延的山岭宛如无尽的波涛，一浪一浪地向远方幽深的天际奔涌。群山环绕中，楼台好像一座大海里孤零零的小船，一任浪起浪涌潮涨潮落。

这是长白山余脉张广才岭的一座无名的山岭。我曾经到过许多名山大川，而真正感动我的却是那些无名的山岭。名山因为有了太高的名望，引来了无数的朝拜者，随处可见的是比肩接踵的人流，喧哗与躁动冲击着自然的灵性，自然正在远去，心灵无处安歇。倒是这些无名的山岭，没有滚滚红尘，没有人声喧哗，无人参拜，一副布衣本色，自然朴素，让人觉得亲切。不像名山那样雕琢而高傲，让人不可亲近。群山无语，草木无声，凝重中透着灵动，静穆里寄寓着言说。

我们是黄昏的时候走进深山的，我问附近的村民这山的名字，村民摇摇头说不知道。层峦叠嶂的山岭大都是叫不出名字的，倒是有几座山是有名的，有叫吊死鬼的，有叫李家山的。叫吊死鬼是因为那山上有人吊死过，叫李家山是因为山下的李家村而得名。而更多的像波浪一样翻滚着的山岭，大都是无名的。在无名的山下，学校的一座山庄藏身其间。山庄是一座孤零零的尖顶建筑，四周是无边无际的苍翠，红红的楼顶掩映在茫茫的绿色里，不禁使人想起万绿丛中一点红的境界。不远处有湖，一泓碧水，静若处子；夕阳辉映，暮霭渐生，宛如少女扯起玉带羞怯地掩饰着自己的美丽。我不是画家，否则一定画出无名山水的意态，为无名山水立传。

暮色渐浓，四周的青山变成了一幅幅剪影的轮廓，属于白昼的美丽也被遮蔽起来了。

这是一个没有月亮的夜晚，夜空上是一天繁密而生动的星星。密密麻麻亮亮闪闪神神秘秘，真是一幅壮丽的天国景观。已经许久没有见到如此澄澈而美丽的星空了，现代文明不仅制造了荒漠的大地，更制造了荒漠的天空。住在城市里，天空永远是灰蒙蒙的，不仅看不到天空的湛蓝，也很少看到美丽的星空。偶尔露出的几颗星星，在迷蒙的天宇中显得寂寥而凄凉，宽广而美丽的星空已经是我们疏远很久的景物了。住在城里的人们，习惯于到农村、到郊外、到许多名山大川中旅游，寻求对大自然的理解与感动。其实，壮丽的夜色、美丽的星空，何尝不需要我们去领略去游览去感悟？往古人类曾经有过壮丽的天国漫游，不然怎么会有牛郎织女、吴刚桂酒、天街银河等美丽的传说？怎么会有《春江花月夜》那么动人的诗篇？仰望星空，让人有尘外之想，这一刻忽然想起诗人戴望舒的一首诗：

飞着，飞着，春，夏，秋，冬／昼，夜，没有休止／华羽的乐园鸟／这是幸福的云游呢，还是永恒的苦役？

渴的时候也饮露／饥的时候也饮露／华羽的乐园鸟／这是神仙的佳肴呢／还是为了对于天的乡思？

是从乐园里来的呢／还是到乐园里去的／华羽的乐园鸟／在茫茫的青空中／也觉得你的路途寂寞吗？

假使你是从乐园里来的／可以对我们说吗／华羽的乐园鸟／自从亚当、夏娃被逐后／那天上的花园已荒芜到怎样了？

这首名为《乐园鸟》的诗，通过对乐园鸟的追问，表达了对天的乡思，对天国乐园的怀想。不知为什么我总觉得这首诗是写在一个午夜里，可能也是一个有星无月的午夜，因为这样的夜晚我的心境与戴望舒是如此相通，文明遮蔽了浩瀚的星空，长满故事充斥着想象与生命的天空在心中已经荒芜到怎样了？

这是一个没有钟声的午夜。“姑苏城外寒山寺，夜半钟声到客船。”古木深山，夜半钟声，已是诗人们经常描写的情景。但是，夜半钟声无论多少出世的禅意梵思，总还有人为的痕迹、文化的痕迹，而在这个无名深山里，却只能听到山的话语与大自然的声音。山是可以言说的，草木窸窣，鸟虫低吟，泉声悦耳，偶尔几声的蛙鸣传来，仿佛是一曲曼妙的天籁奏鸣，传达着许多难以言传的神秘意境。这个夜晚有一种不知名的鸟的声音格外突出，若悲若喜忽高忽低如泣如诉时断时续的声音不停地响起，是诉说着心灵的孤寂还是抒发着情感的抑郁？我感觉这样的声音应当是无名大山的声音，是无名大山的音乐，人类知道托物言志、以诗传情，大山也懂得借鸟寄心、假物生情。天籁自鸣，山并不寂寞。

长夜独坐，凉意渐生。时间静静流逝，准确地说此刻已是 2003 年 6 月 1 日的凌晨了。

雪花盛开的时节

春天的时候，兰花开了；夏天的时候，荷花红了；秋天的时候，菊花黄了。人们以为到了冬天，便是天地萧瑟、万物凋零的季节了。没有花开，没有叶绿，只留下枯枝败叶守着无尽的寂寞和长夜，空等着春天的到来，只落得白茫茫一片大地真干净。

其实，冬天也是有花开的，到了寒凝大地的时候，绚烂的雪花就要开了。

总记得每年的第一场雪。在经历了漫长的寒冷和枯涩之后，蓦地有一天，干涩的空气里忽然多了几分温暖、几分湿润，高天上灰色的云朵时卷时舒，空间里流动着一种阴阳氤氲的祥和气氛，不经意间忽然有几片羽毛式的精灵掠过，抬头看时，雪花已经轻轻落下了。初来时，宛如少女的倩影，身姿婀娜，曼舞轻歌；不多时，便纷纷扬扬，飘飘洒洒，仿佛披着洁白婚纱的新娘，恣意而任性地挥洒着自己的浪漫与激情。放眼望去，天地皆白，雪花静静飘落在城市的街道和远处的田野与山岭上，整个世界已经掩映在雪花绽放的灿烂和明丽中了。这是世界上最壮丽的一次花开。雪花开得激情，开得浪漫，开得壮丽，开得灿烂，雪花是开在天上的，我们看到的只是它纷纷落下的花瓣儿，如果我们能到遥远的天庭上去，那一定会目睹雪花怒放的壮观景象。

加拿大学者弗莱在其名著《批评的解剖》中认为春天属于希望，是喜悦，而冬天则属于绝望，是寂灭。但只要我们到雪花装点的世界走一走，就会发现这种理论的局限和苍白。雪花是富有生命的灵动色彩的，雪中嬉戏的孩子，行人走在雪地上的富有节奏的韵律，雪后漫步林间小道的少男少女的身影，都让人感受到生命的喜悦，引发出无限诗情。在漫天飞舞的雪花里，我们看到了诗人留在雪中的足迹，听到了诗人们雪中的歌唱：

雪飞当梦蝶，风度几惊人。
半夜一窗晓，平明千树春。

这是唐代大历诗人王烈《雪》中的诗句，雪花飘飞，宛若庄周梦中翩然起舞的蝴蝶，轻盈优雅的风范让人惊叹不已。夜深了，雪花的明丽，照亮了纸窗；天亮了，雪后的山林，素裹银装，花满枝头，仿佛行进在千树万树鲜花盛开的春天里。东晋女诗人谢道韫以一句“未若柳絮因风起”的吟雪妙句，赢得了“咏絮才”的千古称誉。而行进在雪花盛开的世界里，仅仅以柳絮比喻雪花，多少还是显现出想象的单调和不足。雪落林间，往日沉闷枯寂的世界，像一个荒芜已久的故园，突然来了一群兴高采烈的访旧故人，一下子充满了生命的鲜活与热闹。残枝败叶，转瞬成了玉树琼枝。树头上的雪花，琳琅满目，或如淡淡白梅，或如片片梨花，或如银杏含羞，或如玉兰绽放。有的疏影横斜，悄吟低唱，浅淡而婉约；有的则纵横交织，铁甲寒光，热烈而豪迈。于是重重叠叠的山岭上，高高低低的寒树间，便成了一幅或浓或淡、或明或暗的鲜花满园的画卷。

“半冬无雪懒吟诗，薄暮纷纷喜可知。衣上惹来看不足，竹边听处立多时。”对于诗人来说，最可怕的是无雪的冬天。无雪也无诗，在经历了半冬无雪的冷寂之后，一个黄昏，忽然飘起了纷纷扬扬的雪花，诗人喜不自禁，一种久违的诗情喷薄而出，充溢于天地之间。宋代诗人王禹偁这种雪中欣喜的心情，不是个人的，而是集体的，喜雪已经成为中国古典诗人的抒情模式：

北风卷地白草折，胡天八月即飞雪。
忽如一夜春风来，千树万树梨花开。

——唐·岑参《白雪歌送武判官归京》

朔雪自龙沙，呈祥势可嘉。
有田皆种玉，无树不开花。

——唐·李商隐《喜雪》

高下随风自在吹，纵横万里急还迟。
园林顷刻生春意，天地中间有此奇。

——宋·释道璨《和山泉喜雪》

在西方学者挖掘着冬天包含的死亡与绝望的情感意蕴

时，中国古典诗人笔下的雪却开出了春光无限的花朵，千树万树，轻盈灵动，生机勃勃，兴味盎然。写到雪中兴味，不由得想起了《世说新语》里那则著名的“雪中访戴”的故事：

> 王子猷居山阴，夜大雪，眠觉，开室，命酌酒。四望皎然，因起彷徨，咏左思《招隐诗》。忽忆戴安道，时戴在剡，即便夜乘小船就之。经宿方至，造门不前而返。人问其故，王曰：“吾本乘兴而行，兴尽而返，何必见戴？”

学者们常常费力地探讨故事中“乘兴而行，兴尽而返”的意味，而忽略了绚丽的雪花在王子猷生命中的意义。那个冷寂苦寒的冬夜，兴味索然的王子猷早早睡去，一觉醒来，忽然看到了飘飘扬扬的一天大雪，雪花盛开了，枯涩的生命激情被灿烂的雪花点燃，酒兴大发，诗兴大发，一方面饮着酒，吟着诗，一方面欣赏着雪花的美丽。而王子猷还不满足，他想起了远方的朋友戴安道，便连夜乘着一叶小舟去寻访远在剡溪的友人，一路上溪流淙淙，水韵悠悠，雪花满天，经过了一夜的行程，来到朋友门前，风停了，天亮了，盛开的雪花凋谢了，诗人已经是兴意阑珊，激情散去，也没有了访友的冲动，于是便由着性子踏向归程。召唤王子猷踏上访友道路的，正是那迷离而美丽的雪花啊！

瑞雪如花，并不是一种简单的比喻。雪花盛开的时候，能闻到一种特别的清香，那是《红楼梦》中描写的奇异的“冷香”。站在落雪纷纷的旷野上，长吸一口气，一股清凉的雪香会直入胸襟，透彻肌肤，浸染心灵，整个精神世界都流动着雪花的芬芳。石涛说过“呕血十斗，不如啮雪一团”，沐浴在雪花的清香里，尘世的喧嚣渐渐远去，雪韵冰情，肝胆澄澈，对于艺术家来说，与其吃力地在技巧上用功，不如在精神境界上提升。雪花盛开的时候，能听到一种特别的声音，那是雪花绽放的声音，窸窸窣窣，迷迷离离，时近时远，若有若无，是一曲悠扬的天籁奏鸣。雪花盛开的时候，能看到五色斑斓的色调。雪花也是有色彩的，不仅仅是单调而寂寞的白色。“旷劫无尘世界中，恣吹野曲晚来风。看看本来无一物，满山云树雪花红。”一位叫慧晖的宋代僧人，描绘了被夕阳晚照染红的雪花，充满着禅家意趣。有一种雪花叫“太阳雪”，太阳的光芒与雪花的洁白相互映照，呈现出半阴半晴、半白半红、青紫变幻的美丽。隆冬夜读的日子，常常可以看到在繁华都市里，在迷蒙的灯火映照下的五彩缤纷的雪花，那是古人不曾见到的充满现代精神的绚烂。多少次端坐在塞外的长夜里，万籁俱寂，雪花扑窗，万家灯火把雪花熏染得时而橘黄，时而杏白，时而淡紫，时而深红，不由得有了花团锦簇的春天的联想，一种亲切和温暖慢慢沁入心田，忽然想起了雪中访戴的夜晚，有了一种王子猷式的冲动。

——“弄夜色，空余满地梨花雪。”

千尺井下大学梦

为北京大学出版社写的《永远的 1977》稿子拖了很久，也没有交上。编辑部的同志已经催了多次了，心里很是不安。不是不想写，而是不愿意回忆，回忆实在是一件沉重的事情。普希金有一句流传很广的诗句：“那过去了的一切，都会变成美好的回忆。”仿佛在回忆中连痛苦都会变成美好的记忆，而我觉得回忆正如走进老屋，走进废墟，无论童话如何美好，无论往事如何精彩，身临故园，重温往事，我们的精神世界都会变得复杂而苍凉。而从 1977 年到 2007 年，已经三十年了，三十年的时间已经足够让我们唏嘘良久。

1977 年是改变中国命运的一年。那一年我十七岁，正在吉林省蛟河县新农公社一个叫南荒地的村子里下乡。尽管已经粉碎了“四人帮”，但是在这个长白山深处的乡村里却看不到什么深刻的变化。后来才知道在我们还在绝望的时候，邓小平已经作出了一项改变我们命运的重大决定——恢复高考。虽然 1977 年的高考从各个方面来说都准备不足，显得匆忙甚至有些凌乱，但是高考的意义却是非同寻常的。从此中国社会拨乱反正，步入正轨，把一批社会精英聚集在中国现代化的旗帜下，有了复兴之象。眼下对中国的高考制度有种种批评，我一直固执地认为高考不一定是最好的制度，却是最不坏的制度，从遴选人才的公平性上说，现在还看不出来有什么更好的制度能够替代高考，至少它为贫寒的子弟提供了一条改变命运的途径。

我是 1978 年参加高考的，但是命运的改变却是发生在 1977 年恢复高考的历史性决定。1977 年年底，我去了吉林省蛟河煤矿下盘井，当了一名采煤工人。采煤工作的艰苦和危险是可想而知的，在我们的矿山上经常可以听到有人在井下死亡和受伤的消息。记得下矿井的前一天，我买了一张电影票，那时候看电影已经是有些奢侈的精神生活了，以至于三十年过去了，我还记得电影的名字叫《难忘的战斗》。虽然对矿工的艰苦生活有足够的准备，但是真正到了井下还是大大超出我的预料。掌子面里漆黑一片，矿工们在木头支撑起来的狭小空间里劳作。空巷里的石头坠落的时候惊天动地，几层楼高的石头排山倒海般地坠落，掀起巨大的烟尘，连我们的安全帽都被吹落了。放炮的时候，炮声震耳欲聋，煤尘四起，所有人都用毛巾堵住嘴巴。一阵炮过后，上面的顶板已经是摇摇欲坠了，大家冒着危险，冲上去，弯着腰，把崩落的煤炭装进溜子，装进煤车，运往远方。在矿井里才真正体会到汗如雨下的意义，打开袖管，汗水便哗哗流出。升井的时候，已经是满面煤尘，连最熟悉的人也认不出来了。幽深的矿井里，留给我们一点浪漫和温馨的，就属我们头上的矿灯了。每一盏矿灯下都有一个生命，都有一份想象，明媚的阳光下悠闲散步的人们，也许早已忽略了千尺井下的生命，而每一盏矿灯都寄托着亲人们的无尽牵挂。那时的矿山里有种特殊的风俗，无论多晚，采煤工人的家属们都要等他们归来。

我的大学梦就是从千尺井下开始的，原始的动机是想离开采煤工作。与我一起做大学梦的还有我的工友们，我们采煤班的工友们大都是十七八岁、二十几岁的青年，环境的艰苦，不安分的心灵，使得大家有种强烈的改变命运的愿望。那年我们掌子面有二十多位工人，竟然有十五六位报考了大学。并不是所有的人都有考取的可能，有的人甚至根本就没有可能，但这并不妨碍他们的想象，有一个很现实的目的是大家想通过这样的努力走出笼罩着无边黑暗的矿井。所有报考的人都对自己充满了希望，尽管希望渺茫，渺茫的希望也是希望，也许还会有奇迹出现呢。劳动的间隙，大家经常在一起讨论问题，尽管艰苦，尽管危险，但是很少看到人悲观，很少听到人哀叹，矿工的悲伤是藏在心底的。在狭窄的掌子面里，大家常常为某个问题热烈争论，那情景一点也不亚于大学宿舍的气氛。千尺井下，无边的黑暗里，只有我们头上的矿灯闪着光芒，仿佛是天上的星星闪耀。工友们满面煤灰，一身汗水，大家把自己的处境称为“四块石头夹块肉”，称自己是深埋地下的生命，但是那样的环境并没有埋葬我们的梦想，那里的生活依然充满了想象，充满了欢笑，甚至充满了浪漫。后来我看到过一些描写矿工的影视作品，他们往往把煤矿工人描绘得粗俗麻木甚至愚昧茫然，那完全是外在的，是从所谓文化人的角度观察的结果。

想象是浪漫的，而现实的努力却充满了超乎想象的艰辛。时间的短缺是我们高考遇到的第一个问题。那时我们除了繁重的采煤劳动，每天还要安排两个多小时的政治学习，而所谓八小时工作制，是指下到掌子面里。从井口乘矿车下到采煤的巷道里需要至少两个小时的时间，再加上从家里到矿井，劳动占去的时间其实有十四个小时左右。而高强度的劳动，回到家里早已是筋疲力尽。在那样的环境里，很难找到好的复习资料，我当时的复习资料就是能够找到的几本教科书。我给自己只留五个小时睡眠时间，无论多么劳累，都强迫自己每天学习五个小时。由于仅我们的一个采煤班就有十几位工友报考大学，采煤队规定决不给任何人时间复习考大学。整块的时间只有每月五天的工休日，我常常把工休的时间积攒在一起，连续五天的复习时间，显得有些奢侈，那五天是我最快乐也是进步最快的时间。后来我常常想如果当时我不是矿工，不是采煤工人，而有一份相对清闲的工作，有较为安全的工作环境，我还会有那么强烈的读书欲望吗，还能承担那样高强度的精神与体力的付出吗？复习的时间仅仅半年，由于没有复习资料，我能做到的就是把教科书全部背了下来。

紧张的高考结束了，其实我自己也不知道考得如何，报考志愿的时候我的第一志愿就是吉林省的四平师范学院（现吉林师范大学），当时最朴素的想法就是想离开矿山，离开采煤工作，后来连我自己也没有想到竟然考了我们县里的第一名。许多人为我惋惜，我自己却不觉得，因为对于一名采煤工人，任何大学都属于天堂。离开矿井那天，我交回了自己的工作服，交回了自己的劳动工具，只留下了一盏矿灯。矿灯已经成为我生命中的一种意象，常常让我想起千尺井下的劳作，想起无边黑暗里的希望与梦想。走过一个山头，我工作的矿井已渐渐模糊，心中忽然升起一种不知是留恋还是酸楚的复杂情绪来。

应该说起的是，那年和我一起考大学的十几位工友，只有我考取了大学，他们全部留在了矿山。三十年过去了，我还属于所谓中青年学者的行列，而作为采煤工人，他们却已不能胜任繁重的采煤工作，大都已经退休了，也有的在矿难中死在了矿井里。后来我再没有去看过他们，但却很想念他们，我知道他们的生活依旧是简单的，甚至是贫穷的，但愿他们还如我们年轻时那样快乐。

八十年代我读过的三本美学著作

20世纪80年代的中国思想界和学术界，渐渐从“文革”十年的禁锢中解脱出来，冰雪初融，春水涣涣，思想解放的潮流惊涛拍岸，滚滚向前。以人性觉醒、感性复苏和诗性追求为代表的“美学热”的骤然兴起，是这一时期持续时间最长而又最具影响力的学术思潮。几乎所有重要的思想家和学者都加入了美学的讨论，被时代的大潮裹挟着推举着，青年大学生们都曾不同程度地经历过、关注过这一时期的美学思潮，当时各种美学研究、美学讨论的著作最受青年学子们欢迎。

我个人的兴趣是古典文学，但也被气势磅礴的美学浪潮吸引，对美学研究产生了兴趣。李泽厚的《美的历程》、宗白华的《美学散步》、高尔泰的《美是自由的象征》三本美学著作，是我仔细阅读过的著作，曾对我产生过重要影响，而这三本书恰恰贯穿了我的大学、硕士研究生、博士研究生的三个学习时期。

一、《美的历程》与美是“有意味的形式”

李泽厚的《美的历程》（文物出版社）是1981年出版的，我读到这本书，已经是1982年快要大学毕业的时候。毕业在即，杂事丛脞，心绪难宁，但《美的历程》仿佛从云端俯瞰大地般的宏阔视野、贯通古今的审美分析以及行云流水一样的优美文笔，让我久久沉醉其中，忘却了毕业之际的躁动与不安。七七、七八级大学生经历了“文革”十年的思想封闭，习惯了沉闷而僵化的学术表达，突然看到李泽厚式灵动飘逸的思想论述，颇有一种若受电然的强烈精神冲击。

李泽厚将中国古代的美学历程，放置到一个宏大的历史时空里叙述，从远古图腾的龙飞凤舞、青铜饕餮文饰的狞厉之美，到诸子时代的理性精神、屈骚传统的浪漫主义风格；从中古时期的魏晋风度、佛陀世容、盛唐之音，到中唐以来的韵外之致、宋元山水意境以及明清文学的性灵神韵和感伤情怀，《美的历程》以一种纵横捭阖的气度，将原始图腾、青铜礼器、《诗经》比兴、诸子哲学、屈骚浪漫、汉文晋字、佛陀悲歌、盛唐之音、宋元山水、末世感伤等文化现象熔铸于一炉，以高度概括的笔调，分析中国文化多种形式的审美意味，打破了对中国文化惯有的板滞而凝重的理解，表现出一种以人的主体精神为基调的自由和放松，这与八十年代初思想解放的精神正相契合，因此这本书很快在社会上流传开来。

《美的历程》有两个理论支撑：一个是美是“有意味的形式”，一个是“历史积淀说”。“有意味的形式”是英国美学家克莱夫·贝尔（Clive Bell）的著名观点，从贝尔的理论出发，李泽厚认为原始艺术中的几何纹饰中看似纯形式的东西，其实里面包含着丰富的历史意味。早期陶器上的鱼纹、鸟纹、蛙纹等表面上看来是纯粹的形式，其实这是历史意味长期积淀的结果。在审美分析中，《美的历程》将“有意味的形式”与“历史积淀说”有机融合，而这样的思想恰恰是八十年代“美学热”的理论基石。

二、《美学散步》与审美对象面前的驻足观赏

已经记不起读宗白华的《美学散步》（上海人民出版社1981年版）是在1982年年末还是1983年年初，但是那时候我已经读研究生了，已经从东北的松辽平原来到了武汉的桂子山上。如果说李泽厚的《美的历程》是一种俯瞰天地、沟通古今的宏大叙事的话，宗白华的《美学散步》则是具体而微、一枝一叶的审美观察。作者自称是“散步派”，开篇即强调“散步是自由自在、无拘无束的行动”。“散步”缺少了宏大的体系，放慢了理论的脚步，却多了几分审美的轻松和趣味。宗白华不无得意地说“散步的时候可以偶尔在路旁折到一枝鲜花，也可以在路上拾起别人弃之不顾而自己感到兴趣的燕石”（《美学散步·小言》）。

从宗白华先生的自我叙述里，很容易看出他更强调审美的个性和趣味，是具体的审美鉴赏，而不是宏大的理论体系构建。正因为如此，《美学散步》的文章也是短小的，

较少洋洋洒洒的长篇大论，而大都是清新隽永的随笔式的审美感悟。

在审美的道路上，宗白华经常停下来为一个具体的审美现象而从容驻足，鉴赏品评。在《美从何处寻》一文中，他特别注意到中国古典美学中的月亮审美问题。他引用明代张大复、邵茂齐等人的观点："天上月色能移世界"，分析转移世界的审美作用，白日里平淡无奇的景物，一旦置于月光下便"幽华可爱"："月亮真是一个大艺术家，转瞬之间替我们移易了世界，美的形象，涌现在眼前。"（《美学散步》第17页）在谈到《易经》美学的时候，他分析《离》卦的内容，认为《离》卦的取象与月亮和窗子有关，所谓："离也者，明也。'明'古字，一边是月，一边是窗。月亮照到窗子上，是为明。这是富有诗意的创造。"（《美学散步》第89页）宗白华从《世说新语》入手谈"晋人的美"，强调晋人的美学是"人物的品藻"。宗白华认为汉代注重人的道德与人格之美，而晋人的审美更重视容貌、器识、肉体与精神的美，形式的美学和艺术追求，这一时期的审美是活泼而富有生气的。

宗白华更注重对中国古典美学概念的阐释，他总是在具体的审美现象中，分析意境、空灵、充实、气韵、骨力、空白等一系列古典美学术语的内涵。宗先生所涉猎的审美内容是十分广阔的，诗歌、音乐、舞蹈、建筑、书法、绘画等文艺形式，都娓娓道来，显示了宗先生那一代学者全面而深厚的文化积累和艺术修养。而他即兴式的审美散步，并不是散漫的，而是有深刻的理论支撑的。《美学散步》不仅关注具体的审美现象，也注重抽象的理论阐释；不仅关注中国古代美学家的理论命题，也注重西方思想家的美学命题。《美学散步》对古希腊哲学家的艺术理论、康德的美学思想等都有深入的阐释，他的审美思想是具有广阔的“世界目光”的。

三、《美是自由的象征》与审美的批判精神

高尔泰的《美是自由的象征》（人民文学出版社）出版于 1986 年，那一年我刚刚考取了华中师范大学历史文献学的博士研究生，师从于著名历史学家张舜徽先生。应该说我的专业与理论关系较远，但《美是自由的象征》独特的理论表述还是深深地吸引了我。

80 年代的“美学热”，并不是突然兴起的，而是渊源有自、大有来历的。它与五六十年代的“美学大讨论”相互衔接、相互联系，而又不断发展、不断深化。美是主观的还是客观的，或者是主客观的统一？这些五六十年代“美学大讨论”中的理论追问，在 80 年代的“美学热”中又重新被提起被追问。“前度刘郎今又来”，五六十年代美学大讨论中的一些中坚力量，如朱光潜、蔡仪、李泽厚、高尔泰等人又重新活跃起来。值得注意的是，几十年过去

了，这些美学代表人物在理论上有所丰富有所深化，但总体上说来，坚守多于改变，与五六十年代的美学讨论相比，其思想的主流并没有根本性变化。

在20世纪50年代美学大讨论中，高尔泰由于旗帜鲜明地提出了“美是主观”的观点而横遭批判；而在80年代的美学思潮中，高尔泰卷土重来，重披战袍，在美学探索中依然坚持人的主体精神，强调审美过程中主体的决定性作用，保持了一贯的思想锋芒和理论锐气。比起李泽厚《美的历程》纵横古今的历史贯通、宗白华《美学散步》轻松散漫的审美欣赏，高尔泰的《美是自由的象征》更注重审美的哲学表达和理论升华，比起李泽厚、宗白华来，高尔泰的美学著作少了一些读者，却多了几分理论深度。

高尔泰说：“美与艺术都是自由的象征，这一点规定了它们的人道主义本质。”（《美是自由的象征》第264页）高尔泰的美学可以归结为人道主义美学，它的出发点是人，它的归宿也是人，而这个人是感性的审美的，即处于解放与自由状态下的人。德国哲学家海德格尔（Martin Heidegger，1889—1976）也强调艺术的自由精神，而海德格尔的自由是艺术作品从物性的束缚中摆脱出来，呈现在天空与大地之间，在存在之光的照耀下出场显现。高尔泰理解的自由不是摆脱物性，而是挣脱一切与人的本质相对立的异化力量。这一特点决定了高尔泰美学的批判精神，他与传统的美学表述格格不入，既反对客观论美学对主体性的否定，也批判实践美学对人的个体价值的忽视，人的元气淋漓的主体精神和活泼泼的生命力，始终是高尔泰美学的核心内容。

审美是克服异化的有效手段，他认为只有“当人在审美的时候，这就意味着他至少在审美的刹那间在精神上克服了异化，而实现了个体与整体的统一”，高尔泰力图以美感代替思想，认为美感“是一种比思想更为深刻的思想，是一种深刻到超过了意识限度的思想”（《美是自由的象征》第67页）。美感之所以超越思想，是因为美的前提是一种精神的解放和人的本性的张扬。

从本质上说，八十年代的“美学热”并不局限在美学范围内，而是那个时代思想解放运动的理论支撑，在审美的语境下实现了对僵化的形而上学和教条主义的批判。几十年过去了，回顾那个时代的思想启蒙还常让我们激动不已。九十年代以后美学研究转入社会实践层面，逐渐向广泛的世俗生活延伸，而我在学术上也越来越转向具体的文学现象的研究，对理论的兴趣渐渐淡化，对后来美学研究的学术著作也就了解得越来越少了。

文学人类学：一门学科，还是一种方法？

20世纪初人类学大师克罗伯（A. L. Kroeber）指出我们正进入“人类学的时代”（Age of Anthropological Science）。虽然这话多少有点自负，但可以毫不夸张地说人类学取得的成就是具有世界性的，这一点在中国古典文学研究上尤为突出。从王国维、郑振铎、郭沫若、闻一多、钱锺书等一代学术大师的论著里，我们都可以看到人类学对他们思想的深刻影响，以至于人们常常把运用民俗学、神话学、宗教学、考古学、语言学等多学科多手段对文学的研究命名为“文学人类学”。

但这样的称谓一方面使我们欢欣鼓舞，一方面也令人困惑不解。我们所说的文学人类学，究竟是一种批评方法，还是一个新的学科？如果它是一个新的学科，它到底是属于文学还是属于人类学？假如我们把文学人类学看成是文学和人类学派生出来的新学科的话，那么这样的划分尽可以不断地延伸下去，比如哲学人类学、历史人类学、民俗人类学、艺术人类学等，一门学科真到了无所不包的程度，那么它的存在价值也就值得怀疑了。其实大家说得很热闹的艺术人类学、结构人类学、进化人类学、历史人类学、哲学人类学……说到底它们还都没跳出人类学的范畴，人类学提供给其他学科的只能是一种新的批评方法，而不是重新组合成一门新的学科。因此所谓文学人类学准确地说应是“人类学的文学”，也就是说对于文学而言，人类学是文学研究的新的批评方法，新的文化目光。这涉及一个根本性的问题，即人类学的批评方法不是把文学淹没在人类学繁富的材料里，不是把文学演绎成许许多多民俗的宗教的神话的故事。如果引进人类学方法的结果只是把文学混杂在诸多的人类学材料里，那才是本末倒置，这同经学对文学的损伤没有什么区别。

作为一种批评方法，人类学的精神实质是博大的世界目光，是科学的论证方法。人类学的目光要求跳出狭隘的地域限制，以一种俯仰天地融汇中西贯通古今的宏阔视野审视文学审视艺术，它对艺术的审视角度是人类的世界的，这就跳出了中国几千年来学术的偏狭。因为20世纪以前的中国文学研究始终未能摆脱经学的束缚，狭陋的视野使研究者不仅对世界知之甚少，即使是对周边的少数民族也置若罔闻。而文学人类学带来的是世界的目光，这种深刻的世界目光具有两方面的意义：在时间上，它注重联系，超越偏狭的学科限制，把民俗、宗教、神话、哲学、历史、文学看成是一个彼此联系相互制约共同发展的有机整体，文学是生长在文化土壤里的。在空间上，它强调的是打通，打通即是跨越民族地域的限制，把文学当成人类的共同语言，把文学放置到世界文化的总体格局中去考察。钱锺书先生为文学研究的联系与贯通提供了一种典型范式。钱先生素不标举什么方法之类，却特别强调联系与贯通的学术原则，钱先生谓："吾辈穷尽气力，欲使小说、诗歌、戏剧与哲学、历史、社会学等为一家。"这里强调不同学科之间的联系；又谓："弟之方法并非'比较文学'，以此词通常意义说。而是求'打通'……皆'打通'而拈出新意。"这里表现的是空间上贯通的原则。近日不时听人议论，说钱锺书先生的学术没有体系，我们姑且不论眼下时髦的所谓体系于学术究竟有何意义，而他学术著作里时时流露出来的深刻的世界目光贯通的学术原则，又怎么不是一种宏大的学术架构？80年代以来兴起的钱学热，正反映着中国学术在打破孤立封闭之后表现出的走向世界的倾向。钱学热的潜台词是对以人类学的方法研究中国文学和文化的认同。

从发源上看，人类学的发展是以考古学、民族学、语言学等现代学术的兴起为基础的，因此它代表了先进的现代科学证明手段。中国古代的文学研究往往是经验的和感悟式的，有限的证明手段也只能是从文献到文献，就经典论经典。考古学的发展，尤其是殷墟的发现拉开了中国人类学发展的序幕，由此确立了科学的证明方法，这就是王国维著名的"二重证据法"——"吾辈生于今日，幸于纸上之材料外更得地下之新材料"。文学研究也因此跳出故纸堆而走向广阔的田野走向鲜活的生活，文学观念发生了巨大的变革，一向被视为文不雅驯的神话传说及宗教民俗都成为文学研究的重要材料。萧兵、叶舒宪先生将这种手段称之为“三重证据法”或“多重证据法”，这是独具学术慧眼的。应该说人类学方法论的自觉最早源于闻一多先生，1943 年他在写给臧克家的信中欣喜地写道：“经过十余年故纸堆中的生活，我有了把握，看清了我们这民族，这文化的病症，我敢于开方了。”闻一多所开的“方”就是人类学，在闻一多的诸多论著里最有成就最独到的还是文化人类学应用于古典文学的研究。他的《伏羲考》《说鱼》《姜嫄履大人迹考》等已成为文学人类学的经典文献。闻一多以自己的实践向人们证明着人类学方法的科学性，提示给人们的是文学研究的广阔天地。

回首 20 世纪的中国古典文学研究，虽然流派纷呈，方法林立，但人类学的方法才是对古典文学研究最成功最高的一次超越。许多先贤在这方面卓有成就的探索给后人无穷的启示。以闻一多的《说鱼》为例，闻先生认为以“兴”的形式存在于《诗经》中的“鱼”之隐语，均含有匹配情侣的性爱意义，经他的钩沉索隐此论已是铁证。但问题并没到此为止，它对后人仍有很大的启发意义。我曾在《中国生殖崇拜文化论》（湖北人民出版社 1990 年版）中对 1978 年河南临汝阎村发现的《鹳鸟石斧图》进行了破译。这是一幅仰韶时期的陶缸彩画。这幅彩画用棕褐与白色、简洁有力的线条，画一用绳索缚扎直立的木杆石斧，石斧之前有一长嘴鹳鸟叼一大鱼的形象。虽然只是用简单的线条与颜色，却表现了古朴的形象。有人说它是一幅真实生动、色彩和谐、古拙优美、富有意境的绘画，那么这幅画的意义是什么呢？这幅画由鹳鸟衔鱼与石斧两部分组成。鸟衔鱼象征男女交媾是《诗经》和原始艺术的常见母题。鱼是女性之象，鸟为男根之形，二者结合当然具有两性交欢的意义。这一点闻一多、郭沫若都有许多精彩论述。那么斧柯意味着什么呢？有人说斧头表现的是对生产工具的礼赞，其实这是一种误解。斧头在原始先民那里也具有生殖崇拜的文化意蕴。斧为男性之象，柄为女性之象。《易·说卦》谓："坤，……为母……为柄。"《诗经·豳风·伐柯》谓："伐柯如何，匪斧不克。取妻如何，匪媒不得。"这首古老歌谣的"兴"并不是无意味的开头，而是具有深刻的象征意义。取妻与伐柯联系起来，正印证了柯的女性象征意义。人类学的批评方式拓展了古典文学研究的空间，这实在是20世纪学界的幸事。

但必须指出，方法不是万能的，任何方法都有其局限性，即使是先进的批评方法也不例外。人类学讲求贯通，但贯通的学术原则必须以博通的知识结构为基础，没有博通的知识而又强作解人，势必变成一堆杂乱材料的堆积。时下一些论著在材料上往往在相似性上比较，相似成为比较的基础，结果就不能不发生错误。人类学联系的原则变成了相似性的附会，正如《吕氏春秋》所讥讽的"狗似玃，玃似母猴，母猴似人，人之与狗则远矣"。表面上看来是逻辑问题，其实质是个知识问题。坐井观天，虽然立志高远，但最终免不了狭陋。

文学人类学研究的另一个问题是对文学审美性艺术性的忽略。文学是“有意味的形式”，说破意味是必要的，但决不能因此忽视艺术形式的批评。多年以来我们已经习惯了往形式里放置意味——经学的、社会学的，直至宗教学、神话学的。人们之所以忽略艺术忽略形式，是因为真正的艺术批评和真正的形式批评是艰难的，而愈是如此，我们愈是呼唤文学人类学的研究应提倡返归文学返归形式。

方法是学术批评的操作手段，而方法是要变革的。缺少变革的方法，迟早走向没落，因此对文学人类学这一批评方法的更新是我们必须思考的问题。

古典文学研究的“二重证据”与“三重证明”

人们喜欢以“二重证据法”概括王国维在20世纪学术史上的贡献。所谓“二重证据”，即在学术研究中不局限于传统的经典文献，而是把传世文献与地下考古材料相结合，以更宽广的学术视野，解释历史，揭示中国历史与文化发展演化的轨迹。“二重证据”出自王国维《古史新证》：“吾辈生于今日，幸于纸上之材料外更得地下之新材料。由此种材料，我辈固得据以补正纸上之材料，亦得证明古书之某部分全为实录，即百家不雅驯之言亦不无表示一面之事实。此二重证据法，惟在今日始得为之。”（清华大学出版社1994年版）按照王国维的理解，古来新学术的发生大都依赖于新材料的发现，20世纪学术开始的前十年里，地不爱宝，天赐机缘，殷墟甲骨、西域简牍、敦煌卷子、内阁大库之书籍档案、中国境内古外族遗文等一系列重大的学术资料的出土和发现，为整个20世纪的学术研究作了资料准备，使得中国学术眼界始大，境界始宽，出现了革命意义上的变化，运用地下考古资料证明历史是以王国维为代表的学者们对20世纪中国学术最重要的突破。

但是，如果我们仅仅以“二重证据”来评判王国维的学术意义则失之偏狭。首先，所谓“二重证据”并不起于王国维，宋代以来金石之学已广为流行，欧阳修所著《集古录》已开启了采摭金石遗文推明经史遗义的先河，顾炎武等前辈学者在以金石证史方面也取得了显著成绩；其次，王国维的学术成就也不仅仅限于“二重证据”，除了新资料的运用，王国维吸取外来思想与观念研究中国古代历史与文学取得的学术成就更是值得注意的。有意思的是，对王国维有深入理解的陈寅恪不是以“二重证据”而是以“三重证明”来评价他的学术成就和贡献。陈寅恪谓王国维的学术内容及治学方法“殆可举三目以概括之者。一曰取地下之实物与纸上之遗文互相释证。凡属于考古学及上古史之作，如《殷卜辞中所见先公先王考》及《鬼方昆夷玁狁考》等是也。二曰取异族之故书与吾国之旧籍互相补正。凡属于辽金元史事及边疆地理之作，如《萌古考》及《〈元朝秘史〉之主因亦儿坚考》等是也。三曰取外来之观念与固有之材料互相参证。凡属于文艺批评及小说戏曲之作，如《红楼梦评论》及《宋元戏曲考》《唐宋大曲考》等是也”（陈寅恪《王静安先生遗书序》，见《金明馆丛稿二编》第 247 页，三联书店 2001 年版）。这里的“三重证明”更能全面评价王国维的学术成就，于“二重证据”之外，陈寅恪更注意王国维在吸取异民族史料与汉民族史料相互印证，吸取西方现代哲学与文学思想与中国传统文化思想相互发明等方面取得的历史贡献。“二重证据”绝不仅仅是考据证明的乾嘉余绪，而是融入新的思想观念和“世界目光”审视下的新材料的发现与运用。

事实上王国维真正的学术研究是从哲学起步的，他的第一篇学术论文即是《哲学辨惑》（1903 年），年轻的王国维对西方哲学和理论表现出浓厚的兴趣，他是中国最早介绍康德、叔本华、尼采美学与哲学的人，王国维自述其学习西方哲学的经历：“余之研究哲学，始于辛壬之间（1901），癸卯（1903）春，始读汗德（今译为康德，德国著名哲学家）之《纯理批评》，苦其不可解读几半而辍。嗣读叔本华之书，而大好之。自癸卯之夏，以至甲辰（1904）之冬，皆与叔本华之书为伴侣之时代也。……今岁（1905）之春，复返而读汗德之书，嗣今以后，将以数年之力研究汗德，他日稍有所进，取前说而读之，亦一快也。”（《王国维遗书》第 331 页，上海书店出版社 1983 年版）从王国维的自述中可以看出他在最初走向学术道路的很长一段时间里沉浸在对西方哲学理论研究的兴趣中，王国维的学术成就固然得益于他深厚的传统文化修养和学术功力，而其现代学术观念的形成也是重要因素。

王国维的古典文学研究是深受西方哲学与美学思想启发的。《红楼梦评论》是在中国现代学术史上具有转型意义的作品，他将文学与人生联系起来，与美学、哲学、伦理学联系起来，体现出一种新的思想观念与观察视角，使古典文学研究从经院考据和即兴式欣赏的传统模式中解脱出来，具有了现代学术的品格与气象。王国维自谓《红楼梦评论》，其立论“全在叔氏之立脚地”，在王氏看来，《红楼梦》是“宇宙之大著述”，是“悲剧中之悲剧”，以悲剧的眼光看待《红楼梦》体现出迥异于传统的学术眼光，也是为现代红学作了精神的奠基。《人间词话》中的“境界说”的提出、“有我之境”与“无我之境”、“词人者不失其赤子之心者也”以及“一切文学余爱以血书者”等文学思想中，都明显看出“中学西学”“互相推助”的印记。

虽然王国维后来深深受困于“哲学上之说，大都可爱者不可信，可信者不可爱”，学术兴趣渐渐“移于文学”，辛亥革命以后，更是专注于以“二重证据”为特征的历史学研究，并取得了巨大的成就。但即使如此，仍然可以看到王国维深刻的理论意识和“小处见大”的学术眼光。以《殷卜辞中所见先公先王考》为例，王国维把殷卜辞中的“王亥”，与《山海经》《竹书纪年》中的“王亥”比较，认为王亥实为殷人先公。《世本》之“胲”、《帝系篇》之“核”、《楚辞·天问》之“该”、《吕氏春秋》之“王冰”、《史记·殷本纪》之“振”、《汉书》之“垓”，实为一人。从这样的考据出发，甲骨文字的意义就不仅仅是文字学的，而且是历史学的。王国维的考据证明了《史记》中殷商世系的记载不是“传闻”，而是“信史”，由此得出以往不被人重视的著作，如《山海经》《天问》《晏子春秋》《墨子》《吕氏春秋》《竹书纪年》等著作的历史价值，“其所言古事亦有一部分之确实性，然则经典所记上古之事，今日虽有未得二重证明者，固未可以完全抹杀也”（王国维《古史新证》第53页，清华大学出版社 1994 年版）。陈寅恪先生曾说“依照今日训诂学之标准，凡解释一字即是作一部文化史”（《陈寅恪集》第 172 页，三联书店 2001 年版），王国维从一个普通的甲骨文字的辨识出发，转入对一个殷商先公的考察，继而引申到对殷商先王世系的认识，推及到对历史文献的重新认识以及殷周典章与文化制度的探究，虽然这是典型的纸上材料与地下文献相互发明的“二重证据”，但是这里仍然包含了超迈常人的学术见识和理论境界。“二重证据”的历史收获是以跨越民族本位的立场和融汇中西的视野为基础的，这绝非一般琐屑之考据者所能达到。当人们津津乐道于王国维“二重证据”的学术成就时，不能忘记他早期对哲学对理论所作的深入研究。“二重”与“三重”虽是一字之差，却有着学术境界的重要区别。

王国维有着深厚的国学修养，对于传统的考据之学有着深入了解，但是他同时也有着目光远大的卓越见识，他熟谙传统，也深知“治旧学者”之弊：“或学问虽博，而无一贯之系统；或迂疏自是，而不屑受后进之指挥，不过如商彝周鼎，藉饰观瞻而已。”（《王国维遗书》第 676 页）因此他把希望寄托于接受外来哲学与文学思想浸染的青年一代，以为“既通外国之哲学文学，则其研究本国之学术，必有愈于当日之耆宿者矣”（同上），王国维并不像一般意义的坚守传统的文化遗民一样表现出对西方与现代思想的排斥，相反却对国学研究的复兴寄希望于引入西方先进的文学与哲学思想。王国维固然是坚持民族文化立场的，但是他却提出了中西文化“化合”的进步理论，他说：“学无新旧、无中西、无有用无用之说……中西二学，盛则俱盛，衰则俱衰，风气既开，互相推助。且居今日之世，讲今日之学，未有西学不兴而中学能兴者，亦未有中学不兴而西学能兴者。”（《王国维遗书》第204—206页）王国维不是把新学旧学中学西学有用之学与无用之学对立起来，而是融汇一起泯灭界限消除滞碍，尤其是他认为中学西学不是相互对立而是相互“化合”，一盛俱盛，一衰俱衰，共同发展。这在20世纪刚刚开始的年代，正值新学旧学中学西学处于艰难磨合期，是难能可贵的，充分展示了他高瞻远瞩的学术眼光和开启风气的大师风采。陈寅恪先生提倡的“一方面吸收输入外来之学说，一方面不忘本来民族之地位”，钱锺书先生“东海西海，心理攸同；南学北学，道术未裂”的学术主张和中西古今相互“打通”的学术精神，都明显看出受王国维深刻的影响。

“三重证明”超出了对王国维个人学术的评判意义，而具有对20世纪学术史的总结意义，所以陈寅恪认为王国维“释证”“补证”“参证”的三类著作“皆足以转移一时之风气，而示来者以轨则。吾国他日文史考据之学，范围纵广，途径纵多，恐亦无以远出三类之外。此先生之书所以为吾国近代之学术界最重要之产物也”（陈寅恪《王静安先生遗书序》）。20世纪学术的重要突破，一是新材料的发现与解读，以新材料发现为基础的敦煌学、甲骨学、档案学是本世纪最有成就的学术领域；二是新学科的建立与拓展，学术突破了传统经史学科的限制，民族学、民俗学、社会学、人类学、艺术学、美学等一列新学科的建立丰富了20世纪的学术殿堂；三是新的理论与观念的引进与运用，马克思主义、西方现代哲学、实验主义、存在主义等诸多思想应用于传统文化研究取得了巨大的历史进步。在20世纪最有成就的学者行列中，如梁启超、吴宓、胡适、鲁迅、陈垣、陈寅恪、傅斯年、顾颉刚、钱穆、闻一多、朱光潜、冯友兰、宗白华、郭沫若、钱锺书等，无不受到新的学术思潮和理论的影响，无不具有学术方法的创新，比起新材料的发现，新思想新思潮的影响更刺激了一个时代的学术创造力和创新精神。如果说新材料的发现还带有可遇而不可求的历史偶然因素的话，理论批评的广泛运用却是历史的必然和自觉选择。而在20世纪学术取得成就的各个方面，“人们处处会发现王国维”（刘烜《王国维评传》第400页，百花洲文艺出版社1996年版），因此既应该注重王国维“二重证据”的学术贡献，也应注意他“转移风气”意义的哲学突破和理论建树，这正是陈寅恪评价王国维“三重证明”的意义所在。

无论是“二重证据”，还是“三重证明”，对当下的古典文学研究都是具有借鉴意义的。1990年以来中国学术发生了重要转向，思想的锋芒渐趋收敛，理论的热闹归于沉寂，代之而起的是国学研究的兴盛，考据手段的普遍运用和学术规范的强化。本来相对于20世纪80年代热闹非凡也颇有些浮躁的理论界，提倡务实的沉潜的合乎规范的科学精神，是应当的，是符合学术发展方向和历史趋势的。但是，常常是一种倾向掩盖了另一种倾向，在对理论与方法的躁进批判的同时，轻视理论忽略问题的倾向也渐渐增长。许多场合一些人把哲学与理论的运用描绘得相当不堪，新的理论与方法的运用仿佛成了浅薄与浮躁的同义词，甚至于一些在80年代理论盛行时颇为热闹的学者，也没有了当初雄睨天下的自信，而矮子看戏，随人短长，虽然缺乏必要的知识准备，却也曰考曰证，好像一下子变得深刻起来，完全忘记了自己的思想来路与精神出处。对王国维的评价也往往只注意其“二重证据”的历史成就，而忽略了以贯通中西融汇古今的创新精神，忽略了“二重证据”取得的学术突破是以“取异族之故书”和“取外来之观念”的开阔意识和理论境界为前提的。

20世纪80年代以思想解放为特征的理论启蒙运动，尽管留有许多遗憾，但是这场理论启蒙的背景是由于“十年动乱”的思想禁锢而引发的，正因为理论启蒙廓清了前行的道路，我们才能重提乾嘉，重提考据，重提规范，重新提起王国维、陈寅恪、吴宓、钱锺书等一系列学术大师的学术贡献。应该看到，经历了“文革”十年的思想禁锢，80年代各种思想、方法、理论的引进，仿佛是一个经历了长时间饥饿的人，突然有了大量的食物，表现得相当饕餮，一时间狼吞虎咽，饥不择食，理论阐释中的粗疏简单常常为人所诟病。但是这仍然不是学术批评尤其是文学批评淡化甚至放弃理论的理由，恰恰相反，理论阐释的简单粗疏正说明理论研究应当坚持下去深入下去，使之更精细化更科学化，王国维、陈寅恪、钱锺书等学者留给人们的不仅仅是坚实厚重的文献考据，更有超乎常人的理论见识和思想洞察力。

理论意识的淡化带给文学研究的弊端是问题意识的缺乏。以古典文学的研究为例，在各种报刊上经常可以看到主题相近观点相近材料相近甚至于语言都相近的所谓研究，许多80年代甚至是五六十年代早已熟知的问题，诸如某某作品的现实主义风格、某某作家的爱国主义精神、某某时代的艺术成就等等，早已是老生常谈，而在一些研究文章里还仍然被谈论得津津有味、不厌其烦。在人人讨伐学术失范的时候，我们不应忘记平庸与重复比起学术的失范更有害于学术的进步。

许多学术的失范表现在技术层面，而问题意识的匮乏所带来的无意义的重复则表现为学术的精神空虚。晚明时期东林学派的代表人物顾宪成、顾允成等人曾经激烈地批判当时讲学之弊："吾叹夫今之讲学者，恁是天崩地陷，他也不管，只管讲学耳。"（黄宗羲《明儒学案》第475页，上海中华书局1936年"四部备要"本）这样的批评用来评论一些扎堆式的所谓研究也颇有道理，唯以文章的写作和发表为目的，全然没有问题意识创新精神，虽然造成了学术数量激增的假象，却不能掩盖质量的平庸和贫弱。古人论学以识见为第一要义，识见即是观察能力判断能力辨别能力预见能力，即一个学者的哲学修养和理论视野，也就是学术研究中的问题意识。识见在学术研究中是具有重要意义的，即使是考据之学，也应以足够的识见为前提。热衷考据的学者好言乾嘉，其实乾嘉一代学者不仅仅是提倡“无证不信”“孤证不立”的考据规范，更有立足小学通经明道的问题意识。戴震谓“经之至者道也，所以明道者其词也，所以成词者未有能外小学文字者也。由文字以通乎语言，由语言以通乎古圣贤之心志，譬之适堂坛之必循其阶，而不可以躐等”（《戴震文集》第146页，中华书局1980年版）。乾嘉朴学之所以以小学考据为根基，从文字到语言，从语言再到“圣贤心志”，其目的还在于对精神的追求和对道的关心，考据承载着乾嘉学者通经明史的精神关注，而不仅仅是单纯的技术考证手段。乾嘉的这种精神也为20世纪最有成就的一代学者所继承，钱穆先生著作宏富而又精于考据，而他的历史与文化研究，始终贯穿着复兴中国学术传统和活泼精神的使命，在他看来“中国新史学之成立，端在以中国人的眼光，来发现中国史自身内在之精神，而认识其以往之进程与动向”（《中国历史研究法》第156页，三联书店2001年版），只有承担使命与关怀，学术研究才有存在的价值才有生命力，没有问题意识的研究和考证，至多是少部分人的文字游戏，却是真正的学术空疏。

当然所谓理论所谓问题，应当是以知识与学问为基础的，离开知识基础的所谓理论创新，理论会变成空理论，问题会变成伪问题。张舜徽先生批评李贽是“史识极高，议论有绝佳处，所憾他读书不多，见人不广，识有余，而学不足以相济”（《中国史论文集》第192页，湖北人民出版社1956年版），见识是第一要义，但这样的见识，应当是学识相埒，以“学”养的“识”，否则“识”就演化成了空论。80年代的理论热方法热，也确实有“识有余而学不足以相济”的遗憾。问题是我们不能因此而从理论追求中淡出，而应以此成为深化理论的理由。

王国维“三重证明”留给学术研究尤其是古典文学研究的启示是多方面的：第一，文学批评应当有新的学术眼光，无论是新材料的发现，还是传统材料的开掘都是如此。同是国学大师，同样面对甲骨史料，王国维提出了“二重证据”的历史研究方法，而章太炎则根本否认甲骨文存在的意义。第二，文学批评应当提倡新的学术方法和新的学科的运用，不仅注意本民族的语言与文化，也应注意超越民族的语言文化研究；不仅注重本学科的研究，也应注重多学科研究手段的运用。第三，文学批评需要新的理论和思想的支持，要善于吸取外来先进的思想观念，在比较中发现新的问题，从而使古典文学的研究具有新鲜的气象，因此古典文学研究的理论意识是不能淡化的，这在今天具有特殊意义。以王国维为代表的20世纪的前贤们已经作了许多努力，我们应该坚持这样的道路，至少不应倒退。

王府深处有文章

《文艺研究》编辑部就在北京靠近什刹海的恭王府里。恭王府最早是和珅的私宅，后来成了恭亲王奕䜣的府第，据周汝昌先生考证这里便是赫赫有名的《红楼梦》大观园的原型。虽然这不是定论，但也足见其气派非凡。画栋雕梁，廊回路转，《文艺研究》编辑部便设在恭王府的宝约楼上。宝约楼是一座木制的二层楼，有九十九间房，有人说这里是恭王的库府，有人说这是仆人的宿舍。而在这里办公的编辑们，总戏称自己是“仆人”。只不过他们服务的对象已不再是王府的达官贵人，而是从事学术研究的读者、作者和学者了。

王府深处有文章，那些脍炙人口影响深远的好文章就是在这里编辑出来的。1991年至1993年年初的一段日子，我因工作的关系就住在《文艺研究》的隔壁，目睹了编辑部诸位同志的辛勤工作，亲身感受到他们默默奉献的精神。许多年过去了，编辑部同志们的身影常浮现在眼前，往事历历，难以忘怀。

平时的王府是宁静的，宁静得让人感受不到现代都市的繁华，仿佛置身于远离尘世的深山古寺。每天早晨早早来上班的是办公室的李香云、孙雨先生，然后便是主编柏柳先生。他永远骑一辆破旧的自行车，但上下班却像钟一样准确。他平时话语不多，有些严肃，编辑部的人有什么事找他，都大声喊“柏柳，快来！”哪怕喊他的是二十几岁的青年他也不介意。他的心是宁静的，并不在乎外面世界的变化，每天认真看他的稿子，对每篇文章都提出中肯的意见。有时他也有不高兴的时候，但十有八九那是事关刊物的质量，事关《文艺研究》的发展。正因为如此，我知道编辑部的同志对他的工作是从心底敬佩的。

由于年龄与性格的原因，我与方宁、廉静、金宁几位先生交往甚多。而方宁不宁，廉静不静，金宁一味地活蹦乱跳，他们身上永远有着年轻人的朝气与活力。方宁喜欢下象棋，下棋的时候一如编发稿件一样认真，每一步都考虑得周到细致，因此常常赢棋。廉静喜欢听交响乐，平时省吃俭用，但买起唱片来却常常一掷千金，日子久了，受了音乐的感染，总是笑吟吟的，像是一首快乐的乐章。至于金宁，兴趣太广泛，很难说他喜欢什么，只好说他不喜欢什么。有一次打开电视，正播放《一地鸡毛》的电视剧，剧中有一人物原本也是读书人，受不了清贫便上街卖鱼。那人叫喊正欢的时候，我觉得面熟，定睛一看，那扮演者不正是金宁吗？难怪他是戏剧编辑。还有一位马肇元先生似乎爱好不多，每天一到编辑部就看稿子、写批语、给作者回信，很少走出自己的房间。《文艺研究》之所以有许多高质量的文章发表，正因为有了这种工作精神。

在文字上与我打交道最多的算是方宁先生了，至今我还保存着他写给我的多封商讨文章的书信。《唐诗的钟声》《烛光灯影里的中国诗》《森林的象征及其文学的意蕴》等文章都是经过他编辑发表的。最初我注重的是语词与意象的研究，后来方宁、马肇元等先生鼓励我把这样的研究上升为一种更深刻的理论表述，由此开始了我对精神考古问题的思考。

20 世纪的考古学是最富生机最具成果的学科，考古拓展了我们的历史。一把石斧，可以勾勒出高擎火把开天辟地的远古时代；一片残砖断瓦，令人遥想金碧辉煌巍峨入云的宏伟宫殿；凭吊一座废墟，宛若走进一座城市一个国家一个王朝；摩挲一件兵戈，犹如置身于古战场的大漠烽烟之中。物质文明留下了斑斑碎片，精神呢？精神有它的残留物吗？如果有，可以进行精神的考古吗？人类在大地上居住过生活过劳动过，同样人类也悲伤过哭泣过高兴过歌唱过，既然物质文明的历史有物为证，而如此生动的精神世界会变得无影无踪随风飘逝吗？

原型批评为文学的精神考古提供了理论证明。以荣格为代表的精神分析学派在人们的精神领域里找到了精神历史的积淀物——集体无意识。原始意象（Primordial Images），负载着集体无意识的深刻内容，它以象征的形式贮存着人类的文化历史。在原型批评的理论指导下，我力图寻找精神考古的历史遗迹。某些动物是靠气味、痕迹甚至是自己的粪便辨识来路返归家园的，而人则是通过语词通过意象返顾旧乡重访生命之源的。每一个语词都是一段历史一个故事，语词与意象是文化的“精神文物”，它像半坡遗址、玉器编钟、秦砖汉瓦一样，成为探索我们民族历史和艺术的路标。

正因为如此，我选择了黄昏、月亮、钟声、灯烛、船、森林、雨、石头、门等“经典意象”进行分析，力图考察中国人的精神世界，重温我们民族熬过漫漫长夜的创业历史。这些文章在《文艺研究》发表后，《新华文摘》《光明日报》等予以转载或征引，东方出版社还以“晚唐钟声”为名出版了该书，而这些是与《文艺研究》编辑部的支持分不开的，是蘸着恭王府的月光写就的。

写这篇短文时，仿佛又回到了住在恭王府的那段时光。当时金宁同志常住在办公室里，每至午夜，便有恳谈之乐。清夜久坐，月色高华，融入心腑。远处是繁华京都的阑珊灯火，近处是幽静王府的森森古柏，置身其中，不知今夕何夕，其乐何如！至今不觉已六七年矣。

《文学遗产》与八十年代的“思想启蒙”和学术示范

一本好的期刊，总具有思想引领与学术示范作用。《文学遗产》已经创刊六十年了。六十多年来，《文学遗产》在古典文学界好像一面旗帜，成为一代又一代学人学术研究道路上的精神向导。我是 1980 年《文学遗产》复刊时，开始订阅刊物的，那时还只是大学二年级的学生。三十余年来，《文学遗产》是我置于案头每期必读的刊物，在我心中《文学遗产》已经不是一个没有生命的普通期刊，而是带着生命温度的精神导师和学术朋友，给我思想的启蒙和文学的滋养。从 1980 年到 1989 年的十年，是我最初走上学术道路的时期，而这十年也是《文学遗产》给我影响最深刻的十年。

《文学遗产》的复刊有着经过“文革”十年拨乱反正思想解放的深刻理论背景。记得《文学遗产》复刊的第一期上，刊登了郭绍虞先生《从悼念到建议》的文章，文章中郭先生深切怀念老主编陈翔鹤（1901—1969），为陈先生的不幸遭际也为《文学遗产》一度夭折的命运而一洒同情之泪。在不到千字的文章里，郭先生两次写道“天乎！冤哉！”表达了一个历经磨难的知识分子对“文革”中思想蒙昧和学术荒芜的强烈愤慨。劫后余生，凤凰涅槃，复刊后的《文学遗产》表现出鲜明的思想解放和文学主体的学术倾向。刊登在 1980 年第 2 期的迟公绪《小南一郎论中国文学史研究问题》，介绍了日本学者小南一郎的文学史研究成果。其中两个问题特别引人注意：一是文学研究的"感情移入"，其基本倾向是将现代人的思想感情原封不动地移入古代作品之中，完全是现代人的主观阐释，而不顾及古代作品的历史语言和环境；二是"内容中心主义"，"内容中心主义"的弊端是过度重视文学的历史继承，而忽略了"文学的形式展开"。这样的见解在刚刚从"四人帮"思想桎梏中走出的文学界宛如山间钟鸣，回声悠远，对于主观主义和庸俗社会学批评有理论警诫意义。

20 世纪 80 年代的思想解放运动是我们那一代学人经历的集体学术启蒙。经历了极左思潮的思想封锁之后，站在改革开放的天空下，人们的精神和思想也如冰封的山泉，春风解冻，渐渐苏醒，空前活跃。各种思潮、主义、理论被引入学术界，一时让人应接不暇。比起当时理论界十分活跃的一些刊物，《文学遗产》坚持守正出新的原则，表现得比较沉稳，其理论的锋芒常常被人忽略。其实重新翻阅那个时期的《文学遗产》，仍然可以看出编辑者们深刻的理论创新意识。相比之下，《文学遗产》不是只注意几个新鲜概念的提出，而是更侧重把理论问题寓于具体的学术阐释之中。

1981 年第 4 期刊登了范存忠（1903—1987）先生的《中

国的人文主义与英国的启蒙运动》一文。文章从中国传教史上的“中国人事件”入笔，讲述以孔子为代表的古代思想家对 18 世纪英国自然神论思想家们的影响，自然神论反对宗教蒙昧和偶像崇拜，强调自然世界的自由精神和人的自身价值，显示着启蒙运动从宗教狂热到理性主义的历史进步。范存忠先生是从事外国文学研究的学者，文章的中心还是介绍欧洲启蒙思想的文化来源，按照一般理解，这样的题目也许不适合在《文学遗产》这样的古典文学专门期刊上发表，但《文学遗产》以近 15000 字的篇幅，让作者酣畅地表达了走出宗教蒙昧呼唤人文精神的思想。我至今还记得读这篇文章时的精神震动，泛黄的书页上还记下了粗浅的读书心得。

当然作为一本古典文学的专业期刊，《文学遗产》更关注的还是对古代文学自身演进规律和文学思想的探讨。“意境”是最具中国特色的文学理论术语，这一问题的研究对深化古典文学自身艺术规律的认识有着举足轻重的意义，《文学遗产》从复刊之初就注意对这一理论命题的讨论。周来祥（1929—2011）先生的《是古典主义，还是现实主义——从意境谈起》（《文学遗产》1980 年第 3 期），是将意境理论引向深化的代表性成果。作者认为现实主义、浪漫主义是近代资本主义衍生的文艺思想，而意境理论则是在传统农耕文明土壤上生成的，属于古典主义艺术范畴，两者具有不同的生长环境，因此我们对意境的认识不能是西方的，必须是中国的；不能是现代的，必须是古典的。20世纪80年代的古典文学研究界，一方面固然表现出大力引进西方文艺理论“求新声于异邦”的思想倾向，而另一方面一些学者也发出了建构真正中国的古典美学和文学理论的真诚呼唤，这使得中国古典美学理论建设一开始就有了相当的理论高度。后来《文学遗产》接连刊载了周鸿善《论古代诗论中的意境说》（1982年第1期）、周发祥《意象统计——国外汉学研究方法评介》（1982年第2期）、袁行霈《中国古典诗歌的意象》（1983年第4期）等一系列论文，使意境理论的研究不断深化。意象和意境是中国文学独特的艺术语言，这一时期古典文学界对意象和意境理论的研究不仅代表着学术界从凌乱的西方理论的引进向着成熟的中国本土文学批评的回归，也反映着古典文学研究已经从简单的历史和社会批评向艺术批评和审美批评的转向。

噩梦醒来，改革开放春风拂面，20世纪80年代的思想界也显得新鲜活泼充满生机。系统论、控制论、信息论等新理论以及结构主义、符号学、文化学、叙事学、精神分析、原型批评、接受美学、人类学等新的文艺批评方法不断被介绍被推广。社会上每天都有新的名词、新的概念产生，虽然不少理论命题不够深沉，缺少推敲，略显粗糙，但那一时期学术界表现出的积极探索精神还是让人难以忘怀的。反思是20世纪80年代的思想主题，经历“文革”之后，人们迫切希望找到影响中国社会和文化进步的总体倾向、基本法则。也许今天我们可以责备那一时期学术的不够细致，但那一时期的学术主题就是以大刀阔斧的气魄廓清理论上残存的迷雾，为后来的学术开辟一个足够宏大的思想空间。与这样的学术思潮相适应，古典文学界也在探索深藏于中国文学历史深处的演进规律，因此“宏观文学研究”成为20世纪80年代最具学术风格的研究课题。《文学遗产》不仅为宏观文学研究提供了阵地，也成为中国文学史宏观研究的时代推手。

最早注意到文学史的宏观研究，是读到张碧波先生发表在《文学遗产》上的几篇文章开始的。张先生的《我国封建社会初期文学发展的几个问题》（1981年第2期）、《试论中国古代浪漫主义文学传统诸问题》（1983年第3期）、《古典现实主义论略——中国古代文学发展规律探微》（1987年第3期），不是以局部的文学事实为研究单位，而是站在历史的高处，以开阔的理论视野，俯瞰历史，力图在宏观上以大笔勾勒的方式，描述中国文学的整体发展脉络和艺术风貌，显示了宏大的理论目光和创新方法。不过中国文学研究上是从侧重具体的微观事实论证，还是强调宏大的理论描述，一直存有争论，对宏观文学研究一开始就有不同的意见。陈伯海先生是为宏观文学研究在理论上张本的人，在《宏观的世界与宏观的研究》（1985年第3期）一文中，他认为古典文学研究不应该只重视微观研究，也应该重视宏观研究。文学的历史不应该简单地理解为作家、作品等具体文学事实的累积，而应该注意具体文学事实之间的组合关系："透过这一个个单独的文学分子，还应进一步探索分子间的组合关系，如作家群的构成、流派的演变、思潮的起伏、体式的变迁以至文学与社会生活各方面的交互作用等，由小范围的组合逐渐上升到大范围的组合，由局部组合逐渐上升到全局性组合，最终把握文学史的总体。这就是通常所谓'历史的基本联系'，而失去了这种联系，文学现象就好比断了线的珍珠，再也构不成美丽的图案。"

陈先生不仅为宏观文学研究在理论上呐喊，也以大气磅礴的理论方法为宏观文学史提供了成功的研究范例。他的《论中国文学的民族性格》（1986 年第 3 期）、《中国文学史之鸟瞰》（1986 年第 5 期）等论文，将中国文学概括为杂文学的体制、美善相兼的本质、言志抒情的内核、传神写意的方法、中和的美学风格、以复古为通变的发展道路等六大特点以及将整个文学史划分为形成期（先秦两汉）、演进期（魏晋隋唐）、蜕变期（宋元明清至"五四"）等三个历史时期，令人耳目一新，让我们有理由相信观看大地的景物，不一定仅仅局限在大地上，身生双翼，苍鹰般飞向高空，俯瞰大地，也可以更准确地描述大地的风貌。细心的读者很容易看出，陈伯海先生在《文学遗产》发表的两篇论文，在同一年的《文学遗产》上，中间只隔了一期，这似乎不符合刊物的惯例，不过我们还是从中看出编辑部重视与推动宏观文学批评的良苦用心。1986 年 6 月，《文学遗产》编辑部适时地发出了“古典文学宏观研究征文启事”。其“缘起”明确指出当前古典文学研究的“重点应放在宏观研究上”，而“其意义具有某种全局性”。这一征文启事发布后，在学界引起了强烈反响，不到一年的时间内，编辑部收到的征文稿件达一百三十余篇，从而将古典文学的宏观研究推向了高潮。陈良运、胡明、陈祥耀、吴调公、胡晓明等一批学者高质量的学术论文，拓宽了古典文学的视野与路径。宏观文学史研究的意义，往往被人忽略。其实宏观文学史研究不单是一种方法论，更是深刻的学术探索，所谓文学史批评的文化眼光、文学与宗教等问题的研究都是在宏观文学视野下推进的。

《文学遗产》的编辑思想一直是清醒的理性的，在推进文学研究理论进步的同时，也一直保持了实事求是、守正出新的学术精神。一些前辈学者考证辨析的论文，显示出扎实的学术功力，给我们以最为直接的影响和学术示范。我的硕士论文是通过春秋战国时代的赋诗引诗现象，提出了“用诗时代”的观点。认为《诗经》结集之后并没有带来诗的创作繁荣，而形成了一个从宫廷到乡野，从政治、外交到生活、宴饮等广泛领域里长期的诗的实用时代，《诗经》学的许多概念都不是文学创作意义上的，而是同诗的应用相关的。1983 年《文学遗产》刊载的几篇研究《诗经》的论文，不仅给我以理论与思想的支持，更给我以资料与方法的示范。段熙仲（1897—1987）先生的《诗三百与显学争鸣、经师异议》（1983 年第 1 期）认为“诗三百”是先秦时期儒墨两家的恒言，尽管儒墨两家在思想上有许多对立冲突，但是他们都称诵《诗》《书》，特别是善于征引《诗经》语词，作为思想阐发的工具。张震泽（1911—1992）先生的《〈诗经〉赋、比、兴本义新探》（1983 年第 3 期）分析了对赋比兴阐释的歧义纷呈的现象，明确提出《诗经》的编辑不是为了纯然的文学目的，而是源于周代贵族的教化典礼之用。因此所谓“赋比兴”不是一种艺术的创作方法，而是诗的应用原则。他说：“风、雅、颂是《诗》之三用，现在看来，赋、比、兴也是《诗》的三用。不过我们所说的用，不是孔颖达说的‘三纬’之‘用’，而是赋诗言志之‘用’。风、雅、颂用在典礼演奏中，有严格的规定，不得任意更动。赋、比、兴则是在另外某些场合（例如宴会），为了发言得体或应对得宜，打乱风、雅、颂之体而灵活运用的方法。也就是，有时需要直陈，就用赋的方法；有时需要以善物喻善事，就用兴的方法；有时不敢直斥其非，就用‘取比类以言之’的比的方法。”张震泽先生的观点依史立论，渊源有自，而又富于创新精神。那时张先生已经是七十二岁的老人了，可见是否具有学术创新精神与年龄大小并无多少关系。比起段熙仲、张震泽等前辈学者，当时的罗宗强先生春秋正富，正值中年，而他的《诗的实用与初期的诗歌理论》（1983 年第 4 期）也同样论述翔实，考证有力，引人思考。在分析《孟子》所谓“王者之迹熄而《诗》亡，《诗》亡然后《春秋》作”的意义时，罗先生认为：“从一个方面说，用以纪事，用以知政教得失的诗为各国春秋所代替，所亡者，大概就是指诗歌创作的逐渐消歇。而已有之诗却是借助典礼、讽谏、赋诗、言语而得到广泛传播；并且由于私家著述的普遍引诗，诗更广泛地进入了当时的政治思想领域。从这个意义上说，‘诗亡’而后诗之为用益张。”当时论文写作，遇到了颇多的困惑，罗先生的见解具有指点迷津启人愚蒙的作用。

1990年以后，中国的思想和学术发生了重要转向，思想的锋芒渐渐收敛，宏大的理论探讨渐渐被具体的问题研究所代替。而回首往事，20世纪80年代的思想启蒙运动留给我们许多思考。尽管这一时期的学术留有许多遗憾，但不能否认，没有20世纪80年代思想界的理论探索是不能有今天的学术发展空间的，“八十年代”是我们这一代学人集体的精神出处。“渡船满板霜如雪，印我青鞋第一痕”，我们不能忘记思想的先行者们留在前进道路上的探索足迹，也不能忘记《文学遗产》这样的刊物带给我们的深刻学术影响。

堂堂溪水出前村

——《文学评论》与我的文学思想启蒙

《文学评论》创刊的时候我还没有出生，真正了解这本刊物是1978年上大学以后。1978年是中国最值得纪念的日子，这一年中共中央召开了著名的十一届三中全会，经过“实践是检验真理的唯一标准”的讨论，确立了实事求是和改革开放的政治路线。那一时期的中国理论界也从一段特别的思想禁锢中解放出来，东风初暖，冰雪消融，生机无限。“万山不许一溪奔，拦得溪声日夜喧。到得前头山脚尽，堂堂溪水出前村”，新的思想新的理论宛如冲破千山万岭阻拦的溪水，终于汇成不可阻挡的洪流，浩浩荡荡，奔腾入海。也是那一年被迫停刊十二年的《文学评论》终于复刊，课堂上老师们经常提起的一本刊物就是《文学评论》，正是通过以《文学评论》为代表的各种报刊的积极理论探索，让我们那一代大学生有了最初的学术研究兴趣和文学理论启蒙。早期订阅的有限的几本刊物就有《文学评论》，《文学评论》的许多文章启人心智，在思想解放的潮流中，陪伴我度过了文学启蒙的岁月。

八十年代的中国文学理论是从恢复常识起步的。当下的青年研究者们很难想象文学研究是从恢复常识开始的艰难起步，那些被颠倒了的理论常识需要我们重新扶正重新理清。记得《文学评论》复刊的第一期刊出的文章是《毛主席给陈毅同志谈诗的一封信》，在这封信里毛泽东强调了“诗要用形象思维，不能如散文那样直说，所以比、兴两法是不能不用的”，而毛泽东这封信的发表引发了关于“形象思维”与“比兴手法”的影响广泛的文学讨论。文学不同于哲学，是形象思维，区别于抽象思维；诗要用比兴，要有兴味，而不仅仅是一览无余的“直言之也”，这是简单的文学常识，却是我们那个时代文学理论研究的起点。一位作家说过，文明犹如一件精美的瓷器，一旦打碎了，就要从重新掘土开始。理论也是如此，一旦理论被颠倒了，常识被曲解了，就要从重新掘土开始，从恢复常识开始。

而正是从恢复常识开始，理论界有了向纵深发展的生机勃勃的气象。这一时期《文学评论》对文学与政治、文学与人性关系的讨论，对于廓清“四人帮”极左文艺思想的影响，恢复文学人的主体地位起到了开拓作用。而刊登在1980年第4期上的袁行霈先生的《论意境》则是这一时期给我影响较深的一篇论文，在热烈的思想、政治、人性的讨论中，袁先生对中国古典文学艺术意境的探讨格外醒目。尽管《论意境》侧重的是对古典文学意境的生成的研究，却有着强烈的现实寄托。袁先生在本文的最后提出了“创造新意境，需要艺术的勇气”，需要诗胆，他特别引用谢榛《四溟诗话》的话：“赋诗要有英雄气象。人不敢道，我则道之；人不敢为，我则为之。厉鬼不能夺其正，利剑不能夺其刚。”叶燮论诗强调才、胆、识、力，而袁先生则认为与古人相比我们不缺少才、不缺少识、不缺少力，所缺少的“恐怕就是一个胆字”。意境问题看似是一个古典美学概念，在从僵化空洞的文艺模式中艰难走出的过程中，却有了文学创作借鉴的当下意义。这一时期的文学理论渐渐走出简单的社会批评模式，湖畔诗人、七月诗人、新月派、九叶诗人等艺术流派也渐渐进入人们的研究视野。

20世纪80年代的中国文学理论研究有鲜明的问题意识，关于人性与人的主体精神成为当时文艺理论探讨的最重要问题。对人性的关注首先源自80年代初人道主义创作的思潮。这一时期发表的俞建章的《论当代文学创作中的人道主义潮流》（1981年第1期），对新时期文学在暴露、揭示、思考中，展现人性美的追求和对理想人物的塑造的思想潮流进行了理论描述。而白烨的《三十年人性论争的情况》，则对50年代到80年代初文学人性问题的讨论做了资料上的分析归纳。1982年年初《文学评论》专门就“文学创作的人性和人道主义问题”召开讨论会，会后发表的王蒙《“人性”断想》（1982年第4期）、刘锡诚《谈新时期文学中的人道主义问题》（1982年第4期）等论文，相比前一时期对人性与人道主义唯一性的阐释，表现出更全面更理性的认识。文学应该表现人性表现人情，但将整个文学仅仅理解为人道就显得过于简单了。

那时候觉得《文学评论》是一本高高在上的理论刊物，

是硕儒名家议论风生的思想平台。真正感到《文学评论》可亲可近，是大学同学王杰（发表论文时署名王进）在《文学评论》1981 年第 3 期上发表的一篇文章，文章的题目是《试论社会主义文学中的普通人形象》。这篇论文是王杰同学大学三年级时的一篇作业，而我们就读的四平师范学院又是一个极为普通的地方本科院校，这也是他的第一篇学术论文，居然被当时《文学评论》编辑部看中，赫然发表在文学理论界最有影响的刊物上。同学们为王杰高兴，也切实感受到《文学评论》唯文是举、不问出处的良好学风。几十年过去了，我不知道还有什么期刊，还能像 80 年代初的《文学评论》那样发表一个普通院校的本科生的作业。

针对一个时期文坛上充斥的居高临下的“高大全”一类的英雄人物形象，王杰在论文中提出，社会的主体并不是英雄而是普普通通的人民群众。这些生活长河中激流勇进的普通人形象，感情丰富，语不惊人，貌不出众，没有神圣的光环，缺少睥睨世俗、叱咤风云的气度，却成为社会的中坚力量，也理应成为文学艺术的主角。这样的见解代表了改革开放之初文学理论界的思考，也记录了那个时代的文学高度。

《文学评论》发表王杰这样普通本科生的论文，也发表有“文化昆仑”之称的一代大师钱锺书的文章。至今仍然记得读到钱先生《诗可以怨》的论文时的震动。这篇文章发表在《文学评论》1981 年第 1 期上，文章是在日本早稻田大学的演讲，所以更口语化，更能反映钱先生率真自由天才挥发的个性。钱先生的演讲旁征博引，幽默风趣，他以“他发明了雨伞”讽刺“无知使人胆大”，现在想起来仍然忍俊不禁。钱先生的文章以风趣开篇，论证的却是一个苦难的问题。他从尼采把“母鸡下蛋的啼叫和诗人的歌唱相提并论，都是‘痛苦使然’”开始，罗列种种理论，提出了“中国文艺传统里一个流行的意见：苦痛比快乐更能产生诗歌，好诗主要是不愉快、苦恼或‘穷愁’的表现和发泄”。这与刚刚从灾难岁月走出来的文学理论的思想脉搏正相契合，于是成为抚慰伤口控诉苦难反思历史的“伤痕文学”的理论说明。2007 年我在《文艺研究》上发表了《诗可以怨吗》的文章，虽然我想说明的是孔子的“诗可以怨”的理论是在春秋时代礼乐文化背景下提出的，与近代西方“愤怒出诗人”的现代意义上的发愤抒怨的文学理论有着本质差别，钱先生不过是在为伤痕文学提供理论说明时的因题作文，并不是探讨文本意义，但这不能否认钱先生这篇长文对我的深刻影响。

80 年代的中国文学理论研究是有情感温度的。我始终认为学术研究并不是冷静的不动声色的理性活动，而是充满感动的充满力量的。感动天文学家的是满天的星斗，感动物理学家的是世界的神秘，感动历史学家的是人类的故事，你要想研究你就得感动。与其他学科相比，文学更需要感物而动缘情而发，文学创作如此，文学的理论批评也是如此。80年代初的一些批评文字，并不来自理论家而是作家、诗人。丁玲、王蒙、刘绍棠、徐怀中、蒋子龙、冯骥才、公刘等一批在现当代文学史上卓有成就的作家，也常常在文学理论上发表令人耳目一新的理论见解。钱锺书认为作家们的思想灵感强于某些学者的长篇大论，他说："文人之颖悟胜于学士之穷研。"虽然他们的思想吉光片羽，灵光乍现，却因为源于创作实践而格外值得珍视。

丁玲的《我所希望于文艺批评的》（1980年第1期），严格上说不是论文，而是杂感，虽然谈不上严密的逻辑构思，却兴之所至，有感而发，颇有启发意义。她说："作家要读书，批评家也要读书；作家要深入生活，理解社会，熟悉人物；批评家也要有广阔的生活知识，掌握时代的脉搏。在和劳动人民的共同斗争中，作家要使自己具有劳动人民的品质，感情；批评家也应这样。只住在高楼大厦里，空谈阔论，指指点点，吹毛求疵，是不会被欢迎的。"不难看出丁玲的感慨，是从作家的立场出发的，对批评家居高临下指指点点有某种抵触情绪，但这种直面现实的提醒，对警诫批评家的轻率任意的自负行为，还是有积极意义的。

源自于作家的批评与理论家不同，他们更重视感觉更重视经验，而不是从既有的理论出发，不是学者式的子曰诗云、甲乙丙丁的资料罗列、旁征博引，却有作家的灵机异趣活泼清新。《文学评论》1982年第3期，开设了"关于王蒙创作的讨论"专栏，而评论者就是刘绍棠、徐怀中、冯骥才等几位作家，而没有专门从事理论研究的学者。与一般学者的资料宏富渊源有自的论证不同，作家的评论则是即兴的脱口而出的，表现出某种率性天然的特点。刘绍棠《我看王蒙的小说》中，一方面激赏王蒙的小说创作的艺术，佩服其创作达到的艺术高度，另一方面也能批评他某些作品“连篇累牍地使用翻译小说的语言和句式，每句长达几十字甚至一二百字，固然达到了标新立异的效果，却损伤了祖国语言的纯洁”。日常交往中，王蒙亦庄亦谐地告诉刘绍棠：“你写不了政治性太强的作品，这个题材应该我来写。你还是写你的运河、小船、月光、布谷鸟……田园牧歌。”而刘绍棠也意味深长地告诫王蒙：“大体说来，在写工人、农民、青年、学院知识分子和市民生活上，都另有强手，王蒙主要是以写干部见长。”友人之间，襟怀坦白；你来我往，毫不遮掩。作家之间的批评不是宏论滔滔，高头讲章，而是天机忽来，片语只言，却一语中的，正中要害。想起“王蒙主要是以写干部见长”的评论，仍然感到朋友间的坦诚相见，颇有余味。

80年代的中国文学理论研究是有世界目光的。所谓文学的世界目光，用钱锺书的话说就是“打通”，打通古今之间中外之间的文学阻隔，形成不同民族、不同国家、不同历史时期、不同文学形式之间的相互交流相互融合。我们这代人大都是在相对封闭的文化环境中成长的，对外面的世界缺少应有的常识性了解。正是在党的十一届三中全会思想解放的环境中，春风吹起，门窗敞开，使我们有了看清世界的机会。80年代初《文学评论》发表的许多文章，在挖掘传统文化资源的同时，也不断介绍西方先进的理论成果。对八十年代中国文学理论的新思想、新方法、新名词的大规模引进，常常因为其急切匆忙，一时间还来不及消化而有粗疏简单之讥，但我仍然认为那一时期的理论热还是为后来的学术深入开辟了道路，至今许多学者还得益于那个时代的理论影响，我们不能忘记自己的精神出处。

郑伯农《心理描写和意识流的引进》（1981年第3期）是较全面介绍"意识流"的文章，习惯了按部就班有头有尾从前至后叙事模式的读者们，对跳跃的潜意识的幻觉般的意识流描写一时间难以习惯，而这样的介绍让我们感受到在现实主义手法之外的艺术笔法。最早了解到"接受美学"的概念，也是在《文学评论》（1983年第6期）读到了张黎先生的《关于"接受美学"的笔记》。过去我们对文学的理解仅仅停留在作家、作品层面上，而这样的理论让我们知道文学是作家、作品、读者的三维世界，读者并不仅仅是被动地接受作品，读者的审美趣味也决定作家的艺术创造，也是文学研究不可回避的对象。"接受美学"现在已经是一个流行的词语了，而最初看到这样的理论还是有种"若受电然"的感觉。

语言原本只是当作交流的工具、思想的载体，而当时程文超、王一川、季红真等一批青年学者却将其纳入存在、纳入人生、纳入本体的思考。比较文学也是作为一种新的文学批评方法出现在八十年代文学理论里的。《文学评论》发表了相当数量的比较文学的论文，为比较文学学科的建立和方法推波助澜，厥功甚伟。比较文学也是文学比较，即将不同形态不同地域不同语言文学之间进行思想、审美、风格等多方面的比较。而正是在比较文学的视野下，催生了“世界文学”这一具有时代意义的理论的产生。

当时还是青年学者的黄子平、陈平原、钱理群联合发表了《论“二十世纪中国文学”》（1985年第5期）长篇论文，所谓“二十世纪中国文学”不仅是一个时间概念，更是一个空间概念，即将中国文学放置到“世界文学”的总体格局中进行理论与美学审视，力图描述“一个由古代中国文学向现代中国文学转变、过渡并最终完成的进程，一个中国文学走向并汇入‘世界文学’总体格局的进程，一个在东西方文化的大撞击、大交流中从文学方面（与政治、道德等诸方面一道）形成现代民族意识（包括审美意识）的进程，一个通过语言的艺术来折射并表现古老的中华民族及其灵魂在新旧嬗替的大时代中获得新生并崛起的进程”。不管作者是否完成了这样伟大的使命，但是这样气吞八荒的学术精神，并不是个别学者的自我期许，而是一个时代心雄万丈精神高蹈的集体气象。

借《文学评论》六十周年纪念活动的机会，重新翻阅80年代初的《文学评论》，仿佛又回到了与思想启蒙相伴的青春岁月，心情久久难以平静。90年代之后中国学术发生了重大转向，文学研究的专门化、学者化倾向更加浓重，理论研究更为成熟稳重，但我们不能忘记文学理论的拓荒时代，不能忘记理论拓荒的艰难。

唯有读书声最佳

不到十七岁我就上山下乡，成了一名知识青年。虽然被称为知识青年，其实我们中小学都在“文革”动乱的岁月里度过，毕业时大都腹笥空空，叫青年可以，叫知识青年就有些名不副实了。但知识的贫乏，并不能限制我们对知识的渴望和梦想。下乡的村里有所小学，白天大家都各自劳动，村子安静下来，很远就能听到孩子们的琅琅读书声。书声是天下最美的声音，宋人仇远有诗谓：“耳根厌听闲风雨，唯有读书声最佳。”（《书斋壁》）在封闭的长白山区里，听到那样的声音，仿佛听到一首激昂的旋律，好像听到一种召唤，有一种向上的力量。

我喜欢从村子里的小学走过，喜欢听从学校传来的阵阵书声。一个地方只要还有读书的声音，就不会沉沦，一个民族便会精神不死、血脉传承。几十年过去了，我一直顽固地认为每个村子都应该保留一所小学，正如遍及欧美乡村的教堂，书声宛如钟声，对人有一种文化的呼唤和精神的激励作用。

一个健康的社会应该是充满书香的社会。一个国家读书人群的多寡，是衡量一个社会文明程度的基本标志。文化是中国人的宗教。中国古代知识分子也以宗教般的虔诚刻苦读书，追求真理，建构中国文化的精神家园。读书诗是中国诗歌的一个门类，古代文人常常以诗的形式，记录他们的读书生活，反映读书带来的精神震动和思想升华。这些读书诗对我们理解读书的意义和方法仍有启示意义：

一、读书要立志。陆游有一首著名的《读书》诗谓：“归老宁无五亩园，读书本意在元元。灯前目力虽非昔，犹课蝇头二万言。”诗人写这首诗时已进衰老之境，目力衰退，但他仍然朝披夕览，青灯黄卷，弦歌不辍。一句“读书本意在元元”格外醒目，激动人心。元元即黎民苍生，读书并不是简单的修身养性的个人情趣，而是怀有志在天下、心忧黎民的理想情怀。也就是说，以知识分子自许的读书人，首要的是立志，这个志不是个人之志，而是家国之志，是心系黎民苍生之志。读书人立志若只为一己之私，不仅无益于社会，而且有害于家国。

有人会认为读书报国是空洞的大话，主张“为己之学”，强调读书寄情娱性的个人情趣。孔子确实说过“古之学者为己，今之学者为人”（《论语·宪问》）的话，但孔子这里的“为己”，不是一己之私的“己”，而是“推己及人”的“己”，是着眼天下的“己”，是为天下而充实自己。这个“己”不是内敛回归，而是以天下为己任的历史担当。以孔子为代表的儒家一直强调的是“学以致用”，书生许国，兼济天下，首先就是要做到个体的心灵丰盈，充满生命的活力。

二、读书要勤奋。读书需要付得出辛苦，耐得住寂寞，经得起诱惑。颜真卿《劝学》诗谓："三更灯火五更鸡，正是男儿读书时。黑发不知勤学早，白首方悔读书迟。"古往今来仁人志士，成就事业者，大都有发奋苦读的经历。三更灯火，五更鸡鸣，一卷在手，乐以忘忧。如苏秦的"头悬梁，锥刺股"、匡衡的"凿壁偷光"、董仲舒的"三年不窥园"、车胤与孙康的"囊萤映雪"等，他们虽然各自为着不同的目的，理想有高下之别，但是他们孜孜以求的苦读精神还是深深影响了一代又一代的中国人。

颜真卿告诫人们，读书一要惜时，珍惜光阴，分秒必争。唐人王贞白诗谓："读书不觉已春深，一寸光阴一寸金。"（《白鹿洞二首·其一》）二要及时，古人劝学劝读，十分强调趁早及时，即少年的大好时光决不可浪费抛掷。少壮不努力，老大徒伤悲，是古人的告诫。颜真卿也强调"黑发不知勤学早，白首方悔读书迟"。朱熹《劝学偶成》云："少年易老学难成，一寸光阴不可轻。未觉池塘春草梦，阶前梧叶已秋声。"读这样的诗句，我们仍然可以感受到匆匆流逝的岁月里，一个哲学家苦心孤诣的劝学催促。

三、读书要广博。读书应当有远大的眼光，有广阔的知识视野。拘于一隅，墨守一经，自雄自壮，老死翰墨，终是乡曲儒生，不能融入现代学术世界。杜甫谓："富贵必从勤苦得，男儿须读五车书。"（《柏学士茅屋》）"五车书"不是实数，却反映了杜甫"读书破万卷，下笔如有神"的一贯追求。一个人读书的广博与否，决定了一个人的学术境界和思想格局。孔子、司马迁、郑玄、孔颖达、朱熹、顾炎武、王国维、钱穆、陈寅恪、钱锺书、张舜徽等伟大的思想家和学者无不具有广博的知识视野，具有目光远大、视野开阔、根基扎实的通人气象。

汉代思想家们激烈地批判断守师法、断守章句的弊端，东汉王充《论衡·别通》将这些人称之为“章句之生”，谓“章句之生，不览古今，论事不实。或以说一经为足，何须博览”。王充标举的是境界广大的通人之学，而通人则是“通仁义之文，知古今之学”，强调的是目光远大、融汇古今，而不是此疆彼域、割裂琐碎的所谓专家之学。通人至少具有这样的境界：沟通天地的博大气象，博通古今的知识构成。钱锺书以“打通”自许，对通人的学术境界做了现代意义上的诠释，他在写给郑朝宗的信中说：“弟之方法并非‘比较文学’，in the usual sense the term，而是求‘打通’，以中国文学与外国文学打通，以中国诗文词曲与小说打通。”（郑朝宗《〈管锥编〉作者的自白》，1987年3月16日《人民日报》）

四、读书要得法。读书要有方法，要有路径。读书的方法因人而异，每个人在读书实践中各有体会、各有心得。但是读书从经典开始，却是应当坚持的。知识的广博不是芜杂，广博是有所本的广博。学有所本，就是讲知识要有坚守。每个人根据自己的特长，选择自己的读书与研究方向。广博是从经典出发的广博，而不是泛滥恣肆，无所依归。刘勰的《文心雕龙》积学丰厚，涉猎广泛，他一直坚守“宗经”“征圣”的基本原则，“百家腾跃，终入环内”，既有囊括天下、融汇百家的学术雄心，又有“论文必征于圣，窥圣必宗于经”的原则立场。南宋学者家铉翁谓“三代以还唯有汉，六经之外更无书”（《圯上行》），虽然是极端的话，但他的本意是坚守读书的经典原则。

经典是需要反复阅读的著作，因此需要反复体会，经常阅读。苏轼《送安惇秀才失解西归》：“旧书不厌百回读，熟读深思子自知。”这里的所谓旧书实指经典，那些对中国人精神世界产生深远影响的文化经典，是需要经常阅读，甚至终身相伴的。雅斯贝尔斯认为，经典植根于一个民族文化的精神深处，是决定着一个民族发展的价值系统，每到一个历史的转折时刻，常常需要重新解释经典，从而燃起我们的精神之火。陆九渊《读书》诗谓“读书切戒在慌忙，涵泳功夫兴味长”，涵泳便是咀嚼，便是体味，便是从容，便是审美境界中的艺术体验。

五、读书要重实践。读书人最容易犯的毛病，就是自以为读了些书，从书本到书本，不是以实践检验书本，而是以书本衡量现实。说起来夸夸其谈，目空一切；做起来不着边际，手足无措，结果没有不吃亏摔跟头的，历史上赵括、马谡式空谈误国的悲剧时有发生。陆游在写给儿子的一首诗中写道：

古人学问无遗力，少壮工夫老始成。

纸上得来终觉浅，绝知此事要躬行。

——《冬夜读书示子聿》

一方面，陆游是笃志于学，老而弥坚的学者。因此他劝儿子学古人功夫，一心向学，少壮努力，老有所成；而另一方面，陆游从政从军，经历非凡，又是一个有着丰富的基层经验的践行者，比起一般文人，他深知书生游谈无根的祸患，因此他大有深意地告诫儿子，纸上得来终究浅近，真正的道理一定要在具体实践中获得，书本的道理要经过实践的检验。在实践中培养鉴别的能力，不是朴素的生活要符合书本，而是抽象的书本要经过生动具体的生活检验。

人们爱说开卷有益，其实这句话并不全面，开卷有益是相对的。孟子就说过“尽信书，则不如无书”（《孟子·尽心下》）的话。书是人写的，人的复杂性决定了书的复杂性。开卷可以获得启人心智、引人向上的真理启迪；也可以受到满纸荒唐、教人沉沦的消极影响，这就需要我们有特别的见识和鉴别力。在追求真理的过程中，永远保持一种质疑传统和批判精神。袁枚说过：

双眼自将秋水洗，一生不受古人欺。

——《随园诗话·补遗·卷三》

在书本面前要保持清醒的理性力量，用真理的一泓秋水擦亮双眼，最终还得需要生活的检验，需要实践的检验。惟其如此，才能景仰古人而不盲从古人，从历史中汲取营养，而不受制于古人，不被错误引导。

活到老，学到老，读书学习是一生的事情，因此必须持之以恒，贯穿生命的始终。颜之推《勉学》谓“幼而学者，如日出之光；老而学者，如秉烛夜行”，读书学习，为着追求真理，追求光明。少而知学，如蓬勃的日出光芒万丈；而至老境，不改向学之志，也如漫漫长夜里高擎火炬，体现一种追求光明、冲破蒙昧与黑暗的悲壮精神。读书虽有辛苦，但更有快乐。那是一种发现真理的快乐，是一种精神丰盈的快乐，是一种充满向上力量的快乐。读书的最高境界，不是喜欢而是快乐。孔子说“知之者不如好之者，好之者不如乐之者”（《论语·雍也》），这里有三重境界，就读书而言，一是知道读书的好处，再次是具有读书的爱好，而最高的境界是沉浸于读书的快乐，并且带入生活的实践中去。明代于谦《观书》诗谓：

书卷多情似故人，晨昏忧乐每相亲。
眼前直下三千字，胸次全无一点尘。

灯下摊书，朝夕讽诵，久而久之，便浸染了书香的芳菲。书卷宛如深情的老友，浸润其中，自成风雅；书卷自有一种涤荡俗鄙、澡雪精神的力量，从而实现心灵的晶莹和澄明。由己及人，推广开去，移风易俗，便也会营造一个书香的社会和澄明的世界。

第二编 人迹板桥霜

尧舜的史诗性书写与英雄之死

英雄书写是早期文学的重要特征，亚里士多德在《诗学》中说："史诗是一种古老的诗歌形式，其产生年代早于一般的或现存的希腊抒情诗和悲剧。希腊史诗的前身可能是某种以描述神和英雄们的活动和业绩为主的原始的叙事诗。"英雄叙事是史诗的思想和艺术土壤，英雄人物就是史诗描写歌咏的主要对象，英雄成为以史诗为代表的早期文学叙事的主角。古巴比伦的《吉尔伽美什》、古印度的《摩诃婆罗多》《罗摩衍那》、古希腊的《伊利亚特》《奥德赛》，以及中国少数民族三大史诗《格萨尔》（藏族）、《江格尔》（蒙古族）、《玛纳斯》（柯尔克孜族），几乎都以一个民族的历史为舞台展现一个又一个在民族历史上具有奠基和转折意义的英雄事迹。英雄史诗深刻地影响了中国早期的经典书写，《尚书》《诗经》等经典文献记载了许多在华夏民族发展史上影响深远的英雄人物。

英雄史诗所表现的英雄人物常常具有"天命神授"的神性、传奇的生活经历、非凡的历史贡献、某种悲剧式的生命结局。以《诗经》中《雅》《颂》诗篇里的史诗为例，史诗中描写的殷周民族历史上的英雄人物无不是天命的体现者，他们身上体现出来的真善美具有某种神性的光芒。"文王在上，於昭于天。周虽旧邦，其命维新"，周人塑造了后稷、公刘、王季、文王、武王等一系列民族英雄形象，而被歌颂最多的是周文王，周文王身上承载着周人的道德与天命意志。“皇矣上帝，临下有赫”，伟大的上帝高高在上，睥睨苍生，声威赫赫，周文王凭借高尚的道德而为上帝发现，《大雅·皇矣》甚至写出了上帝对文王的谆谆告诫：

> 帝谓文王：予怀明德，不大声以色，不长夏以革，不识不知，顺帝之则。
>
> 帝谓文王：询尔仇方，同尔弟兄。以尔钩援，与尔临冲，以伐崇墉。

周文王正是听到了上帝的教诲，才肩负起天命的重托，为周王朝赢得牧野之战的胜利奠定决定性的基础。

史诗中早期的英雄们都有着奇异非凡的生命经历。古巴比伦史诗中吉尔伽美什三分之二属于神灵，而三分之一则属于人类。古希腊《伊利亚特》中的阿喀琉斯用天火练就了不死的躯体，刀枪不入，却留下了致命的人类的脚踵。藏族史诗《格萨尔》中，格萨尔王被塑造成神、龙、念（藏族原始宗教中的厉神）三者合一的半人半神的英雄，有神的品格，也被赋予人的情感。《诗经·大雅·生民》中后稷的形象生而岐嶷，天纵英华，具有半人半神的传奇经历，一出生便被赋予某种神性：“诞寘之隘巷，牛羊腓字之。诞寘之平林，会伐平林；诞寘之寒冰，鸟覆翼之。鸟乃去矣，后稷呱矣。实覃实吁，厥声载路。”被弃之隘巷，有牛羊抚育；

弃之林中，恰遇砍伐林木；弃之寒冰之上，又有神鸟护卫，他的哭声洪亮绵长。而他的另一半则是人，是人类农业的发明者，少年时便乐于种植，“蓺之荏菽，荏菽旆旆，禾役穟穟，麻麦幪幪，瓜瓞唪唪”；而成年后更是有高超的农业才华，“茀厥丰草，种之黄茂。实方实苞，实种实褎，实发实秀，实坚实好，实颖实栗，即有邰家室”，春种秋收，耕耘稼穑，诗从禾苗破土而出，到结出果实依次写来，强调了农耕文明对周民族的意义，强调了后稷在周民族发展史上的特殊意义。

《尚书》也记载和描写了以尧舜为代表的早期英雄的群像，他们是人类的先知先觉者，集人类的真善美于一身，具有半人半神的品格。

《尧典》《皋陶谟》是宏大的礼典仪式，也是一种宏大的历史表演，礼典表演的空间也成了再现原始时代英雄人物和宏大历史的艺术舞台。最具有表演特征的是《尧典》开篇的“敬授人时”礼典，这里以“四命”“四宅”“四平”“四星”为中心，有秩序地划分了昼夜、四时、期三百有六旬有六日的“成岁”之礼，而这个礼典的主持人就是尧帝，这个“敬授人时”的“成岁”之礼，可以这样图示：

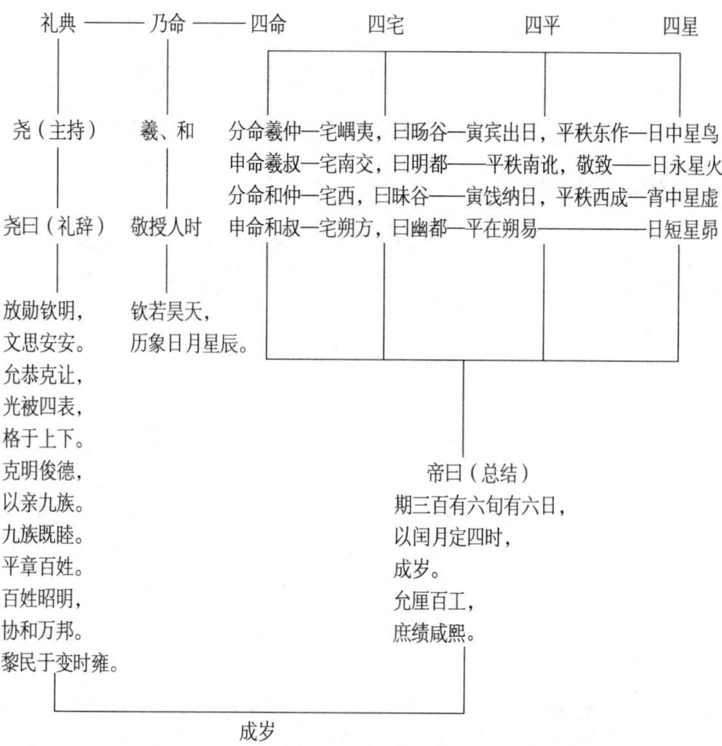

这个表格表现了《尧典》结构的整齐规范，体现着礼典结构的整饬有序，具有艺术表演的清晰结构与演进层次。在这个盛大的表演仪式中，尧帝是礼典主持，是艺术导演，控制着整个艺术表演的层次与情感起伏。这里有羲仲、羲叔、和仲、和叔的艺术扮演，有平秩东作、平秩南讹、平秩西成、平在朔易的“四平”仪式，有由嵎夷、明都、昧谷、幽都“四宅”及星鸟、星火、星虚、星昴“四星”等交织构成的时空场景，有尧帝君临天下的韵律铿锵的艺术礼辞。如此宏大的仪式，虔诚庄严，在尧帝率领组织下，羲仲、羲叔、和仲、和叔各司其职，向天地、日月星辰，向时令、春夏秋冬，向天地人神所蕴含的神性表达着仰慕与崇敬，这是神性的礼赞，也是神性的模仿。

《尧典》中另一位典礼主持者是舜帝，与尧相比，舜主持的仪式缺少了一点神性，而多了一些政治性：

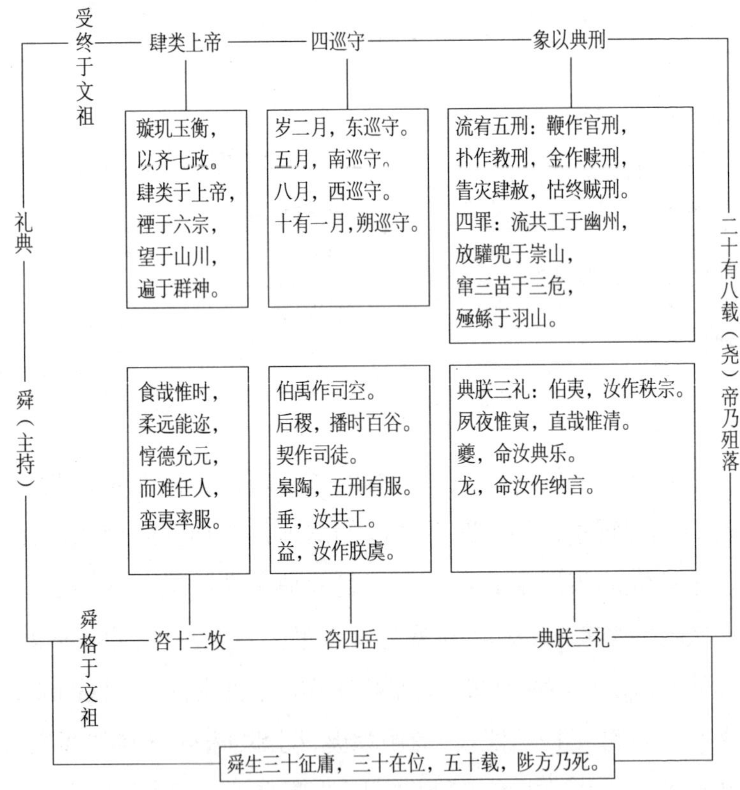

舜的故事并不是历史笔法的记载，而是典礼艺术的表

演展示。舜帝事迹包括摄政与执政两个时期，典礼则通过“受终于文祖”“格于文祖”两种盛大的仪式展现，“文祖”即尧太祖之庙，也就是说展演舜帝事迹的礼典是在太祖之庙隆重举行的，以“受终于文祖”，展演舜帝摄政时期的事迹。

“受终于文祖”属于礼典的上半部分，分为“肆类上帝”“四巡守”“象以典刑”三场，主要表现舜帝对外巡狩征讨的强人政治家形象。典礼的上半部分从“遍于群神”的祭祀仪式开始，以祭拜上帝为中心，对日月五星所谓七政、天地四时所谓六宗以及自然山川一一祭祀，完成了历史文献中所能看到的最为盛大的祭祀仪式。第二场是四巡狩仪式，按照春夏秋冬四时与东南西北四方，时空一体，有序写来，宣示着对天下的政治权威。第三场则是确立法律的权威。一是制定法律，宣布“流宥五刑”：“鞭作官刑，扑作教刑，金作赎刑，眚灾肆赦，怙终贼刑。”二是惩治“四罪”：“流共工于幽州，放驩兜于崇山，窜三苗于三危，殛鲧于羽山。”如果说制定五刑是法律的理论层面的话，那么流放四罪则是法律的实践层面，两者结合，知行合一，终于赢得了“天下咸服”的局面。

“舜格于文祖”属于礼典的下半部分，分为“咨十二牧”“咨四岳”“典朕三礼”，舜帝的政治治理从宫廷外的权威宣示，转入到宫廷内的民生与职官治理。“咨十二牧”，目的是解决以“食哉”为根本的民生问题为基础，从而实现所谓“柔远能迩，惇德允元，而难任人，蛮夷率服”，即远近顺服、品德敦厚、拒绝小人、蛮夷来奔的理想政治。“咨四岳”则是一系列职官制度的确立，司空、司农、司徒、司寇、考工、虞官，形成一个严密的城邦管理系统，显示出城邦政治的秩序与威严。“典三礼”本来也属于职官系统，属于“咨四岳”叙事中，但是“三礼”属于礼乐，“三礼”包括秩宗、典乐、纳言，是上古城邦政治的最高阶段，而“典乐”又是“三礼”的最高层次，因此《尚书·尧典》也将典乐仪式作为礼典的高潮推出，以抒情的笔墨描绘了“八音克谐，无相夺伦”“击石拊石，百兽率舞”的盛大场面。礼典的最高境界是艺术的，典乐已经将诗、歌、声、律等艺术形式综合地统一在一起，在诗的语言、歌的演唱、乐的声韵、舞的节律和“百兽率舞”的艺术表演中，追求天地人神融为一体的艺术境界。这种表演在周礼中被称作“大合乐”，《周礼·春官·大司乐》谓：

> 以六律、六同、五声、八音、六舞大合乐，以致鬼神示，以和邦国，以谐万民，以安宾客，以说远人，以作动物。

所谓“大合乐”即礼乐艺术的最高形式，其调动一切艺术形式，将六律、六同、五声、八音、六舞融合在一起，将神界的鬼神、政治范畴的邦国、万民、宾客、远人，以及自然界的动物沟通起来，联系为一体，在艺术的美好中组成和谐有序的世界。“作动物”即对自然万物的扮演与模仿，即《尧典》的“百兽率舞”。在艺术的扮演中，天地人神与自然界中吉祥的动物纷纷出场，营造出神祇天降、百兽率舞、黄钟大吕、且歌且舞的神圣空间。这种典乐仪式，《皋陶谟》有更细致的描述：

> 夔曰戛击鸣球，搏拊琴瑟以咏，祖考来格，虞宾在位，群后德让。下管鼗鼓，合止柷敔，笙镛以间；鸟兽跄跄。《箫韶》九成，凤皇来仪。夔曰：“於！予击石拊石，百兽率舞，庶尹允谐。”
>
> 帝庸作歌曰：“敕天之命，惟时惟几。”乃歌曰：“股肱喜哉，元首起哉，百工熙哉。”皋陶拜手稽首，扬言曰：“念哉！率作兴事，慎乃宪，钦哉！屡省乃成，钦哉！”乃赓载歌曰：“元首明哉，股肱良哉，庶事康哉！”又歌曰：“元首丛脞哉，股肱惰哉，万事堕哉！”帝拜曰：“俞，往钦哉！”

明代思想家王阳明明确地将“《箫韶》九成”理解成戏剧，《传习录》谓：

> 先生曰：“古乐不作久矣，今之戏子，尚与古乐意思相近。”未达，请问。先生曰：“《韶》之九成，便是舜的一本戏子，《武》之九变，便是武王的一本戏子。圣人一生实事，俱播在乐中，所以有德者闻之，便知他尽善尽美，与未尽善处。”

《皋陶谟》的礼乐与《尧典》是一致的，而《皋陶谟》记述得更为细致，这里有诗的赋诗言志，有乐的依永合声，更有舞的扮演节奏，“祖考来格”“百兽率舞”“凤皇来仪”等等，都以表演的方式充分地表现了对神灵对祖先对凤凰的追求和模仿。王国维说：“戏曲者，谓以歌舞演故事也。”《尚书》记载的尧典舜典是一种仪式，也是一种扮演，在固定的时空中，在集中的时间内，将尧舜的英雄事迹通过艺术表演的方式展现出来，这一过程显示了上古戏礼的艺术水平。《尧典》在表演“受终于文祖”和“舜格于文祖”两个典礼之间，各穿插了英雄之死的故事，一则是尧帝“乃殂落，百姓如丧考妣”，一则是舜帝“陟方乃死”，使得英雄叙事有了几分悲壮的色彩。这样整个表演分为上下两个段落，上下对称，每段各有三场，合起来六场，也即“六成”，与《大武》结构一致。两段都以文祖祭庙为舞台，显示了这一时期戏礼结构的严整结构。

如果说上面尧舜英雄叙事侧重于仪式的话，《尧典》中对尧舜禅让的记述则侧重于对话，侧重于语言。

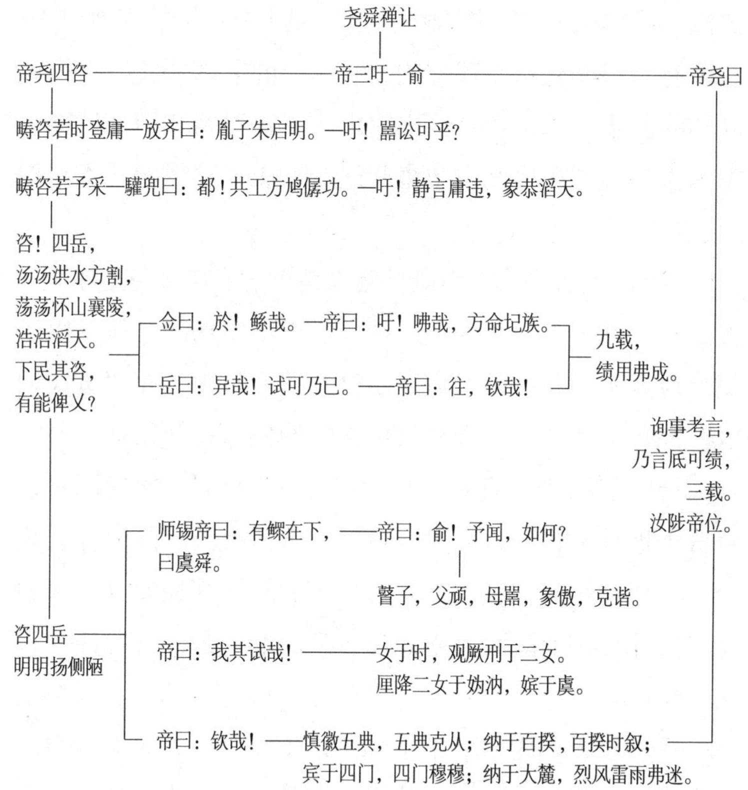

整个叙事都通过对话展开，已具有了用对话表现人物性格、推动情节发展的艺术效果。禅让的过程以尧帝“四咨”为叙事线索，尧帝左右先后推荐了丹朱、共工、鲧，都被尧以“吁”开头，一一否决，在身边的重臣们被否决后，突然由“明明扬侧陋”一转，目光转向社会下层，于是舜帝出场，而这里尧帝突然以一个“俞”字开口，充满了一些温暖和赞叹，赢得了尧帝“我其试哉”的建议，舜帝终于从社会下层被

选拔。《尧典》是典型的表演艺术，是上古戏剧的表现形式，这里有专门的艺术表现空间，有综合的艺术形式，有神人以和的艺术追求，也有性格突出的人物对话和情节冲突，中国古典戏剧在典礼中孕育并逐渐形成了独特的艺术结构形态。

“光”是《尚书》中最具艺术精神的意象，尧是在“光被四表，格于上下”的一片神圣之光中出场的。他一出场便是对太阳的礼拜，“寅宾出日”敬迎日出，而“寅饯纳日”则是礼送日落，这种气象恢宏的盛大礼节象征着尧掌管天地锁钥的非凡能力。他一方面历象日月，厘定四时，掌管天地秩序；一方面平章百姓，选贤授能，开辟禅让政治，一切公平、正直、善良、和顺的品格都在他身上得到完美的体现。而这种品格是没有来源的，是一种神性的自然品性。

舜是在人们的赞颂中出场的，未见其人，先有其声。这位虞舜的经历也是富有传奇色彩的，不仅身居侧陋，而且有着艰难的生活环境：

瞽子、父顽、母嚚、象傲。

与史诗时代的英雄们一样，舜也有着艰难的生存环境和非凡经历。他是盲人之子，父亲顽劣乖张，母亲荒唐放浪，弟弟傲慢猖狂，而在如此艰难的家庭环境里，虞舜竟能“克谐以孝，烝烝乂，不格奸”，以孝顺实现家族和谐，蒸蒸然一派孝义之风，有效地防范了邪恶的滋生。但是帝尧并没有轻易地相信臣子们的举荐，而是以“我其试哉”来考验虞舜，有趣味的是帝尧的考验是将自己的女儿嫁给虞舜：

> 女于时，观厥刑于二女。厘降二女于妫汭，嫔于虞。帝曰：“钦哉。”

《尚书》关于虞舜的故事叙述，成为后来历史经典的故事原型，故事性也更生动有趣味。一方面是在家庭恶劣环境中艰难的成长：

> 父母使舜完廪，捐阶，瞽瞍焚廪。使浚井，出，从而掩之。象曰：“谟盖都君咸我绩。牛羊父母，仓廪父母，干戈朕，琴朕，弤朕，二嫂使治朕栖。”象往入舜宫，舜在床琴。象曰：“郁陶思君尔。”忸怩。舜曰：“惟兹臣庶，汝其于予治。”
>
> ——《孟子·万章上》

> 瞽叟、象喜，以舜为已死。象曰：“本谋者象。”象与其父母分，于是曰：“舜妻尧二女与琴，象取之；牛羊仓廪予父母。”象乃止舜宫居，鼓其琴。舜往见之，象鄂不怿。曰：“我思舜，正郁陶。”舜曰：“然，尔其庶矣。”舜复事瞽叟，爱弟弥谨。
>
> ——《史记·五帝本纪》

从《尚书》到《孟子》再到《史记》，故事越来越曲折复杂，充满戏剧性。舜的父母让他修缮仓廪，却趁机撤掉阶梯，焚烧仓廪；让舜疏浚水井，又趁机掩埋水井。当舜的父母和弟弟象，开始分配舜的遗物时，舜却突然出现，这让象一番忸怩作态，十分不自然，场面颇为滑稽。

英雄史诗中的典型特征“是它的悲剧性结局”（梅列金斯基《英雄史诗的起源》），英雄史诗中的英雄通常都有与某种邪恶力量斗争的经历，这使得英雄形象有了悲壮的色彩。英雄形象常常是以正义的形象出现在史诗里的，是闪耀着人性的光辉的。梅列金斯基指出：“在充满神话虚幻的古代史诗中，主人公往往豪气满怀、壮志凌云，不向任何人服软，从不认输，敢于向神祇挑战。他们的行为表现出一种崇尚人的价值的人文精神。”（《英雄史诗的起源》）《尚书》中的尧、舜、皋陶、禹、后稷、文王、武王等英雄形象，总是在与邪恶力量的斗争中显示出其正义、英勇的性格，也往往具有某种悲剧性。

《尚书》的英雄悲剧常常通过“英雄之死”表现出来，《尧典》描写尧帝之死谓：

> 二十有八载，帝乃殂落，百姓如丧考妣，三载，四海遏密八音。

很明显可以看出，这里的记述不是纯然的历史笔法，而是富有情感温度的文学描写。尧帝陨落，百姓如丧考妣，则把悲伤的情感推向了人伦的最高层。而尧死三年之久，“四海遏密八音”，停止一切音乐活动，更是一种艺术的描写，显示了尧帝之死带给人的巨大心理悲伤，表现了强烈的悲剧效果。

对于舜帝之死，《尚书》只记载了“陟方乃死”，死于巡狩的路上。但是后来的经史却从这里衍生出富有悲剧色彩的故事和传说。《史记·五帝本纪》谓：“南巡狩，崩于苍梧之野，葬于江南九疑。”而《尧典》记载的“厘降二女于妫汭”的二女，则有了娥皇、女英的名字，有了一段凄婉的浪漫主义的尾声：

> 尧之二女，舜之二妃，曰湘夫人。帝崩，二妃啼，以涕挥竹，竹尽斑。
>
> ——《博物志》卷八

帝舜死于巡狩途中，二妃追随而至，点点珠泪溅到竹上，竟然成为斑竹。而屈原在《湘夫人》中“帝子降兮北渚，目眇眇兮愁予。嫋嫋兮秋风，洞庭波兮木叶下”的描写，则将这一故事放置到袅袅秋风、萧萧落叶、瑟瑟寒波中，进一步突显了二妃一往情深哀婉感伤的心理世界。

周公恐惧流言后

周公是中国历史上第一个被流言击中的政治家。流言一直是中国文化中挥之不去的梦魇，孔子、屈原、司马迁、嵇康、李白、苏轼、王阳明、袁崇焕、王国维等，一个个圣贤君子、学者诗人被流言击中，流言所到之处，哀告无门，血泪飞溅，天地悲歌。理论上说，周公之前也一定有人为流言所困，为流言所中，但是从现存的经典文献记载来看，周公却是第一个。这则记载见于《尚书·金縢》：

> 武王既丧，管叔及其群弟乃流言于国，曰："公将不利于孺子。"周公乃告二公曰："我之弗辟，我无以告我先王。"周公居东二年，则罪人斯得。于后，公乃为诗以贻王，名之曰《鸱鸮》。王亦未敢诮公。
>
> 秋，大熟，未获，天大雷电以风，禾尽偃，大木斯拔；邦人大恐，王与大夫尽弁，以启金縢之书，乃得周公所自以为功，代武王之说。二公及王乃问诸史与百执事。对曰："信。噫！公命，我勿敢言。"王执书以泣，曰："其勿穆卜。昔公勤劳王家，惟予冲人弗及知；今天动威，以彰周公之德；惟朕小子其新逆，我国家礼亦宜之。"
>
> 王出郊，天乃雨。反风，禾则尽起。二公命邦人，

> 凡大木所偃，尽起而筑之，岁则大熟。

在《辞源》《辞海》等权威的字典里，“流言”的要义有二：一是谣言，是没有根据的话；二是流传，在相当广泛的范围内流行。流言以“据说”“据传”“听人说”“有人说”“或曰”“若曰”“莫须有”的形式传播，影影绰绰，若有若无，不绝如缕。流言如箭、如刀、如网，但它射中的不是肉体，而是心灵、是精神，人一旦为其所中，痛彻心扉，难以挣脱。

问题是既然是谣言，怎么会流行？有理性、有思想的人类怎么会如此轻信谣言？人类的文化空间怎么会让谣言轻易传播？伟大的人物又怎么会更容易被流言击中？解释这样的问题，不是词义训诂那样简单，流言一词在字典里被诠释得层次清晰，而一旦走入生活就变得复杂起来。

周公被流言击中不是因为平庸而是因为伟大，因为正义，因为卓越不凡，因为他的光彩照人。

周公名旦，是周文王的儿子、周武王的弟弟。《史记·管蔡世家》谓周文王有子十人，而只有武王和周公最贤。周公在《尚书》中自谓“多材多艺，能事鬼神”（《金縢》），《史记》谓周公“自文王在时，旦为子孝，笃仁，异于群子”（《鲁周公世家》），《淮南子·氾论训》记：

> 周公事文王也，行无专制，事无由己，身若不胜衣，言若不出口；有奉持于文王，洞洞属属，如将不能，

恐失之，可谓能子矣。

周公出身皇室贵胄，却没有丝毫的世家公子的纨绔习气，而是温雅谦敬，内敛平和，心灵澄澈。《史记·鲁周公世家》中周公告诫儿子伯禽说“我文王之子，武王之弟，成王之叔父，我于天下亦不贱矣”，但他依旧礼贤下士，一片赤诚：“我一沐三捉发，一饭三吐哺，起以待士，犹恐失天下之贤人。”在周文王面前周公更是一派小心，一言一行，惟命是从；洞洞属属，唯恐差池。文王去后，周公“常辅翼武王，用事居多”。“用事居多”仅仅四个字，却总结了周公事无巨细的责任担当和夙夜在公的辛勤付出。而在决定殷周生死存亡的关头，周公更是威风凛凛，战功赫赫，光彩照人。牧野之战，周公作《牧誓》一篇，历数商纣王种种罪过，文采斐然；率先冲进殷商王朝的宫殿，执大钺立于武王身后，豪气凛然。按照《逸周书》《史记》的记载，殷周革命之后的周武王并没有陶醉于巨大的胜利中，而是忧心忡忡，彻夜难眠，“自夜不寐”（《史记·周本纪》）。周武王彻夜难眠的原因有二：一是周室初立，政局不稳，殷商旧地并不安分；二是刚刚取得政权的周王室根基不牢，缺少思想与制度建设。而围绕在武王身边的就是周公，每当武王忧心之时，周公或“泣涕于常（裳）”，或“涕泣共（拱）手”（《逸周书·度邑解》），悲不自胜，涕泪横流，足见周武王与周公之间的相知相契。

周武王在临终之际，将周公叫至身边，反复叮咛“以保小子于位”（《逸周书·五权解》）。成王稚嫩年少，武王临终托命，将年少的成王与刚刚建立的周王朝交给了周公。

此时的周王朝基业未稳，黑云压城，风雷激荡。宫廷内周成王年幼失怙，而失败的殷商贵族却不甘心，大有东山再起、卷土重来之势。同时，东方的淮夷、徐戎等乘机反叛，狼烟四起。正是在这种背景下周公毅然肩负起周王朝兴盛的历史责任，以“摄政王”的身份董理国家，威临天下，《史记·周本纪》谓：

周公恐诸侯畔（叛）周，公乃摄行政当国。

伟大常常是流言射猎的对象，正如猎人喜欢捕杀身体健硕的动物。一个人越是高标自置，越是追求道德的完美，就越容易引来人们怀疑、猜测的冷眼，越容易遭遇流言的围猎。木秀于林，风必摧之。平庸是摆脱流言的最好方式，因此中国人有一种保全自己的智慧，就是让自己收敛锋芒，堕于流俗的平庸之中。

周公是为了新兴的周王朝的稳定而摄政周室的，但他的伟大和正义，却很快引来了一些居心叵测者的非议和猜疑，流言在周室宫廷上下流传。《尚书·金縢》所谓“管叔及其群弟乃流言于国，曰：‘公将不利于孺子。’”，谣言的发布者是管叔和群弟，管叔是周公的兄长却位列周公之后，他有猜忌周公的理由；而怀疑周公的却不仅仅是管叔，而有更广泛的人群——“群弟”，“群弟”是周室的宗族子弟，《清华大学藏战国竹简（一）》中的《金縢》记载是“群兄弟”，也就是说周公引起了宗亲间普遍的怀疑，他们担心周公取成王而代之，周公已经深深陷入流言的围猎之中，孤立无援，难以辩白。

确实，周公太有被怀疑的理由了。他多才多艺、满腹经纶，深得文王、武王两代君主的倚重，他在牧野之战中战功赫赫，同时还拥有丰富的政治经验，比起弱龄年幼的成王来说，显然他更具有执掌周室威临天下的能力和资历，是更合格的王位继承人。正所谓匹夫无罪，怀璧其罪，周公的非凡能力本来是周室稳定的条件，却成为流言制造者们攻击他的口实。

不仅仅是管叔，也不仅仅是“群兄弟”，召公也不满意了、不高兴了。《尚书·君奭·序》云：“召公为保，周公为师，相成王为左右。召公不悦，周公作《君奭》。”《史记·燕召公世家》明确地说召公之所以不悦，就是听到了周公将不利于成王的流言：

> 成王既幼，周公摄政。当国践祚，召公疑之，作《君奭》。《君奭》不说周公。

《列子·杨朱》亦谓：

> 武王既终，成王幼弱，周公摄天子之政，邵（召）公不悦，四国流言，居东三年。

“召公不悦”，非同小可，一是召公与周公一为太保，一为太师，二人共同辅佐成王；二是召公与周公一样在周室中具有崇高的威望，《汉书·王莽传》称周公为“圣人”，称召公为“贤人”；三是周公、召公分陕而治，一为周南，一为召南，二南被称为“正始之道，王化之基”（《诗大序》），在周代分封诸侯中具有教化示范意义，所以在“诗三百”中孔子特别强调二南的礼乐教化意义。周公与召公是心灵相契的同道，也是周室稳定的基石，从“召公不悦”开始，已经不能将流言简单地理解为“小人拨乱其间”了，因为连召公这样拥有崇高德性的人也开始怀疑开始不悦了。

更为严重的是，年少的周成王也起了疑心。《尚书大传》谓管、蔡流言横行之时，商纣王的儿子认为时机已到，趁机谋反，其谓：“武王既死矣，今王尚幼矣，周公见疑矣，此百世之一时也，请举事。”这里的“周公见疑”，当然主要是指被成王猜疑。《诗经·豳风·狼跋》毛序谓：“周公摄政，远则四国流言，近则王不知。”王充《论衡·感类》谓：“周公居摄，管、蔡流言，王意狐疑周公，周公奔楚。”在遭遇流言的时候，周公曾以诗明志，剖白心迹，以表衷肠。但是周公的剖白并未得到成王的理解信任。《金縢》谓“王亦未敢诮公”，钱穆《周公》一书中认为“诮公”之“诮”，当作“訬”，《玉篇》曰：“信，古文作訬。”诮通于“訬”，即信任之意，也就是说周公的辩白并未消除成王的疑虑，取得成王的信任。

一个由管叔、蔡叔等人制造的谣言，很快在周公的兄弟宗族之间流传，连一向引为同道的召公也颇为不悦，年幼的周成王自然也疑心重重。周公被流言深深击中，陷入了一种屈原式的“忠而见谤，信而见疑”的悲剧之中。

面对流言，周公也曾文人般地苦痛、辩白，甚至恐惧，却无济于事；而周公毕竟是伟大的政治家，他的反击也是颇具政治家风采的。他以政治家的胆识和气魄，挥兵东进，消灭以武庚为首的殷商遗民叛乱，诛杀、流放流言的制造者管、蔡之流，征服东方徐奄、淮夷等方国部落，肃清了流言存在的政治氛围，为周王朝的稳定奠定了坚实的基础；而最后随着“启金縢之书”的仪式，真相大白，成王幡然醒悟，“执书以泣”，周公沉冤得雪，显示了他卓越不凡的政治风采和崇高伟大的人格风范。周公是第一个被流言击中的政治家，也是第一个成功摆脱流言猎杀的伟大政治家，他的成功使得中国历史有了一个晨光熹微的开端。周公的抗争过程大致可以概括为：

一、以诗言志的告白。《金縢》里面说周公在遭受流言之后，曾经写过一首《鸱鸮》，剖白心迹，倾诉衷肠，言说内心的悲苦。但是关于这首诗的创作时间，《金縢》却有些模糊混乱，倒是《毛诗序》说得清晰晓畅：“《鸱鸮》，周公救乱也。成王未知周公之志，公乃为诗以遗王，名之曰《鸱鸮》焉。”很明显《鸱鸮》一诗，是周公在遭受流言，连成王也对他不信任的时候赋诗明志的作品。全诗谓：

> 鸱鸮鸱鸮，既取我子，无毁我室。恩斯勤斯，鬻子之闵斯。
>
> 迨天之未阴雨，彻彼桑土，绸缪牖户。今女下民，或敢侮予。
>
> 予手拮据，予所捋荼，予所蓄租，予口卒瘏：曰予未有室家。
>
> 予羽谯谯，予尾翛翛，予室翘翘，风雨所漂摇。予维音哓哓。

全诗围绕周室来写，围绕周室的各种人物关系设置种种比喻象征。鸱鸮是一种小巧善鸣的鸟，或称巧妇、巧女，比喻制造流言的管、蔡之徒。而“我子”指周公的宗室兄弟，“我室”，实指周王室，象征周王朝。鬻子之“鬻”，即幼，《毛传》谓：“鬻，稚。”鬻子即稚子，借指年少的周成王。周公以鸱鸮比喻流言的制造者，规劝他们已经迷惑了宗室兄弟，就不要毁灭我周王室了。我恩爱有加，辛勤劳作，完全是为了可怜的成王啊。

周公以手拮据、口卒瘏比喻自己深中流言的艰难困苦，而最后一章周公把自己比喻成一只鸟，羽毛凋落，羽尾破败，鸟巢岌岌可危，在风雨中摇摇晃晃，“维音哓哓”，是写鸟的声音恐惧而悲凉，更是诗人内心孤苦无依的象征。周公写自己的忧惧悲凉，也写整个周王朝面临的风雨飘摇的危险处境，向成王表达自己的忠诚可鉴，痛苦地为自己辩白申诉。

二、以退为进的反击。文学是辩白的有效手段，却不是摆脱流言的最好方式。摆脱流言的最好方式一定是行动。周公是伟大的政治家，在对流言的反击中，表现出周公的冷静理性和果敢坚决。按《金縢》记载，管叔等制造的谣言流行后，周公特向一起辅弼王室的太公、召公陈情："我之弗辟，我无以告我先王。"现在人们盛传我将威胁成王，如果我不离开宫廷，离开摄政王的位置，那我怎么向已经作古的先王报告？理解这段话，关键是对"辟"字的理解。对此字的解释歧义甚多，《经典释文·卷四》引郑玄谓"辟"当为"避"，即"避居东都"，此为确诂。也就是说周公在谣言盛行遭受不白之冤的时候，他选择了回避，选择了离开。

对周公避居东方之所以有不同的解读，是因为对周公避居东方理解的过于狭隘。"辟"不是消极地躲避，而是以退为进的战略反击。周公是富有战略思想的政治家，他选择了暂时离开宫廷，躲避谣言流行的漩涡，但他不是回避，不是归隐，而是挥师东去，直指制造谣言的是非之地，直指叛乱者的大本营。《尚书·大诰》孔传云："武王崩，三监及淮夷叛。周公相成王，将黜殷，作《大诰》。"周公是借成王之名，以鲁国在东方的封地为依托，讨伐殷商遗民的反抗，讨伐管叔、蔡叔、霍叔的叛乱，讨伐东方边境上蠢蠢欲动的淮夷方国。

这不是一次一般的战争讨伐，而是关系到周室存亡的战略行动。“东”不是简单的殷商旧部，也不仅仅是三监管辖的行政区域，而是整个东方，包括徐奄、淮夷等广大地区，所以《史记》的《鲁周公世家》《蒙恬列传》等文献中也有“周公奔楚”之说，但这个楚是东方之楚而非后来的楚国之楚。关于周公居东的时间，《金縢》谓“居东二年”，而新近出版的清华简中的《金縢》作“居东三年”，“居东三年”与《诗经·豳风·东山》中的“自我不见，于今三年”正相吻合。周公用三年的时间做了几件大事：一曰平定以武庚为代表的殷商遗民的反叛；二曰诛杀流放管叔、蔡叔等一群政治谣言的制造者；三曰征服了东土一带淮夷等部落的挑战，稳定了周王朝的边境。周公的三年居东是史诗性的壮举，三年东征为自己一洗蒙冤之耻，也为周王朝的长期稳定繁荣赢得了广阔的时间和空间。周公遭遇的流言是一种政治阴谋，因此也只能以政治的方式解决。周公避开宫廷中心的政治风浪，以退为进，慷慨东征，终于廓清了笼罩在周室上空的政治迷雾。在流言面前周公是胜利者，但这种胜利总带有某种悲剧性。

《诗经·豳风·东山》是一首吟咏周公及东征战士的诗篇，《诗序》谓：“《东山》，周公东征也。周公东征，三年而归，劳归士，大夫美之。”诗的开篇就写道：

我徂东山，慆慆不归。我来自东，零雨其濛。

我东曰归，我心西悲。制彼裳衣，勿士行枚。

蜎蜎者蠋，烝在桑野。敦彼独宿，亦在车下。

这是一个东征战士凯旋而归的歌吟，虽然胜利归来，但内心总有一种“我东曰归，我心西悲”的心理苍凉。诗人回忆着“蜎蜎者蠋，烝在桑野”式的风餐露宿的艰苦生活，在一天迷蒙的细雨中百感交集慨叹良多，这是战士们心底的忧伤，也是周公内心苦楚的流露。而《破斧》一诗则更加鲜明地点出了“周公东征”的主题：

既破我斧，又缺我斨。周公东征，四国是皇。哀我人斯，亦孔之将。

既破我斧，又缺我锜。周公东征，四国是吪。哀我人斯，亦孔之嘉。

既破我斧，又缺我銶。周公东征，四国是遒。哀我人斯，亦孔之休。

比起《东山》来，《破斧》的基调乐观明朗了许多。身经百战，损兵折戟，衣衫褴褛，而周公征服四国的伟大斗争，终于取得了胜利，让人感到正义的力量和美好。

三、以“启《金縢》”的证明。接下来的叙事变得轻松了，周公沉冤得雪，烈烈忠心，辉映日月，昭然天下。《金縢》的笔法是倒叙的，开篇先叙述一件往事，武王克商以后的第二年，突然患病，久治不愈。周公举行盛大的祭祀仪式，向祖先太王、王季、文王的神灵祈祷，愿意以自己的生命换取武王的健康，其祷告之辞谓：

> 惟尔元孙某，遘厉虐疾；若尔三王，是有丕子之责于天，以旦代某之身。予仁若考，能多材多艺，能事鬼神；乃元孙不若旦多材多艺，不能事鬼神。乃命于帝庭，敷佑四方，用能定尔子孙于下地；四方之民，罔不祇畏。呜呼！无坠天之降宝命，我先王亦永有依归。今我即命于元龟，尔之许我，我其以璧与珪，归俟尔命。尔不许我，我乃屏璧与珪。

周公真诚地表白自己“多材多艺，能事鬼神”，请求以自己替换病重的武王，自己愿意为伺奉祖先的魂灵，奔走前后。这种牺牲自己而忠君报国的行为可谓感天动地。而仪式之后，周公将祷告之辞“纳册于金縢之匮中”，金縢就是金属绳索，即用金属大绳将誓言的柜子紧锁，秘不示人。而周公特别交代身边的史官执事坚守秘密，不得外传。

周公归来，恰逢“天大雷电以风，禾尽偃，大木斯拔”。天象异常，风雨大作，禾麦倾倒，大树连根拔起。面对如此天象，国人无比恐慌，于是有了“以启金縢之书”的开启仪式，卸下金縢，打开金匮，乾坤朗朗，誓言犹在，赫然挺立起周公高大的精神人格。周成王悔愧交加，涕泗横流，亲迎周公于郊外。此时雨过天晴，回风倒吹，偃伏的禾麦重新站立起来，高大的树木也焕发生机。

《金縢》是《尚书》中最具故事性的叙事，其情节起伏结构变化更像小说。我觉得这更像一种仪式，是一种文学描写，是周公归来与成王言归于好的一种仪式。因为在周公与成王之间也有过这样的故事。《史记·鲁周公世家》记：

> 初，成王少时，病，周公乃自揃其蚤沈之河，以祝于神曰："王少未有识，奸神命者乃旦也。"亦藏其策于府。成王病有瘳。及成王用事，人或谮周公，周公奔楚。成王发府，见周公祷书，乃泣，反周公。

这则周公代成王的故事与周公代武王的故事太相似了。除了周公所代是成王以外，依然是君主生病，依然是周公愿以己之身替代，依然是祈祷于神，祈祷之后依然是藏于府中。结果依然是周公被谗，成王生疑，而最后的结果是藏于府中的誓言终于大白天下；依然是成王潸然泪下，依然是周公冤情昭雪，如此近似的故事，让人觉得这只是一种流行的故事，是一种常见的仪式，是一种常见的文学表现方式。故事或有可疑之处，但不可疑的是周公的胜利。周公以他仁人君子的道德人格，以他诗人的真挚深情，更以他政治家的睿智干练和胆识气魄，成功摆脱了流言的袭击，周公不是以悲剧而是以正剧的形式在历史的风浪中塑造了自己。

唐人白居易在《放言五首·其三》诗中写道：

> 赠君一法决狐疑，不用钻龟与祝蓍。
> 试玉要烧三日满，辨材须待七年期。

周公恐惧流言后，王莽谦恭未篡时。

向使当初身便死，一生真伪复谁知？

一个人要从流言的猜疑中摆脱出来，不靠占卜，不靠宿命，而是要经得起时间的检验，经得起苦难的考验，如果周公当时不是以行动抗争，而只是以语言辩白，甚至因此付出生命的代价，那么历史的真相究竟谁来说明？周公在中国历史上被世代礼赞，除了他的功业，更有他面对流言呈现出来的理性从容和大气磅礴。被流言击中的时候，他是有可能成为屈原的，但他是周公，是诗人周公，更是政治家周公，因此他笑到了最后。

风雪乾溪楚灵王

楚灵王是一个飞扬跋扈、横行任意的历史人物，也是一个性格鲜明、情感丰富的文学人物。他的毫不掩饰的张扬、目空一切的狂妄、极尽铺排的奢华以及心狠手辣的残忍等等都给人留下了鲜明而深刻的印象。《左传》《国语》《晏子》《墨子》《战国策》《韩非子》《吕氏春秋》等先秦文献关于楚灵王的事迹有很多记载，角度大都是批判和谴责的，而《左传》的记载有些特殊，有些例外。

《左传》对楚灵王也有强烈的批判态度，而又不局限于此。《左传》超越了对这一历史人物简单的道德评价，而将其放置到特定的历史土壤上予以展现和描写。《左传》中的楚灵王一身戾气，不拘绳墨，他仿佛横空出世，有意挑战以礼乐文化为基础的君子人格；他任性而为，难以理喻，为实现自己的政治目的不择手段，冷酷而坚定。他不屑于用道德装饰自己，盛装亮相，招摇过市，不仅在国内政治中唯我独尊、恣意妄为，在国际事务中也野心勃勃，盛气凌人，不把国际交往的准则放在眼里。他的率意任性，到了粗鄙狂野的程度，不仅超出了礼乐文化的一般范畴，也不在基本的人伦范围之内，不仅在楚国，在春秋时代，甚至在整个中国历史上他都是一个非常出格的人物。但即使如此，《左传》的作者还是对他有所同情，在对他保持批判谴责甚至嘲讽的同时，也写他的知人之长，写他对反对自己的人有所尊重、有所包容；写他有恻隐之心，对征服者还表现出某种理性、某种同情。

而最后写到楚灵王据守乾溪的时候，《左传》的笔调一下子舒缓下来，完全以文学的笔法描写楚灵王的形象：雨雪。王皮冠、秦复陶，翠被，豹舄，执鞭以出。他手执长鞭，头戴皮冠，身穿秦国羽衣，肩披绿色斗篷，脚穿豹皮鞋子，立于茫茫风雪中。这是中国历史散文第一次以如此详尽的笔墨，描写风雪迷茫的自然空间，描写一个人的外在形象，鲜明耀眼，气度不凡。《左传》写他的不可一世，睥睨天下；也写他的穷途末路，英雄挽歌；而到最后，楚灵王在乾溪接到宫廷政变王子被杀的消息，他投于车下，回首前尘，竟与侍人谈论起爱子的话题，语多自责自省，使得这一形象有了某种情感的温度和人性的力量。

楚灵王的性格是丰富的、多元的，心理是复杂的、多面的，《左传》对于楚灵王不是简单的历史记录，而是文学塑造，一方面是故事的描写，一方面是性格的展现，作者选取的故事总能呈现其鲜明的性格特征。《左传》笔下的楚灵王不是类型，而是典型，是黑格尔老人说的“这一个”，因此在对楚灵王保持政治上批判的同时，应该注意这一形象的文学史意义，注意《左传》文学描写的艺术突破。

按照文学叙事的发生、发展、高潮、尾声的一般结构，楚灵王的性格发展可分为四个阶段：

一、发生：《左传》对楚灵王的描写是从他顽劣凌霸的纨绔子弟形象起步的，骄狂的公子围是骄狂的楚灵王的开端。时间是鲁襄公二十六年到鲁昭公元年十一月，约六年的时间。

“争”是楚灵王性格的主要方面。楚灵王就是在与穿封戌的争执中出场的，而他一出场就带着世家贵胄的纨绔无赖习气，带有一贯的恃宠而骄的凌霸骄狂。鲁襄公二十六年《左传》记：

> 楚子、秦人侵吴，及雩娄，闻吴有备而还。遂侵郑。五月，至于城麇。郑皇颉戍之，出，与楚师战，败。穿封戌囚皇颉，公子围与之争之，正于伯州犁。伯州犁曰：“请问于囚。”乃立囚。伯州犁曰：“所争，君子也，其何不知？”上其手，曰：“夫子为王子围，寡君之贵介弟也。”下其手，曰：“此子为穿封戌，方城外之县尹也。谁获子？”囚曰：“颉遇王子，弱焉。”戌怒，抽戈逐王子围，弗及。楚人以皇颉归。

这是著名的“上下其手”的故事。鲁襄公二十六年的楚人伐郑的城麇之战中，楚人穿封戌俘获郑国将领皇颉。但当时贵为楚公子的公子围，竟然以近乎无赖的行为公然与穿封戌抢夺获俘之功，硬把穿封戌俘获的战俘说成是自己的战功。而楚太宰伯州犁摄于这位公子的赫赫淫威而徇私枉法，以上下其手的肢体动作，暗示公子围与穿封戌的地位尊卑。被俘获的郑国将领皇颉心领神会，曲意逢迎，颠倒是非，说自己被公子围俘获，像一幕荒唐的滑稽剧既叫人忍俊不禁，又令人怒不可遏，一个顽劣霸道的世家公子形象跃然纸上。

如果说这只是公子围的一场国内表演的话，“设服离卫”则是楚公子围在国际舞台上的一场亮相。这场亮相，公子围依然表现出野心膨胀、个性张扬、故作威风的一贯风格。昭公元年（前 541）晋国、楚国、齐国、鲁国、宋国、卫国、陈国、蔡国、郑国、许人、曹人等十一个国家在虢地盟会，出席盟会的各国使者无不风雅庄谨，文质彬彬；而这位楚公子围却举止高调，出尽风头，引来各国使者的嘲笑和讥讽。所谓“设服离卫”，杜注“设服”即“设君服”，而“离卫”，“二人执戈陈于前”，即二人执戈前导护卫，也是君主的仪仗。公子围以令尹身份而着装如国君，且保卫设置也俨然一副国君的气派，勃勃野心昭然若揭。于是引来人们的奚落嘲讽：

> 三月甲辰，盟。楚公子围设服离卫。叔孙穆子曰：“楚公子美矣，君哉！”郑子皮曰：“二执戈者前矣。”蔡子家曰：“蒲宫有前，不亦可乎？”楚伯州犁曰：“此行也，辞而假之寡君。”郑行人挥曰：“假不反矣。”伯州犁曰：“子姑忧子晳之欲背诞也。”子羽曰：“当璧犹在，假而不反，子其无忧乎？”齐国子曰：“吾

代二子慼矣。”陈公子招曰：“不忧何成？二子乐矣。”卫齐子曰：“苟或知之，虽忧何害？”宋合左师曰：“大国令，小国共，吾知共而已。”晋乐王鲋曰：“《小旻》之卒章善矣，吾从之。”

对公子围的冷嘲热讽始于鲁国的叔孙豹，他不无揶揄地说：“楚国的这位公子真美啊，宛如国君啊。”蔡国子家也随声附和：“人家在国内已经住在君王的宫殿里，这样做还不可以吗？”面对众人的嘲笑，随公子围出访的伯州犁只好出来解释：“我们令尹出来时已经请示国君了，只是暂借一下国君的威仪。”而这样的解释，引来更多人讥讽和议论。齐国国子、陈国公子招、卫国齐子、宋国合左师、晋国乐王鲋等纷纷出场，而郑国行人子挥的评论最有力量：“什么借啊，借了不还吧。”左氏将楚灵王放到典型情境中展示其典型性格，在他人的目光中表现其几近疯狂的权力欲望和轻狂性格。此时他还是令尹，却从外在服饰到内在气质都夸张地表现出一个君主的派头，他内心渴望着尽快走向楚国的权力顶峰，这在春秋舞台上还是少见的。《左传》的作者为楚灵王的出场而不吝笔墨，在国内与国际两个舞台上充分展现他的顽劣骄狂，为他整体性格的显现做好铺垫。

二、发展：通过弑君而成为楚国君主的楚灵王，在权力的舞台展现他的威风八面，也展现他不可遏止的汰侈骄奢。时间是从鲁昭公元年十一月后至鲁昭公十二年冬，总共十二年的时间。

鲁昭公元年的冬天，公子围在出使郑国路上听到楚君郏敖病重的消息，中途而返，悍然发动政变，杀死国君及其公子，登上了楚国至高无上的权力巅峰，是为楚灵王。而到达权力的峰巅之后，楚灵王的政治狂妄和心理任性纠合在一起，在他的驾驭下楚国宛如野马脱缰，走上了一路狂奔、近乎疯狂的道路，发生了许多今天看起来匪夷所思的故事。

“汏侈”是郑人游吉在《左传》昭公元年对楚灵王性格的评价。汏，即骄狂，侈，即奢华，这是对楚灵王入骨的分析，骄狂而不克制，奢华而无节度，确实是楚灵王精神性格的体现。楚公子围转身成为至高无上的楚灵王，他的权力达到了极致，而也正因为如此，他的“汏侈”也达到了极致。《左传》也沿着“汏侈”“方侈”“示诸侯侈”“汏侈已甚”的叙事线索，不断展现楚灵王在权力高峰中的任性、骄狂、暴戾和残忍。

楚灵王喜欢在国际舞台上展示他的霸气。鲁昭公元年郑国子太叔（游吉）参加完楚灵王的就职典礼归来，就告诫子产“具行器矣”，随时准备好出使的行装，因为这位张扬的楚君为人“汏侈”而“自说其事”，一定会在国际舞台上招摇的。楚灵王喜爱田猎，鲁昭公三年子产随同郑简公访问楚国，灵王便让郑简公陪同在云梦泽狩猎。昭公四年许悼公访楚，灵王将其与郑简公等强行扣留，不得返国，陪同其狩猎。接着又派椒举出使晋国，挑衅晋国的权威，公开要求诸侯朝拜楚国，称霸天下。诸侯国摄于楚灵王的淫威在申地聚会，征伐吴国。楚灵王以齐国庆封徇师，又灭掉赖国，一副骄狂自得不可一世的面目暴露无遗。齐桓、晋文之类的霸主总还有几分掩饰，即使跨越礼乐的界限，也总找一点借口。鲁僖公四年，齐桓公挥师南下，兵临楚国城下，楚大夫屈完正义凛然，一番"以德绥诸侯"的慷慨陈词之后，齐桓公自知理亏，结盟而还。而楚灵王则似乎不在意这些，只要需要，任何文明的界线，他都敢于跨越，甚至不屑于寻找借口。鲁昭公五年楚灵王求婚于晋，而当晋国派出上卿韩宣子（韩起）、上大夫叔向（羊舌肸）等亲自来楚国送娶，而这位楚灵王不仅毫无感恩之意，竟然想到"吾以韩起为阍，以羊舌肸为司宫，足以辱晋，吾亦得志矣"，扣留对方的外交人员，让对方的正卿韩起守门、给上大夫叔向施以宫刑。这种想法出自一个君主的口中实在令人匪夷所思，因为他的想法太出格了，太不符合常理了。按《左传》记载，听到这样的想法，连他的大臣们也一时无语，面面相觑，莫从回答。

"茫茫衰草没章华，因笑灵王昔好奢。台土未干箫管绝，可怜身死野人家"，这是唐人胡曾以《章华台》为题的咏史诗。章华台是楚国巍峨宫殿的代表，也是楚灵王夸饰张扬的个性象征。据考古学家鉴定，1987 年湖北潜江龙湾发掘的遗址就是章华台遗址，按《水经注·沔水》记章华台“台高十丈，基广十五丈”，换算成今天的单位应该是台高23米，基广35米，而登上章华台，竟然需要“上者三休，而乃至其上”，三次休息方可登上顶层。章华台在春秋时代规模和奢华都是空前的，他的汰侈也达到了“汰侈已甚”的空前程度。依照《国语·楚语上》记，章华台“举国留之，数年乃成”。章华台成，灵王为了显示楚国的辉煌功业，“示诸侯侈”，邀请各国诸侯参加落成仪式，又一次显示了他虚荣夸饰、好大喜功的一面，印证了子太叔对他“自说其事”的评价。

楚灵王本想借章华台落成炫耀天下，盛邀宾客，而各诸侯国都婉言相拒不给面子，竟“无有至者”。只有鲁昭公在薳启疆的威逼利诱下出席盛典，楚灵王对鲁昭公的到来心存感动，在新台宴请，安排美髯“长鬣者”陪同，又一时兴起，竟然将自己心爱的大屈弓送给鲁昭公。而事后灵王旋即后悔，只好派薳启疆索要回来。索取的过程也颇有戏剧性：

> 楚子享公于新台，使长鬣者相。好以大屈。既而悔之。薳启疆闻之，见公。公语之，拜贺。公曰：“何贺？”对曰：“齐与晋、越欲此久矣。寡君无适与也，而传诸君。君其备御三邻，慎守宝矣，敢不贺乎？”公惧，乃反之。

不是公然的索要，而是曲折的“拜贺”，而所谓的“拜贺”

里面则潜藏着一个大国对一个弱国的强势威胁，屈辱的鲁昭公只好将大屈弓送回。这则故事恰恰反映了楚灵王的暴虐无常、任性多变。

“虐”是楚人对灵王的政治认识。他强横的生活姿态让他不顾及一般人的感受，恣意妄行成为灵王的一种生活常态。国际上他随意处死陈国行人，设计处死蔡灵侯。在国内他更是结怨甚多，杀害大司马薳掩而夺人田产，夺走斗成然的封邑。如此等等，积攒了无数的愤怒，也为自己的灭亡准备了焚烧的干柴。

三、高潮：乾溪风雪中的楚灵王使整个故事进入高潮，通过雪夜对话展示楚灵王精神世界和心理活动，完成了一个性格饱满、精神丰盈的人物形象塑造。时间是鲁昭公十二年冬，集中在一个雪夜。

楚灵王的性格并不是静止不变的，而是不断发展的；不是单一的，而是丰富的。《左传》以丰富的文学笔法展示楚灵王在风雪中的形象，塑造出一个性格多元的文学形象，尽管楚灵王在道德上颇多值得谴责之处，但是在文学上他却是一个立体的丰满的艺术形象，这一形象的出现标志着中国叙事文学的巨大进步。

在对楚灵王批判性描写的时候，《左传》也流露出对他的某些同情某些理解。他残忍、暴虐、任性、张扬，但他也不掩饰、不隐藏，和盘托出，直来直去。做楚公子的时候，他在战场上与穿封戌争功，一派强盗般的嘴脸。而他成为楚国君主以后，也就是“上下其手”的故事发生十三年之后，楚国灭亡了陈国，而楚灵王并不忌恨穿封戌与自己争功，相反他认为这恰恰表现了穿封戌人格中一种高尚的品性——“不谗”，而将刚刚占领的陈国领地分封给穿封戌。故事到此，并未结束，穿封戌封陈之后，两人宴饮，把酒言欢，楚灵王不无得意地问：“城麇之役，女知寡人之及此，女其辟寡人乎？”意即那次上下其手的战役中，你如果知道我今天成为国君，你还会与我争功吗？按照惯常理解，穿封戌会感谢灵王重用，追悔往事，而意想不到的是，穿封戌却一点不给这位虚荣的君主面子，径直回答道：“若知君之及此，臣必致死礼以息楚。”即如果我知道你成为国君，当初冒死也会杀死你，让楚国安定下来。而接下来的事情，再度出乎意料，楚灵王再一次放任了穿封戌的无礼，不以为然。只有像穿封戌这样的春秋人能说出如此磊落光明掷地有声的话语，也只有像楚灵王这样的春秋君主才如此豁达，一笑置之。穿封戌身上有那个时代人特有的不畏强权的君子人格与风采，穿封戌“不谗”的人格再度证明再度强化，楚灵王在人才使用上的豁达胸襟也再度显现再度升华。

与此相类似的事件还有楚灵王与芋尹无宇的关系。楚灵王还是令尹的时候，竟然打着国君的旗帜去田猎，芋尹无宇以“一国两君，其谁堪之”的理由，将其旗帜砍断。楚灵王成为国君之后，收留各种逃亡的人员，芋尹无宇的看门人也逃到灵王的宫内。而芋尹无宇则正气凛然地向楚灵王追索逃亡人员，此时灵王正要饮酒，无宇则引经据典，雄辩滔滔，并暗讽灵王是效法商纣王，众目睽睽之下，楚灵王颜面尽失，却也宽大为怀，将其放过。楚国灭赖后，面对赖子及其下属“面缚衔璧”的可怜行为，灵王也心生恻隐，“亲释其负，受其璧，焚其榇”，“迁赖于鄢”。如此种种，书写了楚灵王凌霸骄侈性格之外的另一面，他也洞晓世情，也有识人的眼力，也有宽容的胸襟，也有恻隐之心。

据守乾溪，是楚灵王内心世界全面展现的时刻，也是他人性复苏升华的时刻。《左传》写了2400多人，重点写到的人物也有400多人，这些人物，或记事，或记言，或记行，而很少将人物放置到自然情境中，尤其是在风雪交加的自然环境中，描写一个人的外在风貌与内在精神。《左传·昭公十二年》对风雪乾溪中的楚灵王的描写，集中在三个方面：

一是立于风雪的外在气度。文学到了春秋时代写人状物的能力明显增强，《诗经》中的《硕人》《君子偕老》《都人士》等诗篇，都有对人物外貌和衣饰的详尽描写，显示了春秋文学以“赋”为主的写实能力的提高。《左传》是叙事文学，叙事写实的能力更强，但是像写楚灵王一样写风雪情境（雨雪），写他的华丽皮冠（皮冠）、羽绒长衣（秦复陶）、绿色披肩（翠披）、豹皮鞋子（豹舄），还是不多见的，而“执鞭以出”一句，与《诗经·卫风·硕人》中“美目盼兮”一句颇为相似，点睛之笔，境界全出，见其霸气，也见精神气象。很显然，《左传》的作者是精心地为楚灵王精神世界的展现铺展了一个景物交融的抒情空间。

二是风雪夜话里的心理世界。楚灵王与右尹子革的对话，透露出他复兴楚国的政治梦想，也是他在历史舞台上一展身手、实现个人勃勃野心的集中反映。楚灵王的三问子革分别为：

第一问鼎于周。楚灵王回顾历史，始祖熊绎时与齐、卫、晋、鲁等诸侯共同侍奉周康王，而“四国皆有分，我独无有”，列国皆有钟鼎之封，唯独楚国不得封赐。五百年后，灵王仍然愤愤不平，因此他想向周室问鼎，“王其与我乎？”

第二问田于郑。楚灵王仍然揪住历史问题不放，如今郑国的许地，在更古老的夏代曾经属于楚国，千年之后，灵王仍气愤不已，因此他想问田，追回楚国旧地：“我若求之，其与我乎？”

第三问霸于晋。整个春秋时代表现为晋楚两大政治集团的对立冲突，而历史上晋国常常处于主导地位，事到重要关头，各诸侯国常常取悦和依附晋国。这更令楚灵王愤怒异常，随着楚国力量的不断增强，灵王的野心也不可遏止，他强烈追问：“诸侯其畏我乎？”

客观地说，楚灵王心中有一个强盛楚国的理想，这个理想是个人的欲望，更是家国的梦想。他在与子革对话中表达的就是实现这一理想的强烈愿望，从历史到现实，从政治尊严到地理扩张，他想让楚国全面强盛、称雄天下。

楚国实力的一时强大，已经让楚灵王的精神高度亢奋，凌霸天下的野心已经无以复加，甚至到了失去理智的程度。这才引起了楚灵王周围人的警觉。灵王步步发问，穷追不舍，子革曲意逢迎，逆来而顺往，步步回旋。终于引发了楚王身旁的析父的不满，指责子革只能应声连连，推波助澜。而子革却不急于辩解，而是胸有成竹，他从容镇定地说道："摩厉以须，王出，吾刃将斩矣。"意即我已经磨好思想的利刃，等他回来，我会斩断他的妄想，让他重恢复理性恢复正常。于是有了雪夜赋诗的场面。

三是雪夜赋诗的精神震动。子革雪夜赋诗是高潮中的高潮，一首诗唤醒了楚灵王心中的理性，令他醍醐灌顶，猛然自省，陷入沉思，充分表现了诗的转移人心的力量。由此：

> 王揖而入，馈不食，寝不寐，数日不能自克，以及于难。

春秋时期有许多关于因为欣赏诗与音乐而沉醉其中不能自持的记载，例如：《左传·襄公二十九年》记吴季札在鲁观乐听到《韶箾》之乐，感叹"观止矣。若有他乐，吾不敢请已"；昭公元年晋赵孟出使郑国，郑人赋诗待客，赵孟也发出了"吾不复此矣"的慨叹；孔子更有"在齐闻《韶》，三月不知肉味"（《论语·述而》）的记载。精神的震动战胜了物质的享乐，令人久久沉浸其中，不能自拔。

楚灵王听到诗篇，也受到了思想与情感的双重触动，一种久违的理性和善良被唤醒，致使其难以进食，难以安眠，长时间不能克制。反省、愧怍、自责、觉悟等复杂的情感和心理笼罩心头，经久不散，直至其及于祸难。只是他醒悟得太晚了，连孔子也为他惋惜：

> 仲尼曰：“古也有志：‘克己复礼，仁也。’信善哉。楚灵王若能如是，岂其辱于乾溪。”

孔子感慨，如果楚灵王能早一天醒悟，克制自己，仁爱百姓，就不至于陷入乾溪之乱了。这样一首直指人心触动灵王精神深处的诗篇，究竟是什么。这首诗名为《祈招》，不见于今天的《诗经》，是一首逸诗。按照子革所言，诗的内容是：

> 祈招之愔愔，式昭德音。
> 思我王度，式如玉，式如金。
> 形民之力，而无醉饱之心。

这里应该补充一下这首诗出现的背景，楚灵王与子革对话时，恰巧左史倚相匆匆走过。楚灵王趁机夸赞左史倚相为“良史”，懂得《三坟》《五典》《八索》《九丘》；而子革颇不服气地说，倚相连周穆王时期著名的《祈招》的内容都不知道，怎么知道悠远的上古历史呢？而《祈招》的内容和意味他自己才是知道的。

一首著名的诗篇，楚灵王不知道其内容情有可原，而博学多识的左史倚相不知道就显得匪夷所思了。显然这里另有蹊跷，如果我们回忆一下析父指责子革助长灵王骄狂气焰的时候，子革颇有深意地说：“摩厉以须，王出，吾刃将斩矣。”即我要打磨利剑，等灵王回来，斩断他的妄想。子革要打磨利剑，而他要打磨的不是兵戈利刃，而是思想之剑，是情感之剑，是寄情言志、转移人心的诗。林纾在《左传撷华》（卷下）（上海商务印书馆 1921 年版）中说：

> 忽闲闲点出左史倚相，或是子革预约其来，亦未可定。不然断无如此凑巧文字。综言之，此篇前后皆借古事以发挥。灵王所引故事，多半是得诸传闻之伧语，子革所引故事则深中王心之隐微。王无心而子革有心。写深人与浅人论事，步步皆有趣味。

在林纾看来，左氏倚相的趋庭而过，恰恰是子革与倚相二人的精心导演。子革有备而来，所赋《祈招》内容字字针对灵王设计，这正是“摩厉以须”的秘密所在。林纾的分析是有道理的，《祈招》应该是子革的创作，至少加进了他自己的解读。通过《祈招》这把思想之剑的打造磨砺，才指向楚灵王的精神深处，指向了他心灵的隐秘之处，借此斩断他的疯狂，斩断他的简慢，斩断他的夸大其词，斩断他的想入非非。

在子革看来，周穆王当年“欲肆其心，周行天下”，想把自己的车辙马迹遍及天下，祭公谋父以一首《祈招》制止了他的狂妄，让他收心敛迹，从而得以寿终正寝获没祇宫，避免了可能的动荡和危险，避免了死无葬身之处的悲惨结局。子革是借周穆王以讽喻楚灵王，皮里阳秋，字字惊心，暗喻了楚灵王所面临的危险处境，预言了楚国宫廷政变的发生。《祈招》诗里强调了“德”“度”“力”三个方面，德是愔愔之德，和乐而不放逸；度是周正之法，如金如玉之美好；力是形民之力，即量力而行。而楚灵王恰恰走向了诗的反面，放逸而无道德，邪僻而无法度，疯狂而不自量力，血雨腥风的悲剧就在眼前，而楚灵王还浑然不觉。《祈招》诗戳到了楚灵王的痛处，文学击垮了他的心理防线，猛然间一种绝望的情绪袭来，他的自负、得意、不可一世，顷刻间瓦解；一时间恐惧、慌张、手足无措，于是才有了“馈不食，寝不寐，数日不能自克”的一连串心理反应。从叙事学上说，楚灵王风雪夜话，不是记事，不是记行，并不推动情节的发展，这里的人物对话、神态的描写，完全是为着表现精神和心理世界，挖掘一个不可理喻的政治狂人的隐秘心理，是对人的丰富性、复杂性的展现。将一个人物精神世界的描写，安排到一天、一个夜晚，使得笔墨描写更集中、心理表现更充分、艺术空间更典型，这样的文学描写反映出《左传》在文学上的进步和突破，显示了中国早期文学达到的艺术高度。

四、尾声：楚国宫廷政变，楚灵王在众叛亲离中自缢身亡，这是一个具有悲剧意义的结尾，而在生命的最后时刻楚灵王语多自省，显示了人性的复苏和温度。时间是鲁昭公十三年春季到夏季五月，约五个月的时间。

楚灵王之死是一种悲剧性叙事。《左传》虽然对楚灵王总体上是批判的谴责的，但对楚灵王之死还是表现出某种同情、某种惋惜。

楚灵王之死充满了自省与反思的绝望气氛。楚国宫廷政变发生时，楚灵王尚在千里之外的乾溪吴楚边境。听到儿子的死讯，楚灵王自投于车下，竟然与侍从谈起“爱子”的话题，对“杀人子多矣”的暴虐有反思、有警醒。他感到了内外交困，子革建议他回到郢都郊外，听从国人裁决，楚灵王认为自己冒犯众怒、四面树敌：“众怒不可犯也。”子革建议他寻一楚国大城坚守，等待诸侯救援，楚灵王认为“皆叛矣”，已经是众叛亲离、孤家寡人。子革建议他逃亡他国，寻求帮助，卷土重来，楚灵王认为“大福不再，只取辱焉”。已经是大势已去，求助他国也只能是自取其辱了。楚灵王政治上是绝望的，但他还是异常清醒的，在最后的时刻，他理性地认识到了自己杀人太多、冒犯众怒、四面树敌、孤立无援。在生死关头他久已沉沦的人性渐渐复苏，因而理智地选择了自己的悲剧结局，保持了人格的尊严，这使得楚灵王这一形象有了某种光亮。

楚灵王之死是一个充满悲情的过程。楚国宫廷政变后，楚国派观从等鼓动楚师哗变，灵王的军队因此溃散，连他身边的亲信子革也离他而去，逃归楚国郢都。众叛亲离的楚灵王，沿夏水而行，无依无靠，三日不食，最后自缢身亡。

楚灵王之死引发了一连串历史的余波。楚灵王逃亡过程中，得到了芋尹无宇儿子申亥的帮助。芋尹申亥感念父亲两次冒犯灵王，而楚灵王都对他的父亲宽容包含，对楚灵王，芋尹无宇及其后人从心里是尊重和感激的。楚灵王死后，芋尹申亥竟然用自己的两个女儿为其殉葬。《左传》在描写楚灵王之死的时候，笔调是缓慢的，是有情感寄托的。楚灵王死后郢都午夜不断有人深夜呼喊："王入矣。"楚国郢都人心惶惶，政变的主导者子干、子皙等畏惧自杀，从而成就了楚平王的功业。这营造了楚灵王之死的悲剧气氛，也说明了在楚人心里灵王的余威尚在。

本来对楚灵王的历史记载至此已经结束，《左传》却突然笔锋倒转，旧事重提，采取倒叙的方式，回忆了两件往事：

一件是楚灵王占卜，表达要拥有天下的强烈愿望。结果是不吉。而此时的楚灵王的表现是：

> 投龟，诟天而呼曰："是区区者而不余畀，余必自取之。"

他野心勃勃，想夺取天下。当龟占不吉时，竟然投龟于地，指天诟骂，把夺取天下看成是"区区者"小事。天地之间已经满足不了他的野心和欲望了，什么灵龟、上天，只要不符合他的意愿，便一切都不在话下，一切都弃置一边。作者用倒叙的方式，讲述楚灵王曾经指天诟骂的荒唐，再一次表现他的狂躁、自大、任性，给人留下强烈的记忆。

二是楚灵王的父亲楚共王没有嫡子，因此以埋璧祭拜的方式确定太子人选，谁当璧而拜谁就主宰楚国。结果康王、灵王、平王等或跨之、或加肘、或压纽，使得楚国历史呈现出宿命的神秘色彩。倒叙式方法的运用，恰恰表现了《左传》文学上的良苦用心，风云散尽，忽地再生波澜，形成一种余音绕梁回味无穷的效果。

历史上关于楚灵王的故事流传甚多，上下其手的成语、楚王好细腰的癖好、章华台的传说等等都说明这一人物鲜明的性格特征。许多历史典籍、哲学、文学著作都记载了楚灵王的形象，而《左传》的记载最切实，也影响最大。宋人王十朋有一首题为《楚灵王》的诗写道：

章华台就国被繇，征会诸侯意气骄。

楚众已离犹不悟，近臣徒为颂《祈招》。

这里描写的楚灵王时代章华台的奢华壮丽、征会诸侯的意气骄横、众叛亲离的历史处境，都是符合历史真实的。而说“近臣徒为颂《祈招》”，就不那么符合实际了。在那个听到吟诵《祈招》的风雪夜晚，楚灵王几近疯狂的精神世界被彻底击垮，内心发生了地坼天崩的心理震动，理性被唤醒，人性在复苏，只是一切都太晚了，他似乎醒悟了，而历史却不给他机会了。

《左传》的政治流亡者形象

司马迁在谈到春秋时代的动荡局面时说:“《春秋》之中,弑君三十六,亡国五十二,诸侯奔走不得保其社稷者不可胜数。”(《史记·太史公自序》)在充满杀戮的政治斗争里,宗法血缘关系无法战胜政治利益的诱惑,在利益冲突面前,血缘温情的面纱被轻易地撕破,所谓兄弟、所谓宗亲,甚至是父子、母子等最紧密的人伦关系,在政治斗争中都会变得不堪一击。宫廷权力争斗不仅制造了一个个血雨腥风的政治悲剧,也制造出一个特殊的政治阶层——政治流亡者。

《左传》记载了一百余次的宫廷争斗,胜利者固然踏着血与火攫取了权力,而一批天潢贵胄、世族子弟却倒在政治冲突的血泊中,也有一批世族子弟仓皇逃命踏上流亡他乡的道路,中国叙事文学由此出现了一批性格鲜明的政治流亡者形象。

流亡者是一群特殊的政治群体

在《左传》记述的流亡者名单里,有王子带、王子朝等因为发动动乱而逃亡的王子,有陈太子完、齐公子小白、晋公子重耳等仓促逃难的公子,有郑昭公、郑厉公、鲁昭公、卫庄公、卫出公、鲁哀公等失去邦国的诸侯，更有郤缺、士会、栾盈、伍子胥、白公胜等贵族士大夫，甚至于威风赫赫的周天子中的周惠王、周襄王、周悼王、周敬王，都有短暂的亡命他乡经历。公元前770年周平王为躲避戎狄侵袭而仓皇东迁，整个东周政权本质上是由流亡者仓促组成的。这些流亡者几乎都有显赫的政治地位和高贵的血缘出身，这恰恰说明一个人越是地位非凡，越是出身高贵，就越容易被人觊觎，就越容易陷入危险境地。

《左传》记载的重大流亡事件，几乎都发生在有着深厚血缘联系的宗族成员之间。齐襄公立，公子小白与公子纠或奔莒或奔鲁。晋国骊姬之乱，太子申生自尽身亡，公子重耳、夷吾等各自逃散，亡命天涯。郑庄公去世后，郑国陷入以太子忽与公子突为主的君位之争，诸公子你方唱罢我登场，前后二十余年，他们之间却是兄弟关系。更有甚者，卫庄公与卫出公之争，出公执政，庄公流亡，庄公复归，出公奔走，而庄公与出公竟然是父子关系。流亡者有着一般的士大夫所不曾有的经历，忽而政治巅峰，忽而苦难深渊，人生的起伏之间更容易让他们体味政治与社会的本质。

流亡者是崭新的文学形象

血腥与动荡间的非凡经历，让流亡者与众不同，产生了与一般循规蹈矩的士大夫迥然有别的思想锋芒和精神性格。流亡当然是苦难，但《左传》并不简单描写流亡者的不幸，而是通过流亡写出公子贵族的成长、成熟，这使得中国文学史有了一批在苦难中进取的贵族形象。春秋时期最著名的霸主齐桓公、晋文公都有长时间的流亡历史，齐桓、晋文之所以在春秋政治舞台上叱咤风云，和他们流亡中丰富而坎坷的人生历练密不可分。《左传》对齐桓公三年流亡经历虽然只是轻轻带过，却也为齐桓公后来的政治作为做了铺垫。而对晋公子重耳的十九年流亡历史则浓墨重彩地描写出来，勾勒了晋文公从一个锦衣玉食的公子到大有作为的政治家的成长历程。晋公子重耳流亡之初，他在狄盘桓十二年，沉醉于与季隗的爱恋之中。到齐国则安于舒适的生活，不肯离开，还是深明大义的齐姜与子犯“醉而遣之”。一路的波折坎坷渐渐让重耳成熟起来，回国之后迅速让晋国安定下来，城濮之战，一战而霸；践土之盟，威风天下，决定了整个春秋时代的国际政治格局，重耳成为政治流亡者中最具代表意义的人物。春秋时期群星闪耀，英雄辈出，而政治流亡者的陈公子完知礼好古、文质彬彬，晋士会的智慧从容、大略雄才，鲁昭公的任性固执、诚恳仁慈，以及伍子胥的刚直不阿、急切狂狷等，活跃在充满新人文精神的历史舞台上，是春秋时期最有影响、最具光彩的形象。

流亡者的故事是富于传奇特征的

尚奇是《左传》的叙事特点，流亡者的故事则因为贵族的奔走他邦而具有曲折传奇的魅力。公子小白逃亡路上射带中钩，公子重耳亡命时被斩断衣袖，这样的细节都引人入胜，惊心动魄。晋大夫栾盈遭范宣子驱逐而亡命楚国，而两年后他竟然藏身在齐人的车子里，乘夜色返回晋国曲沃，联合胥午，拜见曲沃宗亲，向范氏发起进攻。整个故事跌宕起伏，曲折婉转而扣人心弦。栾盈虽然历尽波折，最后功败垂成，但栾盈的传奇故事却生动传神，令人久久难忘。卫太子蒯聩因过宋野遭到嘲笑戏弄，与戏阳速合谋杀掉南子。朝见南子时蒯聩屡屡示意，而戏阳速则心神不定，佯装不知。蒯聩阴谋被南子识破，南子大惊失色，边跑边叫“蒯聩将杀余”。故事千钧一发，动魄惊心。伍子胥因父兄被杀而逃往吴国，而他的复仇之路处处充满艰难，充满传奇色彩。在父兄遇难之际，他从容果断，逃离故乡，为复仇埋下伏笔。而到吴国之后，他看出太子光的真实用意，隐忍下来，等待复仇时机。吴王阖庐登基之后，伍子胥终于迎来报复楚国的机会，攻陷郢都，几乎灭亡楚国。《左传》塑造了一个富有传奇色彩、奋死抗争的悲剧英雄形象。

流亡者的命运是充满悲剧精神的

春秋的政治流亡者固然有齐桓公、晋文公等这样历经苦难重返故国威震天下的霸主形象，但对于绝大多数流亡者而言，往往是终不得返回故国的悲剧下场。许多流亡者的流亡本身就源于悲剧，齐桓公流亡源于襄公政治的反复无常，晋文公、晋惠公的流亡源于晋献公受骊姬的蛊惑而对诸公子公然地追杀，虽然后来他们都以重返故国的正剧收场，但是他们的命运却都始于动荡始于悲剧。

栾盈的流亡竟然源于母亲栾祁的陷害。栾祁私通家臣州宾，几乎使家室灭亡，引起栾盈的忧虑。栾祁恶人先告状，诬陷栾盈有谋反之心，竟遭到范氏一族的驱逐。两年后栾盈夜色中卷土重来，宗族人谈起栾盈依然唏嘘饮泣，足见栾盈遭人陷害而令族人深切同情。栾盈反攻不成，自身及其家族最后惨遭杀戮，是流亡者悲剧命运的典型写照。伍子胥家族遭费无极谗言，致使父亲伍奢、兄长伍尚接连被杀，伍子胥流亡吴国，遂以灭楚复仇为己任。虽然在他的策动下，吴国攻入郢都，子胥一家沉冤得报，但他最后在吴国却又遭太宰嚭等人的猜忌，眼睁睁看着越国崛起而无可奈何，最终自尽身亡。伍子胥身上确实有刚正坚毅决不屈服的英雄气魄，但他的一生还是由一个又一个的悲剧组成，他的命运是以悲剧开始，也以悲剧结尾。

鲁昭公是流亡君主的代表人物。尽管他身上有作为政治家的稚嫩和不成熟，但是在面对三桓对鲁国公室的欺凌时，他还是奋起反击，只是他少了一点幸运，在最后的时刻让三桓反败为胜，开始了流亡生活，终致客死他乡。《左传》对昭公的命运是同情的，因此最后描写了鲁昭公三十一年的冬季，昭公重病弥留，临死前还将自己随身的简单物品一一送给随臣，这使得整个故事笼罩在一种悲凉的气氛里。

流亡者的理性与思想

《左传》对流亡者常常流露出一丝同情，即使在流亡路上，许多流亡者依然保持了一个君子应有的风雅与尊严。鲁庄公二十二年，陈公子完（敬仲）逃亡至齐国，得到齐桓公赏识，齐桓公准备让他担任卿相职务。而身为流亡者的陈敬仲却婉言拒绝，其谓：

> 羁旅之臣幸若获宥，及于宽政，赦其不闲于教训，而免于罪戾，弛于负担，君之惠也。所获多矣，敢辱高位以速官谤？请以死告。诗云："翘翘车乘，招我以弓。岂不欲往？畏我友朋。"

陈敬仲保持了清醒的政治理性，逃亡中有了可以栖息的地方已经十分满足，因此他不祈求可能引起纷争和猜忌的高位，他对《诗经》的熟练引用，让他的论证有了经典的基础和书卷的芬芳。齐桓公宴请敬仲，酒酣耳热之际，桓公忘情地提出“以火继之”，这对于一般人而言求之不得，而这里陈敬仲依旧显示出冷静与克制，婉言拒绝。这使得《左传》作者以“君子曰”的方式出场，称赞其“酒以成礼，不继以淫，义也；以君成礼，弗纳于淫，仁也”，陈敬仲站到了以仁义为主的礼乐文化的制高点上，为陈氏代齐做了道德铺垫。晋国郤缺因为父亲郤芮反对晋文公返国而被流放，晋文公大夫胥臣出使路经冀野，见到了郤缺夫妻在田野上除草，妻子送饭到田野，夫妻间温馨亲切相敬如宾，这幅画面令胥臣深受感动，他将郤缺带回国内，向晋文公进言道：

> 敬，德之聚也。能敬必有德。德以治民，君请用之。臣闻之：出门如宾，承事如祭，仁之则也。

即使被流放也不改礼义风雅，即使在田野中也依然从容有度，彬彬有礼，绝不粗鄙，这是一种深入心灵深处的礼义文明和道德情操。

孔子也是流亡的思想家。孔氏家族本来是流亡家族，公元前710年宋华督父进攻孔氏家族并弑宋殇公，孔子祖先亡命鲁国，孔子至死都不忘记自己流亡者后裔的身份。孔子自身也经历了从鲁定公十三年（前497）到鲁哀公十一年（前484）长达十三年的流浪生涯。从五十四岁到六十七岁，正是孔子思想最成熟的时候，可以肯定流亡经历对孔子思想的催生作用。

春秋伟大的思想家、政治家常常在政治流亡者中产生，恰恰说明了忧患与文化和艺术的密切关系。有学者谓屈原是流亡文学的开创者，其实在屈原之前，《左传》已经描写了一大批社会动荡中的政治流亡者，他们以理性的精神、思想的光芒、悲壮的情怀、传奇的故事，展现了春秋一代士人的人格风采。

庄子的漆园与伊壁鸠鲁的花园

很早的时候就喜欢庄子，喜欢他空灵的思想，喜欢他飘逸的文字，甚至喜欢他诗人式的有些浪漫的忧郁与沉思。总觉得庄子那些超脱凡尘的思想，应该是写在一个美丽的地方，那里有茂密的草树，有潺潺的流水，那个美丽的地方滋润了庄子的精神，是他精神的憩园。在这样的园子里，一个朴素的贵族的思想在无边无际的宇宙中遨游。

那个地方应该是庄子的漆园，那里是长满了郁郁葱葱的漆树的地方。

关于庄子的生平我们所知甚少，他甚至没有独立的传记。司马迁《史记》对这位伟大哲学家仅有二百三十五字的介绍，生平附在老子之后云："庄子者，蒙人也，名周。周尝为蒙漆园吏，与梁惠王、齐宣王同时。"庄子做过"漆园吏"，可是，漆园是什么，究竟是一片林子，还是一个简单的地名？庄子究竟是看守漆园的官吏，还是在漆园这个地方做了官吏？尽管有人说，漆园不是一片园林，只是一个地名。但我一直相信漆园是一片长着高大树木的林园，庄子作为一个低级的官吏管理着这个园子，在朴素的生活之外他所做的就是一任自己的思想飞翔漫游。漆，也作桼，当是木名。漆树经常出现在先秦典籍中：

树之榛栗，椅桐梓漆，爰伐琴瑟。

——《诗经·鄘风·定之方中》

阪有漆，隰有栗。既见君子，并坐鼓瑟。

——《诗经·秦风·车邻》

按照《说文》的说法，漆木的“木汁可以桼物”，而漆木的另外的用途是制作乐器，所以《诗经》的作者们一说到漆木总是与音乐联系起来。周代有漆林的记载，《周礼·地官·载师》有“唯其漆林之征二十而五”的记载，漆林的征税高于其他地方，当然有专门看守漆林的官员。王维在《漆园》一诗中写道：“古人非傲吏，自阙经世务。偶寄一微官，婆娑数株树。”虽然庄子没有经世致用的才能，而一介微官，几株漆树，庄子婆娑其下，歌舞翩翩，神思万里，创建了自己伟大的思想体系，漆园及漆园里的思想成为古代士人心中的圣地。

从《庄子》一书的文字看，我们知道这位宋国蒙城的漆园吏一生贫寒，《庄子·山木》记载他穿着带补丁的粗布衣服，用带子绑着破烂的鞋子。《列御寇》上也提到庄子住在偏僻狭窄的巷子里，依靠编织草鞋维持生计，以致形容憔悴，面黄肌瘦。但清贫的生活并没有使这位哲人停止思考，他一直关注着人类的生存，思绪弥漫在天地之间。

大概和庄子漆园的经历有关，庄子哲学常常借助“大树”的意象表达他对社会对宇宙的领悟，寄托他对自然与人生的无限感慨。《庄子》开篇就在《逍遥游》中描绘了一种叫樗的大树，樗树枝叶繁茂，遮天蔽日，却不中绳墨，人们不知所用，而庄子则以诗人般的想象，把这样的大树放置到广阔的原野上：

> 今子有大树，患其无用，何不树之于无何有之乡，广莫之野，彷徨乎无为其侧，逍遥乎寝卧其下。不夭斤斧，物无害者，无所可用，安所困苦哉？

其实，樗木与漆树是十分接近的，郭璞《尔雅》注云："栲似樗……亦类漆树。"孔颖达在《诗经·唐风·山有枢》所作《正义》中谓："俗语曰：櫄樗栲漆，相似如一。"樗木与漆树，花与叶都十分相似，庄子以樗木喻道，正是带出了他在漆园里的生活经历。茫茫旷野，在高大繁茂的树荫之下，有一位东方的哲人徘徊其下，逍遥歌唱，躲避着种种人生的烦恼，一任天然，其乐陶陶。漆树已经成为庄子哲学的意象，漆园成为庄子思想生长与成熟的地方。

在哲学史上还有一处花园堪与庄子的漆园媲美，这就是古希腊哲学家伊壁鸠鲁的花园。伊壁鸠鲁的花园在雅典附近，这个花园也是属于哲学的，是哲学家的乐园。

伊壁鸠鲁（Epicurus）生于公元前341年，死于公元前270年，这正与庄子的生活年代前后相承。按照《史记》的说法，庄子生活在齐宣王、梁惠王的时代，而齐宣王执政的时代自公元前455年到公元前405年，梁惠王执政的时代是公元前 369 年至公元前 319 年，齐宣王之后三十六年才是梁惠王的时代，即公元前 405 年到公元前 369 年，假设庄子活了九十六岁，在公元前 405 年与公元前 369 年上下各加三十年，则庄子生活的年代应当在公元前 435 年至公元前 339 年之间。也就是说庄子刚刚去世时正是伊壁鸠鲁诞生的时候，东方漆园的哲学悄然流行的时候，伊壁鸠鲁也于公元前 307 年在雅典的一座花园里创建了自己的学校，历史上通称为“伊壁鸠鲁花园”。在不同的历史时期，在不同的国度，没有思想的传承，而其哲学意味却有着非常接近的品格。此时的世界正处于雅斯贝尔斯（1883—1969）所说的“轴心时代”，哲学的主题正从原始巫术的迷蒙走向理性的清朗。而历史上庄子生活在战国中期，诸侯争霸的金戈铁马使这一时期的士人充满了忧患与畏惧，此时庄子思考的一个重要问题是从人类的种种不幸中挣脱出来，恢复生命的宁静。伊壁鸠鲁也处于希腊沦亡于马其顿的混乱时代，伊壁鸠鲁酷爱自由，反对马其顿的占领，他的花园也成了反对马其顿占领的重要场所。这一点倒使我们相信只要历史与文化的土壤接近，就会生长出风格接近的思想之花。

庄子与伊壁鸠鲁都是“轴心时代”卓有成就的伟大哲学家，但他们的生活境遇似乎与他们在哲学上的建树不成正比，他们思想上是富有的，生活却是贫寒的。而真正相通的不是时代，而是精神，庄子与伊壁鸠鲁的思想在精神气质上有着非常相似的东西。

伊壁鸠鲁像庄子一样过着清贫的生活，近乎一无所有。但他们是如此满足，只要活着已经足够，不再需要什么。伊壁鸠鲁的花园甚至吸引了国王，国王看到了他们生活的快乐。他们以快乐为生活的宗旨，整个生活洋溢着快乐与幸福，他们去小溪洗澡时，那不只是洗一次澡，那是顺着水波起舞，那是和着流水的节拍歌唱。

这一切给国王留下了深刻的印象，他问伊壁鸠鲁："下次我来，我要给你们带些礼物。你们要什么？"伊壁鸠鲁说道：

> 给我们时间去想想，我们从未想过会有人给我们礼物，我们从自然接受了那么多的馈赠。但如果你坚持，就请带些黄油来，别的没什么，黄油就够了。

伊壁鸠鲁的经历让我们想起了庄子"庄周家贫，故往贷粟于监河侯"（《庄子·外物》）的故事，虽然基本的生存都受到威胁，却依然体味着人生的精神快乐。伊壁鸠鲁主张人应该自由地寻找和享受人间的快乐和幸福生活，快乐不是方式而是目的。"我们说快乐是幸福生活的开始和目的。因为我们认为幸福生活是我们天生的最高的善，我们的一切取舍都从快乐出发"（《古希腊罗马哲学·致美诺寇的信》第 367 页，三联书店 1957 年版）。而快乐的生活常常是简单的，简单的精神与简单的物质最容易达到快乐的境界。

“最能充分享受奢侈品的人，也就是最不需要奢侈品的人。凡是自然的东西都是最容易得到的，只有无用的东西才不容易到手。当要求所造成的痛苦取消了的时候，简单的食品给人的快乐就和珍贵的美味一样大；当需要吃东西的时候，面包和水就能给人极大的快乐，养成简单朴素的生活习惯，是增进健康的一大因素，使人对于生活必需品不加挑剔。”（同上书，第368页）伊壁鸠鲁的快乐不仅仅是感性的肉体的，更是精神的理性的。他认为快乐生活不是无休止的狂欢、美色、鱼肉及餐桌上的佳肴，而是理性的推理、选择，排除那些使灵魂不得安宁的观念。伊壁鸠鲁是被称为“快乐哲学家”的，而伊壁鸠鲁的快乐是理性的快乐、自然的快乐、道德的快乐。

其实，庄子哲学本质上也是追寻人生的快乐的。《逍遥游》开篇就描绘了藐姑射神人的形象：

> 藐姑射之山有神人居焉，肌肤若冰雪，绰约若处子，不食五谷，吸风饮露，乘云气，御飞龙，而游乎四海之外。

庄子笔下的神人形象洋溢着生命的宁静和快乐，表现着自由而逍遥的精神。伊壁鸠鲁的快乐哲学往往是世俗的、经验的，而庄子追求的快乐更倾向于理想的、超迈的。这样的快乐建立在哲学的“无待”基础上——“乘天地之正，而御六气之辩，以游无穷者”，庄子达到快乐逍遥不是伊壁鸠鲁的现实生命的感受，而是顺应自然顺应生命解构自我，精神世界在无边无际的宇宙中漫游。在庄子笔下，快乐就是安之若素，就是精神的逍遥，即使生活得简单清贫，即使丑陋畸形，也因为顺应天命而充满了精神的美丽与快乐。在庄子那里，生命中郁郁寡欢固然要不得，而主观的快乐也是要不得的，因为无论快乐还是悲伤，都要劳动精神，都要有所追求，最终是苦恼的也是愚蠢的，庄子的快乐不是简单的感官上的，而是终极的彻底的精神的。而在庄子看来真正的快乐必须超越世俗的世界：

> 吾以无为诚乐矣，又俗之所大苦也。故曰：至乐无乐，至誉无誉。
>
> ——《庄子·至乐》

庄子所说的快乐是“至乐”，是快乐的极致，而到达极致的快乐就成了无喜无悲不形于色的生命的自适与宁静。由此，伊壁鸠鲁与庄子的快乐还是有了境界上的差别。

死亡是横亘在生命道路上的不可逾越的障碍，海德格尔认为：“死根植在烦中。”生命的快乐是不能回避生死问题的，如果不能从生死之中摆脱出来，人们便充满了畏惧与忧伤，生命就不可能达到至乐的境界。对于生死问题当然可以像孔子那样以“未知生，焉知死”来回避，但是生死问题是哲学的本体问题之一，终极是不可回避的。对于生死，庄子不是就生论生，也不是就死论死，而是把生死当作一个过程，生死一体，无所谓生，无所谓死，生不存在，死也就不存在了；没有了死，也就永生了。《庄子·大宗师》谓：

> 死生，命也，其有夜旦之常，天也。人之有所不得与，皆物之情也。

生与死好像一个昼夜的循环，是自然的运转，不以人的主观意志为转移，正像人不必为夜而哀哭一样，也不必为死亡而悲伤。所以才有了妻子死去而庄子“鼓盆而歌”的故事，庄子说妻子刚刚去世的时候，自己也与常人一样心有戚戚，“何独无慨然”，但是庄子对死亡进行了哲学的思索：

> 察其始而本无生，非徒无生也而本无形，非徒无形也而本无气。杂乎芒芴之间，变而有气，气变而有形，形变而有生，今又变而之死，是相与为春秋冬夏四时行也。人且偃然寝于巨室，而我噭噭然随而哭之，自以为不通乎命，故止也。
>
> ——《庄子·至乐》

这是一个富有诗意的想象。人的生命之初一无所有，变而有气，变而有形，变而有生，又变而之死，死亡不过是回到原初，回到新的生命的出发点，仿佛四季循环。哀哭只是生者的感觉，而死者已经回到生命的原始宫殿，逍遥自在，对死亡的哀哭在庄子看来行不通，于是有了鼓盆而歌的举动。

对生死的达观态度也见于伊壁鸠鲁的哲学中，他在致友人美诺寇的书信中说："你要习惯于相信死亡是一件和我们毫不相干的事。因为一切善恶吉凶都在感觉中，而死亡不过是感觉的丧失……所以一切恶中最可怕的——死亡——对于我们是无足轻重的。因为当我们存在时，死亡对于我们还没有来，而当死亡时，我们已经不存在了……贤者既不厌恶生存，也不畏惧死亡。"（《古希腊罗马哲学》第366页）比较而言，伊壁鸠鲁主要是从感觉论的角度来"征服"死亡的恐惧；而庄子则是依据他的自然哲学基础，从本体论的角度来实现对死生大限观念的突破。他们的理论和方法虽然不同，旨趣却颇相同，都是努力于消除死亡恐惧的纷扰，形成一种安宁、恬静的心境。死亡恐惧的祛除是具有精神解放意义的，对于古代人们的精神生活是十分迫切、十分有益的。但是消除死亡的恐惧还会遇到宗教的问题，原始人类面对死亡恐惧的时候依靠的是某种巫术和超人间的法术，达到精神的短暂宁静与平衡。宗教的出现无疑具有缓解死亡畏惧的意义，充满死亡畏惧之苦的人类，往往借助宗教信仰，祈求神灵护佑，超凡脱俗，到达彼岸、西天、极乐世界，摆脱死亡的烦恼，实现永生。而无论是庄子还是伊壁鸠鲁，教导人们摆脱死亡的恐惧，既不是原始的巫术魔力，也不是宗教的来世观念，而是依据认识论的超越，消解死亡带来的恐惧，达到精神的平衡，从而使生命重新归结幸福与快乐。黑格尔在评论伊壁鸠鲁的道德学说时说："它的目的是精神的齐动心，一种安宁。但是这种安宁不是通过鲁钝，而是通过最高的精神修养而获得的。"（《哲学史讲演录》第三卷）庄子理想人格精神境界的基本特征也正是一种安宁，一种在理智、理性基础上，通过精神修养实现对死亡恐惧的克服、世事纷扰的超脱、哀乐之情的消融，从而形成的安宁恬静的心理环境——"归精神乎无始，而甘冥乎无何有之乡"（《列御寇》）。

生命是喜乐的，只要你懂得如何没有顾虑没有畏惧地生活。否则，生活将成为一种漫长的疾病。伊壁鸠鲁的哲学感染了许多人，伊壁鸠鲁的弟子卢克莱修（前 98—前 53）以宗教般的语言称赞他：

当人类在大地上到处悲惨地呻吟，
人所共见地在宗教的重压底下，
而她则在天际昂然露出头来
用她凶恶的脸孔怒视人群的时候——
是一个希腊人首先敢于
抬起凡人的眼睛抗拒那个恐怖；
没有什么神灵的威名或雷电的轰击
或天空的吓人的雷霆能使他畏惧；
相反地它更激起他勇敢的心，
以愤怒的热情第一个去劈开

那古老的自然之门的横木，
就这样他的意志和坚实的智慧战胜了；
就这样他旅行到远方，
远离这个世界的烈焰熊熊的墙垒，
直至他游遍了无穷无尽的大宇。
然后他，一个征服者，向我们报导
什么东西能产生，什么东西不能够，
以及每样东西的力量
如何有一定的限制，
有它那永久不易的界碑。
由于这样，宗教现在就被打倒，
而他的胜利就把我们凌霄举起。

——《物性论》第一卷“序诗”

伊壁鸠鲁的快乐不是宗教的，而是生活的快乐，是从宗教解脱出来的快乐。伊壁鸠鲁不仅对卢克莱修产生了重要影响，青年马克思对伊壁鸠鲁哲学也做了大量的研究笔记，以《德谟克里特的自然哲学和伊壁鸠鲁的自然哲学的差别》为题完成了他的博士论文。在哲学上伊壁鸠鲁是唯物的无神的，他认为物质世界不是由某种自然之外的力量创造的，而是客观存在的，永恒的，不可磨灭的：“宇宙过去一向就和现在一样，将来也永远如此。因为它不能变成任何另外的东西，因为在宇宙之外没有任何东西会走进宇宙，引起变化。”（《古希腊罗马哲学》第 349—350 页）伊壁鸠鲁继承和发展了德谟克里特（Democritus，前 460—前 370）的原子理论，他们认为一切事物的本原是“原子”和“虚空”，原子是一种最后不可分的物质颗粒，而“虚空”是空洞的空间，是原子运动的场所。伊壁鸠鲁认为原子、由原子构成的物质以及虚空都是无限的，所以宇宙是无限的，没有限制，没有边界，不仅有我们的世界，还有无限数目的世界存在着。从原子论的宇宙观出发，否定了神的世界对人类世界的作用。在他看来，神有神的世界，人有人的世界，伊壁鸠鲁把人从神的世界中独立开来，否定了神的世界的主宰作用，实际上也就成了无神论。

庄子对世界的构成的理解不像希腊原子论哲学家那样描述成最后的不可分的原子，而是理解为一种具有精神和物质广泛意义的“道”。中国的道家学派也是从本原上思考世界与万物的发生，“道”是物质的，也是精神的，却不是宗教的。老子谓“有物混成，先天地生。寂兮寥兮，独立而不改，周行而不殆，可以为天下母。吾不知其名，字之曰道，强为之名曰大”（《老子·二十五章》）。“道”是比天地、万物更为原始的范畴，虽然这种“道”不是纯粹的物质概念，但是它还是用一种精神与物质兼有的哲学名词替代了原始宗教以神学天帝解释世界的生成，在哲学史上具有重要意义。庄子思想本源于老子，而把老子有着朴素唯物主义因素的“道”引入虚空与幻相，《庄子·知北游》中东郭子问道之所在，庄子回答道是无所不在的，既存在于天地日月等伟大的事物中，也存在于蝼蚁、稊稗、瓦甓甚至屎尿等寻常鄙琐的事物里，是物质的也是超越物质的。“有先天地生者，物耶？物物者非物，物出不得先物也；犹其有物也，犹其有物也无已。”庄子的“道”与存在主义哲学家讲的“存在”有相近之处，萨特（1905—1980）把人比作洞，洞是一种虚无，但洞之所以是洞，是因为有洞壁的存在，洞是存在中的虚无。庄子的道也是如此，它是虚无的，又借助于物质的形式表现出来，它是无，又是有，是物质的，又超越物质。物无大小，物无贵贱，物无差别，形成人们种种物质观念的只是观念里的幻相。如果说老子的道更近于希腊原子论哲学家的“原子”，那么庄子思考最多的还是道所活动的空间——“虚空”。正是从这样的哲学观念出发，庄子哲学里没有偶像，没有神秘，没有超人间的主宰，只有人的自由意志自由地挥发，用庄子自己的话来说，就是所谓“物物而不物于物”（《山木》），“不以物害己”（《秋水》）。既然道是虚空，道是原始，人类对于道只能顺应，而不是抗争，不是改造，从而达到与物俯仰逍遥自在不为外物束缚的绝对自由独立的境界。庄子使人相信，只有在此状态中人才是自在的快乐的。《庄子》一书中多次描写了“真人”“至人”“神人”所代表的人生境界——“乘云气，骑日月，而游乎四海之外”（《齐物论》），庄子描述的至高的顺应的人生境界不是匍匐于神坛下的宗教徒似的顺应，而是对自然的顺应，在顺应中获得天人合一与万物融为一体的精神快乐。

庄子从“道”的体悟中，推导出人的无限自由与快乐；而伊壁鸠鲁则从哲学的原子论，推导出人生的自由，所以人生应该充分地享受人间的快乐与幸福，快乐其实是一种道德。古典思想家们总是知行合一，他们总是自己理论的实践者。庄子用自己的一生来实践自己的哲学，尽管他的生平记载很少，但是就是这些有限的记载中还是可以看到他用自己简朴的生活对抗着奢华生活的诱惑，对抗着被异化被改造的命运，栖身于自然中，享受着人生难得的逍遥与惬意。伊壁鸠鲁也是如此，他甚至用死亡实践自己的哲学追求。伊壁鸠鲁死于肾结石，当他自知不久于人世，便立下遗嘱，解放奴隶，把一切遗产交给他的花园学校。他的哲学是追求快乐的，因此他的死亡也绝不悲伤。写完遗嘱和书信后，他痛快地洗了热水澡，然后喝下一盅酒，他感到了无上的幸福，对身边的弟子们说：“再见了，我的朋友们，谨记我传授的真理吧！”然后溘然长逝，终年七十岁。他的告别仿佛是一次远行，也仿佛是一种解脱。

庄子与伊壁鸠鲁精神气质的接近，固然有着哲学基础和人生认识等许多方面的原因；但是我们也不能忘记庄子逍遥的漆园和伊壁鸠鲁的花园，哲学需要几分闲适，几分逍遥，也需要几分美丽。

苏格拉底与商鞅

公元前4世纪两位东西方思想家的死，沉重而耐人寻味。一位是希腊的苏格拉底，一位是中国的商鞅。苏格拉底死于公元前399年，商鞅死于公元前338年，相隔六十年。具有讽刺意味的是，苏格拉底是典范的雅典公民，他从根本上维护民主政权的利益，而他却被民主政权通过公民大会表决处死；商鞅是秦国最得力的臣民，他建立了秦国集权的威严，但他却死于自己的法律。当年在逃亡的路上，就没有人敢收留这位变法的重臣，因为依照他创立的法律，收留来路不明的客人是要坐牢的。

说苏格拉底维系民主恐怕会招来非议，因为苏格拉底对当时的雅典民主政权屡屡出言不逊，而试图建立更有力量更具权威的贵族政治。生活在专制的社会里的人们对民主社会寄予过高的期望，其实民主社会绝非完美。西方一些学者已经指出民主是最不坏的制度，这就意味着它不是最好的制度。既然不是最好的，就允许有人异议，就允许改善改良，使之臻于完善。从根本上讲，苏格拉底对民主的批判，是要改善民主制度的。

他对由“漂洗羊毛的、做鞋的、盖房子的、种田的、做买卖的”各阶层组成的议会常常流露出不屑的神情。在他看来，在诸如制鞋之类的小事上，我们还能考虑到使用受过训练的人来服务；我们生病的时候，还知道找一个训练有素的医生，然而一到了政治上，我们却认为所有的人都可以管理一座城市或一个国家，整个国家生了病，我们为什么不去寻找最有智慧最优秀的人来医治呢？苏格拉底的话，很容易被理解为轻视民众。其实民主的根本是对人民利益的最终关怀，而不是简单的多数人意见。

在民主的低级阶段，最容易把民主理解为多数人的意见，如果我们说爱因斯坦与一个白痴的意见具有同等意义，大概不会有人同意。但在决定多寡的表决里却未必不是如此。因此苏格拉底干脆说："我认为，要想得到正确的判断，要根据知识，而不应根据多数。"苏格拉底把个别的多数与普遍的知识（真理）已分开来；普遍的真理并不在个别的多数之中，民主不是多数吗？如果民主不是多数，那它不又成了独裁者的天下？如果我们发挥一下苏格拉底的思想，多数应是真理的多数知识的多数，而不是情绪的多数表决的多数。

照苏格拉底看来，最容易赢得多数的是演讲家和蛊惑家，为此苏格拉底明确表示反对用语言来取悦多数，多数一旦为演讲家所赢得，议会便由那些鬼鬼祟祟唯利是图专门躺在民主舞台幕后的寡头们操纵了，这样民主便成为蛊惑家们凭私心按动的表决机器了。

雅典民主时代这样的事实已经发生了。当时著名的教师是诡辩者（智者），他们专门讲授讲演和雄辩术。少数掌握了雄辩技术的人在公众集会上发表长篇大论，煽动群众实际上也操纵了政治。政治一旦成为修辞，便没有了理智。发生在公元前431年至前404年的伯罗奔尼撒战争，以雅典的失败而告终，显示了雅典民主政权的衰落。甚至于公元前411年那一次四百人的寡头执政也是雅典公民大会同意了的，就连民主制也几乎让民主的滥用给毁掉了。

这样苏格拉底们不得不寻求一条知识民主的路线。知识民主不是简单的表决多数，而是以知识为基础的理性选择。民主政权的基础是广大的知识公民，这是符合苏格拉底的一贯精神的。“知识”问题是苏格拉底哲学的核心问题。苏格拉底的问题可以概括为X是什么，他不断发问“是什么”“为什么”，什么是勇敢，什么是道德，什么是知识，等等。苏格拉底式的追问本质上是一种民主精神，因为独裁与专制是最害怕发问的。苏格拉底精神洋溢着对知识的热爱，按照柏拉图《费得罗》记载，苏格拉底曾对费得罗说：“我认为‘智慧’这个词太大了，它只适用于神，但‘爱智’这类词倒适合于人。”爱智是他赋予人的品性，也是一个公民的基本素养。

在知识面前苏格拉底是虔敬的。“认识自己”是苏格拉底从德尔菲神庙上获得的重要格言。认识自己探求知识本身就意味着承认自己的无知。苏格拉底说：“我除了知道自己一无所知外，还能知道什么呢？”

苏格拉底与商鞅的时代被雅斯贝尔斯称为“轴心时代”，

它创造了人类赖以生活的文化基础。而值得注意的是，当苏格拉底以知识去寻找和实践公民政治时，中国的思想家寻求的是臣民政治。法家更是不遗余力地倡导臣民政治，这一点商鞅更有代表意义。

公民是需要知识的，而臣民只需要蒙昧。我们现在所见的《商君书》，有人认为是商鞅自作，有人认为是后人拾掇他的言谈，但基本上反映了他的思想主张却是公认的。商鞅的经济思想不无进步意义，但其中更多的是愚民、弱民、尊君的专制思想。

商鞅变法下的第一道命令是垦草令，而垦草令实行的前提是愚民。所谓："无以外权爵任与官，则民不贵学问，又不贱农，民不贵学问则愚，愚则无外交。无外交，则国勉农而不偷。民不贱农，则国安不殆。国安不殆，勉农而不偷，则草必垦矣。"劝农垦草的思想是积极的，而积极的变法思想，是以愚民为基础的。在他的目光里不是有知识的公民，而是不贵学习没有交际，只知在田野劳作的农奴。商鞅毫不掩饰其愚民弱民的理想。他认为"民弱、国强；民强、国弱。故有道之国务在弱民"，讲起这样的道理来，毫不遮掩，实在令人惊异。

商鞅鼓吹民勇，但这民勇是失去民智的民勇。在他的理想国里，民便是有一双呆滞的目光，只知耕种只知作战的民了。要造就这样的臣民，即先弱民愚民，就要先剥夺其求知的欲望。用商鞅式的推断就是"民不贵学问，则勉农不偷”。商鞅式的话语是垄断式话语，它潜藏于中国官僚政治的肌肤里，是一个挥之不去的梦魇。在中国文学里有一种奇怪的现象，即推崇一种“无知的道德”。越没文化，就越质朴越高尚。而文化人常又是自私的琐屑的代表，其实没有知识的道德是靠不住的。

民主是一种公民的人格，它不仅是一种政治制度，也是个人的道德修养的显现。苏格拉底面对死亡表现出来的是一种典范的雅典公民性格，那是公元前399年的一个黄昏，这位年届古稀的临近死亡的老人，放弃了各种可以逃生的机会，从容而平静地选择了死亡。从浴室里走出的苏格拉底催促狱卒尽快送他上路。他安慰了悲伤的朋友甚至包括狱卒，然后从容地将毒酒一饮而尽。他对陷于悲痛的朋友说：“告诉人们掩埋的只是我的尸体。”苏格拉底要以自己的牺牲，唤起雅典公民的自身的觉醒，他是以雅典公民的身份与雅典公民来斗争的，在苏格拉底身上表现着一个知识公民的风采。比起一般公民来，他选择更多的是正义、真理等精神的东西，是一个公民自由思想的权力。他自比是叮着雅典的“牛虻”：“我是神特意赐给本邦的一只牛虻，雅典像一匹硕大的骏马，日趋懒惫，需要刺激。神让我来这里履行牛虻的职责，整天到处叮着你们，激励、劝说、批评每一个人……”而雅典这匹硕大的骏马，却给他开了一个恶劣的玩笑，把他碾死了。但苏格拉底开拓西方哲学的知识路线却坚持下来，这正像他自信的一样，人们只埋葬了他的尸体而无法埋葬他的精神。

与苏格拉底相比，商鞅显然太不关心知识了，他更注重的是策略是计谋。他不仅轻视臣民的知识，连自己的变法也只能算一种计谋，而不是知识基础上的正义和真理。据《史记·商君列传》，商鞅初见秦孝公先游说以帝道，继之以王道，但秦孝公一点也不感兴趣，他只好选择了霸道。这也就是说变法并不源于他的信仰，而仅是一种生存策略。中国传统士大夫中的绝大多数对于封建君主而言，最多也不过是献计献策的谋士而已。但是陪伴着一个专制的君王，仅靠生存的聪明是不够的。秦孝公死后，商鞅便以谋反的罪名而被追捕，抓住后，秦惠王把他五马分尸了。

希腊民主与秦的专制以不同的方式杀死了两位思想家，这多少让热切向往民主的人有些失望。

一个被思想照亮的夜晚

引子

2008年8月5日，借去贵州民族学院讲课的机会，我去了距贵阳西北八十里之外的修文县的龙场。

龙场在龙岗山下，龙岗山又名栖霞山，山势不高，却树木峥嵘茂盛。来龙场的游人，并不是为这里的风光所吸引，而是为凭吊一个伟大的思想家而来。明代杰出的思想家王阳明（1472—1528）曾在这里流放，中国哲学史上著名的“龙场悟道”就在这里发生。龙岗山里有一个洞，本来叫东洞，而由于王阳明曾在这里居住，遂被叫作阳明洞。阳明洞幽深而宽阔，可容纳百余人，洞壁上书写着“阳明先生遗爱处”几个朱墨大字。

龙场附近散落着村庄与田野，阳明洞里显得空旷而安静。而当初映入王阳明眼帘的却是四围青山、荆棘丛生、虺蛇出没、满目萧瑟的景象。就在龙场荒凉萧瑟的一个夜晚，王阳明在流放的绝境中突然顿悟，一跃而起，狂呼大叫，那些饱受屈辱的生活苦难，那些百思不得的精神困扰，那些横亘在胸中的心理纠缠，顷刻间风晴雨霁，云开日朗，寂静空旷的山岭里回荡着王阳明激昂高亢的呐喊声。他从困苦的嗟叹中解脱，他从心灵的阻隔里超越，萧索荒凉的龙场山山水水被王阳明唤醒，生机焕发，诗意盎然，一道思想的光芒划破夜空，照亮世界。

一、龙场夏夜的思想之光

龙场悟道发生在1508年（明武宗正德三年）夏天的一个夜晚，这个夜晚终将为思想史所铭记。《王阳明年谱》这样记载：

> 春，至龙场。先生始悟格物致知。龙场在贵州西北万山丛棘中，蛇虺魍魉，蛊毒瘴疠，与居夷人鴃舌难语，可通语者，皆中土亡命。旧无居，始教之范土架木以居。时瑾憾未已，自计得失荣辱皆能超脱，惟生死一念尚觉未化，乃为石墩自誓曰："吾惟俟命而已！"日夜端居澄默，以求静一；久之，胸中洒洒。而从者皆病，自析薪取水作糜饲之；又恐其怀抑郁，则与歌诗；又不悦，复调越曲，杂以诙笑，始能忘其为疾病夷狄患难也。因念："圣人处此，更有何道？"忽中夜大悟格物致知之旨，寤寐中若有人语之者，不觉呼跃，从者皆惊。始知圣人之道，吾性自足，向之求理于事物者误也。

龙场之夜是一个充满浪漫主义神秘色彩的夜晚。思想家一般被认为是理性的冷静的，孔子的恭敬庄谨、正襟危坐，庄子的形如槁木、心如死灰，德国哲学家康德终身未婚，终身没离开哥尼斯堡小镇，过着钟表一样刻板而枯燥的生活。“他出生，他思考，他死了”，成为许多哲学家典型的生活经历。而王阳明的午夜悟道却完全是诗人式的，是充满艺术家风格的。在四围青山的环绕中，在漫漫无尽的长夜里，在荒凉萧瑟的流放地，王阳明竟一跃而起，大呼小叫、手舞足蹈，以一种艺术家的方式宣告了他的哲学领悟，这在整个中外哲学史上都是唯一的。

龙场悟道的故事发生在夏季的一个夜晚。之所以强调是夏天，是根据王阳明自己的一段回忆：

> 其后谪官龙场，居夷处困，动心忍性之余，恍若有悟。体验探求，再更寒暑，证诸六经四子，沛然若决江河而放之海也。
>
> ——《朱子晚年定论序》

王阳明是 1508 年春天到达龙场的，而“恍若有悟”的思想突破则发生在“再更寒暑”之前。这里的寒暑是年岁的变化，也是季节的变化。也就是说王阳明在哲学上的“有悟”，是在季节的寒暑变化之前发生的。王阳明是春天到达龙场的，刚到一个地方，满眼荒凉，满眼陌生，王阳明并没有即刻完成思想的突变，而是经历了一个阶段的安顿、挣扎和适应。关于龙场悟道的季节，有人认为是夏天，或是秋天。之所以不是秋天，还应该注意《年谱》中的一个细节，即王阳明在悟道之前曾经“乃为石墩自誓曰”的记载，其实所谓“石墩”当为“石椁”之误。王阳明的同乡、清代著名学者邵廷采所作《明儒王子阳明先生传》记载王阳明初至龙场，无有定居，于是“凿石椁待尽，诸苗伐木为室，以居先生”。无论是《王阳明年谱》谓“惟生死一念尚觉未化”的“生死”，还是邵廷采记载的“凿石椁待尽”中的“待尽”，王阳明都是直面死亡问题，来体验来思考，因此不可能是普通的石墩，而只能是“石椁”。内棺外椁，椁是棺材外面套的棺木。王阳明凿石棺体验生死，也只能在夏天，而秋凉渐至，他不可能居住在石椁里，即便是体验也不能，也只有“伐木为室，以居先生”了。因此王阳明的龙场悟道只能是1508年的夏夜。

龙场悟道是顷刻间的领悟，却是漫长的生活磨难和精神历练的结果。而生活与精神的双重困境，并没有使王阳明沉沦下来，而是化茧成蝶，凤凰涅槃，实现了从逼仄的空间向辽阔的思想天空的飞翔。一种新的思想洪流宛如江河决坝，浩浩荡荡，奔流入海，不可阻挡。王阳明从此站到了中国思想舞台的中央，整个中国古代哲学也有了一个新的高度。

这一夜的精神超越虽然是感性的、短暂的，却是王阳明思想具有决定意义的根本性的质变。这个夜晚，成为王阳明永远的精神记忆，构成他思想的情结，在后来的著作中他总是回忆起“龙场悟道”的夜晚。他在与门人的对话中说：

居夷三载，见得圣人之学若是其简易广大，始自叹悔错用了三十年气力。

——《传习录上“门人薛侃录”之三十》

王阳明的顿悟是带有反思性的，走过了“错用了三十年气力”的弯路，而一朝醒悟，“觉今是而昨非”，实现了自我否定基础上的精神蜕变。所谓“错用了三十年气力”，王阳明在《答人问神仙》一文中指出，其八岁开始就好神仙之说：“仆诚生八岁而即好其说，今已余三十年矣。”王阳明将从八岁开始的好神仙之说，以及后来的溺于辞章、浸润佛老等等都看作是错用了气力，进行了深刻的思想反思。王阳明把龙场顿悟描述成铁水熔化、千锤万击、点铁成金的历练过程，他在《与王纯甫》的信中说：

金之在冶，经烈焰，受钳锤，当此之时，为金者甚苦；然自他人视之，方喜金之益精炼，而惟恐火力锤煅之不至。既其出冶，金亦自喜其挫折煅炼之有成矣。某平日亦每有傲视行辈、轻忽世故之心，后虽稍知惩创，亦惟支持抵塞于外而已。及谪贵州三年，百难备尝，然后能有所见，始信孟氏“生于忧患”之言非欺我也。

王阳明把人生的苦难比喻成金属在烈火中熔炼、锤击的锻炼过程，而将历经锤炼后的“出冶”，比喻成龙场悟道的精神超越。在王阳明看来，龙场夏夜的顿悟是其思想和哲学的根本性转变，是一次带有质变意义的精神新生。

王阳明哲学的精神新变，被哲学史家概括为学术的“三变”。

“三变”之说其实源于王阳明本人，他在《朱子晚年定论序》中将自己的思想史划分为“早岁业举，溺志辞章之习”“求诸老释”以及“谪官龙场，居夷处困。动心忍性之余，恍若有悟”三个阶段。王阳明的思想发展三个阶段的划分，被他的弟子钱德洪概括为“三变”：“先生之学凡三变，其为教也亦三变：少之时，驰骋于辞章，已而出入于二氏；继乃居夷处困，豁然有得于圣贤之旨：是三变而至道也。”（《王阳明全集》第1746页）也就是说，从少年的溺于辞章，到青年的出入佛老，再到中年的“居夷处困，豁然有得”，是王阳明不断追求、不断否定、不断提升，而最终到达“道”的最高境界的过程。与王阳明相知甚深的湛若水所撰《阳明先生墓志铭》中，以“五溺”概括龙场悟道前王阳明的思想，即“初溺于任侠之习，再溺于骑射之习，三溺于辞章之习，四溺于神仙之习，五溺于佛氏之习”（同上书，第1538—1539页），“溺”是沉溺，是迷途，是思想道路上的崎岖弯路，被王阳明和他的弟子们一一否定，而将龙场顿悟，看成是“归于圣贤之学”的正途，是王阳明自我扬弃思想升华的标志性事件。宛如铁水奔腾出炉，王阳明的思想在龙场完成了质变性的精神淬火，王阳明后来的思想都是从这里起步，只有丰富，再无改变。

龙场悟道不仅是王阳明精神世界的转向，也是中国古代哲学的一次转向。在那个浪漫而神秘的夜晚，王阳明究竟“悟”到了什么而让他如此激动？中国哲学史在这里究竟获得了怎样的启示，而让人们久久记忆？龙场之夜除了“中夜大悟”“不觉呼跃”的记载，关于龙场悟道所“悟”的内容，叙述简括，没有系统的阐述，我们只能从王阳明和他的门人弟子诸多回忆里找到一些简单的语词，力图走进那个思想之夜的历史现场。“吾俟命矣”“吾性自足”“端居澄默”等看似简单的语词，却是点亮那个夜晚的思想火炬。

二、“吾俟命矣”：困境中王阳明的精神突围

龙场悟道是超越的、富有艺术精神的，但这个夜晚却是由一场政治灾难导致的。1506年（明正德元年）十五岁的明武宗继位，由于年幼昏弱，以太监刘瑾为首的宦官集团把持朝政，权倾朝野，不可一世。刘健、戴铣等正直的士大夫不畏强权，冒死以谏，先后上疏提出诛杀宦官“八虎”等意见，遭到刘瑾等人的政治迫害，或被革职，或陷囹圄，朝廷上下笼罩在惊悚肃杀的氛围中。此时的王阳明仍然不顾安危，挺身而出，仗义执言，为冤者辩白，上《乞宥言官去权奸以章圣德疏》，倡言“包容隐覆，以开忠谠之路”，批判的矛头直指刘瑾等宦官，终为宦党陷害，而廷杖入狱，受尽凌辱，最后流放到遥远荒凉的贵州龙场。

王阳明是带着人生的屈辱走上流放之路的。王阳明受到的刑罚不仅是肉体的，更是精神的，是人格羞辱和精神

折磨。王阳明因言获罪，被廷杖四十。廷杖既是肉体惩罚，更是人格羞辱。被杖刑者要当众脱去衣裤，受之以荆楚。这还不算，王阳明还被以“奸党”之名，罚跪于金水桥边，相当于后来的游街示众。一个人愈是心高气傲，被凌辱的程度就越强烈。如果说宫廷杖刑更多是肉体惩罚的话，金水桥罚跪则完全是精神羞辱。而精神的羞辱是对心雄万丈立志成圣的王阳明最根本的打击。

> 幽室魍魉生，不寐知夜永。
> 惊风起林木，骤若波浪汹。
>
> ——《不寐》

> 屋罅见明月（一作“月光”），还见地上霜。
> 客子夜中起，旁皇涕沾裳。
>
> ——《见月》

> 长夜星辰瞻阁道，晓天钟鼓隔云楼。
> 思家有泪仍多病，报主无能合远投。
>
> ——《天涯》

身陷囹圄，居于幽室；耿耿长夜，涕泪沾裳；遥想故乡，凄苦难眠。王阳明写于狱中的诗，充满了幽室、魍魉、惊风、波涛、冷月、秋霜、晓钟、涕泪、故乡等悲凉凄然的意象，象征着哀告无门、血泪交织的现实处境，难以遏止的精神哀痛咬啮着撕扯着他的心灵。廷杖、罚跪、囚禁等等一系列肉体与人格的严酷摧残，仅仅因为他向皇帝上疏，也仅仅因为他曲曲折折地表达了对当朝禁锢的不满，这让雄视天下的王阳明陷入了巨大的绝望和无助中。

王阳明是 1508 年春天（正德三年）到达龙场的。离开京城，王阳明的境遇并没有任何改变，却遭遇了更大的生存困境。自然环境的恶劣、生存环境的艰难、政治环境的险恶等横亘在王阳明的面前：

一是自然环境的恶劣。《年谱》记载，龙场在贵州西北，万山包围，荆棘丛生，虺蛇出没，瘴疠流行。外来之人，水土不服，路边布满中原流人的白骨和坟墓，四处一派荒凉萧瑟的景象。二是生存环境的艰难。初到龙场，苗民言语难通，居无定所，或结草庵以居，或栖身石洞。此时的王阳明基本的衣食都成了问题，随从皆病，王阳明只好亲自“析薪取水”，吟咏俚歌，强作欢颜。三是政治环境的险恶。王阳明流放后，刘瑾等朝内宦官并没有放弃对王阳明的迫害。赴谪途中，刘瑾等派刺客追杀；到达龙场之后，又遭御史王质的凌辱，王阳明感叹“谪官贵州，横逆之加，无月无有”（《寄希渊》），政治迫害的阴影时刻笼罩在他的周围。

在绝望处，王阳明并没有消极沉沦，而是在苦难中奋起，在困境中突围。王阳明的突围是生存的，是在对道家、佛家的否定之后，向以孔孟为代表的儒家精神的复归。

王阳明的突围不是回避，而是面对，是向死而生的超越。

生死问题是哲学的基本问题，而这样的根本问题却被孔子委婉地回避掉了。孔子说“未知生，焉知死”（《论语·公冶长》），孔子以生的设计替代了死的追问。庄子哲学不回避死亡问题，而是以一种浪漫主义的笔法，诗意地描绘了“方生方死，方死方生”（《庄子·齐物论》）、生生死死循环往复的运动过程。王阳明对死亡问题的思考不是孔子式的遮遮掩掩，也不是庄子式的诗性浪漫，而是将自己推向死亡的境地，在死亡中体会生命，在绝望中获得希望，寻找突围的路径。于是王阳明有了“凿石椁以待尽”，把自己放到一个石棺里，去体验濒临死亡的感受。这是一种雅斯贝尔斯说的迫近死亡的“临界状态”，也是一种生死之间的“边缘处境”，正是这种状态使人们返回生命的源头，重新审视生命的价值，谛听天地的启示。

王阳明的突围是一种否定之后的肯定，是超越之后的新生。王阳明的否定有两方面内容，其中之一是对佛老思想的否定。王阳明自己说，他少年时曾醉心佛老：“自谓既有所得，谓儒者为不足学。”而经过了龙场之夜的顿悟，王阳明感受到了圣人之学的“简易广大”，于是幡然醒悟：“自叹悔错用了三十年气力。”（《传习录》）王阳明的否定，不是局部，而是整体。龙场之夜，王阳明回顾一生，突然领悟，重新回到生机勃勃的历史源头，回到孔孟思想的精神深处，点亮古典文明的思想火光。

“吾俟命矣”是王阳明的呐喊，也是他新思想的宣言。

“俟命”不是王阳明的发明，而是有深厚的理论来源的。《礼记·中庸》谓：

> 君子居易以俟命，小人行险以徼幸。

“居易”便是居于平常，“俟命”，便是“听天任命”（郑玄注）。“听天任命”很容易被理解为人生的宿命论，其实不是，因为孔子俟命的论述，是在“君子素其位而行，不愿乎其外。素富贵行乎富贵，素贫贱行乎贫贱，素夷狄行乎夷狄，素患难行乎患难”的基础上提出的，即在富贵的环境中便从富贵出发，在贫贱的环境中便从贫贱出发，在边远闭塞的环境中便从边远闭塞出发，在艰难困苦的环境中便从艰难困苦出发，承认现实，立足现实。从现实出发是《中庸》最基本的观点。

《中庸》的思想，在王阳明那里获得了强烈反应。王阳明在《与王纯甫》的信中，特别引用《中庸》“君子素其位而行，不愿乎其外。素富贵行乎富贵，素贫贱行乎贫贱，素夷狄行乎夷狄，素患难行乎患难”并奉为经典，强调“后之君子，亦当素其位而学，不愿乎其外。素富贵，学处乎富贵；素贫贱患难，学处乎贫贱患难，则亦可以无入而不自得”，从行为的“不愿乎其外”，到学习的“不愿乎其外”，一以贯之，从而到达“无入而不自得”的自由超然境界。

“俟命”不是消极的无所作为，而是积极的奋发努力，在行动中等待，在努力中观察，从悲壮中出发，却到达了乐观的境地。从容镇定的“居易俟命”与急不可耐的“行险徼幸”，构成了君子与小人人格的本质区别。“徼幸”便无所不为，不择手段，而“俟命”则是有所坚守，坚定信仰，这种坚守和等待蕴含着对人类道德和人间正义的乐观自信和理性坚持。

“俟命”是以孔子为代表的儒家面对人生困境时的一种精神突围方式。孔子一生风雨其途，却依然保持了一种乐观自信的精神，一个重要原因就是他对命运的洞察和体悟。孔子谓：“道之将行也与，命也。道之将废也与，命也。”（《论语·宪问》）理想是否实现，奋斗是否成功，不仅取决于个人意志，更取决于潜藏于时代与历史背后的某种神秘力量，这就是命运。因此孔子强调要敬畏命运，孔子认为“君子有三畏”（《论语·季氏》），即“畏天命、畏大人、畏圣人之言”，而首要的就是“畏天命”，在孔子看来真正的君子是应该敬畏天命的：“不知命，无以为君子也。”（《论语·尧曰》）

孟子则进一步将孔子的天命思想上升为体系性的哲学表达，《孟子·尽心上》谓：“尽其心者，知其性也；知其性，则知天矣；存其心，养其性，所以事天也。夭寿不二，修身以俟之，所以立命也。”这里孟子将心—性—天—命构建成一个逻辑系统，天、性是自然的客体的，而心、命是人伦的主体的，主体与客体是融合在一起的。心虽然是感知世界的基础，却也根植于自然的天性中。孟子主张

“存心养性”，就是事天，就是顺应自然；对于个人而言，事天就是修身俟命，在自身的心灵建设中等待天命。孟子明确提出了“俟命”的哲学命题，所谓“君子行法，以俟命而已矣”（《孟子·尽心下》），“俟命”最终要回到天性，回到心灵。

王阳明所谓的“圣人之道，吾性自足”，已经道出他的思想渊源，还是孔子、孟子的思想基础，这一点他后来说起“证诸六经四子”，正是源于圣人之道的具体证明。回到了自然，回到了本性，回到了心灵，便是“自足”，便超越了外在的袭扰困惑，从困苦中解脱，从困境中走出。从俟命的角度理解苦难，一切都是过程，一切都是经历，一切都是心灵的感觉。

王阳明的俟命不是消极，不是颓唐，不是绝望；而是积极，是坚定，是等待，是站在现实的土壤上承认现实，从命运出发，对未来抱有信念。这就使得王阳明在生命的急风暴雨中站稳了脚跟，实现了对现实苦难的超越，从狭隘的个人境遇中嗟叹中挣扎出来，突围出来，看到了希望的曙光，露出了一丝微笑。

人生有可以努力的，也有不可努力的；有可以选择的，也有无法选择的。一个人可以选择积极或是消极，热烈或是淡泊，出世或是入世的人生态度，但是却不能选择血缘的贵贱、环境的优劣、时代的盛衰、家境的贫富、天资的智愚、机遇的有无等成长因素，而恰恰是这些因素决定着一个人、一个民族、一个国家、一个时代的历史走向。历史是在有限与无限、偶然与必然、清晰与朦胧、确定与不确定、选择与不可选择等多重因素的碰撞中完成的。努力可以成功，也可以徒劳；机遇可以遇到，也可以丧失；有时可以站在历史的高处，指点江山，决定未来；有时却只能被时代浪潮裹挟，随波逐流，徒唤奈何。历史进程中时而目标清晰，方向明确；时而视线模糊，一片朦胧，似乎总有一种隐藏在历史发展背后的个人不可抗拒的力量和规律，让生命充满了不确定性、偶然性，这就是命运。命运是一种现实与历史、个人与集体、大分与努力的复合体。承认命运，并不意味着悲观，而是对浅薄的乐观主义超越之后的一种更高层次的生命体验，是在对历史的必然性和偶然性认识之后的一种洞悉与观察。恰恰由于对命运的认识，人类知道了生命的有限性，而又在有限性中有所作为。正如《周易·系辞上》所说的“乐天知命”：“与天地相似，故不违；知周乎万物，而道济天下，故不过；旁行而不流，乐天知命，故不忧。”承认了命运，纵身大化之中，与天地万物一起流转，而处之泰然，得到的是超越痛苦和忧患的快乐和达观。

从命运出发，王阳明体验到了人生的顺境与逆境，超越生命与死亡，让王阳明走出了思想的困境，完成了精神的突围，到达了一种自由解脱的境界。初到龙场时王阳明的诗还是沉重的悲苦的：

君莫歌九章，歌以伤我心。
微言破寥寂，重以离别吟。
别离悲尚浅，言微感愈深。
瓦缶易谐俗，谁辨黄钟音？

——《赴谪诗·答湛元明八首》其一

赴谪路上他的脚步是沉重的，心情是悲苦的。听到友人的送别诗，他格外伤神，被抛弃被贬谪的抑郁哀怨充斥内心，一种黄钟毁弃、瓦缶雷鸣的不平之感油然而生。而龙场之夜之后，王阳明从精神的绝望中走出，心境一下子轻松明媚起来。

讲习有真乐，谈笑无俗流。
缅怀风沂兴，千载相为谋。

——《诸生夜坐》

渐觉形骸逃物外，未妨游乐在天涯。

——《南庵次韵二首》

他从庄谨拘束中走出，陶醉于日常生活的审美之中；他从外在形骸中走出，逍遥于遥远天际的山水之中。而《龙冈漫兴五首》中的“投荒万里入炎州，却喜官卑得自由”，是王阳明龙场悟道后的典型心境，他已经摆脱个人得失、生死中的束缚，徜徉于一种心无挂碍任性逍遥的自由世界中。

三、“吾性自足”：打通心物之间的思想阻隔

黄宗羲《明儒学案》谓：

自此（龙场悟道）之后，尽去枝叶，一意本原。以默坐澄心为学的。

在黄宗羲看来，龙场悟道意味着王阳明思想删繁就简、拆除藩篱，而返归活泼泼的生命本源。所谓“尽去枝叶”，意味着摆脱笼罩心头的一切阻隔与遮蔽，而扪摸精神，直指心灵，到达“默坐澄心”的境界。那些笼罩心头的层层“枝叶”，是世俗的得失，是存在的生死，是最根本的心灵与外物之间的思想阻隔。

中国古典哲学将心与物划分为两个世界：一个客观的外在的物质世界，一个主观的内在的心灵世界。心灵与外物之间彼此联系，相互感应。古代思想家认为要从内在的心灵世界到达外在的物质世界，必须“格”，调动内在精神实现对外在物质世界的认识。最典型的是《大学》“格物致知”理论的提出：

古之欲明明德于天下者，先治其国；欲治其国者，先齐其家；欲齐其家者，先修其身；欲修其身者，先正其心；欲正其心者，先诚其意；欲诚其意者，先致其知，致知在格物。物格而后知至，知至而后意诚，意诚而后心正，心正而后身修，身修而后家齐，家齐

而后国治，国治而后天下平。

《大学》的这段话里，包括两个逻辑体系：一个是从“明明德于天下”出发，由大及小的“治国——齐家——修身——正心——诚意——致知——格物”；一个是以“平天下”为旨归，由小及大：“物格——知至——意诚——心正——身修——家齐——国治”。两个逻辑体系的内容一样，却顺序相反。而尽管如此，一个是“致知——格物”，一个是“知至——物格”；一个是由大及小的末端，是基础；一个是由小及大的开端，是本源，或是最基础的，或是最本源的，两者之间，相互转换，循环往复，生生不已。无论是“格物致知”，还是“知至物格”，两者都是最根本的最本源的，是出发点。也就是说，无论是明德天下——治国——齐家——修身，还是反过来身修——家齐——国治——天下平，既立足“致知格物”，又需要“知至物格”，一方面是知识的获得从外在世界的研究出发，一方面是从已有的知识出发证明外在世界，从而形成对世界内在与外在、已知与未知相结合的认知方式。

“格物致知”作为中国古典哲学的重要命题，而为宋明理学家们特别注意。朱熹一生重视《大学》，特别强调“格物致知”的意义，其谓“学问须以《大学》为先”（《朱子语类》第249页，中华书局1986年版），而《大学》“此一书之间，要紧只在‘格物’两字”（同上书，第255页），朱熹以《大学》

为最基础的学问，而《大学》最关键的便是“格物”二字。依照朱熹的解释，“格，至也。物，犹事也。穷至事物之理，欲其极处无不到也”（《大学章句》）。在朱熹看来，所谓“物”是广大的无所不备的，“上而无极、太极，下而至于一草、一木、一昆虫之微，亦各有理”（同上书，第295页），既然事无巨细，无不有理，也都应该纳入“格”的范围，纳入探索的视野，即“世间之物，无不有理，皆须格过”（同上书，第286页）。朱熹认为一物有一物之理，一事有一事之义，只有不断“格”过，循序渐进，久久为功，获得感悟，豁然贯通，而最终接近并掌握宇宙的终极的真理——“天理”。

朱熹曾是对王阳明思想产生重要影响的思想家。朱熹的《四书集注》是科举考试的教科书，对当时科举道路上的青年学子有特殊的影响。王阳明自幼有成圣理想，塾师以“读书登第”为人生“第一等事”，而他坚定地认为“登第恐未为第一等事，或读书学圣贤耳”（《王阳明年谱》一）。在成圣的路上，王阳明遭遇了朱熹，对朱熹之学无限崇拜，自谓“平生于朱子之说，如神明蓍龟”（《传习录·答罗整庵少宰书之三》），王阳明“遍求考亭遗书读之”。朱子之学特别是“格物”之学对王阳明产生了深刻的影响，十八岁时他拜访了著名理学家娄谅，对格物之学有了深刻的理解。正是在朱熹“格物致知”的思想引领下，王阳明有了两次“格物”的失败经历：

第一次失败是他二十一岁时候的“格竹”事件，《王阳明年谱》记：

是年为宋儒格物之学。先生始侍龙山公于京师，遍求考亭遗书读之。一日思先儒谓“众物必有表里精粗，一草一木，皆涵至理”，官署中多竹，即取竹格之，沉思其理不得，遂遇疾。

第二次是他二十七岁的时候对朱熹“读书之法”理论尝试的失败：

一日读晦翁上宋光宗疏，有曰：“居敬持志，为读书之本。循序致精，为读书之法。”

乃悔前日探讨虽博，而未尝循序以致精，宜无所得；又循其序，思得渐渍洽浃，然物理吾心终若判而为二也。沉郁既久，旧疾复作。

颇有意味的是，王阳明两次以实践的角度实践朱熹的思想都以失败告终，都以“遇疾”“旧疾复作”而结束。影响王阳明“格物致知”思想的，不仅是精神上百思不得其解的困扰，更有身体上“劳神成疾”的痛苦，是身体与心灵的双重打击。朱熹并没有将王阳明带出精神的困境，心要格物，可是在心物之间总有一层隔膜，总有一种遮蔽，让王阳明迷蒙而不知所以。后来王阳明与自己的门人弟子回忆起这段经历，还是百感交集：

众人只说格物要依晦翁，何曾把他的说去用？我着实曾用来。初年与钱友同论做圣贤要格天下之物，如今安得这等大的力量？因指亭前竹子，令去格看。钱子早夜去穷格竹子的道理，竭其心思，至于三日，便致劳神成疾。当初说他这是精力不足，某因自去穷格。早夜不得其理，到七日，亦以劳思致疾。遂相与叹圣贤是做不得的，无他大力量去格物了。

——《传习录·黄以方录之四》

王阳明的回忆里叙述了格物的艰难，以一种格尽天下之物的勇气，与钱姓友人开始格竹的历程，结果劳思成疾，先后失败，使他成圣的理想几近破灭，格物的历史由此中断。而这个笼罩心头的精神阴影，在龙场悟道的夜晚被自由开放的理性之光照亮。王阳明推开了心物之间的精神阻隔，心灵与外物融为一体，一句“吾性自足”道出了真谛，并不存在心与物截然分隔的两个世界，因此也不需要经过从心灵到外物的“格物”历程，而只要回到本性、回到心灵，自然是一片透彻澄明。

这个夜晚王阳明与朱熹的理论从此分道扬镳。在王阳明看来，朱熹“格物致知”理论的根本错误在于“求理于事物”，即向外求索，这就造成了“物理”与“吾心”的“判而为二”，是对立的两个世界。而在龙场之夜的顿悟中，王阳明豁然开朗：心灵与外物本为一体，原不可分。

龙场之夜的“吾性自足”，虽然还是一句即兴感悟的话，却是王阳明心学思想的精神坐标，王阳明心学的思想体系，都是从“吾性自足”发展而来。性是本性是内心，王阳明在后来的思想中丰富了补充了“吾性自足”的思想内容。

龙场悟道六年后，王阳明与既是妹婿也是爱徒的徐爱之间的一次讨论，是他心学思想的典型反映：

> 爱（徐爱）问：“至善只求诸心，恐于天下事理有不能尽。”
>
> 先生曰：“心即理也，天下又有心外之事，心外之理乎？”
>
> ——《传习录·徐爱录之三》

徐爱困惑于仅仅将人类的至善追求归结为心灵，总还有意犹未尽有所遗漏的感觉。而王阳明坚定地认为，心与外物之理是一致的，心即是理，天下哪里有心外之事、心外之物？一切外物都是心灵感应后的结果，并没有一个心灵之外的世界需要我去“格”去认知。

王阳明认为龙场之夜正是他的思想从理学到心学革命性变化的起点，他说：“及在夷中三年，颇见得此意思，乃知天下之物本无可格者。”（《传习录·黄以方录之四》）“无物可格”是对外在世界的否定，也是内在世界的解放。心灵不纠缠于外在世界的“格”，便恢复了内在世界的轻松充盈。

但是应该看到，与自己追求的理学宗师朱熹在精神上切割，王阳明心灵上是痛苦的。他与弟子推心置腹地说道：“平生于朱子之说，如神明蓍龟，一旦与之背驰，心诚有所未忍，故不得已而为此。‘知我者谓我心忧，不知我者谓我何求？’盖不忍牴牾朱子者，其本心也；不得已而与之牴牾者，道固如是，‘不直则道不可见’也。执事所谓‘决与朱子异’者，仆敢自欺其心哉？夫道，天下之公道也；学，天下之公学也。非朱子可得而私也，非孔子可得而私也。天下之公也，公言之而已矣。”（《传习录·答罗整庵少宰书之三》）在精神导师和真理面前王阳明表现出内心的矛盾与挣扎，他的痛苦是强烈的不可遏止的，他借助《诗经·黍离》“知我者谓我心忧，不知我者谓我何求”的句子，表现内心痛苦的强烈而不可遏止。但是在真理与情感面前，王阳明再一次表现出一个哲学家的理性的坚定，“不直则道不可见”是一种理性宣言，“道”是真理，是高于一切的，对真理必须出以公心，而不能以个人情感的好恶影响理性的选择，这是“吾爱吾师，吾更爱真理”的另一种表述。

从格物的理论否定中，王阳明建立起格心的理论，“格物”不是外在的探索，而是内在的醒悟，这样就成了“格物者，格其心之物也，格其意之物也，格其知之物也”（《传习录·答罗整庵少宰书之三》）。

王阳明的心学虽然陷入了主观唯心主义的范式，颠倒了世界发生的顺序，却在哲学上高扬了人的主体精神，将人的心灵从种种外在束缚中解放出来。王阳明说：

> 我的灵明，便是天地鬼神的主宰。天没有我的灵明，谁去仰他高？地没有我的灵明，谁去俯他深？鬼神没有我的灵明，谁去辩他吉凶灾祥？天地鬼神万物离却我的灵明，便没有天地鬼神万物了。我的灵明离却天地鬼神万物，亦没有我的灵明。
>
> ——《传习录·黄以方录之二十四》

也就是说，心灵一方面是天地的主宰、鬼神的主宰、万物的主宰，天地鬼神万物在心灵的反映中显现出场；而另一方面，心灵不是空洞的，天地鬼神万物又是心灵的证明方式。王阳明推开了横亘在心物之间的精神阻隔，心物交融，知行合一，将一颗活泼泼的澄明心灵摆放在天地之间，从而为后来的“童心”“性灵”理论的兴起开辟道路。

四、“吾心光明”：王阳明心学的诗意澄明之境

“此心光明”是王阳明的最后遗言。临终之前，王阳明自知大限已到，双目微睁，谓：“吾去矣。”门人含泪问他有什么遗言，王阳明轻声说道：“此心光明，亦复何言？”（《王阳明年谱》三）心灵的光明澄澈是王阳明毕生追求的目标，他在一首《中秋》诗中写道：“吾心自有光明月，千古团圆永无缺。山河大地拥清辉，赏心何必中秋节。”在他的心中永远拥有圆月般的光芒，“吾心光明”是他的

精神追求，也是他的心理自信。直到王阳明的最后时刻，他的内心都是一片澄澈光明。他已经来过这个世界，他是带着内心的光明温润离开这个世界的，此心光明，夫复何求，已经没有任何遗憾了。

“此心光明”是王阳明的最后遗言，却开始于龙场驿的心灵顿悟中，是那个夜晚照亮的。那个推开心物之间的精神隔阂、拂去了覆盖心灵之上的历史风尘的夜晚，本体的“道心”晶莹剔透，他已经沐浴在思想光芒的朗照之中了。因此回忆起那个夜晚，王阳明总爱用“澄”“明”一类的词来概括。他的学说被概括为“默学澄心”，“澄心”就是内心世界的透彻光明。

中国古代哲学常常将心比作灯，比作光。《庄子·齐物论》提出了“葆光”的理论，所谓“注焉而不满，酌焉而不竭，而不知其所由来，此谓之葆光”。庄子认为在人的本真世界中，心灵是一个发光体，光芒映照心灵不会满溢，也不会枯竭。他在《庚桑楚》中说：“宇泰定者，发乎天光。发乎天光者，人见其人，物见其物。”宇泰即心灵，宁静泰定的心灵总是在静默处吐露辉光，照见人的自身，也呈现世界万物，在这里“天光”已经是心灵的代名词了。“心灯”一词是佛家提出的，《佛学大辞典》谓：“心灯，犹言心灵，静中不昧之义。”这种心灯是“处垢不染，修沉不净，故云自性清静，性体遍照，无幽不烛，故曰圆明”（法藏《妄尽还源观》）。“圆明”是心灵比喻，心灵的圆明意味着“性体遍照”“无幽不烛”的光辉。

王阳明在思想上曾经受到老庄思想的深刻影响，尽管王阳明后来的思想发生转向，从佛老思想的沉溺中超拔出来，但是这种超拔不是完全的否定，而是包括吸纳涵养。在王阳明的思想里，心灵是天地之间的“灵明”，王阳明认为“人是天地的心”，而心“只是一个灵明”（《传习录·黄以方录之二十四》），是天地之间熠熠生辉的发光体。“心”的本质是“道心”，是充满良知和道德精神的本体。只是因为人的贪欲、是非使道心蒙尘，失去了光亮。他说：

> 人心是天、渊。心之本体无所不该，原是一个天，只为私欲障碍，则天之本体失了。心之理无穷尽，原是一个渊，只为私欲窒塞，则渊之本体失了。如今念念致良知，将此障碍窒塞一齐去尽，则本体已复，便是天、渊了。
>
> ——《传习录·黄直录之一》

心的本质是自然、是天性，是充满良知的精神天渊。问题是私欲遮蔽了本体，失去了天的高远、渊的幽深，也失去了本来的光芒。王阳明心学就是要重返心灵本体，拂去蒙覆在心灵上的层层尘霾，拨云见日，重现人的主体的精神之光。

要见到心灵之光，就应该“去遮蔽”，回归心灵和本性。王阳明与门徒黄修易的对话强调了去掉遮蔽而显现心光的问题：

> 黄勉叔（黄修易字勉叔）问："心无恶念时，此心空空荡荡的，不知亦须存个善念否？"
>
> 先生曰："既去恶念，便是善念，便复心之本体矣。譬如日光，被云来遮蔽，云去，光已复矣。若恶念既去，又要存个善念，即是日光之中添燃一灯。"
>
> ——《传习录·黄修易录之一》

在王阳明看来，心的本体是宁静的光明的。所谓恶念，只是蒙尘，只是遮蔽，只要拂去遮蔽，便如同拨云见日，回归本体清明，回归心灵澄澈，所谓"云去，光已复矣"。在王阳明的世界里，"圣人之知如青天之日"（《传习录·钱德洪录之二十六》），而被欲望遮蔽时，便是"良知之蔽"，觉悟便是"蔽去"，便是回到良知回到本心，所谓"蔽去，复其体也"（《传习录·钱德洪录之二十七》）。

如响斯应。王阳明的"蔽去"理论，让我们想起德国哲学家海德格尔的"去蔽"理论。海德格尔关于艺术本源的存在主义追问，有助于我们理解王阳明哲学心灵澄明的精神所在。

海德格尔是站在存在主义哲学立场上提出"去蔽"理论的。存在主义哲学将存在划分为存在与存在者，存在是本体是总体，存在者是现象是万有；存在是存在者的依据，而存在者是存在的证明。存在者是从存在中走出并持续走出的，而存在本身却隐匿着。这正像光照亮了世界，而光本身却隐匿着。因此要认识本体，必须“去蔽”。海德格尔强调的是去形而上学之蔽，使人从生存的盲目中返回存在的澄明之境。而海德格尔坚信真正的去蔽，是诗性的艺术的解蔽：

> 艺术作品以自己的方式开启存在者之存在。这种开启也即解蔽（Entbergen），亦即存在者之真理，是在作品中发生的。在艺术作品中，存在者之真理自行设置入作品。艺术就是自行设置入作品的真理。
>
> ——《海德格尔选集·艺术作品的本源》

海德格尔说，遮蔽是一种拒绝或伪装，遮蔽封闭了真理，也掩盖了本真。真正的艺术就是去蔽（解蔽），就是拂去世俗的风尘，到达存在的本真。海德格尔说：“真理的本质，亦即无蔽，由一种否定而得到彻底贯彻。”真理的无蔽状态是敞开的，向着世界敞开，向着天空和大地敞开，走向诗意的澄明。海德格尔一再用“光”这个词言说存在，存在的活动就是光的活动，光照亮万物，存在显示世界，让一切万有出场。

在王阳明哲学中存在这个词相当于心灵，王阳明认为是心灵让万物显现，让世界出场。岩树花开的故事，最能说明这个问题。

> 先生游南镇。一友指岩中花树问曰：“天下无心

外之物，如此花树，在深山中自开自落，于我心亦何相关？”

先生曰：“你未看此花时，此花与汝心同归于寂；你来看此花时，则此花颜色一时明白起来。便知此花不在你的心外。”

——《传习录·钱德洪录之十四》

心外无物，并不是否定心灵之外的物质世界，而是说不被心灵感知的世界不构成意义的世界。这正像山上岩树间绽放的花朵，不被发现，不被感应，便处于沉默的枯寂状态，而只有我与花相逢，才以生命的形式出场、显现，才被存在之光照亮。海德格尔把存在比喻成光，王阳明也把心灵比喻成光，所谓“一时明白起来”，就是照亮，就是光的显现。

王阳明以“心”来显现世界，也以“心”来统摄世界。王阳明特别强调“知行合一”，知与行之所以合为一体，根源是心物一体。知是心灵反应的“知”，行是心灵指导的“行”，最终统一于心灵。《传习录上》记载王阳明教导门徒的话：“未有知而不行者，知而不行，只是未知。圣人教人知行，正是要复那本体。”（《传习录·徐爱录之五》）知行本体即良知本体，亦即心体。知与行的分离，与心与物的分离一样，本质上是心灵的破碎分离。“复那本体”，就是回到心灵本体，心与物的融合，最终就是知与行的统一。

王阳明的“心”是晶莹澄澈的，毫无纤尘的。门人陆澄问他：“无所偏倚是何等气象？”王阳明富有诗意地回答：“如明镜然，全体莹彻，略无纤尘染著。”（《传习录·陆澄录之五十九》）本体的心，就像一面镜子，纤尘不染，容纳万象，澄澈玲珑。“全体莹彻”四字特别有意味，不是部分，而是整体，是整个世界的晶莹剔透。深受王阳明影响的徐爱，也以镜子以虚空以光明比喻心灵：

> 心犹镜也。圣人心如明镜，常人心如昏镜。近世格物之说，如以镜照物，照上用功，不知镜尚昏在，何能照？先生之格物，如磨镜而使之明，磨上用功，明了后亦未尝废照。
>
> ——《传习录·陆澄录之四十五》

圣人与常人的区别是心灵的明暗，常人之心由于蒙尘而黯淡无光。而只有圣人之心，洁净虚空，照彻天地。成圣之路，就是时时保持心灵的洁净，保持内心的诗意的澄明之境。

在澄明之境的路上，王阳明与海德格尔再次相遇。海德格尔喜欢用澄明、敞开、无蔽等词语描写存在，描写诗意的栖居世界。

海德格尔描写澄明的世界不是一个纯粹的物理空间，而是活生生的“世界世界着”（The world world）的意义空间，是天、地、人、神的四重体。海德格尔这样描述澄明世界里的天空和大地：

> 大地是创化生育者；大地是果实的给养者；大地是那庇护、保存水与石头、植物与动物的东西。
>
> 天空是太阳的路径，月亮的轨迹，星星的闪耀，一年之节候，白昼之光明与昏茫，黑暗之阴暗与闪烁，是气候的无常，云朵的飘荡，以太的深蓝。
>
> ——《物》

在这里，天空不是天文学家和物理学家眼里的东西，大地也不是仅仅作为自然科学的对象，而是充满神性的自我呈现。人们仰望星空，寻求神圣的踪迹；居于大地，获得生命的滋养。人的心灵不被扰动，向天地万物敞开，心物交融，相互辉映，由此发出澄澈的光芒。诗人特拉克《冬日的黄昏》："窗棂披着积雪 / 晚钟长鸣 / 房屋收拾停当 / 为人们备好盛宴 / 漂泊者，三三两两 / 从阴暗之途来到门前 / 恩惠之树金花满枝 / 仰天吮吸大地的寒露 / 在澄明辉耀的光芒之中 / 桌上陈放着面包与老酒。""澄明"一词让海德格尔找到了理解存在的根本语言，在世界的澄明中，万物显现，吐露辉光：

> 世界在面包和香酒的金色光芒中吐辉，面包和香酒同时也凭借世界的光芒而自我闪耀。
>
> ——《语言》

王阳明心的光明，不是简单属于精神世界，而是心物之间的相互辉映，在某些方面指向了海德格尔存在主义的澄明。龙场悟道之后，王阳明的诗境一洗旧日的哀怨凄苦，呈现出开阔明媚的新的艺术气象。“小阁藏身一斗方，夜深虚白自生光”（《夜宿汪氏园》）。“虚白”一词出自《庄子·人间世》：“瞻彼阕者，虚室生白，吉祥止止。”指心灵虚静空明，吐露辉光。这里描写的正是作者长夜漫漫中藏身斗室，而内心自生光芒，沐浴在一片明媚的朗照中。王阳明的月光世界已经没有了一般文人孤苦哀怨的情调，而是构成一个晶莹透彻的世界。

雨霁僧堂钟磬清，春溪月色特分明。
沙边宿鹭寒无影，洞口流云夜有声。

——《霁夜》

何处花香入夜清？石林茅屋隔溪声。
幽人月出每孤往，栖鸟山空时一鸣。

——《龙潭夜坐》

一雨秋凉入夜新，池边孤月倍精神。
潜鱼水底传心诀，栖鸟枝头说道真。

——《碧霞池夜坐》

无论是春夜里的钟磬春溪，还是夏夜里的石林茅屋，抑或是秋夜里的潜鱼栖鸟，都沐浴在宁静祥和的月光中，诗人的心境也如月光般澄澈明净，而在如此的世界里似乎蕴藏着某种神秘而富有启示意义的“心诀”“道真”。

万里中秋月正晴，四山云霭忽然生。
须臾浊雾随风散，依旧青天此月明。
肯信良知原不昧，从他外物岂能撄！
老夫今夜狂歌发，化作钧天满太清。

——《月夜二首》之一

独坐秋庭月色新，乾坤何处更闲人？
高歌度与清风去，幽意自随流水春。
千圣本无心外诀，六经须拂镜中尘。
却怜扰扰周公梦，未及惺惺陋巷贫。

——《夜坐》

王阳明“心外无物”“心外无理”的思想在他的艺术世界里得到充分展现。《月夜》描绘的是中秋月圆中云霭忽生，清风吹过，依旧青天明月，而正是从这样的情境中，王阳明忽然感悟到“良知原不昧”的道理，禁不住一曲狂歌，天地之间回荡着他的歌声，如此情形仿佛又一个龙场顿悟之夜。而《夜坐》则写天地悠远辽阔，流水清风，诗人长夜独坐，不由得想到所谓圣人也没有心外的道理，一切纷纷扰扰的思虑都是多余的无用的，拂去落在“六经”之上的历史灰尘，只有一颗月光般明媚的心灵是真实的永恒的。王阳明的思想和艺术，总是带有情感温度的，总是富有思想光芒的，“吾心光明”，便是世界光明，便是世界出场。

离开龙场的时候，暮色已浓，不一会儿，一弯新月从东方升起，天空顿时有了几分笑意和温暖。同行的肖远平教授忽然有所发现地说：“今年是 2008 年，王阳明龙场悟道是 1508 年，这不正好是五百年吗？”

一缄书札藏何事
——读《谕儿锺书札两通》

20世纪30年代初，正是二十几岁的钱锺书先生天才挥发崭露头角的时候，外间时有议论锺书先生的文章学问均在同是学者的父亲“老钱”先生之上。钱锺书先生的父亲钱基博先生（1887—1957），字子泉，也是当时闻名遐迩的学者，所著《中国文学史》《现代中国文学史》《近百年湖南学风》等著作，广誉士林，深有影响。其文章遒劲恢弘，清季状元张謇膺服不已，称之为“大江以北，未见其伦”。虽然看到儿子英华绝世，后来居上，“老钱”先生的内心是高兴的，但出于对儿子的深挚关怀，出于对名利的高度警惕，也出于一个父亲对社会的高度责任，钱基博先生于1931年10月31日、1932年11月27日两次写信给钱锺书先生就何以立身，何以取名，何以处世，对儿子有一番语重心长的教诲。

“一缄书札藏何事，会被东风暗拆看”（钱翊《未展芭蕉》）。六十年过去了，锺书先生已成为一代知识分子仰慕的楷模，但钱基博先生的一番深情嘱托却远未过时，对后来的莘莘学子仍有醒世恒言般的意义。

一、“我不患此儿无名，正恐名太盛耳”

中国古籍里有一些“庭训”“家语”之类的文字，还未引起人们足够的重视，其实像《颜氏家训》《朱子家语》《曾国藩与子弟书》等，它的影响不仅限于一个家族，而对整个社会都有借鉴意义。钱基博写给锺书先生的信，以《谕儿锺书札两通》为题，公开发表在《光华半月刊》上，足见其用心良苦，信不仅是写给儿子的，更是写给世人的。

知子莫如父，对锺书先生的卓绝天资，父亲自然了解。因此与一般父亲望子成龙的心理不同，他担心的不是儿子的功名不就事业无成，恰恰相反，他担心的是儿子高名厚实下的难以自持，钱基博引用《南史》中王僧虔的话说：“我不患此儿无名，正恐名太盛耳！”

对名誉的警惕源自他对“名人祸世”的基本思考——“我见时贤声名愈大，设心愈坏，地位愈高，做人愈错，未尝不太息痛恨，以为造物不仁，何乃为虎生翼！”确实，人们往往只注意到名流叱咤风云的历史，而忽略了他们的另一面。名流固然可以推进一番轰轰烈烈的事业，但一个品质卑微人格低下的名流，对社会也有超乎寻常的危害力量。一些人在成名之前尚有几分矜持几分老实，而骤得大名之后往往乖张猖狂，放言无忌，不可理喻。永远要求别人尊重，永远不会尊重别人，成了某些名人的特点，所谓名家名流之类的称号，成了他们横行无忌的护身符。一个普通人被掩盖的缺点，却在盛名之下被夸张地释放出来，钱锺书先生不无揶揄地指出：猴子爬得高，也把可笑的红臀暴露于众。声名有时也会为一个人的恶行提供市场，孔子早就说过“唯器与名不可以假人”，圣人之所以格外警惕假人声名，正是出于防范钱基博先生太息痛恨的“为虎生翼”。也许目睹了诸多名儒硕彦的种种言行，钱基博不无气愤地指出：“世所推称一般之名流伟人，自吾观之，皆恶化也。”

“见贤思齐焉，见不贤而内自省也。”名流的恶化，使钱基博先生在名誉面前格外谨慎，看到锺书先生声名渐起，钱基博先生在欣慰的同时，也不无忧戚。父亲不想让儿子重蹈衮衮名流的覆辙，告诫儿子不为盛名所累，以不使一个青年人头脑发热，在名誉面前父亲送上的是一番清凉冷静。记得友人章士钊声名腾起时，钱基博曾写信规之以淡泊宁静之道，称自己当“献此一副清凉散”，同样当儿子事业有成头角渐露之际，他仍然献此一副清凉散。这也是送给浊热世界的一副清凉散。

二、“做一仁人君子，比做一名士尤切要”

钱锺书先生曾毫不留情地批判过那些追风逐浪招摇街市的名流贤士，在他看来“大名气和大影响都是百分之九十的误会和曲解搀合成的东西”。而钱基博先生对此类名士也颇不以为然，钱基博先生写给锺书先生的信里谆谆告诫他："做一仁人君子，比做一名士尤切要。"这封信公开发表时，钱老先生特地于这段文字加上重点符号，可见其寄意深刻。

在才与德之间，钱基博先生更看重一个人的品德操行，在他看来"清识难尚，何如至德可师！"一个人的见识学问固然重要，但仁厚宽广超然物外的人格更可师法。自矜才情、恃才傲物，往往是文人性格的通病。《颜氏家训·文章篇》谓："文章之体，标举兴会，发引性灵，使人矜伐，故忽于持操，果于进取。今世文人，此患弥切，一事惬当，一句清巧，神厉九霄，志凌千载，自吟自赏，不觉更有傍人。"文人常沉浸于自己营造的清辞丽句的世界，得意非凡，把它当成了世界的全部，于是乎忘乎所以，不知今夕何夕，以此傲世，忽略操行，难以自守，不少文人的悲剧也因此产生。中国文化常常保持着对智慧的警惕，孔子反复教导弟子"志于道，据于德，依于仁，游于艺""进德修业"，"德"一直是艺术活动与思想活动的出发点。钱基博先生也认为一个人才智平平"不能为大善，亦无力为大恶"，而"才辩而或恶化，则尤可危"。正缘于此，对于才辩纵横神采飞扬的青年钱锺书，钱基博先生更有一种防患于未然的责任感，反复劝勉其"立身务正大，待人务忠恕"。对那些"操之以逆险之心，出之为僻坚之行"的所谓名流，钱老先生以为"在世眼见为名流，在吾家岂即亢宗"。

在儿子面前，老钱先生自然提到自己的生平，提到钱家身世，谓：“吾兄弟意气纵横，熟贯二十一史，议论古今人成败，如操左右券，下笔千言，缅缅不自休，而一生兢兢自持，惟恐或入歧途。”同后来的锺书先生一样，钱老先生对自己的文章学问同样自信，毫不忸怩作态，但他并不因此傲世轻人，在人格完善上务求方正，克己自持，毫不懈怠。这种风范实令后学思之重思之，钱基博云：“我涉世三十年，无事不退一步，应得之名勿得，应取之财勿取，人或笑为拙，而在我则世味稍恬，意趣转长。”“凡事退一步”不是明哲保身的处世哲学，而是一种人格修养，一种精神境界。

饶有兴味的是，当外间议论钱锺书文章学问均超过自己时，作为父亲的“老钱”先生有一段令人深思的话——“现在外间物论，谓汝文章胜我，学问过我，我固心喜！然不如人称汝笃实过我，力行胜我，我尤心慰！”对外间的议论，不知是出于对儿子后来居上的默认，还是出于对儿子的真诚鼓励，反正“老钱”先生一笑了之，更以人格的完善向儿子挑战，他希望儿子在学业上超越自己，更希望儿子在道德上超越自己。在以后的岁月里，钱锺书先生以其罕见的渊博和睿智，一任政治风云变幻，形成了热爱人生而超然物外，洞达世情而不染一尘的独立品格。他是名士，也是仁人君子，当然仁人君子并不是人人称善的乡愿，他的耿介、他的正直，也常常令人生畏，锺书先生不无解嘲地说：“人谓我狂，我实狷也。”锺书先生正是以睿智与练达、耿介与圆通实现了他完整独立的人格精神。中国知识分子在相当长的时期内，处于一种恶劣的政治环境里，人格萎缩是中国知识分子的最大悲剧。在如此背景下有钱锺书式的自由独立睿智通达的人格风范，实在是中国知识分子的幸事。

三、“我父子非修名不立之难，修名何以善其后之难”

逃名如逃役是钱氏父子的共同品格。钱氏父子的逃名当然不是某些人沽名钓誉的终南捷径，也不是求名无路聊以自慰的佯装姿态，逃名源于他们对声名的自信，源于他们的学识和人生修养。钱老先生在信中说：“我自粗有名字，汝又头角崭露，我父子非修名不立之难，修名何以善其后之难。”“恐修名之不立”是自屈原以来中国士人深深忧惧的问题，而钱基博这里忧惧的不是修名难立，而是盛名之下何以自持何以自守，这就是“何以善其后之难”。

本来关心自己的声名并不是什么坏事，人们也犯不上忸怩作态。中国士人信奉的“立德、立功、立言”的“三不朽”，本质上也是功名事业。不过对于大多数文人来说，“三不朽”中最实际的还是“立言”，没有立言，立德、立功之类也无从说起。问题是一些追名逐利之徒只以出名为目的，但求立言，但求传世，图一己之私，逞一时之快，不顾国计民生，不负社会责任，人说是，我必言非，人说此，我必言彼，哗众取宠，故发奇论，强作解人，在语言的热闹里追寻个人的声名。对这类“立言”者，钱基博斥之为“妄语”。因此钱基博关注的“修名何以善其后之难”，本质上还是从“善其始”起步的。

钱基博先生曾专门摘录裘匡庐先生《思辨广录》的话，以批判那些欺世盗名胆大妄语的所谓名流：

> 余读近人著作，胸中辄作二疑。观其繁称博引，广列群书，则疑其人无书不读。及见其立论之浅谬，往往于古人极浅近之旨，尚未明了，则又疑其人实未曾读过一书。
>
> 今日学术界之大患，几于无事不虚伪，无语不妄，且愈敢于妄语者享名愈盛。

故作高深，追求语言的轰动效应，已成为某些人攫取声名的百试不爽的法宝。妄语是成名的手段，祸世是成名的结果。钱基博批评这些人“以犀利之笔，发激宕之论，而迎合社会浮动之心理，倾动一时，今之名流硕彦皆自此出，得名最易，造孽实大！”学界确有一些人错把轻薄当风雅，误将纤佻作才华，闲来无事，以才子自居，逞才使智，喜发倾动一时之言论，最终败坏了学风，也败坏了社会风气。作为父亲，钱基博希望儿子以深厚的学养、仁爱的胸怀、淡泊的人生而名世，而耻于儿子成为儇薄尖刻有失仁厚的所谓名流。

青年钱锺书英华绝世，意气纵横，钱基博在欣悦的同时，也保持着深深的警惕。年轻气盛的锺书先生在写给友人张杰的信里也说过“孔子是乡绅，陶潜亦折腰”之类的话，对此父亲严厉批评他“看似名隽，其实轻薄”，父亲把对儿子的教育看成是对社会应尽的责任。虽然自己“无力禁止社会之一切恶化，然至少必尽力制止子弟不许恶化，以增进中国之危险”。钱老先生谓：“父母之于子女，责任有尽，意思无穷。”这无穷的意思，更多的是对国家对民族利益的终极关怀。而从钱锺书先生的伟大人格里，我们看到了一种学风一种责任一种关怀的延续和发展。正是有了这种人格与家风，钱氏父子修名远扬，而修名善其后亦不难矣!

四、“我望汝为诸葛公、陶渊明，不喜汝为胡适之、徐志摩”

在锺书先生与时贤往来文字大忙之际，钱老先生殷殷告诫之：

> 我望汝为诸葛公、陶渊明，不喜汝为胡适之、徐志摩!

这段话颇耐人寻味，为什么钱基博对当时新文学的代表人物胡适之、徐志摩不以为然，而又对诸葛亮、陶渊明如此推重呢？应该说这里涉及传统儒林与文苑两种人格的矛盾和冲突。儒林与文苑虽然同属士人，但二者又有明显区别。儒林较之文苑更为古老，《儒林传》最早见于《史记》，而《文苑传》则在《后汉书》中才出现。大概而论，儒林更多地承载着历史与传统，承载着社会的道德与责任，《史记·儒林列传》辕固生所谓“正学以言，无曲学以阿世”，成为儒林信奉的格言。而《文苑传》统则注重个人生活兴趣与文辞才藻之精妙，侧重个人生命的质量，由于文苑人格本身就是在东汉末年反儒学环境中产生，因此其更具有叛逆意义。

中国古代似乎有点鄙薄文苑人格，所谓“ 为文人，便无足观也”，这里的“文人”常指文苑中的文人；雕虫小技，壮夫不为，也专指辞章才藻之类。所以唐人刘知几在《史通》中干脆宣称“耻以文士得名，期以述者自命”。钱基博在自己的著作里常常流露出对郑玄、诸葛亮等儒林人格的推重，他一方面感叹他们“其文其学可及，其养不可及”，一方面又对“淡泊明志，宁静致远”的人格风范推崇有加，因此钱基博对锺书先生的希望只能是郑玄、诸葛亮式的“述者”，而不是胡适之、徐志摩式的“文士”。

与父亲大相径庭的是，锺书先生特别欣赏文人的感觉灵敏，不大瞧得起腐儒的板重闷塞，认为“文人慧悟逾于学士穷研”。但总体来说，在人格上他却不偏不执，既有儒林的铁肩道义，又有文苑的妙手文章。摒弃传统对文人的偏见，兼容并包，也是锺书先生逾迈前人的地方。像父亲希望的那样，他没有成为胡适之、徐志摩，也不完全是诸葛亮、陶渊明，但似乎又都是他们。

笔者是在《光华半月刊》上发现《谕儿锺书札两通》的，所载原件已略有残缺。我们不能说钱锺书先生终身受益于父亲一封信的教诲，但这封信反映出钱基博先生作为父亲的胸襟学识，对锺书先生亦不能没有影响。在钱锺书先生的道德文章里，我们分明可以看到一个伟大父亲的身影。

夕阳黄昏里的陈寅恪

诗人们在艺术创作中，会自觉不自觉地喜欢某种意象，这个意象会频繁地出现在诗人的作品里，成为诗人心灵的写照和审美的象征。例如李白的月亮、杜甫的老马、刘长卿的夕阳、陆游的梅花、郑孝胥的秋雨等等。陈寅恪先生的诗词里最爱用的意象是夕阳黄昏，陈寅恪女公子陈美延、陈流求编辑的《陈寅恪诗集》（清华大学出版社 1993 年版）共收集陈寅恪诗歌三百六十余首，而写到夕阳黄昏意象的共有六十多首，占陈寅恪整个诗歌的六分之一还强。这个数字还不包括与日暮黄昏相呼应的残春、残梦、昏灯、霜红、寒灰、迟暮等残破衰微的意象描写，而这些意象本质上与夕阳黄昏一样，寄托着诗人无尽的落寞衰败之情。

从写于 1910 年的第一首诗《庚戌柏林重九作》中的“偶然东望隔云涛，夕照苍茫怯回首”，直到写于 1965 年的《乙巳广州元旦作》中“密林返影穿窗入，爆竹残灰满院留”，整整五十五年，夕阳黄昏的抒情意象时时出现在陈寅恪的诗作里，述说着陈寅恪在历史沉浮里的心灵迟暮和情感悲苦，夕阳黄昏成为陈寅恪诗歌的抒情底色。夕阳黄昏里的陈寅恪很少开怀地大笑，面对着生命与精神的落日晚照，他难掩内心的无奈和苍凉，他的生命记忆与心灵哀伤都付诸夕阳黄昏的艺术表现形式。

夕阳黄昏是中国文学的经典意象。古典诗词里的落日残霞、羁旅斜阳，常常表现出中国古典诗人心中日暮途远的人生感伤和暝色起愁的心灵嗟叹。如“愁因薄暮起，兴是清秋发”（孟浩然《秋登兰山寄张五》），“暝色入高楼，有人楼上愁”（李白《菩萨蛮》），“夕阳无限好，只是近黄昏”（李商隐《登乐游原》），“断送一生憔悴，只销几个黄昏”（赵令畤《清平乐》）。黄昏带给人们的一方面是晚霞燃烧的审美愉悦，另一方面更是岁月匆迫的生命哀叹。日升日落本来是一种正常的自然现象，但饶有兴味的是中国文学并不着力表现日出的恢弘境界，而是刻意表现黄昏的落寞意趣。经过文化的象征，夕阳黄昏已经不是单纯的自然现象，而是上升为艺术的“有意味的形式”，启发着诗人们历史兴亡的感慨和内心世界的无奈悲凉。

黄昏与夕阳在陈寅恪诗歌里，并不是单纯的自然物象，而是具有文化的象征意义的艺术形式。夕阳黄昏辉映着陈寅恪孤高耿介的人格精神，展现着他落寞无依的精神世界和敏感细腻的审美感受。

一、夕照苍茫怯回首：陈寅恪的故国山河之思

陈寅恪诗歌有“史诗”之称，他的诗是国史、家史、心灵史，也是一部激荡人心的近代文化史。陈寅恪一生潜心学术，很少介入现实政治，他发表的论作几乎都是纯学

术的考据之作，给人以一种荒江老屋、素心世外的感觉。其实，陈寅恪先生是有强烈的家国情怀和政治关切的，他早期的诗歌风格健朗、语词明媚、态度坚定，对祖国对故乡流露出浓厚的牵挂与思念，这一点他与同时的爱国青年学者们没有什么不同。在北游挪威的船上，他想起故乡："忽忆江南黄篾舫，几时归去作遨头"（《北海舟中》）；在挪威作家皮桓生（今译比昂松）墓前，他思念乡关："回首乡关三万里，千年文海亦扬尘"（《皮桓生墓》）；在通往瑞士的火车上，他乡愁涌起："车窗凝望惊叹久，乡愁万里飞空来"（《宣统辛亥冬大雪后乘火车登瑞士恩嘉丁山顶作》）；在英国伦敦观看中国古代凤冠展览，他更是涕泪潸然："残域残年原易感，又因观画泪汍澜"（《癸丑冬伦敦绘画展览会中偶见我国新嫁娘凤冠感赋》）。强烈的故国乡关之思，和他后来深沉的历史兴亡之感及坚定的传统文化信仰存在着深刻的逻辑联系。

1902 年至 1925 年二十多年的时间里，陈寅恪除了短时间回国任职，大部分时间在日本、欧洲、美国等地求学游历，而在求学天下的日子里，故国河山时时让他魂牵梦绕，须臾难忘。朝鲜被日本占领、辛亥革命、袁世凯称帝等重要历史事件都被写进了他的诗里，他为祖国的屡遭霸权欺凌而忧心忡忡。《陈寅恪诗集》第一首诗作，即富有典型意义：

昔时尝笑王政君，腊日黑貂独饮酒。

长陵鬼馁汉社屋，区区节物复何有。
今来西海值重阳，思问黄花呼负负。
登临无处觅龙山，闭置高楼若新妇。
偶然东望隔云涛，夕照苍茫怯回首。
惊闻千载箕子地，十年两度遭屠剖。
玺绶空辞上国封，传车终叹降王走。
欲比虞宾亦未能，伏见犹居昌德右。
陶潜已去羲皇久，我生更在陶潜后。
兴亡今古郁孤怀，一放悲歌仰天吼。

——《庚戌柏林重九作》

诗的前面特加“时闻日本合并朝鲜”一句，交代了这首诗创作的历史背景。朝鲜本是中国的藩属国，而1894年的中日甲午战争，北洋水师全军覆没，朝鲜因此沦为日本的附属国。1905年、1910年日本与朝鲜签订所谓条约，彻底完成了对朝鲜的殖民化，这就是“十年两度遭屠剖”一句的来历。朝鲜被日本占领是近代中国走向衰落的转折性标志性事件，也是陈寅恪等一代中国人挥之不去的心灵之痛。

“偶然东望隔云涛，夕照苍茫怯回首”是全诗的中心意象。陈寅恪诗歌特别是早期诗歌，壮怀激烈，爱国情绪高昂，而他的诗与一般爱国诗篇不同的是，他是历史学家，深厚的历史学养使他的爱国情怀总是建立在历史事实的叙述和化用基础上，形成了活用今古典故的鲜明特色。陈寅恪在《读哀江南赋》中特别提出“古典”与“今典”的概念，“古典”乃历史之故实，而“今典”则是“当日之时事”（《金明馆丛稿初编》），古今融会，乃别造一境界。余英时认为解读陈寅恪的诗篇，必须理解其“古典”“今典”之运用。夕阳意象的前半部分是“古典”，而后半部分则是“今典”。古典以王莽篡汉，汉代宫廷易服，汉元后王政君率领旧部一仍汉家旧服为背景，“至汉家正腊日，独与其左右相对饮酒食”（《汉书·元后传》）。而后半部分的“今典”，“玺绶空辞上国封，传车终叹降王走”，是对朝鲜脱离中国藩属成为日本殖民地的现实描述。“长陵鬼馁汉社屋，区区节物复何有”，是“古典”，是借汉家祖先无人祭祀，群鬼无食，实写清王朝大厦将倾、风雨飘摇、所余无几。“惊闻千载箕子地，十年两度遭屠剖”，是“今典”，是写日本合并朝鲜之后，国人惊魂动魄，呼号奔走，黍离之悲，油然而生。在“古典”与“今典”之间，插入“偶然东望隔云涛，夕照苍茫怯回首”一句，象征着中华老大帝国笼罩在一派日落西山、暮气沉沉的气氛中，落花流水，无可奈何，致使作者生发出一种不能忘怀又不敢回望的复杂矛盾的情感。“莫信诗人竟平淡，二分《梁甫》一分《骚》”（《龚自珍己亥杂诗之一百三十》），面对着西风残照里的中华帝国，二十岁的陈寅恪壮怀激烈，家恨国仇，涌上心头，写出了“兴亡今古郁孤怀，一放悲歌仰天吼”的诗句，仰天长啸，慷慨激昂，强烈的不平之气不可遏止，奔涌而来，充斥天地。有学者说陈寅恪诗歌前后变化不大，表现出一贯的平静和理性，这是不得要领的；青年陈寅恪的激昂壮烈和晚年陈寅恪的隐忍曲折，艺术风格上还是有巨大差别的。

然而陈寅恪们沉痛的故国之思，还是未能挽回中华帝国政治上的老迈颓唐，陈寅恪诗歌的日暮情结也因此越来越沉重。

> 乱眼繁枝照梦痕，寻芳西出忆都门。
> 金犊旧游迷紫陌，玉龙哀曲怨黄昏。
>
> ——《无题》

> 不伤春去不论文，北海南溟对夕曛。
> 正始遗音真绝响，元和新脚未成军。
>
> ——《寄傅斯年》

> 此生遗恨塞乾坤，照眼西园更断魂。
> 蜀道移根销绛颊，吴妆流眄伴黄昏。
>
> ——《吴氏园海棠二首》其一

无论是寻芳西郊，还是友朋论文，或者吴园赏花，陈寅恪都立象而不拘于象，超以象外，得其寰中，而情感都深深地笼罩在夕阳落日的世界中，一种近于绝望的情绪和难以拂去的心理悲伤始终萦绕在他的心头。

“赵家庄”是夕阳意象的另一种表现形式，典出陆游《小舟游近村舍舟步归》：“斜阳古柳赵家庄，负鼓盲翁正作场。死后是非谁管得，满村听说蔡中郎。”斜阳在这里并不是普通的自然物象，而是具有象征意义的艺术符号。斜阳是一种经历、一段历史，也可以是一种情境、一种心态。将历史的讲述纳入斜阳古柳的境界中，并不是写实的，而是写意的，而更多表现一种风流散尽、英雄老去的无奈悲凉。有人考据“赵家庄”的地理位置所在，其实在陆游笔下“赵家庄”应该是一种寄托隐喻，毕竟赵姓是宋朝的皇家本姓，以汉写宋也是陆游诗中应有之义。陈寅恪诗里也多次出现了“赵家庄”的意象：

南朝旧史皆平话，说与赵家庄里听。

——《和陶然亭壁间女子题句》

却笑盲翁空负鼓，赵家庄里怕人知。

——《岁暮背诵〈桃花扇〉余韵中“哀江南”套以遣日，聊赋一律》

“赵家庄”绝不是一个现实世界的地理名词，而是文学世界的抒情空间，是由多种意象凝聚而成的艺术形式。每当这一语词在诗词里出现的时候，一定连同着斜阳映照下的古柳依依、负鼓盲翁、汉家风流等情境同时出现，表达一种沧海桑田之后的复杂心绪和感伤情怀。陈寅恪一生跨过两个世纪，19 世纪、20 世纪重大的历史事变他都经历了，甲午之战、辛亥革命、民国建立、抗战胜利、中华人民共和国建立、“文革”动荡等等，在历史的沉浮中，他更像一个夕阳黄昏中的负鼓盲翁，讲述历史，观察历史，洞察一切而又无可奈何。

二、四海无人对夕阳：陈寅恪的家世沉浮之感

陈寅恪的诗歌在艺术上确实表现出少有的冷静深刻，诗人的性格总有一种传统士大夫的傲岸冷峻，高蹈不群，仿佛站在历史的高处，悲天悯人，俯视红尘，眼看着一切恢弘、一切繁华，都如残阳落日终归沉沦，他的内心也流露出历史的沧桑感和心理的疲惫感。

犹记红墙出柳根，十年重到亦无存。
园林故国春芜早，景物空山夕照昏。
回首平生终负气，此身未死已销魂。
人间不会孤游意，归去含凄自闭门。

——《春日独游玉泉静明园》

草木春深，一个人独自游园，而在陈寅恪的眼中似乎没有顾及花团锦簇的勃勃生机，而只有空山景物、夕照黄昏，心里升腾着神情黯然的孤独，意懒心慵，以闭门谢世来拒绝热闹的世俗世界。陈寅恪总是高兴不起来，心里总有夕阳落日般的苍老疲惫。即便是抗日战争胜利这样重大的喜讯，他在短暂的欢欣之后，马上又转念成悲，陷入深深的心理悲伤：“念往忧来无限感，喜心题句又成悲。”（《乙

酉八月十一日晨起闻日本乞降喜赋》）陈寅恪不慕功利，超迈世俗，比起一般贫寒子弟的急功近利，世家子弟阅尽繁华，曾经沧桑，更容易表现出一切都曾经历的恬淡出世和不以为然。胡适、常任侠、王季思、余英时等学者都曾指出陈寅恪世家子弟身份和文化遗民心态，陈寅恪出身世家的特殊背景，对他的诗歌艺术产生了深刻影响。

陈寅恪是以他的家族为荣的，陈家传奇式的“百年身世”其实就是一部波澜壮阔的近代中国史。陈寅恪出身政治上的簪缨世家。祖父陈宝箴 1895 年出任湖南巡抚，在儿子陈三立的襄助下，变法求新，兴矿业，设钱局，开报馆，办学堂，开湖南新政，一时间风云际会，人才荟萃，领先天下。而 1898 年风云突变，慈禧于朝中发动政变，陈氏父子因归属新党而被革职，永不叙用，湖南新政化为泡影。陈氏一家遭受重大打击，从此失去政治荫庇。陈寅恪又出身文化上的诗人世家。戊戌政变后，父亲陈三立恪守陈宝箴“不治产，不问政”的遗言，从此懒于政治，无心仕途，而肆力为诗，陶写性情。陈三立于金陵建构散原精舍，自谓“凭栏一片风云气，来作神州袖手人”（《高观亭春望》），友朋唱和，文辞相遣，为同光文学的领袖人物。陈寅恪祖父是政治家，父亲是著名诗人，兄弟中或耽于吟诵，或长于丹青，后辈仍有植物学家、教育家等，义宁一门真可谓“忠厚传家久，诗书继世长”。陈寅恪家族与整个中国近代史有着千丝万缕的联系。陈家在政治上与慈禧、光绪、曾国藩、翁同龢、郭嵩焘、李鸿章、张之洞、谭嗣同、蔡锷等非凡人物多有交集，文化上与王先谦、黄遵宪、康有为、梁启超、王国维、郑孝胥、沈曾植、鲁迅、柳亚子、齐白石、傅斯年、杨树达等往来密切。作为一位世家子弟，陈寅恪亲历的太多、见证的太多、知道的太多，因此他更容易看破，也更容易陷入看破后的绝望。

陈家的命运是悲剧性的。政治上革新受挫，陈宝箴在抑郁中死去。陈三立又在日寇来犯、北平陷落的忧愤中，绝食而亡。“死生家国休回首，泪与湘江一样流”（《答王啸苏君》）；“家国旧情迷纸上，兴亡遗恨照灯前。”（《乙巳冬日读〈清史·后妃传〉有感于珍妃事为赋一律》）在陈寅恪那里，家国一也，家史也是国史，历史的悲慨也是家世的悲慨，为家族恸哭也是为国家恸哭。与陈寅恪的政治立场和文化立场深受家族的影响有关，陈寅恪对传统政治与文化都表现出十分矛盾的心理，一方面主张变革，一方面又有对旧营垒的某种留恋，因此其自谓“思想囿于咸丰、同治之世，议论近乎曾湘乡、南皮之间”（《金明馆丛稿二编》）。陈寅恪贵族世家子弟的心态导致了陈寅恪学术的基本观点——“了解之同情”（同上），对旧文化、老传统，陈寅恪与他的祖辈、父辈一样，并不主张彻底的推翻，而是一要了解，二要同情，是渐进式的变革改进，而不是急风暴雨式的革命式的推倒重来。毕竟陈氏家族在政治上与前朝政治的联系千丝万缕，而文化上又诗书传家记忆温馨，对家园的回忆，也意味着对文化的记忆。

陈家有两处特别居处，让陈寅恪记忆深刻。一处是江西南昌的崝庐，一处是庐山牯牛岭的松门别墅。两相比较，崝庐有更多的历史和文化意味。陈宝箴、陈三立父子罢官后，在江西南昌筑室西山，名谓崝庐。崝庐寄托着陈寅恪一家遭逢离乱后的沉痛记忆，在崝庐闲居的日子里，陈氏父子回首前尘，感时伤怀，“往往深夜孤灯，父子相对唏嘘，不能自已……先生于此，家国之痛益深矣”（陈三立著，李开军校点《散原精舍诗文集》，上海古籍出版社2014年版）。陈三立《崝庐记》云：“崝庐者，盖遂永为不肖子烦冤茹憾、呼天泣血之所矣。”（同上书）崝庐是一种象征，既是陈氏家族的居住地，也是近代中国的伤心地，这一点在陈寅恪诗里有鲜明的表现。1945年他卧病成都，遥想故乡，感慨万千，写下著名的《忆故居》一诗：

寒家有先人敝庐二：一曰崝庐，在南昌之西山，门悬先祖所撰联，曰“天恩与松菊，人境托蓬瀛”。一曰松门别墅，在庐山之牯岭，前有巨石，先君题“虎守松门”四大字。今卧病成都，慨然东望，暮境苍茫，因忆平生故居，赋此一诗，庶亲朋览之者，得知予此时之情绪也。

渺渺钟声出远方，依依林影万鸦藏。
一生负气成今日，四海无人对夕阳。
破碎河山迎胜利，残余岁月送凄凉。

松门松菊何年梦，且认他乡作故乡。

这是陈寅恪最有影响的一首富有夕阳意趣的诗，陈寅恪特别介绍故居的来历，强调其与家族的联系，强调故居的文化和历史属性。夕阳映照下的故居是一种象征，代表着家园，代表着历史，也代表着对家族、对身世、对命运、对亲人的怀念和思考。晚钟斜阳、寒鸦林影的黄昏意象群，营造了一种残破寒凉、悲凄悠远的抒情空间。“负气”是一种孤直耿介、高蹈不群的人格精神，不仅陈寅恪多次以“负气”概括自己的性格，他的长兄陈衡恪也曾亲治一印“一生负气”，可见陈家是以“负气”自许的。“负气”是孤耿之气质、慷慨之气度、高蹈之气韵，这是一种士大夫人格，也是一种家族精神。陈伟琳、陈宝箴、陈三立、陈衡恪、陈寅恪等，祖孙相传，世代相守，坚守不合作、不混同、不屈服的人格精神，虽不得志，难为世容，却不动摇，更不改变。天地辽阔，暮色苍茫，一种悲壮的薪火相传的“自由之思想，独立之精神”的人格风范傲然挺立。而回到现实，虽然抗战胜利了，但这是一种惨胜，付出的是生灵涂炭、山河破碎的巨大代价，陈寅恪在同年创作的《咏成都华西坝》亦谓：“谁知万国同欢地，却在山河破碎中。”回首家族的命运，瞻彼前程，陈寅恪内心难以掩饰凄惨悲凉的心境。“故居”对他而言不是纯粹的物理空间，而是精神空间、人格空间，他的怀念里更多的是家国兴亡的感慨和文化记忆。

刘梦溪先生谓陈寅恪的个人身世，也是他的家国旧情。陈寅恪“对自己的家族世系，以及这个家族世系在近百年以来的中国的传奇式的遭逢际遇，始终系念于怀”（刘梦溪著《陈寅恪论稿》）。

莫更团圞问今夕，早将身世付悠悠。

——《甲午广州中秋》

一样黄昏怨花柳，可怜一样负当时。

——《黄皆令画扇，有柳如是题陈卧子〈满庭芳〉词，词云“无非是怨花伤柳一样怕黄昏”，感赋二绝》

烟柳楼台无觅处，不知曾照几斜阳。

——《观桂剧〈桃花扇〉，剧中以香君沉江死为结局，感赋二首》

陈寅恪将个人身世之感放到家族历史中，将家族历史放置到整个国家的盛衰兴亡土壤上，而又将整个近代中国的历史放置到夕阳黄昏的情境中，从而表达一种深刻的历史体验和心灵感动。

三、日暮人间几万程：陈寅恪的个人遭际之悲

“日暮人间几万程”的诗句出自陈寅恪的《蒙自南湖》，

诗谓：

景物居然似旧京，荷花海子忆升平。
桥头鬓影还明灭，楼外笙歌杂醉醒。
南渡自应思往事，北归端恐待来生。
黄河难塞黄金尽，日暮人间几万程。

此诗写于1938年陈寅恪随西南联大逃难云南蒙自的时光。逃难中的大学依然歌舞升平，宛若北平。桥边仕女如云，楼台笙歌不已。想到仓皇避寇，国耻未雪，而历史上凡王朝南渡，无论晋人、宋人，还是明人，都不得复国，不得北归，陈寅恪禁不住悲从中来，陡生日暮途远的悲凉之感。

借黄昏落照的典型情境，表现岁月匆迫人生短促的忧惧心理是中国文学的传统。屈原的“吾令羲和弭节兮，望崦嵫而勿迫。路漫漫其修远兮，吾将上下而求索”（《离骚》），曹植的“惊风飘白日，光景驰西流。盛时不可再，百年忽我遒”（《箜篌引》），李白的“黄河走东溟，白日落西海。逝川与流光，飘忽不可待”（《古风》），等等，这些诗句里读者能强烈感受到大江东去、生命流逝的声音，从东方喷薄的旭日到暝色渐起的落日余晖，反映在文学世界里就是生命从青春走向衰亡的历程，因此黄昏日暮总伴随着春光易去、人生迁逝的沉重嗟叹。

抗日战争胜利，陈寅恪重回清华，终究北归，没有像他担心如历史上的晋、宋、明王朝那样，南渡之后，一去不返。但是他个人的生命却陡生奇变，风雨忽来，“日暮人间几万程”的历史由此开启。由于疾病、由于政治与文化的双重动荡，陈寅恪人生蹭蹬、时乖运蹇、奇祸连连，他的人生进入了黄昏日暮的无边落寞之中。

天妒英才。1938年陈寅恪患上眼病，视力微弱，虽经多方医治，却越来越严重，八年之后，最终彻底失明，他成了一个“盲人教授”。失明是对陈寅恪最大的打击，他的许多诗篇里都以泣血之辞书写失明之后巨大的精神悲怆。

天其废我是耶非，叹息苌弘强欲违。
著述自惭甘毁弃，妻儿何托任寒饥。
西浮瀛海言空许，北望幽燕骨待归。
弹指八年多少恨，蔡威唯有血沾衣。

——《目疾久不愈书恨》

去年病目实已死，虽号为人与鬼同。
可笑家人作生日，宛如设祭奠亡翁。

——《五十六岁生日三绝》其一

不生不死最堪伤，犹说扶余海外王。
同入兴亡烦恼梦，霜红一枕已沧桑。

——《〈霜红龛集·望海诗〉云“一灯续日月，不寐照烦恼。不生不死间，如何为怀抱”，感题其后》

病目、失明对陈寅恪的打击近乎毁灭、近乎绝望。他呼天抢地，质问苍天，天其废我，是耶非耶？自从失明，他就陷入了“不死不生最堪伤”的境地。“去年病目实已死，虽号为人与鬼同”，虽为人形，却与鬼同，这是怎样一种悲恸绝望啊！连家人给他过生日，他都没有半点兴致，“宛如设祭奠亡翁”，不是一个喜庆的生日祝贺，而是对一个死去亡灵的祭奠。生活的脚步越来越沉重，生命如西方落日沉落下去，他的诗中越来越多夕阳黄昏般的哀怨。早期诗中的落日，还是“夕照苍茫怯回首”（《庚戌柏林重九作》），“斜阳大月中宵见”（《北海舟中》），还有几分苍劲阔大，而随着眼前的黑暗，他郁郁寡欢，缱绻低回，生命中越来越多的是日暮途穷的凄婉。

> 金谷繁华四散空，尚余残照怨东风。
>
> ——《与公逸夜话用听水斋韵》
>
> 天寒岁暮对茫茫，灰烬文章暗自伤。
>
> ——《己丑除夕题吴辛旨诗》
>
> 炊剑乾坤珍白璧，担簦身世怕黄昏。
>
> ——《读梅村〈题鸳湖闺咏〉，戏用彩笔体为赋一律》
>
> 赖有凌波伴岑寂，未妨风雨送黄昏。
>
> ——《除夕前夕买腊梅、水仙各一株，除夕忽有风雨，口占一绝》

与早期诗歌“回首乡关三万里，千年文海亦扬尘”（《皮桓生墓》）的开阔悠远的意境相比，失明后陈寅恪的心灵越来越缱绻不展，愁肠百结，呈现出黄昏般的沉郁颓唐。落日残照的哀怨、岁晚天寒的苍茫、风雨黄昏的寂寥充斥了他的诗中，夕阳残照、日暮途穷、黄昏苦雨，正是他心境和人生的写照。“担簦身世怕黄昏”，最有代表意义。“簦”是有柄的笠，即雨伞。虽然这首诗是借钱谦益、柳如是的故实而隐约其事，却也道出了陈寅恪自己的心境。夕阳随时落下，生命随时走到尽头，重任在肩，依然前行，“怕黄昏”，不仅仅是生命意义的，更重要的是相对使命和担当而言的。陈寅恪是有强烈的学术托命和文化使命意识的。

陈寅恪以“盲翁负鼓人”自许：一个双目失明的老人，背负着说书的皮鼓，讲述着历史的兴亡，正是陈寅恪自我形象的刻画，而这一形象是大有深意的。在《陈寅恪诗集》里“盲翁”的意象，共出现了七次，分别是：

大酺三日乐无穷，独卧文盲老病翁。

——《连日庆贺胜利，以病目不能出，女婴美延亦病，相对成一绝》

盲翁击鼓聚村众，为说近事金圆哀。

——《哀金圆》

盲翁说竟鼓声歇，听众叹息颜不开。

——《哀金圆》

我今负得盲翁鼓，说尽人间未了情。

——《甲午春，朱叟自杭州寄示观新排〈长生殿〉传奇诗，因亦赋答绝句五首。近戏撰〈论再生缘〉一文，故诗语牵连及之也》

身世盲翁鼓，文章浪子书。

——《乙未除夕，卧病强起，与家人共餐，感赋。检点两年以来著作，仅有〈论再生缘〉及〈钱柳因缘诗笺释〉二文，故诗语及之也》

红云碧海映重楼，初度盲翁六七秋。

——《丙申六十七岁初度，晓莹置酒为寿，赋此酬谢》

却笑盲翁空负鼓，赵家庄里怕人知。

——《岁暮背诵〈桃花扇〉余韵中“哀江南套”以遣日，聊赋一律》

在这七次里，有五次是以“盲翁负鼓”者的形象出现的，陈寅恪以复杂的心理塑造了这一形象，应该引起我们的特别注意。我们应该把这一形象还原到具体场景中去，这个场景就是“原典”，即陆游的“斜阳古柳赵家庄，负鼓盲翁正作场。死后是非谁管得，满村听说蔡中郎”的情境中去。盲翁负鼓的形象，更像一个故事、一幕戏剧、一种情境：

背景：斜阳古柳

场地：赵家庄

人物：盲翁——亲历者

行动：负鼓——历史诉说

讲述内容：蔡中郎的故事

这种情境里，陈寅恪将自己转换成了一个带有悲剧意味的历史见证者，他是盲翁，看不见，却又是最清醒的；“负鼓”意味着他是讲述者，回忆着历史的沉浮，讲述着历史的兴亡；听众是赵家庄里的人，赵家庄是有寓意的，赵是有宋一代的本家姓，代表着一个时代的历史风云和王朝政治；蔡中郎是历史的内容，以汉写宋，以宋写史，寄托着英雄散尽、风流消歇的悲凉；背景中的古柳，也大有“树犹如此，人何以堪”的意味，而这一切都沐浴在夕阳黄昏的苍茫暮色中。斜阳是富有象征意义的，斜阳是富有历史性的，也是具有悲剧性的。一看到落日夕照就触动了中国古典诗人的敏感神经，惆怅凄婉的情绪便如滔滔江河奔涌而来——“坐觉苍茫万古意，远自荒烟落日之中来”（高启《登金陵雨花台望大江》）。而更深刻的悲剧是意义的否定——“死后是非谁管得”，一切价值和意义都被掩盖被否定。站在夕阳落日里的负鼓盲翁形象，也传达出陈寅恪的历史感受。盲翁负鼓者的形象，是悲凉的，也是悲壮的，在双目失明的黑暗里，他倔强地站立，艰难地讲述，代表着一种以文化托命的不屈精神。晚年陈寅恪完成了皇皇巨著《柳如是别传》，他特作《稿竟说偈》谓：“卧榻沉思，然脂暝写。痛哭古人，留赠来者”，正道出了一个文化守望者的悲壮心态，燃烧生命，流尽血泪，等待来者。

四、晚烟哀角满江城：陈寅恪的文化沉沦之叹

在陈寅恪的世界中，不仅生命充满浓重的日落黄昏情绪，而与自然生命一起沉落的还有文化的一轮落日。19世纪末、20世纪初是中国风云际会、剧烈变革的时代。在资本主义列强的坚船利炮袭击下，积贫积弱的中国溃不成军、毫无还手之力，不仅政局动荡，文化的信心也备受冲击。对传统文化采取急风暴雨式的革命性的改造成为一种潮流，对传统文化从内容到形式的全面否定是一种风尚。

陈寅恪是具有保守主义的“文化遗民”。所谓“文化遗民”是相对“政治遗民”而言的，他们不是一家一姓的政治权力的拥戴者，而是坚守传统文化精神价值的文明传承者。尽管陈寅恪等对传统政治与文化也有强烈的改革意愿，但是他们对文化总体上强调的是“了解之同情”，对传统文化的价值系统有批判，但又有坚守。陈寅恪坚持中国文化本位的立场，强调“中学为体，西学为用”，以为“必须保有中华民族之独立与自由，而后可言政治与文化”（《吴宓日记续编》）。因为“了解”，所以“同情”，陈寅恪是经过欧风西雨的洗礼而富有“世界眼光”的学者，他知道创新，但更知道守成，他对传统时时流露出敬意，他不主张对传统文化毫无敬意的批判和否定。而陈寅恪恰恰遭遇

了新旧文化激烈冲突的时代，在新旧文化的冲突中，传统文化一直处于被批判、否定的一端，传统文化一时间流水落花、风雨黄昏。

王国维之死，强烈冲击着陈寅恪的精神世界，在许多人都认为王国维是殉清而死的时候，陈寅恪却坚持认为王国维之死，不是殉晚清王朝，而是殉文化，为文化而殉难。在新旧文化交替之际，以王国维为代表的“文化遗民”难以认同新的精神价值观念，而目睹旧文化的大厦轰然崩坍，他们心忧万端，空前绝望。当新文化新文学的急风暴雨摧枯拉朽之时，许多人陶醉于这种打碎式的淋漓酣畅，而王国维、陈寅恪们想到的是摧毁后的荒凉。在《王观堂先生挽词并序》中，陈寅恪说：“凡一种文化值衰落之时，为此文化所化之人，必感苦痛，其表现此文化之程量愈宏，则其所受之苦痛亦愈甚；迨既达极深之度，殆非出于自杀无以求一己之心安而义尽也。”王国维自沉昆明湖的原因是复杂的，也不能说与宣统被逐出宫之间毫无联系，而陈寅恪“文化殉难说”的意义在于，让人们认识到王国维的痛苦更多的是文化的痛苦。陈寅恪指出王国维之死的背景是“一种文化正值衰落之时”，即传统文化价值信仰、道德观念甚至语言形式，都处于难以挽回的日薄西山的衰落中。王国维深受传统文化的滋养，为前代文化所化之深、之宏，是常人难以企及的，因此其痛苦也是常人难以体会的。

与陈寅恪一样，王国维的诗词创作中也充满了黄昏意趣，他用夕阳黄昏感叹身世、感叹家国、感叹文化的衰落。王国维独上高楼，望尽天涯，看到的是“可堪孤馆闭春寒，杜鹃声里斜阳暮”的“有我之境”，是一派斜阳日暮的萧瑟景象。王国维一首《临江仙》写道：

> 过眼韶华何处也？萧萧又是秋声。极天衰草暮云平，斜阳漏处，一塔枕孤城。 独立荒寒谁语。蓦回头，宫阙峥嵘，红墙隔雾未分明。依依残照，独拥最高层。
>
> ——《王国维词集》

一首词里，两处夕阳。自然界是韶华匆匆，满目萧萧，衰草暮云。人世间则一塔孤城，宫阙峥嵘，红墙隔雾，都笼罩在斜阳残照中，诗人感到心灵的荒寒和无人语的孤独。这种感觉，不是纯然的自然景色，而是内心的强烈感受。这种悲凉有自然的，也有精神的，更有文化的。

陈寅恪写王国维，其实也是夫子自道。他在精神上是以王国维为知己同道的，与王国维一样，陈寅恪的心中也充满文化沉沦的悲凉。陈寅恪《甲戌人日谒杜工部祠》一诗谓：

> 新祠故宅总伤情，沧海能来奠一觥。
> 千古文章孤愤在，初春节物万愁生。
> 风骚薄命呼真宰，离乱余年望太平。
> 归倚小车心似醉，晚烟哀角满江城。

杜甫在中国文化中是具有符号意义的人物，作者礼拜杜甫祠堂，也是礼拜中国文化，哀悼杜甫，也是哀悼整个中国文化。陈寅恪是带着一种神圣而感伤的心情来到杜甫草堂的，沧海桑田向历经苦难的诗圣敬献一杯清酒。陈寅恪想起杜甫文章的孤愤之情，而初春时节的景物又增加了他的无限哀愁。他感慨诗人的薄命，在离乱中盼望着太平的时光。而乘车归去陈寅恪忽然有一种中心如醉的感觉，这里应该特别指出“心似醉”是一种心灵的悲苦忧伤，是《黍离》式的“中心如醉”，是一种无法摆脱的精神苦痛。而此时黄昏日落中云烟淡淡，哀婉的角声布满江城，暮色和绝望的情绪也渐渐涌上诗人心头。一次普通的春游，带给陈寅恪的不是欢欣，而是文化沉沦的哀伤，显然引发诗人哀伤的并不是自然的日落，在陈寅恪心中还有一轮文化的落日。陈寅恪的学术研究风格也没有了早期的明朗刚健，而是呈现出暝色渐起隐晦朦胧的特征。

与陈寅恪诗中浓郁的日暮情结和强烈的文化沉沦之感相联系的，还连带着“寒灰”“劫灰”意象：

昆明残劫灰飞尽，聊与胡僧话落花。

——《昆明翠湖书所见》

劫灰满眼看愁绝，坐守寒灰更可哀。

——《壬午元旦对盆花感赋》

玉石崑冈同一炉，劫灰遗恨话当时。

——《己丑夏日》

可怜汉主求仙意，只博胡僧话劫灰。

——《青鸟》

名山讲席无儒士，胜地仙家有劫灰。

——《纯阳观梅花》

天寒岁暮对茫茫，灰烬文章暗自伤。

——《己丑除夕题吴辛旨诗》

灰劫昆明红豆在，相思廿载待今酬。

——《咏红豆》

雄信谳词传旧本，昆明劫灰话新烟。

——《病中南京博物院长曾昭燏君过访话旧，并言将购海外新印李秀成供状，以诗纪之》

听罢胡僧话劫灰，尚谈节日蠢人哉。

——《乙巳清明日作次东坡韵》

寒灰（劫灰）意象反复出现在陈寅恪的诗歌里，最早开始于1939年而直到1965年，二十六年的时间里常常被提起，寒灰成为他一种特殊的文化隐喻。关于寒灰（劫灰）意象，《初学记》卷七引《志怪》云：

汉武凿昆明池极深，悉是灰墨，无复土。举朝不解，以问东方朔，朔曰："臣愚不足以知之，可试问西域胡人。"帝以朔不知，难以移问。至后汉明帝时，外国道人入来洛阳，时有忆方朔言者，乃试以武帝时灰墨问之，胡人云："经云：天地大劫将尽，则劫烧，此劫烧之余。"乃知朔言有旨。

南朝慧皎《高僧传·汉洛阳白马寺竺法兰》云：

又昔汉武穿昆明池底得黑灰，以问东方朔，朔云："不委，可问西域人。"后法兰既至，众人追以问之，兰云："世界终尽，劫火洞烧，此灰是也。"

寒灰是世界经过劫难后残留的灰烬，在陈寅恪的诗句里，这种意象常常与历史、文章、典籍、文献等联系在一起，寒灰便成了历经风雨劫难而残留的文化依存和精神的象征。寒灰、劫灰意象本身就具有某种悲剧性的意味。"坐守寒灰更可哀"，陈寅恪以文化托命，他以"坐守寒灰"的传承者自喻，历经劫难而痴心不改，坐守寒灰，等待来者，这是一种文化的悲壮精神。值得指出的是，另一位颇具盛名的学者钱锺书先生，在他的诗歌中也常常出现"寒灰""劫灰""拨寒灰"的意象，钱锺书自己编辑的《槐聚诗存》，多次写到寒灰意象：

怪底十觞浑不醉，寒灰心事酒难温。

——《秣陵杂诗》之三

纷纷轻薄溺寒灰，真惜暮年迟死来。

——《叔子寄示读近人集题句，媵以长书，盍各异同，奉酬十绝》

故国同谁话劫灰，偷生坯户待惊雷。

——《故国》

火聚刀林试命回，又敦夙好拨寒灰。

——《向觉明（达）属题 Legouis 与 Cazamian 合著英国文学史》

何时榾柮炉边坐，共拨寒灰话劫灰。

——《王辛笛寄茶》

藏拙端宜付烬灰，累君收拾太怜才。

——《西蜀江君骏卿不知自何处收得余二十二岁所作英文文稿，藏之三十年，寄燕谋转致并索赋诗以志》

星星未熄焚余火，寸寸难燃溺后灰。

——《阅世》

钱锺书诗中第一次使用寒灰意象是 1935 年，最后一次出现是 1989 年，在将近六十年的时间里寒灰意象频繁出现在他的诗中，足见这一意象在他艺术世界中的意义。钱锺书与陈寅恪学术异趣，诗的风格也不相同，但是他们却都喜欢使用寒灰意象，以寒灰比喻中国文化的沉痛遭际。陈寅恪说自己是“守寒灰”，而钱锺书则把自己比喻成“拨寒灰”，颇有几分犀利和机警。钱锺书甚至将自己的内心活动说成是“寒灰心事”，更能解释这一语词的文化象征意义。陈寅恪与钱锺书的“寒灰心事”是一致的。

陈寅恪在写给沈兼士的一封信中说：“依照今日训诂学之标准，凡解释一字即是作一部文化史。”（《陈寅恪集·书信集》）陈寅恪以敏锐的学术眼光认识到，一个字的解释，从本义到衍生义，再到象征义，就可以延展出一部文化史。一个字如此，一个意象也是如此。意象是一部凝聚了的人类文化史，包含着人类曾经的苦难辉煌与审美体验。个人的意象总是同集体相关的，因此理解一个人的意象与象征，总能与一个民族的意象和象征息息相通。从这个意义上讲，黄昏与夕阳意象不仅反映着陈寅恪个人独特的生命和审美体验，也反映着中国诗人们集体的精神世界和心理感受。

最后的昆仑

有文化昆仑之称的钱锺书先生终于没能走进20世纪的最后一个春天，而于1998年年底去世了。20世纪是吝啬的，不肯把属于本世纪的东西交给下一个世纪。进入90年代以来，钱穆、张舜徽、冯友兰等国学大师纷纷谢世，似乎在宣布20世纪的中国学术就要谢幕了。而钱先生的逝世则意味着20世纪中国古典精神的终结。

钱先生逝世的时候，我正在日本弘前讲学。那天弘前下了一场大雪，我想那无声的落雪该是上苍对他默默的悼念吧？据说北京某高校的学生，叠起了一千只纸鹤来为这位20世纪的文化老人送行，而那一天洁白而温润的雪花，不正象征着千纸鹤张开洁白的羽翼，来迎接这位东方的智者驾鹤西归吗？

活着的时候，他闭门谢客深居简出。他的死一如他的生，他不喜爱世俗的闹热，因此谢绝了那些可能的花篮与挽幛。大概他不喜欢人们对他议论些什么，只让二三亲友送他上路，甚至连骨灰也不保存，回归自然，一撒了之。对待死亡，他像苏格拉底一样从容而安闲。苏格拉底一生笃信“灵魂转移”，死亡表示灵魂获得释放，然后进入一个更加美好的境界，在那里将能更加自由地透悉真理和事情的本原。钱先生在《管锥编》中把死释为化、释为化生，这是一次灵魂新的蜕变与漫游，相信钱先生是带着特有的东方诗人的微笑而化生的。

人们习惯于称钱先生是学者，在我看来最适于他的称号是诗人是智者。他自己对学者之类的称号向不以为然，《管锥编》树立的第一条新义就是“学士不如文人”。他以为“文人颖悟逾于学士穷研”，“诗人心印胜于注家皮相”。对那些由经生、学究、注家等组成的学士，他常常流露出不屑的神情，对他们的迂腐偏狭和耍小聪明的假正经，时时予以调侃与嘲讽。而对诗人的灵机异动、妙语天机却大为欣赏，赞叹不已。中国的文人向来是受轻视的，“一为文人，便无足观也”，便透出了文人命运的悲哀。唐代刘知几在《史通》中干脆宣称“耻以文士得名，期以述者自命”。而钱先生认为，这文人是以诗人、小说家为主体的。他专门写过《论文人》的短文，为古今文人的命运打抱不平。他嘲讽那些在文人面前趾高气扬的学者，戏称他们为“用人”。在《谈艺录》里，他说“词人妙悟可以解经儒之诂”，“词人一联足抵论士百数十言”。经学家的皓首穷经抵不得诗人们的妙语天成。这真让千百年来诗人一吐心中块垒，让千古文人站直了腰。因此可以相信，尽管钱先生并不在乎别人称呼他什么，但“诗人钱锺书”的称号他是乐于接受的。

只要你走近他，你就更能领略他诗人的风采。没见到钱先生之前，常把他想象成一位淡泊谦和举止文雅的学者形象。而真正见到他，才能感受到他的烂漫与天真、灵机与异趣、热烈而外向，而这才是神采飞扬的诗人钱锺书。

1984 年 4 月底，我与万平、谭思建两位同学去拜访钱锺书先生。当时我们正在石声淮教授指导下读硕士研究生，师母钱钟霞就是钱先生的妹妹。有了这层关系，带了石先生的信，钱先生很爽快地接待了我们。钱先生的魅力在于他的自然与坦诚，即使第一次见面，他也毫无一般名人身上那种矜持与造作。见钱先生时，石声淮先生特地将一部《谭献日记》的手稿，托我们带给锺书先生。谭献是晚清享有盛名的学者，又是章太炎的老师，与中国近代史上许多著名学者多有往来，手稿自然价值连城。这是钱基博先生早年从谭献后人处购得的，子泉先生去世后，由石先生珍藏。石先生觉得《谭献日记》由钱先生保存更有意义，于是托我们交给他。钱先生高兴地拿着手稿，大声地招呼杨绛先生来欣赏。

当天钱先生的兴致很高，那年他已是七十四岁的老人了，但他动作敏捷，看上去要比实际年龄年轻得多。他把各种版本的书从书架上拿给我们看时，几乎是跑着取上取下，然后快捷地递给我们。谈起话来更是滔滔不绝、手舞足蹈、咳唾成珠。他说话速度快，几乎不容别人插话。谈话间，他爱憎分明，对某些人学无所长而好为人师，颇不以为然。对学界一些恶劣的风气，他痛加指责不留情面。对有些人，他指名道姓，毫不遮掩。

他似乎不会掩藏自己的观点。尽管我们正读研究生，他说自己对招收什么博士生硕士生之类并无兴趣；尽管我们说从武汉到北京的一个主要目的是为毕业论文搜集材料，他微微一笑说："学术与学位是两回事，学位论文是写给评委们看的，因此它只能是个差事，好的学术著作大都不是学位论文。"

钱先生说过："人谓我狂，我实狷也。"狷，是耿介是急切，是对一切虚伪与矫饰不妥协的精神。他不是毫无原则的乡愿，也不是浑身散发着静穆。这里我们看到的是英气逼人的天才挥发的诗人钱锺书。

他注视你时目光澄澈，一片坦诚。那时我们几个人不过是二十几岁的研究生，但钱先生的谈话都已是推心置腹了。当时研究生中颇流行记卡片，仿佛谁记的卡片多，谁就有学问。听说一位教授有十万张卡片，我们曾惊讶得"伸舌太息，舌久不能收"。见钱先生时，我们甚至小儿科地问钱先生记不记卡片，钱先生也一一作答，并不厌烦。他无机心不设防，有着诗人般的天真。也许正因为这一点，他才不愿意与世界打交道，不愿意让那些好事之人利用自己的天真而飞短流长。他宁愿以沉默来拒绝世界。但只要他开口，他就不虚与不伪饰，而一任自己的率真与天性。

知子莫如父，钱锺书还是二十几岁的青年时，其父亲钱基博就对他的"才辩纵横神采飞扬"而深为忧惧，劝导他要学《南史》中的王僧虔"文情鸿丽，学解深拔，而韬光潜实，物莫之窥"。在后来的日子里，钱先生的盖世才华一方面为人所知，一方面又为人所忌，对此他不能不收敛自己的光芒。“耐可避人行别径，不成轻命倚危栏”——钱先生以这样的诗句，来剖白自己的心曲。他几乎谢绝了人世间一切热闹的事情，而走着一条并不为常人理解的学术道路。这条道路空旷而寂寞，“鸡声茅店月，人迹板桥霜”，钱先生是这条道路上的独行者也是早行者。但在世俗的世界里，连他的沉默也难免遭人非议。在一些人眼里，他的沉默不过是博取声名的终南捷径。而他以沉默的方式来与世界告别时，不知能否让那些议论者变得安静一点。

沉默是需要智慧的，真正的沉默是智者的沉默。我们生活中的人是不乏聪明的，但少有智慧。聪明往往是天分，而智慧则需要阅历需要学识需要涵养，智慧是远在聪明之上的才干。我们可以说一个孩子很聪明，却不能说他很智慧。中国人在人格上有小人与君子之分，其实小人常常是很聪明的。小人好热闹，没事时便无中生有挑弄是非；小人受不了寂寞，于是东走西窜，寻衅滋事；小人爱表演，有时表演道德，有时表演友情，有时也表演一点似是而非的学问；小人表情丰富，他可以笑、可以哭、可以骂，可以慷慨激昂，也可以死皮赖脸，于是有了小人的世界常常显得生动活泼。而世俗的世界又恰恰是好热闹的，这样就有了小人生长的土壤。大家痛恨小人，也缺不了小人。但小人的致命伤是没有智慧，小人们总是自恃聪明而无所顾忌。小人只知道鲁迅说的前半句话——“捣鬼有术，也有效”，但忘了后半句“然而有限”。所以最终受惩罚的还是小人。

因此，千万记住，最热闹的地方往往是小人成堆的地方，只有君子能避开热闹，只有智者能选择沉默。古希腊有句名言叫“悠闲出智慧”，热闹固然使某些人有了忙碌和充实，但生命的悠闲也被占据了。没有了那份生命的闲适与自然，智慧也便与人绝缘了。古希腊哲人看来，真正的智慧是属于神的，而人只能爱智。钱先生一生都在追求知识追求智慧，而拒绝人生的热闹，正是为生命腾出时间赢得“悠闲”，让生命吐露出智慧的辉光。这样他才能读尽天下经典，沐浴在知识的朗照里；他才能将东方与西方、古代与现代熔于一炉，形成了他以“打通”为旨归的博大的知识体系。读过他的《管锥编》《谈艺录》《七缀集》，无不为他的博大精深横无际涯而赞叹。时常听到一些人议论，说钱先生的学问没有体系。而一无学问根基的体系，没有知识构成的理论，究竟有什么意义？近几年中国学术的顽症是理论的热情有余而知识的关心不足，这使我们在现代化过程中不断落后。钱锺书学术的意义在于提醒国人对知识的兴趣、对知识的关心。而钱锺书潜藏于博大知识后面的简约通脱的议论，谁又能说不是一种理论，不是一种智者的思想呢？正因为他是智者，所以他才能在复杂的政治风云里处变不惊冷静从容，一任风云变幻而缄默不语，保持一种自由独立的学术人格。陈寅恪先生说：“士之读书治学，盖将以脱心志于俗谛之桎梏。必须脱掉俗谛之桎梏，真理才能发挥，受俗谛之桎梏，没有自由思想，没有独立精神，即不能发扬真理，即不能研究学术。”但是真正要摆脱俗谛，又是一件多么不容易的事情。因为人毕竟是凡夫俗子，生活中有太多的欲求，政治的学术的生存的种种，因此，超群拔俗永远只是少数大智大勇者才能够达到的。我曾注意过 20 世纪 50 年代的一些报刊杂志，许多在今天广有声望的学者，当年究竟发表了一些什么文字啊！大都是改造灵魂自我检讨之类的文章，更有甚者，主动向他人出击，写一些批判他人封资修思想的大字报式的文章。学术演变成了骂自己不是人，也骂别人不是人，打自己的耳光，也打别人的耳光的一次次的混战，这已是“文革”的先声了。知识分子间的相互谩骂已成为司空见惯的事了。你泼我一盆脏水，我泼你一盆脏水，最后大家都脏兮兮的，只好由人领着去“洗澡”。而“文革”中，更是一场大暴露大表演，你方唱罢我登场。摇唇鼓舌者有之，以笔邀宠者有之，落井下石者有之，卖身投靠者有之。有人说这是事不得已，难道仅仅是这么简单吗？“文革”之后，大多数人都以“我要控诉”的面目出现，而少有“我要忏悔”的反省精神。其实“文革”是中国知识分子的心酸史，也是中国知识分子的忏悔录。

钱锺书的独立品性更能在这种背景下凸显出来。面对着一些人耍小聪明式的逞才使智，面对着充斥满目的恶劣文字，他以少有的冷静而沉默不语。以他的才学，以他的影响，以他《毛泽东选集》英译委员会主任的身份，他更有条件更有理由充当捍卫的角色。但他在 1949 年至 1957 年间硬是没有发表任何文章、评论，也没有新的著作问世。宁肯被世人遗忘，他也绝不追逐个人的显赫与热闹，保持着他热爱人生而超然物外，洞达世情而纤尘不染的独立品格。他对人生有透彻的领悟，即使对政治也极富预见性。1957 年他在《赴鄂道中》所作“驻车清旷小徘徊，隐隐遥空碾澻雷。脱叶犹飞风不定，啼鸠忽噤雨将来”，已预见了一场政治风雨的到来。他是清醒的，而惟其清醒，他也更苦痛。刚刚四十几岁，他已有了“心事流萤光自照，才华残蜡泪将干”的悲凉。而下面这首小诗更典型地反映了他这一时期的心境：

知有伤心写不成，小诗凄切作秋声。
晚晴尽许怜幽草，未契应难托后生。
且借余明邻壁凿，敢违流俗别蹊行。
高歌青眼休相戏，随分齑盐意已平。

——《龙榆生寄示端午漫成绝句，
即追和其去年秋夕见怀韵》

诗人这一时期明显表现出内心的凄苦苍凉。但即使如此，他仍然“敢违流俗别蹊行”。不向世俗妥协，另辟一条道路。他在书卷里耕耘，寄托自己怀抱，“吾知何以拒子之，吾不言”——这一时刻沉默是最明智的选择。而这明智是属于智者的。一次会议上，有人说："钱锺书太聪明了，那么多的政治运动，对他都毫发无损。"其实这是皮相之论，钱锺书身上表现出来的不是聪明而是智慧，是一种融汇古今贯通中西知往鉴来洞微烛隐的大智慧。正是有了这种智慧，他才能处变不惊，保持了独立与自由的品格。经历了历次政治运动之后，有几人能说他比钱锺书更干净！

他是诗人，所以他英华绝世，热烈而富有激情。但他又是智者，所以他看破人间的一切热闹，参透了种种机关，因此能够谢绝一切风光而保持缄默。惟其是诗人，他才嫉恶如仇，对世俗不苟且不妥协；惟其是智者，他才能永远保存诗人的天性而不受损伤。在钱先生身上，诗人的天真与热烈和智者的洞察与宁静是那样和谐地统一在一起。

假设 20 世纪后半叶没有钱锺书，中国的学术该是多么孱弱而苍白；假设"文革"的岁月里没有《管锥编》，中国的学术几乎是一张白卷。因此尽管钱先生是平淡地离去的，但他的逝世在 20 世纪的学术史上，无异于一次昆仑的崩摧。钱锺书毕竟是代表一个时代的，他是最后的昆仑。

君子之于学也

——《张舜徽壮议轩日记》读后

张舜徽先生（1911—1992）有写日记的习惯，累月经年，积稿盈箱，而先生一生流离颠沛，大部分日记已经在漂泊动荡的岁月里散失了。20世纪80年代，湖南图书馆居然搜集到了张舜徽先生在湖南和兰州讲习期间的部分日记，先生阅后欣喜异常，宛如重回居湘入陇、讲席四方的壮岁时光，感慨万端，亲为题写《壮议轩日记》，并将日记分为“居湘编”“入陇编”两部分。《壮议轩日记》起于1942年9月24日，止于1947年1月7日。因身经战乱漂泊，《壮议轩日记》时断时续，或详或略，大致包括了先生在湖南蓝田国立师范学院、北平民国学院（抗战时迁入湖南）和1946年入陇任教于兰州大学这一时期的历史。2010年11月，国家图书馆出版社出版了《张舜徽壮议轩日记》（以下简称《日记》）。

“壮议”一语出自《大戴礼记·曾子立事》：“其少不讽诵，其壮不论议，其老不教诲，亦可谓无业之人矣。”“壮议轩”是先生书斋名号，《日记》谓：“余生于辛亥七月。去秋三十已满，盖古人学成之年，而吾碌碌如斯，因取《大戴记》之语，名所居曰‘壮议轩’。以期昕夕省惕，庶几免于无业之讥，非敢高论以忤俗也。”（《日记》第97页）

1942 年 11 月，先生特地请著名书画家徐绍周先生题写“壮议轩”而“悬之壁间”，以“壮议轩”名其所居，正表现了先生心雄万丈，高标自置，力图有所作为，绝不肯落入庸俗的宏大学术志向。比起先生考论翔实的皇皇学术著作，《日记》娓娓叙述，细致生动，剖白心迹，寓学术于日常生活，于细碎的生活场景中显现先生丰富的心灵世界，因此显得朴素而亲切。作为一代国学大师，张舜徽先生一生托命学术，很少涉猎政治，每日朝披夕吟，手不释卷，心有所得，便记于《日记》。在一定的意义上，先生的《日记》是生活的记录，也是学术的记载，先生后来广有影响的学术著作《广校雠略》《清人文集别录》《郑学丛著》《周秦道论发微》《汉书艺文志释例》等在《日记》中已见雏形。先生《日记》以学术为中心，风雅满篇，书香四溢，探索古今，议论纵横，显示出先生学术思想形成的历史渊源和人生轨迹。尤其是先生《日记》字迹刚毅俊秀，一笔不苟，历时七年，洋洋二十余万言，竟无一处勾画，堪称书法精品，在古今学者的日记中甚为罕见。

一

《日记》起笔于 1942 年的中秋节，此时先生刚过而立之年，任教于蓝田国立师范学院还不到一年的时间。为躲避日寇战火，那时的国立师范学院辗转至偏远的湖南安化县蓝田镇。虽然这里聚集了钱基博、马宗霍、钱锺书、钟泰、骆鸿凯等硕学耆儒，一时间群英聚首，人文荟萃，但总体说来这里生活和学术条件还是相当艰苦的，地域偏远、道路阻塞、山川荒凉、风气锢塞成了蓝田小镇的写照。小镇的生活是艰苦的，先生《日记》中多处提及生活不易、物价腾飞的现实状况。先生讲学蓝田，而寄妻儿于乡里，其间虽然曾有过一段短暂的团聚，但因为“薪桂米珠，居大不易，又不得不早遣之归”，先生是怀着愧疚的心情将妻子儿女送还乡下的：“每自念恩不逮于妻孥，力不周乎俯畜，殊不能恝然于怀。”（《日记》第 265 页）而这里的学术条件也相当简陋，《日记》记载，1942 年 10 月 7 日先生去学院图书馆欲借《东都事略》《续通鉴长编》《系年要录》《宰辅编年录》《三朝北盟会编》诸书而不得，他不禁感叹：“居此穷乡，求一常见书不能得，虽日饫酒食无以疗饥渴。”而先生的苦痛还远不仅如此，先生正值壮年，英气逼人，且以古为师，不免睥睨今古，目无下尘，因此横遭物议，不见容于同僚，处境颇为艰难。先生在 1943 年 3 月《日记》中写道：“在此半月中横被口语，使人居之不安，日夜愁悒愤懑。深感世途险巇，行路之殊不易也。”（《日记》第 335—336 页）在如此境遇里，先生甚至发出了这样的感慨：“自丁丧乱，居此穷山，不徒无书可读，抑亦无人可语，愦愦兀坐，如在囹圄。”（《日记》第 340 页）这也是先生后来离开蓝田国立师范学院，移砚陶家湾，任教北平民国学院的重要原因。

而比起个人遭际的苦难，更不幸的是此时整个国家正陷入敌寇入侵的沉重灾难之中。1944 年夏，日军长驱直入，大举南侵，长沙、湘潭、湘乡、邵阳等相继失守，先生因“内子怀妊已六七月，亦不敢轻言远徙”（《日记》第 484 页），仓促中，只好暂避到宁乡朱石桥一杨姓学生家中。8 月 13 日，日军侵扰先生避难的村中，荒山野岭上“男女千百，呼号啼哭之声闻数里外”。先生只好带着即将分娩的妻子和孩子，仓皇奔命——“率妻子，负被帐而行，随乡人以共登天子岭”，蜷伏丛莽中，屏声敛气，不敢耳语，“惟闻枪声若远若近，时断时续”。入夜，“露宿山巅，乡人环坐，以待天明”。而山岭上却密云骤起，阴雨绵绵，凉风袭身，就在逃难后的第二天早晨，受到惊吓的师母在奔波劳顿中生下了一个女儿。敌人离去后，呈现在先生面前的景象是凄惨的：

> 待敌退归来，家中荡无余物，徒四壁立耳。吾所藏书数十箱，悉散乱委弃于地。壮者散之四方，啼饥于外；老者遄还故里，号寒于内。（《日记》第 490 页）

在外寇入侵的离乱中，先生内心充满了巨大的悲伤与愤懑，仰望苍天，徒唤奈何：“我生不辰，斯丁厄运，谓之何哉！”（《日记》第 491 页）

读先生的记述离乱中的文字，至今仍使人感到神情紧张，心绪难平。外寇入侵，同僚物议，生活清苦，前途迷茫，这一时期是先生境遇最苦的时期，但却是先生用力最勤、著述最勤的时期，正是在湘南的崇山峻岭中，先生积石采铜，蓄势待发，完成了向一代学术大师的跨越。

“三更灯火五更鸡，正是男儿读书时。”《日记》中最为感人的就是先生在艰难困苦中孜孜矻矻、勤勤恳恳的力学苦读的形象。先生深知学术之艰难，如不付出超越常人的努力，永远无法到达学术的顶峰，《日记》中写道：

> 盖著述之业，谈何容易！必须刊落声华，专一神志，先之以十年廿载伏案之功，再益以旁推广览披检之学，反诸己而有得，然后敢著纸笔。艰难寂寞，非文士所能堪。（《日记》第 441 页）

在先生心目中，学术是神圣的、庄严的，因此先生立下了“刊落声华，专一神志”的宏大志向，忍受着艰难寂寞，在经年累月的力学苦读中积累着“十年廿载伏案之功”。1942 年 9 月 25 日（农历八月十六日），先生从学院图书馆借得“孙籀庼、俞曲园书数种假之以归”，当夜“夜阅《籀庼述林》至二鼓后”，第二天就将十卷本的《籀庼述林》阅读完毕。据《日记》记载，从 1942 年的 9 月 25 日始，到 1943 年 1 月 20 日止，在一百余天的时间里，先生阅读的著作有：

1.《籀庼述林》十卷

2.《白华前稿》六十卷

3.《铁桥漫稿》十三卷

4.《春在堂全书》二百五十卷

5.《石遗室诗话》三十二卷

6.《南畇文稿》十二卷

7.《三鱼堂文集》并外集十八卷

8. 黎劭西《钱玄同先生传》

9.《三鱼堂日记》二卷

10.《谭复堂日记》八卷

11.《四库全书提要》二百卷

12.《显志堂稿》十二卷

13.《铜熨斗斋随笔》八卷

14.《陶文毅公文集》六十四卷

15.《逊志堂杂钞》十卷

16.《江郑堂隶经文》四卷

17.《刘梦涂文集》十卷

18.《姚海槎书七种》七十六卷

19.《清朝经世文编》一百二十卷

20.《汤潜庵集》二卷

21.《国朝文录》八十二卷

22.《小仓山房文集》（含续集、外集）四十三卷

23.《忠雅堂文集》十二卷

24.《汉学师承记》八卷

25.《周书斠补》四卷

26.《魏鹤山大全集》一百零九卷

27.《饴山堂文集》十二卷

28.《巢经巢文集》六卷

29.《逸周书》十卷

30.《苍莨初集》二十一卷

31.《程侍郎遗集》十卷

32.《有恒心斋文集》十一卷

33.《养知书屋文集》二十八卷

34.《左文襄文集》五卷

35.《天岳山馆文钞》四十卷

36.《唐确慎公集》十卷

37.《曾文正公文集》四卷

38.《养晦堂文集》十卷

39.《望溪先生文集》（含续集、外集）三十卷

40.《大学衍义》四十三卷

41.《大戴礼记》之《子张问入官》《文王官人》（背诵）

42.《洪范》《中庸》诸篇（温习）

43.《礼运》《西铭》诸篇（默诵）

44.《吕氏春秋》（温习）

45.《六家要旨》

46.《庄子·内篇》《庄子·胠箧》（温习）

47.《与孙豹人书》（默诵）

48.《严先生祠堂记》（温习）

49.《荀子·劝学》《荀子·礼论》诸篇（温习）

这个“百天阅读书目”是根据先生《日记》任意截取的。在一百余天里，先生竟然阅读了四十多位清代学者的文集，温习了《吕氏春秋》《庄子》《礼记》《大戴礼记》等经典，背诵了《六家要旨》《礼运》等重要文献，校订了《逸周书》等著作。值得指出的是，除了《清朝经世文编》《国朝文录》等卷帙浩繁的著作以外，先生的阅读不是泛泛的浏览，而是“遍加丹黄，从无一字之跳脱”的精读。先生对读过的清人文集都提玄勾要，撮其大略，《清人文集别录》正是在此基础上完成的。在一个战乱年代里，一位中国普通学者在偏远的湖南深山里的“百日阅读书目”，让我们深深敬佩那个时代中国知识分子的责任与担当。即便在学术便利、资讯发达的今天，面对先生的百日阅读书目，我们仍感动不已。

这是先生壮年读书岁月的一段寻常日子，没有特别之处。它不是偶然，也不是突击，而是晨钟暮鼓中伴青灯黄卷，兀兀恒年从不懈怠的学术坚持。先生治学不急功近利，不刻意求新，不刻意发表倾动一时之言论，而是以坚韧自励，强调积累，强调坚持，显示了从容坚定的学术自信。先生读书的原则是一以贯之的，其《日记》以陆陇其《诫子书》“读书必以精熟为贵”以自警：

欲速是读书人第一大病。工夫只在绵密不间断，不在速也。能不间断，则一日所读虽不多，日积月累，自然充足。若刻刻欲速，则刻刻做潦草工夫，此终身不能成功之道也。（《日记》第 79 页）

先生常以《庄子·人间世》“美成在久”激励后学，先生逝世前为《华中师范大学学报》（1992 年第 6 期）写下了“美成在久，日进无疆”的贺词，这句话也成了他留给后世的最后格言。与学术上一时间的冲动和激情相比，学术的坚持需要更大的毅力和韧性。从《日记》来看，先生有早晨温习背诵、夜晚阅读写作的习惯，因此，我们经常可以看到《日记》中“晨起默诵”“读书至二鼓后”的字样，先生是把自己的整个人生托付于学术事业的，在先生身上我们看到了学术坚持的力量。先生有头痛之疾，《日记》中常常有“头晕身热”“双手冰寒”之类的记载，而先生却从不因此而辍学，以巨大的毅力忍受病痛的侵袭和折磨。1943 年 4 月 25 日的《日记》记载：

早起头痛犹厉，心神亦昏扰不宁，惟静坐瞑目以将息之。友人阮真邻余而居，力劝余爱啬精神，节劳节思。彼盖见余近来用功甚苦，而为是言也。

先生惜时如金，稍有放松，便痛惜不已，常常自责。1946 年 11 月 27 日先生早晨起来诵读袁准《正书》，以为“胜义精言，所在皆是，为三复焉”。上午十时有朋友来访，坐谈甚久。中午，有友人招饮，先生“饮酒独多，幸不及乱”。

下午，先生以中文系主任身份参加兰州大学的校务委员会，“议事甚多，至点灯时方散”。晚上，学校设宴款待各位与会者。这个在今天看来非常普通的一天，先生却为虚与应酬、参与俗务而自责，以为“今日扰于杂事，看书不多，不啻虚抛一昼。因有感于酒食论辩，甚妨读书”（《日记》第682—683页）。从仅仅一日的读书不多，先生马上意识到“酒食论辩，甚妨读书”，正因为这样的自警自省，当天“入夜，检览杂书，至三更后犹不觉惫”，他是想通过长夜苦读来弥补白天的“看书不多”。值得一提的是，《日记》中如此所谓的“虚抛一昼”，仅此一处，其他所有的时间里先生都在伏案苦读，即便是与人交往，也都是同仁间的切磋琢磨、品艺论学。“少壮工夫老始成”，先生之所以在历史学、文献学、目录学、音韵学、思想史等方面都取得卓越的成就，根本源自于他超乎常人的勤奋和努力。

二

先生将整个生命都交付学术，源于他对学术神圣的真诚信仰。《日记》谓：

> 暇悟儒家之异于诸子者，总在教人力学。《论语》首章即言“学而时习”，下逮荀卿为《劝学》，扬子《法言》则为《学行》，王符《潜夫论》则为《赞学》，徐幹《中

论》则为《治学》，此数子者，皆儒家也，开宗明义，无不重学。（《日记》第 94 页）

先生高举儒家重学力行的伟大旗帜，整个生命都浸润和沐浴在传统文化光芒的朗照里。儒家倡导的力学、劝学、赞学、治学、学行，成为先生真实的人生写照。可以看到，《日记》的主体部分，同时也是最有价值的部分，就是先生劝学、论学、学行的学术思想体系。本原的学术根基，识见的学术原则，实用的学术理念，湖湘的学术传统，通人的学术气象——代表了张舜徽学术思想的根本精神。尽管先生《日记》只是他三十一岁到三十六岁的人生记载，却显示出他的学术思想已经走向真正的成熟，之后，他一直坚持着这样的学术理想，年既老而不渝。

1. “惟根原之地，万不可绝”——本原的学术根基。时人论及张舜徽先生的学术，恒言先生以通人之学为第一要义。其实，先生虽然倡导会通之学，标举通人气象，而其最为重视的还是学术的本原建设。张先生是从根原之地出发走向通人的学术境界的，离开本原之学，所谓通人也就成了庞杂而无所依归的空洞议论。先生不仅以本原之学教人，也以本原建设律己。1942 年 10 月 22 日的《日记》载：

暇念近来读书兴趣日加深厚，此正为道向上之征，自当爱日以学，稍补往昔怠废之阙。惟根原之地，万不可绝。温经读史，宜严立课程。如幼童时读书景象，

方足以致高明广大之域。（《日记》第 62 页）

先生治学取境高远，气象磅礴，而又渊源有自，淳雅贯通，广而不乱，博而不杂。其根本就是先生在思想上牢牢抓住原本、立足根底，才进入了学术研究高明光大的博通境界。先生对以顾炎武为代表的清代学者的气象广大、湛深博通的学术境界充满敬仰之情，在先生看来，清儒的博通正源于根原之地的坚实，所谓“清初诸大师学问渊博，气象伟岸，其始基率由湛深经术，根原之地所立者厚也”（《日记》第 79 页）。相反，先生在批评古今学人轻浮的学术风气时，往往以“根原之地荒芜”来评判。1944 年 3 月 29 日先生看到声名显赫的李慈铭在《越缦堂日记》（同治六年正月二十日）记载的常常置于案头的“昕夕置案之书”，先生颇不以为然，以为“凡此数十种书，皆非学者根原之地”。先生以为如果离开了根原之地，“循此弗畔，亦徒记丑而博，何能窥寻学问深处”（《日记》第 443 页）。仔细研究李慈铭罗列的一长串所谓案头之书，虽然也是流传广泛造诣精湛的研究性著作，而这里却还缺少经典文本，他人的研究终究不能替代自己的学术体会，离开了精熟经典文本的治学正途，就会走上顾炎武激烈批评学术上的“买铜铸钱”而不是“采铜于山”，最终导致学术本原的荒芜，“而根原之地既绝，则无往而不支离”（《日记》第 263 页）。根原之地是先生一生坚守的学术阵地，其所谓“根原之地”

就是以经史为根基的学术修养，以小学为基础的治学手段，以儒家思想为原则的精神性格。

人们习惯于将“本原之学”理解为小学的根基与手段。的确，张先生在治学上十分重视传统小学的根基，湛深经训，仪范许郑，信奉“由小学入经学者，其经学可信；由经学入史学者，其史学可信”的学术信条。但是，先生对本原之学的理解最终还是精神的，是思想的，是对中国文化传统精神和品格的坚守。1944 年 4 月 7 日先生从李一真处借来《复性书院简章》阅览一过，对马一浮“以六艺统摄一切学术”的思想深信不疑，以为“马氏揭橥之正，足以箴肓起废”（《日记》第 457 页），先生以“六艺之学”统贯整个中国传统文化和历史的思想，不仅是简单的学术分类，而是对中国文化根本思想的坚持和保守，这一点我们应当给予足够的重视。先生以为，中国学术虽然包罗宏富、意义广大，而当以六艺为纲，一以贯之，纲举目张，以经学的思想贯通史学、哲学和文学。在这里，我们特别举出《日记》对《史记》和司马迁的理解以为佐证。一般研究者都以“长于修史”称赞司马迁，而先生却以“功在传经”理解《史记》。在先生看来，经过秦火之后，司马迁才是最有成就的传经者。这一方面是因为司马迁“嗣其家学”而整理和保存了大量历史典籍和文献，另一方面也因为“自创新体”而坚持和开拓了以“六经”为代表的文化精神：

> 虞、夏、商、周《本纪》成，而《尚书》尽在其中。《列国》《世家》成，而《春秋》在其中。《礼》《乐》诸书成，而七十子后学者所记可考。见其大较，非传经而何？《五经》中惟不采《易》《诗》，以二书遭秦火而全也。（《日记》第437页）

张先生特别注意到司马迁的传经之功，注意到司马迁对中国文化精神的传承。比起那些皓首穷经的汉代经师，司马迁无论是对经典文本的保存，还是对经学精神的发扬，都是有过之而无不及的。张先生一生著作丰富，涉猎广泛，而其本质是对以“六艺”为代表的中国传统文化精神的坚守，这才是“本原”的根本意义。“本原”不是离开精神、割裂义理的所谓考据和所谓学问，实际上，先生对那些繁琐细碎缺少精神坚守的考据和斯守一经的所谓学者，根本上是不以为然的，甚至是觉得可笑的。《日记》中多次记载先生为学生讲解《西铭》，先生以为“为天地立心，为生民立命，为往圣继绝学，为万世开太平”，足以为青年“开拓胸心”，“激励士气”（《日记》第83页），这也是先生不断鞭策自己时时追求的人生目标。

2.“湖南人之矿，终待湖南人发掘之”——湖湘的学术传统。当许多学者都在以所谓阶级斗争思想为理论指导、以农民起义为历史主线研究所谓中国历史的时候，先生却在冷寂中将研究的重点转向对中国古典学术精神的寻绎和清代学术流派的思想脉络形成的研究。他的《郑学丛著》《顾亭林学记》《清代扬州学记》《清儒学记》即为这方面的代表作。先生对清代学术的研究起步很早，还是在湖南的时候，先生已经形成了“吴学最专，徽学最精，扬州之学最通”（《日记》第451页）的卓越见识。先生博通的知识构成、宏大的学术眼光，很容易让人忽略了他学术的湘学传统。其实，先生无论其人还是其学，都体现着浓厚的湖南人的精神性格，先生的学问根植于深厚的湖湘学术土壤。据《日记》记载，先生青年时代在京师游学期间在吴承仕（吴检斋）先生居所与钱玄同先生相遇，谈话间吴检斋对湘籍学者的学问不以为然，以为“湘人言经者，多不明故训，于音理犹茫然”，并忆及当年湘籍学者叶德辉以《六书古微》向章太炎先生请教，太炎先生笑曰：“此矿区尔，犹待吾为开采而后可用也。”面对江左学者咄咄逼人的言行，年轻气盛的先生颇为不平，遂应声对曰：

> “湖南人之矿，终待湖南人发掘之。”时钱氏在座，吴顾谓钱曰：“此其志不在小，可畏也。”相与大笑不已。（《日记》第76页）

“湖南人之矿，终待湖南人发掘之”——显示了青年张舜徽对湖湘文化精神价值的认同，也表现了先生一种壮怀激烈睥睨天下的学术自信。立下这样志向的时候，先生还是弱冠之年，从此而后，“广大湘学”“为湘学争地位”，一直是先生为之努力和奋斗的学术目标。1942年12月17日，先生读郭嵩焘《养知书屋文集》，为其叙述的曾国藩、罗泽南、胡林翼、刘蓉等湖南先贤的忠烈精神而感染，为湖南人在整个中国近代史有开启风气领袖天下的英雄壮举而自豪，盛赞“咸同之时，湖湘先正大抵以儒生奋其武略，勋绩烂然，为前古所未有”（《日记》第217页）。先生为曾国藩、胡林翼、罗泽南为代表的湖湘先贤“好学无斁，不以贫病忧患动其心”的精神所感动，在先生看来：

> 艰苦卓绝至于如此，乃天地之至文也。具此真学问、真精神，胜于诂经说字者万万，虽无经说，何害湖湘学者之伟绝！……此间共事者多江浙士，亦时时为道及之，俾能明乎湖湘学术之大也。（《日记》第219—220页）

尽管先生自己“喜治小学经训”，但他却不以诂经说字为意，认为以天下为己任而奋起行动的“儒效”精神，才是“真学问、真精神”。那个夜晚，一向冷静理性的先生不禁慷慨激昂，心潮起伏，立下继承湖湘先贤踵武，“光大湖湘学术”的宏愿：

> 光大湘学，正今日事，黾俛图之，没身而已。（《日记》第220页）

“光大湘学”，不是少年的一时冲动，而是“没身而已”的终身目标；不是厮守一隅的狭隘的乡党偏见，而是对湖湘人投袂而起奋然前行、以天下为己任的忠烈思想的心理认同。先生对湘学是继承，更是发展，因此他才以博大的心胸吸取天下学术的滋养，对吴学、扬学和皖学都作了深刻的研究，且给予极高的评价。

光大湘学的理想，首先源于先生是湖南人，湖湘自然山水和文化传统滋养了先生的精神世界。先生生于湖南沅江，少年时登山临水，获益良多。故乡苍茫之湖水、参天之古木、翱翔之雄鹰，熏染着他博大高远的学术志向和刚毅宁静的思想品格。在《日记》中，先生时时流露出对屈大夫行吟的壮丽辞章、周敦颐雄阔的理学思想、王夫之博大的通人气象的崇敬之情，这些都成为他日后取法模范的精神导师。

其次源于学术上湖湘学人对先生的深刻影响与真诚帮助。先生十七岁后负笈远游，遍访通人，而得益于湖湘学者最多。先生晚年撰《湘贤亲炙录》，叙述生平往事，一一胪列对其有重要影响的湘乡前辈，其中包括了余嘉锡、曹典球、孙文昱、杨树达、骆鸿凯、黎锦熙、李肖聃、辛树帜等二十余人。他们对先生影响是深刻的，直至晚年，先生亦不曾忘怀，谓“湘中诸老，惠我犹多，以为孺子可教，相与奖掖而诲导之”。1944 年 10 月 26 日湘中耆儒杨树达先生来函盛邀先生赴湖南大学任教，先生因为“流亡在外，已历五月。行囊久空，衣物荡尽，一家数口日处于啼饥号寒之中”而不得已推辞，但是先生仍然为杨树达先生的提携奖掖之情而深受感动，随即写下了《复杨遇夫先生书》——“书累六纸，缅缅千六百言”。先生在感激之外，再次提到湖湘学术传统，认为以罗泽南、胡林翼、曾国藩、左宗棠为代表的湖湘政治家，之所以在中国近代史上建立丰功伟绩，是因为他们“秉其高尚之志以从事学问，学问素成而后发为事业，其能震烁古今，岂偶然哉？”（《日记》第516—517页）高扬湖湘学术精神，是先生不能忘怀的学术使命。

第三，也是最关键的，是先生从心灵深处对湖湘学术传统中的恢宏的精神气象和经世致用的精神品格的仰慕和追随。《复杨遇夫先生书》言：

> 往在蓝田，与江浙诸友论及有清学术，彼辈盛称考证为吴皖所专，非湖湘所能匹。舜徽则谓楚南诸先正由义理发为事功，足以润色天地。儒效乃自此而宏，不言考订何害？取彼穷老尽气以考文字说名物者，厕诸罗、胡、曾、左之班，只堪作谈古品艺伎俩耳，何足以知国计民生之大奚与乎？（《日记》第517页）

先生一方面学宗许、郑，精于考证，由小学入手，开拓经史子集的博学路径，以抗争人们对湘学疏略考据的讥议；而另一方面先生也认为湖湘学术的真正精神是“由义理发为事功”，是实事求是的学术根基和经世致用的实践精神的统一。学术终究还是要付诸实践见于事功，而不仅仅是书斋里的名物考据义理钩沉，无论如何，国计民生的现实意义总要大于细琐的名物考据。先生在兰州期间，特别写道："余尝以为今日教士所亟，在乎立志。所谓志者，非教其徒为著书立说之人也。天地间学者不必多，而切实做事之人断不可少。"（《日记》第706页）这样的话，至今读来仍然发人警醒。"通经以期致用"——从学问出发，以体国经野，兼济天下，是先生对湖湘学术的深刻理解，也是他毕生坚持的学术路线。

正缘于对湖湘乡贤的精神仰慕和对湖湘学术传统的深刻认同，先生曾立志写出一部追溯湖湘学术源流、探索湖湘学术精神性格的学术研究著作，但是他的研究计划很快为另一位著名学者钱基博先生率先完成了。1943年5月3日上午，先生拜访同在蓝田国立师范学院任教的钱基博先生，钱基博先生向张先生透露了自己撰写"百年来湖南之学风"的写作计划，"就湘贤事迹叙述之，藉以作厉士气。……但从诸人困心衡虑时论议行事，加以阐扬，以为后人处贫贱患难者之鉴"。英雄所见略同，先生自谓"余旧有志纂《湘贤学案》，迄今不就，竟为此翁所先"（《日记》第421—422页）。钱基博先生的著作就是后来广为流传的《近百年湖南学风》，钱基博先生是张先生素来钦佩的学者，对钱先生的著作，张先生一方面为其"所见之同"而欣喜，另一方面也有"崔颢题诗在上头"的某些遗憾。后来先生在《清儒学记》中虽然还是撰写了《湖南学记》一章，但可以肯定已不是早期规划中的《湘贤学案》的气象和规模了。

3.“学归致用，而儒效乃宏”——实用的学术理念。先生一生是在书斋中度过的，但是先生一点也不满足于坐而论道、袖手议论的雍容清雅，而是强调一个知识分子最重要的还是“通经致用”。先生的学术理念是入世的、切近的、实用的，而不是出世的、缥缈的、逍遥的。“老冉冉其将至兮，恐修名之不立”，这种自屈原以来，根植于湖湘文化传统中的时不我待、只争朝夕、建功立业的忧患意识，也时时出现在先生日记中。刚过而立之年的先生在《日记》中写道：

> 自念年已过立，百无一成，倘不及是时于役四方，终恐闻睹日隘，无所建树于当世。稽之礼典，古之士夫致仕而后归教于其乡，老不教诲谓之无业之人。然则收朋勤诲固艾耆以后之事，奚必以有用之岁月，尽瘁于口讲指画耶？（《日记》第340—341页）

简单的书斋生活几乎构成了先生的一生，而他真正的理想却不限于此。对于讲堂上“口讲指画”和孤灯黄卷中的“手批口吟”，先生也流露出一丝厌倦而又无可奈何的情绪，《日记》真实地展现了一个知识分子在“立言”与“立功”面前的精神困惑和心理矛盾。他不屑于“以有用之岁月，尽瘁于口讲指画”，而执着于“由义理发为事功”经营天下的湘学传统，又无法找到实现其兼济天下建功立业的理想道路，这就构成了心灵世界的孤独和精神深处的矛盾。

一方面他在学术领域勤奋著述，坚守文化阵地；另一方面他又有强烈的事功观念，有兼济天下的政治胸怀，不满足于象牙塔里的高头讲章，而是强调“文之为用，至为宏远”（《日记》第650页）。先生以为“昔人著书率出于不得已，今人著书皆可已而不已”（《日记》第719页），在先生看来，“著书”实在是不得已的事情，学问的终极目的还是责任，是担当，是行动。任何气壮山河的议论都不能与经天纬地的事业相比。支撑先生“通经致用”思想的是传统儒家一贯强调的“儒效”理论。在“言”与“行”的关系上，以孔子为代表的原始儒家坚持“讷于言而敏于行”“君子耻其言而过其行”的主张，认为“载之空言，不如见之行事而深切著明也”，力践躬行的思想对张舜徽先生的影响是深刻的，因此他常以《礼记·儒行》《荀子·儒效》教导学生，正因为这里强调的是儒家立言为公行之天下的思想：

> 儒有席上之珍以待聘，夙夜强学以待问，怀忠信以待举，力行以待取。（《礼记·儒行》）
>
> 凡事行，有益于理者，立之；无益于理者，废之。夫是之谓中事。（《荀子·儒效》）

原始儒家一直力图以切实的行动主张，矫正将儒家理解为纵横议论无益于事的非议，“夙夜强学以待问”，勤学的目的在于力行，建立周公式的“美政美俗”的“大儒之效”才是儒家的真正理想。顾炎武对“以明心见性之空言，代修己治人之实学”的空谈极为反感，认为所谓明心见性的空洞议论直接导致了“股肱惰而万事荒，爪牙亡而四国乱，神州荡覆，宗社丘墟”（《日知录》卷九）的社会动荡的严重后果。而真正的儒学是面向社会、面向人生，注重行事的，因此顾炎武确立了“凡文之不关于六经之指、当世之务者，一切不为”（《亭林文集》卷四《与人书三》）的学术理想。有响斯应，孔子、荀子、顾炎武等伟大思想家经世致用的思想对先生产生了深刻的影响，成为先生学术思想的重要原则。1942年10月19日先生“闭户读彭定求《南畇文稿》”，彭定求竭力倡导“孳孳以躬行是尚”的原始儒家精神，激烈批判近世以来“支离于训古，沉溺于词章”的浮泛清艳的学术风气，认为这是“求儒于言而不求儒于行”，是对儒家精神的根本背离，先生深以为然，充满感情地写道：

透辟精切，洞照数千年来士子之症结矣。（《日记》第53页）

将学术从背离现实的空洞议论调整到关注苍生的切实行动，是先生几十年来学术努力的方向。正因为对经世致用学术思想的坚持，先生反对一切没有根基的浮泛议论，尤其是反对志气萎靡、销蚀风骨的所谓词章。先生自壮岁讲学上庠，弟子三千，而入先生门下总听到先生“少读诗词，多看有用之书”的教诲，先生耻为文人，不屑于诗词创作，就在于他深刻地了解古典诗人感伤脆弱的情感世界，而一旦浸染此种习气，就意志消磨难当重任：

> 盖士子自能识字即吟哦于五言七言，诵习愁苦之词既多且久，则志气日就靡弱，不能自拔于流俗，由是文士日多，而真才日少。（《日记》第267—268页）

先生的论述让我们想起了柏拉图《理想国》中对诗人的驱逐令，而驱逐诗人的根本原因是柏拉图认为甘言蜜语的诗人是消解人们意志的，是感伤的、缺乏力量的。虽然先生的意见不免有个人的偏好，但是诗人过度的感伤确实是有碍志气恢宏，最终有碍于行动和功业的建立，所以先生不断告诫青年不要以“少年有用之身，半消磨于无病呻吟之地”。先生年少时就喜读《曾文正公文集》，“至于今而无厌，弥研绎弥觉有新理焉”（《日记》第247页），先生理解的曾国藩是“窥见古人大体大用”的，是“归宿于礼以经世”的，先生理解的学术是“学归致用，而儒效乃宏”（《日记》第276页）。

4.“尊德性、道问学不能分做两件事看”——通人的学术气象。先生一生以“博通群经，不守章句”的通人自期，反对斷守一经一家的声气结纳，反对支离细碎的名物考据，反对消磨意志的词章吟哦。学者对于先生通人之学多有论述，但结合先生《日记》，我们应该强调的是，先生的通人境界不是简单的博通四部，而是道用一体知行合一古今通贯的学术理念。张先生在北平民国学院为学生讲解《中庸》

的时候，特别指出："尊德性、道问学不能分做两件事看。"（《日记》第416页）在先生看来，真正的通人不仅仅是知识的广博而是胸襟的开阔、志气的恢宏，是知识与道德的融为一体。

"通人之学"首先是胸怀天下、志气恢宏的博大气象。在几十年的教学生涯中，凡有学生请益，先生必告之以立志高远为先：

> 二千年之间其能顶天立地以天下自任者，率由立志不同于常人，能自拔于流俗耳。（《日记》第515页）
>
> 夜间樊生、赵生来请以读书之要，余谆谆告以立志远大不可拘于小近诸语。（《日记》第715页）

每论及志向，先生就激情迸发，气势磅礴。《日记》载先生在湖南时的一次演讲，他充满激情地说道："观古今顶天立地建不朽之业于万世者，大抵以泰山为笔，东海为池，大地为纸，事业为文章。"（《日记》第477页）这志向不仅仅是文章学术，也是道德事业；不仅是立言，更是立德立功。依先生的理解，建功立业是更大的学问、更大的文章。先生以学术行世，志向却不局限于学术，先生甚至不像一般学者那样不屑于政治，而是强调社会担当，以天下自任，以为"以不仕为贤，自周以前无之"（《日记》第276页），他讨厌庸俗的政客，却推举伟大的政治家。无论是"道"还是"学"，都是广泛的，先生教导青年，与其一味地愤世嫉俗，悲天悯人，不如投袂而起，力挽狂澜，以建立顶天立地不朽之功业为己任。

其次是融汇古今、贯通四部的知识视野。先生治学以博通为目标，强调立足经史，会通古今，贯通四部。钱锺书先生“打通”的学术理念，侧重的是中西文化之间的沟通融合，而先生的“会通”则更侧重古今之间的历史联系。对于固于一隅，“拘狭地守着经史子集的旧圈子，不肯摆开，此疆彼界，各有范围”的经生学究式学术，先生历来是批判的。先生以为乾嘉学术之病，就是学术的支离，“自乾嘉以后，清学乃由极盛而衰，士子不达于为学之本，群趋支离破碎而不知返”（《日记》第 105 页），支离与割裂是先生对乾嘉以来学术之病的科学诊断，正因为如此，先生才标举会通，以经史子集的贯通来矫正学术流弊。

再次是卓尔不群、目光独具的学术见解。在学术之外，先生也常常将目光转移到人生、社会、教育、军事等其他广泛的方面，议论风生，多有创获，体现出一代学术通人卓尔不群的思想风采。《日记》中先生对“西北开发”“厚禄养廉”“以立志治兵”“人才兴国”等问题多有议论，其见解都立足学术根基，因此富有启发意义。先生自己是教师，但先生坚决反对立门户、开宗派。先生主张圣贤师法天地，师法古今，师法自然，师法一切可师法的事物，而不断守“一先生之言”：

> 余尝以为五伦中无师弟，只当属之朋友之列。求师之宜，赓亦犹交友之宜。博师不可遽得，即以古人为师，亦何不可？奚必守一先生之言自以为是乎？（《日记》第 696 页）

先生以为，在中国以“五伦”为基础的伦理关系中没有师生一伦，师生之间只是学术切磋的朋友。先生认为以师生之谊行宗派之实，是祸国殃民之阶。1942 年 11 月 5 日，先生与钱基博先生有一次谈话，钱基博对明代东林党人的“声气结纳以为标榜，党同伐异以为把持”深表愤慨，认为：

> 武人跋扈，文人何尝不跋扈？而矜意气，张门户，以庠序为城社，以台谏为鹰犬。恩怨之私，及于疆场；不恤坏我长城，以启戎心；国事愈坏，虚誉方隆，而东林讲学，实阶之厉。（《日记》第 101 页）

钱基博先生与东林党的代表人物顾宪成是无锡同乡，先生对钱基博“不以乡曲之私阿其所好”的公正见识深表称许。先生与钱基博先生一样立言为公，以学术为根基，目光远大，气象博通，故其见识超迈群论，影响深远。

更应注意的是，先生的“通人之学”是有所本的，是立足于本原之学的，是切近于国计民生的，是植根于湘学传统的。尤其是湘学精神，对先生通人之学的境界影响是深远的。先生晚年为罗焌《诸子学述》重印所作序言中说：“湘学先正之学，以经史根其基，而旁及诸子百家，规模浩大，与江浙异趣”，这里我们可以看出，先生的通人境界是“植根经史，而旁及百家”具有湖湘文化精神的“通人境界”。如果离开了先生的学术坚守而奢谈先生的“通人之学”，势必将先生的博通引入庞杂而无所依归的境地。《日记》论述“致广大而尽精微”一句，先生谓：

> 致广大而不尽精微，则有肤泛之弊；尽精微而不致广大，则有偏隘之弊。极高明而不道中庸，则有诡僻之弊；道中庸而不极中庸高明，则有污邪之弊。（《日记》第418页）

三

先生论学以见识第一，以器识为先。《日记》引《宋史》刘忠肃言：“士当以器识为先，一命为文人，无足观也。”先生不屑于文士们的浅吟低唱，也对乾嘉以来诸儒细琐的名物考证不以为然，而强调学术的社会责任，是对学术、对人生、对社会、对自然的全面理解。与一般日记日常琐碎的生活记载不同，先生的《日记》更多地记载了他对社会对人生尤其是对中国古典文化的理解，这些理解对我们极具启发意义。

总体上说，先生是一个文化保守主义者。在“五四”以来社会与文化激烈变革的潮流里，文化保守主义者对传统文化及其精神价值本质上是认同的，即使批判，其态度也是温和的、建设性的。文化保守主义者可能缺少新文化倡导者血脉偾张的革命激情，缺少对传统文化某些负面效应的批判意识，但是在整个社会都卷入批判传统的潮流的时候，他们却坚守传统文化的阵地，竭力为传统文化保留住一点什么，坚守住一点什么，保证了中国文化精神薪火相传，其文化传承意义是不容否定的。王国维、章太炎、吴宓、陈寅恪、梁漱溟、马一浮、钱基博、钱穆等本质上都有文化保守主义的倾向，他们主张对传统文化应有“了解之同情”，而不是一味否定、一味批判，正是在这样的意义上，先生与文化保守主义者精神上是相通的。

经学存废是“五四”以来文化界争论的重要问题，一方面是吴宓、梁漱溟等文化保守主义者“提倡读经以作新民德”，另一方面是以胡适、鲁迅、傅斯年为代表的新文化的倡导者们“不读线装书”的强烈呼唤。这样的思潮也影响到先生执教的校园，针对胡适、傅斯年对经学的强烈批判，先生在《日记》中慷慨陈词：

> 余尝以为吾华有史已数千年，往哲所垂诸简册而可宝者，在乎为人群立准绳。换言之，即阐明处事接物之原理、原则也。《四库提要》有云：“经者非他，天下之公理而已。”公理云者，犹算学中之定理公式，所谓天不变道亦不变者也。夫学者所事端在穷理，而

穷理之范畴又有人理、事理、物理三者之辨。今人趋重于声光化电之学，特物理耳。研精物理，自有其一定之公理，足以执简驭繁。若夫为人临事之公理，则存诸古籍中者实大且多。使人不欲明于人理、事理则已，如欲知之，则古代经传实有诵习之价值，而不容屏绝之。（《日记》第346—347页）

先生以为古代经学是中华数千年文明的承载者，包含着华夏民族仁理忠信等基本伦理思想，而这恰恰是传统经学的精神价值所在，不仅不应当废止，而且是应该大力弘扬的。虽然社会政治激烈变化，但一个民族的精神价值、思想体系、伦理系统却具有历史的继承性和结构的稳定性，不能随意改变。经学的存废实质上是中华文明的存废问题，是传统道德的存废问题，因此先生的立场是旗帜鲜明的——“古代经传实有诵习之价值，而不容屏绝之。”在物欲横流、人文精神失落的今天，回想先生在抗战烽火中的论述，不能不令人感慨系之。虽然先生对古典经传也主张“有所别择而不可拘泥”，但是这种选择，一是删繁就简，讲求精粹；一是去虚就实，讲求功效，而对经典的精神实质先生是认同的、理解的、充满崇敬之情的。

对经学的态度，涉及另外一个重要问题，即如何评价孔子。先生不满陈独秀、胡适、蔡元培等人“非孝废孔”的言行，坚定地维护孔子仁孝的思想学说。先生认为孔子思想是维系社会稳定的精神系统，非孔的结果最终必然导致社会的动荡："不及十年，每每大乱。"《日记》谓：

> 夫孔子生于周末，去今二千四百余年。其所论说，容有宜于古而不适于今者。且人事日新，文明日进，而谓吾华立国之道求之孔氏而足，是固拘虚之见也。虽然立国于大地，必有其所以维系人心于不敝者。孔氏于既往二千年中，为天下纲纪，足以济刑政之所不及者，实大且多。今欲有所革易，自必先立一新伦理之中心思想而后可。譬诸窭人之子今渐富矣，恶夫茅茨采椽之陋，必别营峻宇雕墙而后可徙也。若未及其庐之成，遽火其故居，则必彷徨无以安朝夕，故言废孔可也，废孔而不别图树立伦理之中心思想不可也。(《日记》第 370—371 页)

文化是一个缓慢演进的历史过程，文化的变革也应当是循序渐进的，因此先生反对文化的突变，反对激烈的文化革命。无疑，先生也认为在社会与文明不断进步的现代，厮守孔子学说，以孔子思想为立国之本，是"拘虚之见"。而他同时也认为，破坏应当以建设为前提，解构必须以建构为基础，正像我们要拆除一个旧房子，一定是以建设新房子为前提的。在新的伦理思想还不成熟的情况下，就匆匆破坏了维系中华两千年文明发展的孔子的思想大厦，势必演化为伦理的崩毁和道德的衰微。新的道德的建设必须在历史继承的基础上才能实现，没有历史渊源、没有文化继承的所谓思想创新，终究是没有基础的空中楼阁，是虚无缥缈的海市蜃楼。在阐释爱国主义思想的时候，先生以传统文化的“孝”的观念与现代爱国主义精神相嫁接，提出了“爱国自孝其亲始”“不爱其亲，而忠于国者无之”（《日记》第 372 页）的重要观点，实现了现代思想与传统道德的相互联系、相互沟通。

《日记》是零散的断续的，却呈现了先生学术与哲学思想的整体性与一贯性。对于“古史辨派”对古典文献的轻率怀疑和主观臆断，先生深表痛恶。疑古之风的弊端首先在于对待历史文献的轻率行为，“自疑古之说日昌，学者未开卷，即疑古人无是书，古人不能作是书。相率闲坐游谈而不读书，滔滔者天下皆是也”（《日记》第 522 页）。

一定程度保持对传统文化的怀疑精神并不错误，但是将怀疑当成一种理论、一种观念或一种出发点，就偏离了学术的方向，而演化成游谈无根的主观揣度。在这里，先生提倡的仍然是实事求是的科学态度，而不是对怀疑精神的否定。

另外，疑古之风的要害在于割裂了中华民族几千年的历史基础，悠久绵长的中国文化历史由于缺少了古典文献支持，而变成了近于虚无缥缈的传说：

> 今之考古史者，知人论世，于此独详。迨求之不得，

乃一概目为无稽，非特不信炎黄实有其人，且疑大禹非圆顶方趾。有史之期，断自殷周，乃不啻自促缩其历史至数千年矣。（《日记》第 368—369 页）

疑古造成的遗害至今还在影响着中国古典学术，影响着中华民族的精神自信，疑古的结果是历史虚无主义的盛行，悠久的华夏文明不得不拘束于狭小的时空里，显得贫弱而苍白。

因此先生对待历史的态度是以“释古”代替“疑古”，主张在历史文献的基础上阐释中国传统文化的深刻意蕴。先生的释古思想是在阐释经典中形成的，《日记》记载先生在课堂上，“为诸生讲《大学》毕，因纵论宋贤改经之失不可为训”，特别提出了“释经可也，改经不可也”（《日记》第 329 页）的重要观点。以对经学的阐释代替对经学的臆断，这样的思想扩充开来就是以释古代替疑古，越来越多的地下文物的发掘有力地论证了先生释古思想的进步意义。

正因为先生在经典文献的基础上对古代经典进行实事求是的科学分析，所以才在阐释传统文化思想上取得了重要成绩。这在《日记》中，多有反映。1943 年 4 月 19 日至 5 月 2 日，先生在蓝田任教时为学生讲习《中庸》，先生对自己关于《中庸》意蕴的发掘十分重视，因此不惜笔墨，六次记载了讲解《中庸》的具体内容。《中庸》是中国思想史上的重要文献，其内容涉及以孔子为代表的儒家关于社会、人生、自然、心性、道德、学习等广泛内容，先生正是通过对《中庸》的全面阐释而抒发自己的哲学思考的，换言之，对《中庸》的讲述体现着先生自己的人生与哲学思考，是先生哲学思想的重要文献。因而，《中庸》讲疏中的重要的思想是不可忽略的。先生《讲疏》的精义体现在如下几点：

第一，以“生”释“性”，因为自然生命的质朴引出后天的教化。以“耐”释“能”，将思想的阐发建立在科学考据的基础上。

第二，打通文献，以《吕氏春秋·知分》“安分”思想解释《中庸》“素其位而行”，强调在荣辱穷通之间安命顺时、从容淡定的君子胸怀。

第三，以礼释孝，分析丧礼形成的历史，强调礼是文化属性，也是自然属性。认为人类的仁爱之心，始于事亲，典章制度可以变化，而精神本质却不能变化。

第四，从分析“君臣”之义入手，分析“五伦”形成的文化意义，强调社会秩序的稳定。

第五，以道用一体为思想基础，强调“尊德性、道问学不能分做两件事看”，认为儒家思想中的广大与精微、高明与中庸其本质上都是一体的。

第六，分析“温故知新”的意义，指出“新”不仅仅是知识之“新”，而是时代之新，是“时务之新”。阐明孔子强调温故知新的意义是矫正俗儒“知古而不通今，胶柱鼓瑟不知合变”的偏狭孤陋。

在传统思想的研究中，先生是富有创新意识的，即使是寻常的历史文献，也显示出他不同常人的深刻见解，“《中庸》六论”代表着先生学术思想的成熟，从这里我们更可以看到《壮议轩日记》出版的重要学术价值。

四

《日记》的另一个意义是先生个人心志与情感的流露。先生是学者，孜孜于学术，但同时他也像普通人一样在世俗世界里生存，有普通人的喜怒哀乐。《日记》中的先生，时而志气恢宏，时而黯然神伤；时而为学术所得而喜不自禁，时而又为生计艰难而愁眉不展，这让我们在学术之外看到了一个性格饱满、感情丰富、趣味良多的学者的心灵世界。《日记》中特别感人的先生是对父母的怀念，《日记》起笔时先生的父母均已辞世多年，而每至父母忌日或是冥诞，都唤起先生无限思念之情。1943 年 1 月 9 日（农历十二月初四）《日记》载：

> 今日为先公忌日，怆然伤怀。回忆儿时，侍父读书山中，景象历历在目。椿庭弃养，忽忽十有四年；慈母见背，亦已三载。世乃有无父无母之人，鲜民之哀，曷其有极。自顷岁丁丧乱，忧患屯邅，戚戚无生人之

> 欢，每当孤灯兀坐，四顾惘惘，百愁猥集，万念都灰。而昔日侍亲时情状与吾亲所以爱我之殷切，常萦回于吾心。缅想音容，如侍其左右，至涕下不能止。（《日记》第279页）

这是先生的一则日记，也是一篇情思低回哀婉痛切的纪念文章。万籁俱寂，孤灯夜坐，先生仿佛又回到儿时侍奉父亲读书的时光，回到了慈祥的母亲身边，不由得悲从中来，泪眼婆娑。1942年12月11日《日记》记“昨夜梦侍先母于庭，诲我谆谆”（《日记》第198页），这幅慈母梦中谆谆教诲的图画，让我们感到先生对母亲的思念之深。先生对父母的深切怀念，决定了他“以孝立身”“爱国自孝亲始”等思想的形成，抽象的思想总联系着丰富的情感世界。

先生不仅纪念自己的父母，也纪念心目中的文化导师。1942年10月24日（农历九月十五日）的《日记》写道：

> 是日为朱子冥诞，心香一瓣，惟默祝而已。（《日记》第75页）

怀念朱熹的一瓣心香，不仅仅表现先生对朱熹的仰慕，更是对整个文化的尊崇，只有先生能够想到为一代理学大师举行如此庄重的一个人的纪念仪式。

《日记》中有先生青灯黄卷的苦读形象，也偶尔有一时的天姿纵逸，流露出先生性情的自然天真。《日记》记1942年11月20日先生在张汝舟处饮酒：

晡时赴张汝舟酌。汝舟奉佛持戒以蔬食宴宾，且有旨酒，余饮独多，微醺。归时，月色皎朗。与共事数人行松林中，便道访宗霍先生，畅谈至更初还院。(《日记》第151—152页)

先生勾勒的饮酒归来图，语词俭省，笔墨洗练，仿佛是一幅白描丹青，将明月松间微醺归来的意境清晰地描画出来。先生有小酌的雅好，《日记》中每每有“某君招饮，座中八九人，余饮独多，醺醺欲倒，幸不及乱”的记载。微醺之后，先生也多次有“后当戒之”的自责，但似乎也没有改正，而正因为没有改正，则更多了几分可爱、几分单纯。

先生一生耻为文人，不以文辞为然，但这并不是先生拙于文辞。恰恰相反，先生文笔凝练，风格刚毅，叙述简洁流畅，从不拖泥带水，叙事状物、写景抒情都极具特色，形成了文白兼具、雅正通脱的“舜徽体”。

先生在紧张的学术研究之余尤喜郊游，而郊游所历，一经先生记述，往往就成了魅力独具的优美散文。例如：

朝食后，高生、王生来谈时许，旋侍余往游狮子山，去此十里而近。余已月余不涉足郊野，偶步原隰，心神怡旷。便道过大麓中学，访谢德风；又至精炼学校，访徐希靖，欲挽与共登此山，皆不遇，乃与两生上至其巅。山虽不高，而岩石甚奇，树木从石罅中怒生，有大者，可数人合抱。半山有僧舍，曰隐龙庵，尤清雅，令人留连不忍去。

余徘徊移时，忆及两年前与澧阳孙海航、临澧张云门共登天门绝顶，信宿古寺中，观云海而还。其时亦值春暮，所见景物略与此同。尝于昧爽立龙头岩，以俟日出。下则悬岩万仞，余与海航、云门互相依倚，坐诵《洪范》《中庸》诸篇，生平游乐无逾于斯。自去大庸，两君亦不知萍浮何所，今登斯山，不胜怀旧伤离之感。

下山时，日已倾昳，与两生买食野店而还。（《日记》第362—363页）

如果不是从先生《日记》中摘录出来，谁会相信这是先生不经意的生活记录。先生的叙述，心绪万千而从容不迫，章法整齐而意脉婉转，从蓝田的狮子山起笔，转入对大庸天门山的回忆，现实与往昔相互辉映，状物与抒怀融为一体。以记游开始，以忆旧收篇，情感上最初是“偶步原隰，心神怡旷”的欣然自得，收篇时则是“不胜怀旧伤离”的神情黯然，形成了跌宕起伏、低回往复的艺术效果。尤其是三两青年站在张家界天门山巅朗朗诵读《洪范》《中庸》的情景，云海茫茫，长风浩荡，高山之巅，书声朗朗，如此雄阔境界给人以强烈的心灵震撼，焕发出一种积极向上的力量。读先生的游记，不由想起了柳宗元、归有光精心创作的记游记事的优美散文，先生的不经心不刻意与之有相通之妙。也正是因为这样恬淡的心境，使得整个文章表现出朴素自然生动清新的艺术效果。此外，先生尚有“兀坐浩然思乡”“围炉絮话家常”等生活场景的描述，也都意趣生动，颇耐寻味。

在修身问题上，儒家一直强调自警自省，在道德上不是外求于人，而是审视内心，厚责于己，薄责于人，因此《论语》有了“吾日三省吾身”（《学而》）、“见不贤而自省焉”（《里仁》）、“内省不疚”（《颜渊》）的谆谆告诫。《日记》中记载，在漫漫长夜里先生经常深刻地剖析自己，充满了传统儒家的自省意识。先生学贯古今，旁通四部，自然睥睨天下，心雄万丈，正因为如此，先生也自省“病根在一骄字”（《日记》第336页），先生对自己的剖析是深刻的，认真的，有时甚至是严厉的：

> 遐思近来一言一动全未检束，处处总觉有骄溢气，开口便臧否人物，最是恶道。此后宜切实自书本外，在身心上做一番功夫。老氏戒仲尼所谓“四去”者，正吾对症大药也。（《日记》第31页）

老子当初谆谆教导孔子的“去子之骄气与多欲，态色与淫志”，成了先生解剖自己疗救心灵的“大药”，先生言行举止都师法古人，自成高格，正因为有了如此深刻的心灵解剖，其学术和人格境界皆足以楷模后人，润色天地。

捧读先生《日记》，不由想起《礼记·学记》的一段话："君子之于学也，藏焉，修焉，息焉，游焉。"先生生前经常为别人题写这段警句，以激励后学。其实，这也是他自己学术与人生的写照。先生一生浸淫学术，志向于此，修养于此，起居于此，优游于此，一任风云变幻，始终不改以学术为生命的宏伟志向，兀兀穷年，终有于成，最终成就了他一代通儒和国学大师的辉煌事业。《日记》记录的虽然只是先生学术历史的一个阶段，但其中却跃动着先生与那个时代中国知识分子的身影，他们在动荡艰苦的岁月里薪火相传、担当使命，其愈挫愈奋的文化精神对我们的影响是深刻的，让我们感受到中国文化不可征服的力量。

附记：《张舜徽壮议轩日记》由国家图书馆出版社2010年11月出版，系影印本，原文未加标点，引文句读，均由笔者标点。《日记》刚出版，即承周国林师兄相赠，高怀雅谊，感戴不忘。

吾离后人近，而离今人远
——张舜徽先生及其《爱晚庐随笔》

“吾离后人近，而离今人远”是张舜徽先生（1911—1992）生前常讲的一句话。这是源于先生学术的自信，还是一种深刻的寂寞？

在学术上，先生是自信的。先生一生以通人自许，提倡通人气象，反对偏守一隅的所谓专家。对于某些人动辄以某某子弟自许，声气标榜，自立门户，先生颇不以为然。先生谓：“识字是问学的开始，但并不是目的。有些人一生厮守《说文》，慵懒自矜，其实《说文》就是汉代的《新华字典》。”先生这样说并不是轻视《说文》，先生所撰《说文解字约注》，洋洋二百余万字，是许学研究中最具代表性的成果，但先生并不愿以小学名家。先生于《旧学辑存叙目》中谓：“平生自励所以教人者，期于淹贯博通，而不限于一曲。”先生以自己艰苦卓绝的努力，实现了他的通人理想。他一生著述二十余种，八百余万言，于四部之学无不涉猎，创获良多。

在小学上，他有《广文字蒙求》《唐写本〈玉篇〉残卷校说文记》《说文解字约注》《演释名》《声论集要》《小尔雅补释》《异语疏证》等著作；在经学上，他有《郑学丛著》《毛诗故训传释例》《两戴礼记札疏》；在哲学上，有《周秦道论发微》《周秦政论类要》《敦煌古写本〈说苑〉残卷校勘记》《中论注》《世说新语注释例》；在文献学上，有《广校雠略》《汉书·艺文志通释》《四库提要叙讲疏》《清人文集别录》《清人笔记条辨》《中国文献学》《文献学论著辑要》等。而张先生于史学最为精通，其成果也最为丰富，其论著《中国古代史籍校读法》《史学三书平议》《中国史论文集》《顾亭林学记》《清代扬州学记》《劳动人民创物志》《中华人民通史》等，在史学领域里流布甚广。先生一生坎坷，尤其是解放后历经多次政治运动，但先生从不曲学阿世降志辱身，而以非凡的毅力著述不辍："如贞松之后凋，黾勉从事，不敢遐逸。即至晚暮，犹惜分阴，因自号无逸老人。"（张舜徽《八十自叙》）当今学术界学问之纯粹、学术成果之丰富、学术境界之博大，实无出其右者。有其博大者，无其丰富；有其丰富者，无其纯粹；而其雅正畅达平白自然的文笔，更是罕有人匹。曹聚仁先生在《中国学术思想史随笔》中断言："张舜徽先生的经史研究，也在钱宾四（穆）之上。"（第 287 页）而那时正值"文革"的 1970 年，先生的大部分著作还未问世。

但先生又是寂寞的，他的学问雅正纯粹，不作惊人之论，更不附庸政治，没有轰动效应，先生的影响也仅限于学术界。《爱晚庐随笔》一书仅印了七百五十册，而这部书恰恰是先生的精心之作，先生自谓："大抵频年论学论艺之语，多萃集于是编。"但这样一部博古通今、见识高远、文笔清雅的论学著述，竟只有区区几百册的印数，足见我们的时代没有完全理解这位博雅融通的文化老人。这就难怪先生要寄希望于未来，寄希望于后人对他的理解与感动。

在先生的诸多著作中，我最喜读《爱晚庐随笔》（以下简称《随笔》）。这不仅因这部书广涉四部，在历史、文学、哲学、艺术等多方面给人诸多启示，更在于这部书名曰随笔，行文更自由、更灵活、更畅达，也更具先生人格风采，让人体悟到一位文化大师敦行励学的良苦用心。但我真正读这部书时，先生已辞世多日。虽然早就领略了先生的广大博通，但读过之后，仍有望洋向若之叹。全书纵论学术，其声琅琅：“或评古人成败之得失，或品旧籍之高下良窳；或析文字，或谈训诂；或及周秦诸子，或涉历代儒林；或言养生之道，或语为文之方。”先生由古及今，出文入史，纵横捭阖，仪态万方，有如大江奔流而下，直入大海。读先生的书禁不住使我想起了顾炎武先生的《日知录》，而将《随笔》视之为中国当代的《日知录》可也。

已无从知道先生写作此书时，是否有这样的悬的，但我相信先生一定想起了顾炎武，《随笔》常常征引顾氏的话便是明证。先生一定对顾氏之学心仪不已。他专门作过《顾亭林学记》，张大其学术，人谓顾炎武开乾嘉学风，先生以为顾炎武之成就远在乾嘉诸儒之上。《日知录》以“习六艺之文，考百王之典，综当代之务”为旨归，而用这样的话来概括《随笔》也是恰当的。顾氏自信《日知录》是“上篇经术，中篇治道，下篇博闻”，而《随笔》则是经术、治道、博闻之总汇也。《随笔》分《学林脞录》《艺苑丛话》两部分。《学林脞录》论史、论经、论子、论集、论科举、论道术、论治学、论修身，读之惊怖其见识之高；而《艺苑丛话》则品书画、评工艺、论图书、谈武术，读之叹服其见闻之广。

先生论学以识为高，先生自己就气象非凡、见识超人。先生一生浸润于古典文化里，但先生博古而不泥古。他说：“儒生大病，在于尊古卑今，好发议论，不切实际。”其思想不偏执不僵化，他有深厚的传统文化功力，对于经史子集无一不精熟，仅“二十四史”就圈点三过，但先生却极富现代意识。这使我想到一个问题，中国怎样走向现代化？一提到现代化人们总想学习西方，而把传统文化视为障碍。先生不通外文，对西方哲人的著述也很少涉猎，但其眼界、见识都极富世界性与现代性，这是否意味着中国文化的博通之人本身也可以走向世界、走向现代。《随笔》中时时表现出来的卓识远见与融汇弘通，显示出传统文化走向现代的力量。

《随笔》中有“万事成于摹仿”之论，谓：

> 今人恒谓为文贵能创新，而以摹仿为病，不悟天下万事，何一非出于摹仿乎？子生三年，而后免于父母之怀，自此学言语，学饮食，学行走，凡百营为，莫不摹仿他人动作，以成为己之本能。稍长，见事多，

遇人广，则摹仿之范围愈大，而智慧愈增。人之成才，非可与世绝缘，摒除一切摹仿，而可独自树立者也。大至治国，引进他邦先进经验，非摹仿乎？小至饬躬，学习他人模范事迹，非摹仿乎？乃至书法绘画，皆必自临摹始，何独于为文而耻摹仿乎？

张先生认为，摹仿即继承，一切发明创造都是继承之后的发明创造。一无根基之发明，只能表现出无知，无知使人胆大，无知使人自诩为发明创造。孔子讲“述而不作”，述就是继承和讲述，在文化上他们更重继承、重建设。而一个时期以来，衮衮诸公皆以发明创造为己任，横空出世，放言无忌，今天批判这个，明天推翻那个，不遵守学术纪律，不讲求学术规范，但求一己之私，逞一己之智，所到之处是非文化与非文明的喧嚣。同孔子、顾炎武一样，张先生是文化的建设者。先生著述二十余种，均以述为主，立论平实，从不盛气凌人，更无强词夺理之弊，它们带给人的是生命的静气，而没有什么轰动效应。而惟其如此，才具有建设意义。先生为后人所知者，必因其建设。

先生执教六十余年，培养学生数以万计，仅他指导的博士生、硕士生就有近百名之多，但先生从不以宗师自居，自结门派。《随笔》中就有先生专设“为学不可拘守一先生之言”条，反对汉武以来各以己见为守、私私相授、各是其是、各非其非的狭陋风气，提倡“所师不专于一人，所学不专于一业”的博通气象。韩愈《师说》谓：“道之所存，师之所存也”，先生深深服膺此语，但又以其仅将“道”理解为尧、舜、禹、汤、周公、孔子、孟轲一系相传之所谓道，以为“何言之隘陋，一至如此乎？”先生认为：

> 夫道之在天地间，充乎六合，岂此数人所得而私，又岂此数人所得而尽有之乎？道之弥于六合者，存乎天地万物，则吾必以天地万物为师。天行之健也，地德之厚也，天之无私覆也，地之无私载也，日月之无私照也。天地之生物功成而不居也，云雷致雨之后而能退也，山岳之广宣而多文也，岂非吾之师模乎？以言乎物，则水之清淡而平也，竹之虚中而直也，稻麦之生生不已也，花果之累累多实也，石之坚实也，玉之温润也，虎步鹰扬之重而有威也，鸱顾熊经之自强其身也，鸿雁之能高飞以自全也，鸡犬之能各司其职也，骥之耐千里也，龟之善掩藏也，蜂蚁之能群也，慈乌之反哺也，又何一非吾之所当效法乎？世人徒知五禽之戏，为取诸物；而不知物之可为吾师者多矣。故昔贤有以师水、师竹、师雨、师石名其居者，斯即道之所存，师之所存也。吾故曰：善自得师者，在能以天地万物为师。

先生此论超越了尊重自然的一般见解，不仅要尊重自然，更要学习自然师法自然理解自然，从对自然的理解与感动中获得人生的思想启示。因此先生在师生间提倡一种自由商量平等自然的关系——“朋友即师弟也”，“愿学者果能以友为师，传学者果能以友自处，则切磋琢磨，相观而善，讲习之益，于斯为大”。先生与学生以友道相处，从不将己见强加于人。他说指导研究生也应是古代书院式的，聚集大家来读书，讲习讨论，如此而已。这与那些矫情造作盛气凌人的宗师风气表现出多么不同的气魄！

先生厚古而不薄今、通史而知用，正表现出他是一个具有现代意义的文化老人。《随笔》不惜笔墨写了张居正这样的改革家，写魏源、曾国藩、张之洞、章太炎、梁启超、左宗棠、蔡元培等近现代历史人物，对其成败得失均有高论，尤其对胡雪岩这位民族工商业者的分析，更是鞭辟入里，入木三分。先生一方面称道其经营之功，又斥责其骄奢淫逸，实乃祸败之源。这对中国当代企业家不无警诫意义。先生的目光从上古的石器、青铜，到《周易》《周礼》“二十四史”等古典文献，再到近现代历史人物，他的目光不断下移，反映出他对中国历史命运的关注，博通古今正是先生的治学气象。

先生平素不屑于辞章之学，记得先生第一次给我们上课，就引刘知几“耻以文士得名，期以述者自命”来告诫我们。先生以为诗词曲赋之类欣赏可以，但不可以托命。因我是中文系毕业，当初以为先生的见解可能是专业间的距离。而读先生《随笔》令我大吃一惊，先生竟用四卷的篇幅来品书画、评工艺、论图书、谈武术，先生不仅是史学通人，也是艺术的行家里手。先生自谓："余自少即有书画之癖，童年时摩挲家中旧藏，取以张之室壁而换易之。"传统艺术的熏陶，培养了他非凡的鉴赏力。《品书画》一卷，仅记平时亲见之书画而前人未予评论者，竟有一百二十余家，黄庭坚、马远、赵孟頫、唐寅、仇英、王守仁、徐渭、董其昌、吴伟业、朱耷、黄道周、刘墉、扬州八家、何绍基、曾国藩、左宗棠、翁同龢、沈曾植、康有为、梁启超、吴昌硕、陈衡恪、齐白石等人的书画，先生或珍藏过、或品评过、或欣赏过。至于金石鼎彝之类，先生所记，都以亲见为主。先生一生游历四方，所到之处无不探幽览胜、寻佚访旧，增加了先生的阅历，也开阔了先生的艺术眼界，先生时时告诫我们"读无字书"，即此意也。同顾炎武一样，先生有壮丽的西北游。先生在兰州大学教授多年，在那里看到的风光景物，听到的文人掌故，对先生有重要意义，《随笔》中记载了许多那里的"活材料"，用以考订文献。先生在记兰州时，与镇原老举人慕少堂为友，慕少堂告诉先生曾亲见杨贵妃手迹："大唐某年月日，玉环为三郎写经。"乃杨贵妃之真迹，先生记慕少堂看后"为之伸舌太息，舌久不能收"，用传神笔法写了传奇经历，先生断言此必敦煌室中遗物也。

先生是相信进化论的，对文化也是如此。虽然他在世时声名并不显赫，但他自信"士有真才实学终必见知于世"，"古人书有灼见者虽久湮而必章"。顾炎武在《日知录》

中对他的学生说："与君辈相处之日短，与后世人相处之日长"，先生之所云"吾离后人近，而离今人远"，当本于此。先生是自信的，他的学术必为越来越多的人所理解。

先生师法古人，一生有早起之习。《随笔》中有"早起之益"条，引魏源"清明在躬，志气如神，求道则易悟，为事则易成"以教人。先生对早起之益深信不疑，因此他"一生自少至老，未尝一日晏起。每日凌晨三时辄醒，醒则披衣即起，不稍沾恋。行之毕生，受益至大"，"自顾粗有所得，悉有赖于早起也"。华中师范大学的师生都知道，张先生是桂子山上最早迎来日出的人。但 1992 年 11 月 27 日的那个早晨，他没有按时起床。家人走进他房间的时候，发现先生已经去世了，但他的手还放在台灯上，想必他想把灯按亮，挣扎着坐起来，但未能成功。这是先生唯一一次没能早起。

夜雪孤灯读萧红

到了一月底，哈尔滨就不停地下雪，天空一直灰蒙蒙的。我住在城外的一座房子里，房子里没有电话，没有电视，也没有网络，只有满屋满架的书卷芳香四溢。窗外还没有什么建筑，一片白茫茫的雪野，楼房刚刚竣工，也没有什么人来居住，空荡荡的。入夜，雪花迷蒙，不见星月，昏黄的路灯下，偶尔有几个行人匆匆走过。一个人坐在漫漫的长夜里，灯下摊书，心境也有些迷蒙。

这里已经离呼兰城很近了，远远地可以看到呼兰城明明灭灭的灯火，只是在这寂寂的冬夜里，呼兰河也好像冻僵的生灵没有了一丝生息。万籁俱寂，一灯晶莹，无边的雪夜里，忽然想起一个人，萧红。萧红可是在呼兰河边长大的。

萧红是以小说闻名的，而我最早读到的却是她的诗。那时正在读大学，几位同学悄悄地组织了一个“春草”诗社，大概是每周活动一次，一方面相互推荐自己喜爱的诗作，品评鉴赏，所谓“奇文共欣赏”；一方面朗读自己的作品，切磋商讨，所谓“疑义相与析”。80 年代的青年都有一个文学梦，那些日子浪漫而温馨。记得就是在那段时间里，我向诗社的同学推荐了萧红用“悄吟”的笔名写的诗。

我一直喜欢“悄吟”的名字，觉得比“萧红”好，悄声地歌吟，听起来像一首诗，也像她漂泊苦难的人生，她的歌吟犹如漫漫长夜里的虫唱蛩鸣，婉转无奈而悲凉。

比名字还好的是她的诗：

去年的五月／正是我在北平吃青杏的时节／今年的五月／我生活的痛苦／真是有如青杏般的滋味。（《偶然想起》）

读这些诗句的时候也是五月，东北平原上的一切都在茁壮地生长，我们的青春也在生长。生长是快乐的，也有无名的苦涩，正如萧红笔下未熟的青杏，一种苦涩的滋味也慢慢浸入心田。

七月里长起来的野菜／八月里开花了／我伤感它们的命运／我赞叹它们的勇敢。

东京落雪了／好像看到了千里外的故乡。

当野草在人的心上长起来时／不必去铲锄／也绝铲锄不了。（《沙粒》）

有诗可读的日子是充实的，萧红的诗最喜欢写大地的景物，花开花落，草生草长，春天的小溪，秋天的枫叶，冬天的雪花，五月的青杏，八月的牵牛花，总是拨动着萧红心灵里敏感而多情的神经，也让我们的生活充满了浪漫和感伤。后来，诗社无疾而终，不为别的，文学需要梦想，我们却渐渐坠入现实；文学需要年轻，我们却渐渐长大。

依稀记得的是读诗的果园，记得平原上青草的香味，还有悄吟的名字。

萧红是以小说闻名的，而对她的小说，读过了，却记忆不深。那时候读小说，喜欢个性鲜明，喜欢情节跌宕，喜欢人物激烈的冲突，现在回想起来，当时学的一些文艺理论就是这样教我们欣赏小说、欣赏文学、欣赏艺术的。

雪夜茫茫，孤灯荧荧，此刻我离呼兰河这么近，呼兰城朦胧的轮廓就在眼前，何不找来萧红的小说，重读一次当时没能读懂也记忆模糊的《呼兰河传》？

《呼兰河传》是小说吗？茅盾先生在《呼兰河传》的序言里，已经担心别人的不理解："他们也许会说，没有贯串全书的线索，故事和人物都是零零碎碎的，都是片段的。"可是小说真的只是鲜明的人物性格，激烈的矛盾冲突，跌宕起伏的故事情节？是萧红写作不符合小说的标准，还是我们陷入了某种理解的程式？

萧红是在为一条河一座城市一群人一个时代立传的，萧红写出的不是一个人的生活，而是写出了一群人的生活，是那个时代里生活的一群人的精神面貌。没有大喜大悲的故事，没有大开大合的情节，像呼兰河一样没有连天的波浪，只是无声地平静地流过。

呼兰河是卑琐平凡的。在大地冻裂的严寒里，车夫冻裂的手，卖豆腐的冻在地上的方木盘，卖馒头老人撒落一地的馒头，嘴角冒着白气的行人，呼兰河就是在灰色的天空混沌的气象里走进人们的视野的。十字街头热闹的商家，牙医的广告，东西二道街上的学校、龙王庙、染缸房、扎彩铺，萧红不惜笔墨地有层次地在我们面前展开琐屑而单调的生活画卷，不美好，不浪漫，但实际而平凡。

呼兰河又是伟大超脱的。在实际生活之外，呼兰河的精神生活也是鲜活的生动的。跳大神，唱秧歌，放河灯，野台子戏，四月十八娘娘庙大会……一幕幕写来，仿佛是一幅幅的民俗风情画，让人想起《清明上河图》的画卷来，只是张择端笔下的东京繁花似锦，富贵祥和，而萧红笔下的呼兰风情总透着种种凄婉、种种悲凉。请神的夜晚，是"满天星光，满屋月亮，人生何如，为什么这么悲凉？"而送神的鼓声，直敲得"寡妇可以落泪，鳏夫就要起来彷徨"，作者再次感叹"人生为了什么，才有这样凄凉的夜"。

萧红的笔法是散文的富有流动感的，她写七月十五的盂兰会，呼兰河的放灯节。据说死了的灵魂不得脱生，缠绵在地狱里边是很苦的。这一天如果每个鬼托着一个河灯，就得以脱生，可能是没有灯看不见路，于是活着的人，就有了放河灯的善举，有了呼兰河边几里长的灯河：

河灯从几里路长的上流，流了很久很久才流过来了，再流了很久很久才流过去了。在这过程中，有的流到半路就灭了，有的被冲到了岸边，在岸边生了野草的地方就被挂住了。还有每当河灯一流到了下流，就有些孩子拿着竿子去抓它，有些渔船也顺手取了一两只。到后来河灯越来越稀疏了。

……

河水是寂静如常的，小风把河水皱着极细的波浪，月光在河水上边并不像在海水上边闪着一片一片的金光，而是月亮落到河底里去了。似乎那渔船上的人，伸手可以把月亮拿到船上来似的。

河的南岸，尽是柳条丛，河的北岸就是呼兰河城。

那看河灯回去的人们，也许都睡着了，不过月亮还是在河上照着。

可能是为了欣赏，写到美好处，萧红的笔调舒缓了抒情了精细了。呼兰河上壮观的灯河，演化成鬼魂超脱奔向新生奔向彼岸的生命长阵，每个灯的下面都有一个寄托，都有一个希望。而河灯流过之后，是细浪与月光相互辉映，澄明的月光，似乎可以捧在手上，放进船舱，整个呼兰河城都沐浴在月光的朗照中了。读到这里，不禁有种《春江花月夜》般的如诗如幻的感觉，今夕何夕兮！

小的时候，就唱过“拉大锯，扯大锯，姥爷（外公）门口唱大戏。接闺女，唤女婿，小外孙也要去……”的歌谣，这歌谣唱了一代又一代，我以为这只是民间对儿童韵律与节奏的训练，是一种集体无意识。而萧红笔下，野台子唱戏是一种民间节日，唱戏固然重要，而比唱戏更重要的是相聚的快乐，是生命的热闹。开戏的时候，人们穿红戴绿，呼朋引伴，吆喝声声，台下的热闹远远胜过了台上的戏剧，分不清台上是戏，还是台下是戏。看戏不过是相聚的借口，对于呼兰城里的人们来说，唱戏就意味着相聚、意味着团圆、意味着节日。正是有了这样风俗，所以那嫁了的女儿，回来娘家住，临走（回婆家）的时候，做母亲的送到大门外，摆着手还说："秋天唱戏的时候，再接你来看戏。"

坐着女儿的车子走远了，母亲还含着泪说："看戏的时候，接你回来。"

接闺女，唤女婿，唱戏寄托着女儿回乡的期盼，寄托着亲人相聚的欢快。"拉大锯，扯大锯"之类的歌谣下，凝聚着生动的生命故事。而时光流逝，渐行渐远，意味逐渐消逝，成了无意味的形式。读着萧红的小说，一段历史复活了，古老的歌谣里一代又一代的呼兰人、东北人、中国人渐渐生动起来。

呼兰河是苦难的。节日是短暂的，呼兰河畔的人生是艰难的，漫长的，于是萧红精心塑造了有二伯、小团圆媳妇、冯歪嘴子的一组形象。比起有二伯、冯歪嘴子的种种不幸，小团圆媳妇的命运更让人同情、流泪、唏嘘不已。这个"黑乎乎的，笑呵呵"的小女孩，只因为第一天来到老胡家，"一点也不知道羞，头一天来到婆家，吃饭就吃三碗"，而且十四岁（其实是十二岁）就长得那么高，也没有道理。只因为街坊们说团圆媳妇不像团圆媳妇，婆婆就要"给她一个下马威”，而这个下马威，就是“把她吊在大梁上，让她叔公公用皮鞭子抽了她几回，打得是狠着了点了，打昏过去了。可是只昏了一袋烟的功夫，就用冷水把她浇过来了。是打狠了一点，全身都打青了，也还是出了点血。可是立刻就打了鸡蛋青子给她擦上了。这孩子嘴也特别硬，我一打她，她就说她要回家……我一听就更生气。人在气头上还管得着这个那个，因此我也用烧红的烙铁烙过她的脚心”。问题还不仅仅是小团圆媳妇种种非人的遭遇，问题是胡家婆婆并不是十足的恶人，胡家也是穷苦人家，也算得上忠厚朴实；问题是婆婆认为这样对待团圆媳妇是“为她着想，不打得狠一点，她是不能够中用的”；问题是街坊四邻种种的议论，都说她不像团圆媳妇；问题是街坊四邻也不认为打团圆媳妇有什么不应该；问题还在于团圆媳妇真正病了，婆家也不惜重金求神问卜；问题还在于此时的街坊四邻也积极帮助延医问药。一切都是既定的，无奈的，找不到真正的敌人，找不到邪恶的根源。而就是这个小团圆媳妇无法理解的社会让她在那个凄冷的冬夜死去了，让她在那个寒冷的大清早被草草埋葬。

呼兰河也是快乐的，美丽的。呼兰的天空有五色迷离的火烧云，一会儿红彤彤，一会儿金灿灿，一会儿半紫半黄，一会儿半青半白；忽而变成一匹骏马，忽而变成一只苍狗，忽而像娘娘庙门前的狮子，忽而又像一只猴子，恍恍惚惚，瞬息万变。呼兰河城里有美丽的花园：

> 我家有一个大花园，这花园里蜂子、蝴蝶、蜻蜓、蚂蚱，样样都有。蝴蝶有白蝴蝶、黄蝴蝶。这种蝴蝶极小，不太好看。好看的是大红蝴蝶，满身带着金粉。
>
> 蜻蜓是金的，蚂蚱是绿的，蜂子则嗡嗡地飞着，满身绒毛，落到一朵花上，胖圆圆地就和一个小毛球似的不动了。
>
> 花园里边明晃晃的，红的红，绿的绿，新鲜漂亮。

每当有客人来哈尔滨，我经常带人到萧红故居，去看那个花园。我去过绍兴的百草园，萧红的后花园与鲁迅先生的百草园颇为相似，难怪二人精神气质上那么相通，他们都有童年生长的乐园。盛夏季节，花园里依旧火红、金黄、粉白，一派生命热闹的景象。只是那里没有了快乐而慈祥的祖父，没有了那个童心洋溢的张乃莹，“从前那后花园的主人，而今不见了。老主人死了，小主人逃荒去了”。

但是呼兰河畔的后花园，永远是萧红的精神故乡。“东京落雪了，好像看到了千里外的故乡”，宽广厚重的黑土地，幽远湛蓝的天空，纷纷扬扬的雪花，是萧红小说里的经典意象，呼兰河水是流淌在她生命与血液里的河流。

让萧红魂牵梦绕的不是一个人，而是一群人，不是一个家庭，而是整个城市，所以《呼兰河传》是有意地淡化了个人而突出了群体，是一个城市的记忆，是一个群体的悲欢，是一个时代的传记。萧红的这种小说意识，实在是大大超前了，以至于多年以后还不被理解，还让人觉得朦胧模糊。

萧红是以小说闻名的，而她的人生实在比小说还生动还凄婉。萧红的个人悲剧源于她的婚姻，从此她跟父亲决裂，跟家庭决裂，跟那个时代决裂。平心而论，为女儿找一个家道殷实有一定背景的人家，也是情理之中的事情。而萧红偏偏是一个为了理想而坚持到底的人，她为真正的爱而生活而奋斗，为了爱情，她可以选择漂泊，选择流浪，甚至选择了一次次地被欺骗、被冷落。萧红说过，“人须要为着一种理想而生活着。即使是日常生活上的很琐细的小事，也应该有理想”（罗荪《忆萧红》）。在琐细的事情上她都坚持理想，何况爱情，何况人生？她没有巨大的翅膀，却追逐高远的天空。

据说萧红、萧军的名字取意于小小红军，萧红终究没能成为红军，却成了香港浅水湾边凄然早逝的萧萧落红。萧红生于1911年的端午，那是屈原投江的日子，从悄悄歌吟到萧萧落红，萧红的一生也像屈原一样忧患而动荡，只留下了“半生尽遭白眼冷遇……身先死，不甘，不甘”的凄然长叹，只留下萧萧落红寂寞心，“留得那半部《红楼》给别人写了”，那半部《红楼》是她魂牵梦绕的《呼兰河传》第二部吗？

整整一个雪夜，重读了萧红的《呼兰河传》。放下书的时候，东方渐白。从北窗望去，远处隐约有树影，那该是萧红笔下呼兰河南岸长满柳树和榆树的地方吧，有许多鸟儿在这里筑巢。随着城市的开发，树林已经渐渐被砍伐了，零星有几棵树，偶尔有几只鸟飞过……

东风化雨昙华林

——我的导师石声淮教授

1982 年 9 月，我考入武汉华中师范学院（现华中师范大学）中文系读古代文学研究生，跟随著名学者石声淮教授学习先秦文学。9 月，东北长白山区的家乡已经是秋风萧瑟，枫叶如火；而华师的桂子山上却是满目葱绿，桂子飘香。

当时先生并不住在华师校内，而住在武昌昙华林华中村 14 号的一座砖木结构的二层小楼里。踏着木制楼梯特有的节奏，拾阶而上，便是先生的书房。小楼原是先生岳丈钱基博先生的旧居，房前屋后，梧桐掩映，绿荫如盖。钱基博先生去世后，先生一直住在这里，守着先生的旧居，也守着钱老先生未尽的学术事业。

第一次去见先生的时候，是一个午后，先生的桌前散放着一堆竹签，阳光装满书房，先生身材瘦高，脸上洋溢着灿烂的笑容。先生生于 1913 年，那一年他六十九岁。先生招了我们三位研究生，大师兄谭思健来自江西，二师兄万平来自四川，我来自吉林。一周两次课，从桂子山下来，坐车到大东门，然后徒步到昙华林，车挤人多，路途辛苦，但是每次去先生家我们都异常兴奋，因为昙华林里住着先生，先生的书房便是我们的课堂。春风细雨，润物无声，我们在昙华林度过了三年的读书时光。

经历了“文革”的十年动乱，和当时的许多知识分子一样，先生劫后余生，他本已退休，却又被重新召唤回来指导研究生，老树新枝，桑榆晚晴，先生似乎有着使不完的力量。先生刚刚入了党，还写了一首词发表在华中师范学院的校报上，整首词已经记不得了，只记得其中有一句“老子犹堪绝大漠”。这句诗出自陆游《夜泊水村》：“老子犹堪绝大漠，诸君何至泣新亭。”先生引诗入词，抒发自已虽至暮年而壮心不已横绝大漠的豪迈情怀。先生乐呵呵地说：“这里的‘老子’，可不是‘老子天下第一’的‘老子’，而是一个老人哦。”

在先秦典籍中，先生最喜欢的著作就是《周易》。孔子晚而喜《易》，读《易》韦编三绝，周游列国，竹简盈箱，一直随身携带着《周易》，到了“居则在席，行则在囊”的地步。而我看到先生的书桌上经常翻摊着线装的《周易》，旁边是演《易》的竹签。我们的第一课也是从《周易》开始的，先生以象说《易》，以为阴阳源于男女，抽象的卦象有着具体的生活原型。他说：“《颐》卦卦辞谓：‘观颐，自求口实。’颐是自求口实，你看《颐》卦的卦象作䷚，下震上艮，上下实，而中间虚，上下是唇吻，中间就是牙齿啊。再看《噬嗑》卦作䷔，卦象是下震上离，《彖》曰‘颐中有物曰噬嗑’，与《颐》之卦象中间全虚不同，《噬嗑》卦象中间有一实物，不正是颐中有物吗？”抽象的卦象经过先生的解释生动具体，多年过去了，仍然能够想起先生讲课时的情形，仍然记得他的主张和观点。他解释《鼎》卦，下巽上离，下为木，上为火，正是炊馔烹饪之象，鼎便是最早的食器。再把《鼎》卦翻过来看便是《家人》卦，上木下火，有木有火，炊烟飘飘，才是一家人。《晋》卦，下坤上离，坤为地，离为日，是日出大地之象，固有晋升之意。而把晋的卦象倒过来就是《明夷》，“明入地中”，描绘的是太阳落山的景象。先生徐徐道来，玄远高深的《周易》在先生的娓娓讲述中变得朴素而亲切，《周易》并不神秘，抽象的《周易》是从具体的生活出发的。

在给我们讲述《周易》的日子里，先生先后发表了《说〈彖传〉》（上、中、下）（《华中师院学报》1981 年第 1 期、第 2 期、第 3 期）、《说〈杂卦传〉》（《黄石师院学报》1981 年第 2 期）、《说〈损〉〈益〉》（《湖南师院学报》1983 年第 3 期）等一系列学术论文。《说〈彖传〉》分上、中、下三篇，连续在《华中师范学院学报》上发表，那时候还没有所谓国家级刊物之类的说法，著名学者的论文大都刊发在自己学校的学报上，这是先生最长的学术论文，也是最见功力的文章。先生认为《彖传》解释卦形的结构，一是用内外卦，内卦是卦的下体，外卦是卦的上体；二是用中爻，所谓“中爻”是指第二爻和第五爻，其在内外卦中的“中”与“失中”、“当位”与“失位”、“应”与“不应”具有结构意义；三是用卦变的原理。从《彖传》对《周易》的卦形结构出发，先生揭示了其蕴涵的思想原理：

第一，世界是充满矛盾的，矛盾源于不同事物的对抗。“《彖传》认为这种排斥、冲突、对抗、‘不同行’、‘不相得’构成了世界。它解释《睽》卦：‘天地睽而其事同也。男女睽而其志通也。万物睽而其事类也。’天和地是统一体‘天地’的矛盾的双方，男和女是统一体‘人类’的矛盾的双方，一切事物是统一体‘万物’的矛盾的无数方。正因为它们是矛盾的，所以能够‘同’、能够‘通’、能够‘类’。只有天而没有地（或者只有地而没有天），只有男而没有女（或者只有女而没有男），只有一物而没有万物，就不成为世界。”

第二，事物是运动的，在运动中矛盾是可以转化的，达到平衡的。先生认为：“《彖传》说‘交’‘感’‘应’是变化，是运动；说‘通’‘化生’‘兴’也是变化、运动。此外《彖传》还说‘上’‘下’，‘动’‘静’，‘行’‘止’，‘来’‘往’，‘进’‘退’等一些空间或时间的移动、数量或质量的变化等，表示运动、变化的观念。”先生特别注意到《彖传》对“消息”的阐释，“消息”是矛盾，更是矛盾之间的转化，“消”是衰退，趋向灭亡，“息”是滋长，趋向昌盛。阳和阴是矛盾的双方，阳消则阴息，阴消则阳息。

《乾》卦，六爻都是阳，处于阳的极盛。而《姤》卦，阴生于下，虽然阴比起阳来是微小的，但阴息而阳消，由《姤》卦而成《遯》卦，下面的阴增为二，由《遯》卦而阴息为《否》，阴和阳力量平衡了。阴继续息，成为《观》卦，由《观》卦阴再息为《剥》卦，只剩一个阳了。阴息阳消，《剥》的这一单独的阳也消失，成为纯阴的《坤》卦，处于阴的极盛。以下阳息阴消，由《坤》卦成《复》卦，一阳生于下。阳息由《复》卦成为《临》卦，由《临》成为《泰》卦，阳和阴势均力敌，阳继续息，成为《大壮》卦，再成为《夬》卦，只剩一个阴。阳息阴消，这个阴也消失掉，成为纯阳的《乾》卦。但运动没有停止，成《乾》卦以后，又阴息阳消，再成《姤》《观》等等。总之，在阳盛之时，阴处于劣势，阳是矛盾的主要面；但阴息阳消，阴将取代阳，成为矛盾的主要面；而阳退居次要面。反之，在阴盛之时，阴是矛盾的主要面，而阳息阴消，阳又可以上升为矛盾的主要面。

先生以联系的贯通的观点考察《周易》之间的关系，描绘出整个《周易》相互转化相互作用的运动形态，揭示出《周易》蕴含的运动逻辑和历史循环的哲学思想。

第三，事物的运动是有时间因素的。中国古代思想家特别强调时间与时机的重要意义，比起空间的转移，《彖传》的作者更注意时间的作用，《周易》多次提到“时之义大矣哉”，强调的就是时间的意义。先生指出，《大有》和《艮》两卦《彖传》说得很明白：《大有》卦《彖传》说“应乎天而时行”，《艮》卦《彖传》说“时止则止，时行则行，动静不失其时”，就是要符合自然规律（“应乎天”）而以“时”行动，动（“行”）和静（“止”）不违失“时”；和《系辞传（上）》“变通者，趣（同‘趋’）时者也”是一致的。《彖传》还说到“六位时成，时乘六龙以御天”（释《乾》）、“二簋应有时，损刚益柔有时”（释《损》）。“时”在《彖传》中的意义不可忽视。

先生经常把最新的学术成果带到课堂上来，让我们的课堂充满了新鲜感，有着浓厚的讨论和研究氛围。先生曾经发表过《关于“有亡荒阅”》的学术论文，认为周文王“有亡荒阅”的法令，是指在当时的国际间，如果有奴仆逃亡，要大事搜查，不许别国藏匿他国的逃亡人士。“亡”，逋逃的人；“荒”，大；“阅”，搜索。这一法令的制定给奴隶们逋逃制造了困难，从而保障了殷周时代各个邦国统治集团的利益，保持了一时的社会稳定，因此得到了贵族势力的拥护。而商纣王恰恰是违背了这一共同的国际公约，《尚书·牧誓》记周武王率领军队攻打到商王城郊的牧野，讨伐商纣王的罪状之一是：“乃惟四方之多罪逋逃：是崇、是长、是信、是使，是以为大夫卿士。”显然违反国际间的“有亡荒阅”的法令，引起了国际愤怒，这是商王朝灭亡的重要原因。先生特地将这一题目在课堂上讲述，并让我们也谈谈自己对“有亡荒阅”的理解。我当时写了“自将磨洗认前朝——从‘有亡荒阅’谈殷商亡国的原因”的作业，虽然以一个小材料谈历史的大问题，材料不够充分，论据也显薄弱，但还是得到了先生的鼓励，这不是因为观点的正确，先生真实的用意是引导我们学术创新的意识。

先生学术上实事求是，不尚虚言，不率意为文，不追求时尚，一生仅发表了十几篇论文，而这十几篇论文却篇篇精彩，堪为学术的经典论作。其论作通常是一个引证接着一个引证，一个材料接着一个材料，辨章学术，考镜源流，让观点在史实的叙述中呈现，而叙述中蕴含着深刻的哲学精神。《尚书·无逸》记载周公告诫周成王应该学习殷王中宗（太戊）、高宗（武丁）、祖甲（帝甲）及我周文王的榜样，要勤勉发奋，不应贪图安逸。其中说到周文王“无逸”具体表现之一，是“卑服即康工、田工”。所谓“卑服”是从事统治阶级以为的低贱的体力劳动，“田工”自然是田野劳作，而康工之“康”，郭沫若《周易之制作时代》里认为是“糠工”，即从事舂米的劳作。不过郭沫若先生认为周文王是“一位半开化民族的酋长”，生产和生活条件都十分恶劣，是简陋寒伧的，因此周文王要亲身从事艰苦的耕田和舂米的体力劳动。照郭沫若的说法，不仅周文王要亲身从事稼穑，而且也不可能创作《周易》这样伟大的思想著作。对此，石先生在《周文王“卑服即康工田工”辨》一文中，征引各种历史材料和考古成果，论证文王时代周朝已经具有高度发达的文明，文王的“康工田工”，是礼乐仪式，是表演性的、象征性的，文王时代完全能够完成《周易》这样的文化经典。先生的论述是朴素的，而其观点，现在读来，仍然有振聋发聩令人耳目一新之感。一篇《说〈损〉〈益〉》，不足八千字，却从《周易》的《损》《益》

二卦入手，沿波讨源，探索“损益”在周代思想中的原始哲学意味；然后延伸到《论语》《老子》对这一思想的不同阐释，分析儒道两家对“损益”的观念的不同理解；进而顺流而下，征引《荀子》《淮南子》《说苑》《孔子家语》等历史文献，考察损益思想的衍生流变，通过一个普通的语词的解读，阐发中国思想史的演进变化。先生的学术目光是远大的，而其论证的方法却是细微的。

一次闲谈中先生说到“敬惜字纸”，先生谓：“敬惜字纸有两个含义，一是说纸，就是节约纸张；另一个是说字，就是珍重文字，不率意为文。”先生布衣蔬食，自奉甚俭，通信的信封总是把旧信封翻过来用，是爱护纸张；而珍重文字，不率意为文，不强作解人，则是先生对文字对学术的尊重。这或许可以解释先生留存文字不多的原因，而这恰恰体现了先生的一种学术敬畏，一种学术操守，一种学术神圣。总体说来先生是一个文化保守主义者，在先生的世界中，为我们的民族和国家保住一点、守住一点什么，似乎是当下最为重要的任务。在古典文化传统消失殆尽的时代里，传承比发明更为急切，讲述比创新更有力量。人们常说“守正出新”，如果暂时不能“出新”，还不如先来“守正”。

先生在学术上是深受钱基博先生影响的。1938 年先生考入湖南国立师范学院，大学三年级的时候，因家庭贫苦无力交纳学费而提出退学申请。钱老先生知道后，让其以学生的身份担任助教，不仅使先生完成了学业，还能将长沙乡下的母亲接来赡养。后来钱老先生还将女儿许配于先生，钱老先生看重先生的不仅是才学，更是品格，是担当和责任。

关于先生与师母的相识，坊间多有不实记述。1985 年 5 月，我陪先生去湖北天门参加“竟陵派文学研讨会”，晚饭后陪先生散步，先生深情地讲述过在蓝田的那段往事。师母暑期来探望在蓝田任教的父亲，在钱老先生的书房里先生第一次见到了娴雅端庄富有书卷气的师母，先生说，那一刻我竟说不出话来。回到家里，先生与自己的母亲说起钱老先生的女儿，母亲怂恿先生说：“那你赶快向老先生求婚啊。”当先生红着脸向钱基博老先生求婚的时候，钱老先生沉吟良久说：“我并无准备，容我想想。三天以后告诉你。”三天以后，老先生说，“我同意了”。先生说，他老人家对我是大恩德啊。上课的时候，先生每每引用钱基博先生的观点，总是称呼“他老人家说”，言语之间饱含深情。先生早期教授的几位本科学生曾经回忆：

> 1957 年“大鸣大放”时，华中师范学院历史系教授钱基博老先生作为一名政协委员，给湖北省领导写了一封洋洋洒洒的万言书。当时钱基博老先生年事已高，身患重病，交付石声淮教授寄出。朋友建议不寄为好。石声淮教授拖延多日未寄。钱老先生一再催促，

声淮教授终于寄出去了。后来，钱基博老先生为此被错划为“右派”。当时，钱基博老先生病重，华中师院领导出于“人道”，未将“右派”结论告诉他本人。但是，“右派”必须接受批判，就将钱基博老先生女婿石声淮教授找去代替接受批判。钱基博老先生本人至死不知道自己是“右派”。

1957年12月3日（周二），先生在三号楼一楼阶梯教室，给1956级学生讲“课”，其内容是：

> 我的岳父钱基博老先生，于1957年11月30日（周六）逝世。钱基博老先生是知识分子；知识分子“宁鸣而死，不默而生”……石声淮教授潸然泪下，全体学子屏气凝神。（文见华中师范学院中文系1956级彭慧敏、刘百燕、左兵《怀念声淮教授》）

从湖南蓝田李园到湖北武汉的昙华林，先生追随钱基博先生二十余年，先生像一个传灯人一样，将钱基博先生的文明之火传承下来。传承钱基博先生的学术，是石先生晚年所做的一项重要工作。钱先生的《中国文学史》，就是先生与师母整理重印的。1991年我在北京中国艺术研究院，接受了编辑《中国现代学术经典——钱基博集》的任务，得到了先生许多指点和帮助。

先生讲授先秦文学，以经学为纲，以文献学为基础，以形象教学为基本方法。先生以为“六经”为先秦文学之根，经学包含着文学意蕴，先生的文学史观体现出一种以历史和哲学、经学与文学相融合的开阔的理论目光。先生不仅关注《诗经》《左传》《国语》和诸子散文以及《楚辞》等传统的文学篇章，更注意对《尚书》《周易》等经典的文学解读。先生很早启发我们关注“三礼”，不仅关注其中的典章制度，更应注意其包含的篇章结构和文学思想。先生曾布置过一篇作业，就是比较《礼记·月令》《吕氏春秋·十二纪》与《淮南子·时则训》，二十多年后我发表了《〈月令〉与中国文学的“四时结构”》的长篇论文，如果没有先生的启发引导还是很难注意这样的问题的。先生讲经学，从《汉书·艺文志》入手，提纲挈领，纲举目张，是经学史，是文学史，也是文献学史。先生善于图画，课堂上常常是寥寥几笔，就生动勾画出人物的表情和典章器物的形貌，“总角”“熨斗”“缙绅”“绶印”“崇牙”等经先生几笔勾出，便跃然纸上。在讲到《触龙言说赵太后》的时候，先生画了三个表情，描绘出赵太后从“明谓左右”的愤怒，到“色少解”的温和，再到“恣君之所使”的喜悦的表情与心理变化，十分传神。

而先生更是歌者，他乐于歌唱，他的古诗歌唱更富有感染力。先生沉浸在古典文化的世界里，每日捧读经典，朝诵夕吟，从无暇日。先生不仅对“十三经”等文献可以背诵，对经典的注疏也了然于心，唐诗先生也能背诵几千首。先生歌唱《诗经》留给了我们最深的记忆。《诗经》

三百〇五篇先生皆能歌唱，先生的歌唱不是私塾的摇头晃脑式单调乏味的吟诵，而是悠扬婉转、跌宕起伏情感真切的艺术歌唱。《黍离》的悲凉无奈、《蒹葭》的忧伤抑郁、《硕鼠》的急切冷峻、《七月》的凝重苦涩，在先生的歌唱中艺术地展现出来。诗的意蕴是潜藏在诗的音乐里的，上古诗歌不求格律，不讲平仄，原因是它是音乐的艺术。那一刻，许多语词的训诂变得没有必要，音乐的境界更能传达出诗的艺术蕴涵。不唯《诗经》，《楚辞》以及李白、杜甫的诗篇，先生也能歌唱。

先生歌唱《离骚》，最具风味。先生以四句一节，把握《离骚》结构脉络，情感随着结构的变化而起伏跌宕，把屈原缱绻抑郁无奈彷徨的心境表现得淋漓尽致。那天，窗外东风骀荡，阳光和煦，在先生深情的歌声里，泽畔行吟的屈灵均形象变得清晰起来。三十年过去了，当时情形，宛在目前。先生有歌唱的习惯，我们去昙华林拜访先生，常常是未见其人，先闻其声，他哼唱着一首首古诗，曲调悠扬，意味深长，环绕于梁间树上。听到先生歌声的人，都被诗的音乐所感染。1982 年初冬先生去黄冈参加“苏轼学术研讨会”，会上特地安排先生歌唱诗骚，代表们侧耳倾听，会场安静极了，听者无不被先生的歌声所征服。事后，来自齐齐哈尔师范学院的何凤奇老师，专门给我寄来了磁带，让我为先生的歌唱录音。我认真地给他录制了磁带，自己却没有录制，总以为和先生在一起的时间还长着呢。先生逝世后，我找人向何老师问起过录制的磁带情况，何先生说因为反复播放，磁带已经破碎。广陵散尽，先生的歌诗，遂成绝唱。

先生教书是颇为认真的。每讲一部经典，先生都要求我们写出心得；每一节课后，必有大量作业。这里记录一次讲课后先生布置的作业：

1. 将《尚书·无逸》分段。

2. 比较《乐记》与《诗大序》，谈“情动于中”的含义。

3. 关于《生民》，毛传与郑笺理解有何不同。

4. 读《论语》，结合孔子论诗，谈《诗经》与音乐的关系。

5. 背诵《诗大序》。

6. 背诵《系辞》。

先生对我们的要求也十分严格，写错一个字，重写二十遍。看到其他专业的研究生们纷纷发表论文，我们三位每天写讲稿、记笔记、写作业，不免私下里抱怨，以为耽误了论文写作和发表，现在想来实在悔愧难当。当时研究生的专业考试，通常是开卷，导师布置个题目，隔段时间学生交上去即可。而先生的考试却是闭卷，在先生家里，先生念题，我们记录，限定时间，当场交卷。别的专业研究生考试成绩都是八九十分，我们却都还不到七十五分。

而学校规定，专业课不到七十五分不能答辩，我们只好向先生求情，先生才给我们每人提了五分，算是勉强过关。有一次先生布置作业，我写了一篇关于社树崇拜的笔记，通过社树祭祀风俗的考察，提出了人类历史上存在“木器时代”的观点。先生觉得立意不错，让我将其写成一篇论文。受到先生肯定，我十分高兴。谁知道这篇论文，先生竟让我改了八次，论文上密密麻麻布满了先生批改的笔迹。后来这篇论文我与先生联合署名，以《木的祭祀与木的崇拜》为题，发表在《华中师院学报》1984 年第 4 期上，并被《光明日报》《文摘报》《中国史研究动态》等介绍。这是我最早的一篇关于古典文学研究的学术论文，那一年我还不到二十五岁，正是先生的鼓励和扶持，将我带入了学术研究的道路。

先生以学术为生命，不为潮流所动，坚守自由独立的学术品格，有着不可动摇的学术原则。某学者要从副教授评为教授，将成果寄给先生作鉴定，先生谓“这个人的学术成果连中等水平的讲师都不够，怎么能够评教授呢？”惹得人家老大不高兴。一位外地的学者想联合几位学者成立一个所谓学术研究会，写信给先生，请求先生让钱锺书出面帮助说项，并让先生“奔走呼号”。先生看不惯那些热热闹闹的学会之类和一些人的表演，回信道：“我已老迈，故不能奔走；我声音嘶哑，故不能呼号。”先生为人谦和淡泊，话语舒缓，不事张扬，但绝不是无原则的乡愿。

在一些怀念先生的文章里，石先生经常被描写成一位木讷古板的学究形象。先生确实有他不谙世事老派知识分子的一面，1949 年后他还穿着长衫，戴瓜皮帽。先生学富五车，在华师有“活字典”之称，但有段时间他不肯认简化字，将“贯彻”写成“头彻”，因为繁体“實”字下面的“贯”改成了“头”，他误以为“贯”字简化成了“头”。从文化保守主义的立场上看，其实这是一种文化立场和古典精神的坚守。事实上，先生的兴趣是广泛的，他的生活是富有情趣、富有诗意的。他会弹钢琴，通晓英语和德语，先生的讲稿我们都看不懂，因为是用英语写的。一次先生带着师母从武汉乘船去无锡探亲，船上有两个德国人，先生便用德语和他们谈话，临别时德国人说：“你再到德国，请与我们联系啊。”还留了通讯地址、电话。先生说：“我哪里去过德国啊，不过是自学的土德语啊。”说起这些，先生一面笑着，一面还颇有些自我欣赏。1983 年 4 月至 5 月间，先生去湘潭大学讲学，带我们几位研究生同行。那时我二十几岁，没大没小，有时还与先生开玩笑，先生笑着，并不介意。一次我让先生猜谜语，谜面是“闭着嘴笑”，谜底是“哈”。先生起初没猜出来，不过先生想了一下说，“哈”字的谜面应该是“接吻”啊。惹得我们几位大笑不止，觉得还是先生的谜面更贴切，更耐人寻味。先生在湘潭讲学的日子，每天晚上我们都陪先生读书至深夜，入夜，先生怕我们饿，还将别人送给他的点心和白天剩的馒头、面包之类送给我们。有时点心不够，先生就让我们划拳决定胜负，先生在一旁看着，大笑不已。

1984年我们进京访学，想去拜访钱锺书先生。不过我们有些担心，有“文化昆仑”之称的钱锺书，不见记者，不访名流，能见我们三个外省研究生吗？还是先生写了信引荐，行前先生特地将一套《谭献日记》手稿托我们带给钱锺书先生。谭献是晚清著名学者，是章太炎的老师，手稿是钱基博先生从谭献后人处购得，具有重要文献价值。钱基博先生去世后，一直保存在石先生手里。先生说：“带给默存先生吧，放在他那里比放在我这里有意义。”当我们将《谭献日记》手稿带给钱先生的时候，钱先生显得特别高兴，大声招呼杨绛先生来欣赏。那天钱先生谈话的兴致很高，讲起话来手舞足蹈，神采飞扬，一派诗人的天真本色。而通过这件事情，看出先生对学生的关心体贴和做事的周到细致。

1985年毕业后，我执意离开了华师，离开了先生，来到哈尔滨师范大学任教。行前先生殷殷嘱托，并特地写了一封信向哈师大的吴忠匡先生（曾任钱基博先生助教）推荐我，并请吴先生对我帮助关照。1996年中秋节前，我路过武汉，华师历史系的马良怀师兄陪同我一起去拜访先生，先生已经离开了昙华林，住在桂子山上儿子石定柔师兄的家里。晚年的石先生有些健忘，定柔师兄怕其走失，上班时便将先生锁在家里，隔着栅栏，我叫先生，先生叫着我的名字，并问我东北是否下雪了，那一刻我热泪盈眶，一时间说不出话来。第二年春天，就传来了先生逝世的消息。听说先生住过的昙华林旧居，现在已经改造成了“钱基博故居”，不知参观的人们是否知道那里不仅居住过一代国学大师钱基博先生，也住过我的导师——儒雅仁厚、博学多识的石声淮教授？东风细雨，杏坛教化，先生在那里住了四十多年的时光。

夜窗风雪一灯青

——忆吴忠匡教授

时间的落叶从未使记忆的森林变得荒凉，坐在哈尔滨宁静的夏夜里，我又想起了面目刚毅、诗酒风雅的吴忠匡教授。

我与吴忠匡先生相识于1985年的夏天。那年，我研究生毕业，从武汉华中师范大学来哈尔滨师范大学工作。行前导师石声淮先生郑重地修书向吴忠匡先生推介我。石声淮先生（1913—1997）是一代国学大师钱基博先生（1887—1957）的女婿，而吴忠匡先生则是钱基博先生最早的助教，两人过从甚多，从石声淮先生那里我知道哈尔滨师范大学有这样一位学养深厚而富有传奇经历的前辈学者。

与石先生一样，吴忠匡先生也一直追随着钱基博先生的步履，可以说，钱基博先生影响并决定了吴忠匡先生的一生，在吴先生身上很明显地可以看到钱基博式的思想性格和精神气质。1935年，十九岁的吴先生考入上海光华大学，那时钱基博先生正在光华大学任教，热情开朗而又充满诗人气质的吴忠匡，很快就引起钱先生的注意和欣赏。1937年日寇来犯，11月上海陷落。1938年，钱基博先生应廖世承院长之聘赴湖南蓝田国立师范学院任教，那时的吴先生刚刚二十二岁，大学还没毕业，钱先生却破格让吴先生担任其助教，一起离开上海去了湘南大山深处的蓝田国师，吴先生成了国立师范学院最年轻的教师。

间关跋涉，此去经年，吴先生一方面在国立师范学院担任钱先生的助教，一方面又在国立师范学院附属中学兼任国文教员。钱先生于深山僻壤之中，苦节卓行，博学周览，涵咏辞章，著述不辍，在抗日战争的连天烽火里坚守着传统文化的风雅精神而不懈努力。作为助教的吴先生侍奉左右，晨夕相随，帮助钱先生查找资料，誊录稿件，东风化雨，润物无声，在钱先生的引领下，这一时期吴先生登堂入室，其学问与思想境界都大为提高。1939 年 5 月，钱基博先生为国立师范学院学生编写了《国师文范》一书，特地请吴忠匡先生作序，钱先生作为名动海内的一代宿学硕儒，请一位刚刚二十几岁的青年才俊作序，足见钱先生对这位弟子的激赏。

在蓝田的日子里，又一位对其影响深远的学者钱锺书先生也走进了吴先生的世界。1939 年，钱锺书也从上海来到蓝田，任外文系主任，蓝田略显沉寂闭塞的学术气氛，由于钱锺书的到来而多了几分自由和灵动。那一年吴忠匡二十三岁，钱锺书二十九岁，年相似，道相若，两人因为诗与学问很快成为至交，常常一起读书论道，同桌进膳，抵掌而谈，诗词唱和，留下了一段最为真挚的友谊。钱锺书晚年自选的诗集《槐聚诗存》中有一首《吴亚森（忠匡）出纸索书余诗》，是专门写给吴忠匡先生的诗：

吴生好古亲风雅，翰墨淋漓乞满家。
见役吾非能事者，赏音子别会心耶。
声如蚓出诗纤弱，迹比鸦涂字侧斜。
也自千金珍敝帚，不求彩笔写簪花。

诗中钱锺书是将他引为知音的。

1988年、1989年吴先生先后在《随笔》和《中国文化》上发表了《记钱锺书先生》的文章，被钱锺书先生称作写他最“朴素客观”的文字，其中记录了其与钱锺书在蓝田时期的生活：

蓝田时期，除了和极少数极熟习的同人有往还交际而外，中书（锺书）并无外事困扰，手头的时间是充裕的。晚饭以后，三五友好，往往聚拢到一处，听中书纵谈上下古今，他才思敏捷，富有灵感，又具有非凡的记忆力和尖锐的幽默感，每到这一时刻，中书总是显得容颜焕发，光彩照人，口若悬河，滔滔不竭。当他评论某一古今人物时，不但谈论他的正面，也往往涉及他们的种种荒唐事，譬如袁才子、龚定庵、魏默深、曾涤生、李越缦、王壬秋等，他都能通过他们的遗闻轶事，表露得比他们的本来面目更为真实，更加真人相。如老吏断狱，证据出入无方。听中书的清谈，这在当时当地是一种最大的享受，我们尽情地吞噬和分享他丰富的知识。我们都好像在听音乐，他的声音有一种色泽感。契诃夫说得对："书是音符，谈话才是歌。"

蓝田的日子是清苦的，但那一时期的钱锺书和吴忠匡们却意气风发，诗书自乐，享受着学术创造的快乐。蓝田仿佛是一种精神圣地让他们回忆，1975 年吴先生在塞外的哈尔滨又想起了蓝田的岁月，想起了已经故去的老师"煌煌钱夫子"，也想起了天才挥发的钱锺书，便作五古诗《寄怀钱锺书先生》道：

吾怀锺书君，垂老愈恺悌。交期四十年，白首而不易。
忆昔湖湘游，弹指忽三纪。当时蓝田镇，人比聚星里。
煌煌钱夫子，教诲究终始。诸生皆帖然，冥心契文史。
多君飞逸兴，穷山猥玉趾。风雨比邻居，书帙同卧起。
朝兴恒共餐，夜读每抵几。馈我珠与玑，消我俗与鄙。
春秋有佳日，且住亦可喜。或眺林峦美，或临清以驶。
觞咏记西园，联翩时戾止。竹坐无杂宾，谈艺皆名理。
此情毋或忘，刻骨到没齿。吾师俄宿草，故旧半生死。
人生良苦短，世事岂足恃。太息念昔游，催心泪如随。

不过没有多久，蓝田平静而清苦的生活就被日本人的炮火打破了。1944 年，日寇大举南侵，自湘北进犯长沙，敌人前锋距蓝田不足百里。风警频传，人心动荡，学校机关纷纷避寇播迁，国立师范学院也自蓝田迁徙至溆浦。而钱基博先生义愤填膺，挺身而出，自言决不后退，甘愿以身殉道，提出做学校留守，以一介书生担负社会责任。此时在前方作战的国民党抗战将领王耀武，一方面为钱基博的临危不惧正义凛然而感佩，一方面又替钱先生的命运而担忧，特驰书钱基博，以抗击倭寇是军人职责，学人当以延续中华文化命脉为己任而劝阻。但钱基博并不为所动，坚守动心忍性以验所学。虽然后来经过雪峰山战役，我军大捷，寇退危解，但是却是钱基博先生生命中最见肝胆的一页，正是这个原因钱基博与王耀武有了往来。也因为这个机缘，1945 年 5 月，钱基博将吴忠匡推荐给王耀武做了中校秘书。吴先生当初投笔从戎，有着朴素的抗日热情，但是不久抗日战争胜利，昔日中日之间的民族矛盾转眼成为国共两党之间民族内部的冲突，而正是这个原因为他后来的悲剧命运埋下了伏笔。吴忠匡先生并没有在王耀武的部队过长时间，1947 年 8 月，他就离开部队进入齐鲁大学文学院任副教授、山东省立师范学院中文系任教授，吴先生在多次提起自己的学术转折时说："受钱老先生影响，在我的心里还是学术神圣啊。"

1949 年以后先生辗转各高校，1954 年最终来到哈尔滨师范大学任教直至寿终，吴忠匡教授在哈尔滨师大工作了近五十年的时光。此生谁料，生于上海，老于塞北，这个在上海长大的学者无论如何也不能想到自己会在哈尔滨度过半个世纪的时光。

20 世纪 50 年代以来，吴先生的人生也随着政治风云的不断变化而跌宕起伏。由于任王耀武秘书的短暂经历，吴先生先是被打成“历史反革命”，1957年又被错划成“右派”，被判刑劳改。在哈尔滨近半个世纪的历史里，先生竟然有二十多年苦难的人生。

1985年我第一次见到吴先生，他拿出一张在水田里劳作的黑白照片给我看，他头戴棉帽，神情黯然，穿着一身破旧的棉袄，腰间扎着麻绳，在寒冷的水田里艰难地扶犁。如果不是先生自己解释，无论如何都不能将照片与神采飞扬的吴先生联系在一起。不过吴先生说起这些的时候，不抱怨，不嗟叹，还不自觉地呵呵笑着，仿佛说着别人的故事。

在学术上，吴先生的兴趣是《史记》。当年在湖南期间烽火连天，仓皇撤离之际，衣物散尽，而他随身携带的只有《史记》和《管子》两种书。尽管遭受了种种不公，吴忠匡先生还是将主要精力用于《史记》的研究整理。1978年以后，先生所谓的历史问题得以纠正，他精神振奋，志在千里，开始了对《史记》注疏的全面整理工作。《史记太史公自序注说会纂》是这方面的代表作。周振甫先生认为该书“汇集自汉唐迄今的各名家之说，以订补三家旧注之不足与缺失，功力极深”。《太史公自序》祖述家世，以“昔在颛顼，命南正重以司天，北正黎以司地”开篇，但是很明显，一个人的祖先不能是两个人的。吴先生引证《国语》、《国语》韦昭注、梁玉绳《史记志疑》、崔适《史记探源》等多家史料，证明司马迁之祖不出于“南正重”，而出于“北正黎”，阐幽发微，补正三家注的不足。缪钺先生盛赞其“致力太史公书数十年，谨严精密，超越泷川资言之会注考证”。先生所作《汉军法辑补》，得钱锺书先生推重，寄函吴先生谓“大作《考军法》一篇，精审微至，有黄定海、孙瑞安之风，非惠元和、钱嘉定所及”。锺书先生以清代黄宗羲、孙诒让、惠栋、钱大昕等清代朴学的领军人物称赞其考据功力，能得到钱锺书这样的评价，吴先生心里还是高兴的。

这位 20 世纪 40 年代齐鲁大学的副教授、山东省立师范学院的教授，由于历史的原因，到了 80 年代，连他的学生们都已经是教授的时候，吴先生的职称还只是副教授，直到 1986 年才被评为教授。按规定，凡评定教授都需要写一个个人总结，望着“个人总结”四个字，吴先生感慨万千，他没有填写什么成果业绩之类，而只是写了一段内心独白：

> 这对我是一种安慰，我一直认为自己对党和人民忠诚，一直认为在自己的本职事业中勤勤恳恳，尽心尽力，做得正确。正是这一种信念使我得以忍受五七年以及十年祸乱遭到的损害和侮辱，而仍在奋勇前进。
>
> 我每天学习、研究问题，我努力写书，孜孜不倦，无昼无夜，我认为自己是一个有着很大激情的善良的诗人，本质善良，天性温厚，胸襟开阔。这样的人，是不容易在风浪中冲垮、卷走的。

回首前尘，先生并没有过多抱怨，而想到的仍然是对学术事业的追求执着。先生是以诗人自命的，他写诗行文喜欢使用“灯光”意象，如“孤灯自照”“一灯晶莹”之类。我问过先生，为什么爱用灯光意象，他说：“我倒没察觉，可能是因为我经历的夜太长，天太冷吧。”夜太长，天太冷，是吴先生这样的知识分子特殊时代的特殊人生写照。在他五十年的读书生涯里，有十多年是在战争烽火中颠沛流离，而战争结束先生又以历史问题而被管制，1957 年又被错划为“右派”，又经历了二十多年坎坷苦难的岁月。他不能读书，也不能教书，强制劳动结束后，他也只能在资料室里做资料员。塞外的冬天是寒冷的，比寒冬更寒冷的是人间的白眼和歧视；塞外的冬夜是漫长的，而比黑夜更漫长的是生活无尽的苦难和悲凉。在漫天的风雪里，有着诗人情怀的吴先生，并没有因为黑夜而消沉，而一直以昂扬向上的精神追索着光明。钱锺书写过“心事流萤光自照，才华残蜡泪将干”的诗句，深得吴先生赞赏，有响斯应，这也写出了吴先生内心深处的悲壮情感。

千古文章未尽才，英雄无数没蒿莱。正当吴先生奋力进行学术研究的时候，却由于突发脑溢血而半身瘫痪，出院后他只能用左手艰难地写字，他引用《庄子·盗跖》“禹偏枯”的典故，戏称自己如同大禹是“偏枯之人”。有一次我去家里看他，问他忙些什么，他用左手艰难地写道：“坐以待毙”。经历这次病痛，吴先生已经知道后来的人生对他意味着什么，他的学术生命似乎已经结束了，不过他并没有过多悲伤，而平静地接受了这一切，已经不再愿意谈起他的学术理想。

不过，有空的时候，他还会跟我说起他的老师钱基博，说起他们一起从上海去湖南，行前钱老先生将吴先生的父亲叫到跟前问："儿子跟我走，你放不放心？"吴先生的父亲说道："将儿子托付给先生是我们的福分啊。"最让吴先生遗憾的是钱基博 1957 年在武汉去世的时候，吴先生正在遥远的哈尔滨遭受无休止的审查、批判。说起这件事时，他万分遗憾地说道："老夫子对我恩重如山，他去世，我不在执绋之列，我对不起老师啊。"他用左手在一张纸上写出了陆游《冬夜读书示子聿》的诗句：

圣师虽远有遗经，万世犹传旧典刑。
白首自怜心未死，夜窗风雪一灯青。

钱基博先生在他的心中如同孔子一样巍然屹立，是高山仰止的圣师，是万世师法的典范，是风雪长夜里的晶莹灯光，在精神上一生追随，至死不移。当年在蓝田的时候，吴先生帮助钱先生整理过《中国文学史》，晚年的时候吴先生根据笔记先后发表过钱基博的《史记讲录》《东坡文讲录》等文字，传承钱基博先生的学术与精神成为他的一种使命。

吴先生一生嗜酒，每餐必饮酒。不过他说："诗酒风流，有诗佐酒，方能风雅啊。”他喝酒的时候，经常一面饮酒，一面读诗，有一次陪先生喝酒，见他慢慢喝着酒，也慢慢地翻着白居易的诗集，轻轻读着白居易的诗句：

赠君一法决狐疑，不用钻龟与祝蓍。
试玉要烧三日满，辨材须待七年期。
周公恐惧流言日，王莽谦恭未篡时。
向使当初身便死，一生真伪复谁知。

然后，他抬起头说：“白居易的诗好啊。”

在生死问题上，他表现得相当达观。一次不知怎么我和他说起我的两位老师——石声淮先生和张舜徽先生，两位先生去世后，一位将骨灰撒进了湘江，一位撒进了长江。吴先生沉吟了一下说：“我也托付你一件事，我死后你跟我的家里人说，将我的骨灰也撒进江里吧，撒进松花江吧。”先生逝世后，吴先生的子女们都十分悲痛，十分孝顺，我始终没敢将先生的话说出来，这样也许能给儿女们、给后人们更多一些纪念和回忆。

文学批评的思想家原则

杨公骥先生（1921—1989）是20世纪中国学术史上值得纪念的学者。而比起回忆他的生平，更重要的是纪念他的学术，研究他的学术贡献，发扬他的学术精神。把杨公骥与一般学者区分开来的是他文学批评的理论功力和他超乎众人的思想深度。

与时下一些热衷于以考据和资料自我标榜的学者不同，杨公骥似乎毫不掩饰自己对理论的兴趣，以思想家原则为学术的第一原则。他认为："社会科学研究工作者应该是追求真理的思想家。这既是最高的要求，也是最低的标准，否则就会跨行改业。因为，人而不才，即使做一个小小的思想家，甚至做一个蹩脚的思想家，也总算是个思想家，属于思想界中人。否则，如果从事社会科学思想意识之研究而又不是思想家，那就势必变成以知识谋生的知识小贩，或变成以文化牟利的文化巨商，甚至变成以'学术'趋炎附势、用学问佐奸助恶的无耻文人。立身于名利场，思维不在科学中，社会科学云乎哉？所以，是不是思想家，关系非同小可也！"（杨公骥《自传及著作简述》）在杨公骥看来，思想能力是一个文学理论研究者的基本能力，文学批评必须坚持思想家的根本原则。对于学术批评而言，思想与见识不是可有可无的，而是最重要的也是起码的条件，即使小小的蹩脚的思想家，也强于只知引经据典掉书袋子的毫无思想的冬烘先生。杨公骥提倡的思想是独立的，自主的，科学的，毫不依附的，是蕴藏于客观事物中的深刻规律，是从历史出发的实事求是的科学精神，也是毫不依傍的独立不移的人格风范。思想是学术的灵魂，是独立人格的基础。在学术界功利主义倾向越来越浓的今天，重温杨先生的论述，别有一番滋味在心头。

对一些缺少思想意义和问题意识的细琐枝蔓的考证，杨公骥表现出一丝不屑，还有一丝冷幽默。他在《从牛顿的苹果、瓦特的水壶谈到近代"纯学术"的考证学》（《文史知识》1985年第5期）一文中，辛辣地嘲讽了那些脱离问题意识、没有思想深度而"为考据而考据的"所谓创见、所谓发明。据说一个苹果落地而引发了牛顿发现万有引力定律的灵感，炉子上水壶沸腾的现象启发了瓦特发明蒸汽机的思路，而有些学者不去研究万有引力定律而热衷于考据那个落地的苹果是红苹果还是青苹果，不去思考蒸汽机的原理而耐心地寻找材料证明那个水壶是铜制的还是锡制的。按照某些学问家的考证，拿破仑身上有块牛皮顽癣，致使其在新婚夫人玛丽·路易莎面前自惭形秽，为了证明自己，自卑转为自大，他才有了振长策而御宇内征服天下的壮举；而巴尔扎克则经营不善，又赌博成癖，致使其债台高筑，为还赌债而躲进巴黎16区的老建筑里拼命进行《人间喜剧》的创作。杨公骥写道，沿用这样的方法，会推导出拿破仑肚皮上的癣疥小疾，决定了世界历史的大格局，巴尔扎克的赌债推动了法国文学的历史变化。由此而来，所谓考证成了猎奇，所谓研究成了小市民摆“龙门阵”。因此杨公骥特别强调学术研究的理论重要性，以为“文学和其他任何意识形态一样，没有自己的独立的历史，它是被社会的物质生产和物质生活所派生……只有通过对这时代的社会实践过程（历史）的全面研究，才能对这一时代的文学作深入探讨，才能逐渐得出理性认识”（《与青年同志谈如何研究中国古代文学》，《社会科学战线》1983年第1期）。从文学发展的历史事实出发，生发出对一个民族一个时代文学的理性认识，是杨公骥学术研究的努力方向，他的学术既不是今文经学的微言大义，也不是乾嘉学派的单纯考据，他的学术眼光是具有现代进步意义的。

思想家原则是杨公骥坚持的学术研究原则，也是他学术研究最有魅力的地方。学术研究中人们常犯的一个错误是，偏爱自己的研究对象，夸大研究对象的历史作用和意义。以屈原研究为例，历史上屈原确实曾支持过联齐抗秦的思想，以对付张仪之流秦楚和亲的主张。本来楚国究竟是实行“合纵”还是“连横”的政治路线，是有许多复杂的历史原因的，绝不是仅仅凭张仪的三寸不烂之舌所能左右的，也不仅仅由于楚怀王不听信屈原的劝告那样简单。但是在一些学者研究中，由于对屈原的偏爱有意无意地夸大了屈原的政治地位，夸大了屈原所能发挥的历史作用，却得出了几近荒唐的历史结论。对此杨先生不无揶揄地写道："楚怀王如果是聪明人，如果能听信屈原的话，杀掉张仪，采取联齐反秦政策，同时不入武关与秦会盟。那么，楚不仅不会灭亡，甚至可能灭秦和其他五国，完成统一大业。这就是说，如果楚怀王肯采纳屈原的意见，那么中国历史将会走另条道路，《史记》中将出现一篇《楚本纪》。"这样，一个重大的历史变化就不取决于政治、军事、经济的综合历史动因，而取决于几个谋臣、几个大夫的骗术伎俩和口舌之利，按照这样的逻辑推演，"屈原之所以失败，历史发展之所以'不幸'，是由于骗子张仪收买了财迷上官大夫作内奸，拉拢了妒妇郑袖作帮手，共同欺骗了傻瓜楚怀王。于是乎人们在欺诈、贿赂、嫉妒、愚蠢的支配下，相成相因的创造了历史，而《史记》中也便出现了《秦本纪》"。杨先生以深刻的理论目光审视战国时期的历史变化，看到了隐藏于现象背后的历史成因，不论是秦王的野心，还是楚王的妄想，不论是张仪的诡计，还是屈原的信念，都不能成为决定秦楚兴亡这一历史"事变的最终原因"，"秦的新兴、楚的衰亡并不是由于楚怀王性格上的弱点造成的；恰恰相反，正是基于秦的新经济制度的必然兴起和楚的旧经济制度的必然灭亡这一历史规律，所以才使得楚怀王才不能'福至心灵'，才使得怀王找不到避免败亡的聪明办法，才使得怀王的愚蠢'加速了'自己的失败。显然，战国时代诸国的兴亡并不是由侯王的贤愚决定的"（《杨公骥文集》)。杨先生的文学史研究固然有着丰厚的文献基础支撑，而奠定其在学术史上重要意义的还是他理论的犀利和思想的洞彻。

杨公骥是深受马克思主义理论影响的学者，但是他接受马克思主义理论不是出于一时的政治依附，而是源于深刻的理论信仰。因此他对马克思主义不是寻章摘句地泛泛引用来装点门面，也不是将马克思主义的命题作为大棒胡乱挥舞借以吓人，而是从科学和真理的角度深入研究与探索。从十七岁读《资本论》开始，杨公骥潜心研究马克思的经典著作，从而获得了思想和方法论上的启示。在他的著作中，看到的不是马克思的个别语录的征引，而是精神实质和思想方法的圆熟的运用。《考论古代黄河流域和东北亚地区居民“冬窟夏庐”的生活方式及风俗——民族民俗学学习札记之一》中，作者依据民俗、民族史料发现社会历史演变规律的学术方法，从早周时期“陶复陶穴”的建筑格局起笔，考察东北亚地区的生活习俗，进而考证原始居民“冬窟夏庐”的普遍居住方式，从而揭示出中原文化与东北文化的历史联系。此文体现着社会存在决定社会意识这一马克思主义的基本原理，在学术方法上也借鉴了恩格斯《家庭、私有制和国家的起源》论证模式，但是作者却没有一处生硬地引用马克思、恩格斯的语录，他对马克思主义理论侧重是对原理与精神的理解。

我国上古诗歌以四言二拍子结构形式为主体，例如“断竹/续竹，飞土/逐宍”“伐木/丁丁，鸟鸣/嘤嘤”等，大都是上古诗歌“二拍子”结构的经典形式。但是人们很少将其与劳动的节奏联系起来，杨先生却目光独具，认为诗歌的节奏与原始劳动的韵律是一致的。劳动动作一般是一往一来两个行动组成。以打制石器为例，举锤时用力轻而无声，下去时力重而有声响；音响发生于第二行动之尾，也就是劳动动作节奏的二拍子之尾，所以劳动诗大多是二节拍（四言）之尾押韵。（《“风”“骚”传统对后世文学形式的影响》，《文史知识》1986年第5期）在寻常的文学形式中，寻找出朴素劳动生活的深刻影响。比起一般文学史“劳动创造文学”的泛泛论述，杨先生的论述更根植于历史、根植于材料，也根植于深厚的理论修养，没有良好的马克思主义理论训练是很难有如此富有创造的学术见解的。

思想与考据并不矛盾，过人的见识，应当依据坚实的历史事实和文献基础。杨公骥写的许多学术论文都是经典的考据文章，而他的考据，也是思想家的考据，不漫无边际，不拖泥带水，有着事实清楚、逻辑谨严、辩驳有力、简洁通脱的思想家考据风格。一篇《〈商颂〉考》不足一万五千字，却将《商颂》创作时代这样一个聚讼纷纭的学术问题举重若轻地解决了，成为一篇经典的考据论文。文章首先正面列出《商颂》或作于殷商、或作于春秋宋国两种不同意见，继而用翔实的史料论证《商颂》不是宋襄公时期的作品，本来文章至此似乎已经完成，而作者却笔锋一转，波澜骤起，列出近代关于《商颂》是宋诗的二十种意见，分八个部分，一一予以批驳，显示出他的学术从容与自信，而最后以四种意见总结全篇，整个文章宛如一篇《商颂》学术研究史，叙述则层次清晰、资料翔实，论辩则逻辑谨严、要言不烦，处处闪耀着思想的灵光，成为一篇足以启示后学的经典的学术论文。

理论不是万能的，思想家的危险是很容易陷入学术的空洞和荒疏。杨先生早就意识到理论是一种方法，却不是出发点。真正的学术精神应该是建立在知识论证基础上的，思想理论应该是从文献出发，从历史出发，而不是从简单的理论概念和思想模式出发。杨先生也强调巨细无遗地占有第一手材料，对历史资料要鉴定甄别。但是传统的学术研究到此为止，不再前进。而杨先生在马克思主义的影响下，强调不仅仅是占有材料，甄别材料，而是在历史现象中寻找联系，寻找问题，这正是杨先生与旧学先生理论上不同的地方。他在《从牛顿的苹果、瓦特的水壶谈到近代“纯学术”的考证学》中说：“重要的不是停止在对材料的整理和考证上，而是要在庞多杂乱的材料之间发现其客观的内在联系，从联系中发现问题、研究问题、解决问题。所谓从材料间的客观内在联系中研究问题，意思就是不以自己的主观假设作为联系的针线，不把自己的主观臆断当成摆布材料的格局。”

真正的思想家本身应该是学问家。《中国文学》（第一分册）体现着杨公骥在学术上理论性和知识性统一、思想家与学问家并重的风格。以《中国原始文学》一章为例，这一章的正文部分三万六千多字，而注释部分则近三万字，注释与正文这种比例在其他文学史著作中是很少见的。这是杨公骥一种独特的学术表现风格，一方面是观点的流畅表达，一方面是考证的翔实清晰，正文里他纵横议论，为了不因过多引用资料而影响思想阐发的流畅，他将考据文字移至注释中，使议论建立在科学的基础上，注释是正文的补充，而又自成体系，形成了《中国文学》正文与引文两条平行而各具特色的叙述线索。

杨公骥主张的学术研究的思想家原则，对我们是有启示意义的。20 世纪 90 年代以来，曾经繁荣一时的理论研究渐渐冷落，思想的锋芒渐渐收敛，学术研究发生重要的方向性改变。从强烈的现实的使命关切，逐渐转向历史的传统考察；以乾嘉学术为代表的朴学方法，被重新诠释解读；以计算机为代表的科技手段广泛介入学术研究领域，使得材料搜集变得简单容易；学术更强调技术的规范，论证的严谨和设计路线的准确清晰。这种转向对于纠正 20 世纪 80 年代理论的躁进，具有一定的内在合理性，使得学术风气朝着沉潜务实的方向发展，但这种学术纠偏绝不能成为淡化理论、淡化思想的理由。许多场合一些人把学术的理论引导与思想阐释描写得相当不堪，一提到理论，一提及思想，仿佛就脱离了知识，脱离了考据，意味着空疏和浅薄。

一些学者热衷于所谓资料收集，一味炫学，却忽视了对史料的思想与理论的辨识。无论何种文章，必曰考曰证，好像只有如此，才是学术，才是科学。其实真正的学术失范，不仅仅是技术性的，更是思想性的、理论性的。古人以见识为学术的第一要义，缺少思想性的学术研究是根本性的失范，思想苍白的学术是不可能有影响有力量的。

技术往往会伪装成学问，在电子技术条件下轻易实现的资料罗列，并不是科学意义上的引证丰富，甚至不属于真正的阅读。一切材料都应该是经过思想过滤和理论消化的，否则那只能是一堆杂乱无章的堆积物而已，用杨公骥的话说就是："徒然的博学而形不成真识卓见，就会变成'两足书橱'，或变成依靠死背硬记囤积材料的'知识商'。"（《与青年同志谈如何研究中国古代文学》）

现代学术批评应当是有思想力量的，是应当具有批判精神的。面对丰富的历史资料，杨公骥始终保持一种警惕，以锐利的思想眼光理性地看待自己的研究对象，而不是陷入无尽的资料罗织中失去判断力而不能自拔。他说："文学遗产，只应是再生产的思想原料，是后人的认识对象和审美对象，而不应是直接'消费对象'。"（同上）无论我们怎样热爱传统，怀恋古代，都应清醒地认识到，回忆过去却不能回到过去，一切历史研究都是从现实土壤出发的，我们只能以现代精神、现代目光审视历史，审视一切古代历史遗产。目前热闹的国学研究中，有种现象值得注意，即对传统文化缺少反思缺少批判，而一味地片面地强调继承强调吸收，这相对于“五四”精神，其实是历史的退步。未经批判和反思的历史，正如未经过滤消毒的自来水一样是不能直接饮用的，因此应该倡导批判的历史与批判的国学。缺少理性反思的学术研究，常常表现出某种精神的贫血和四肢无力的症状，因此，在一段思想淡出的历程之后，我们还得重新呼唤文学批评尤其是古典文学研究的理论建设。

“鸡声茅店月，人迹板桥霜。”杨公骥等前贤们仿佛是匆匆赶路的早行者，在前面为我们留下了探索的足迹，应该有更多的后来人追随他们的脚步。

第三编　文化是以诗开篇的

文化是以诗开篇的

文化是以诗开篇的。“歌咏所兴，宜自生民之始”，原始文化是诗的文化，是歌者的乐园。意大利学者维柯在他的名著《新科学》中把古人的智慧总括为“诗性的智慧”。在他看来，古代人类的政治、经济、伦理、天文、逻辑、地理、历史，无一不是充满诗性的。而诗性智慧的核心是综合的、和谐的，体现着人与自然统一的原则。

在诗性智慧中，天空是有生命的。顾炎武在《日知录》中说：“三代以上，人人皆知天文。”需要指出的是，三代人熟知天文并不是把天空当作研究的对象，而把它当作与生命共存的世界。他们以生命的目光来打量天空。翻开古代的星象图，就会发现这是一个充满自然情趣的世界：太微端居中央，古老城垣分到左右，这里有天上的街市、有奔腾的银河、有耕种的牛郎、有纺织的织女。而在黄道附近有著名的二十八星宿，二十八星宿竟然也是四种动物，所谓东方苍龙——角亢氐房心尾箕，北方玄武（龟蛇）——斗牛女虚危室壁，西方白虎——奎娄胃昴毕觜参，南方朱雀——井鬼柳星张翼轸。二十八星宿被想象成东方腾飞的苍龙，西方威然的白虎，北方盘卧的龟蛇，南方展翅的朱雀。天空有了人的生命，生命也融入了诗性的天空，天空与人类在诗性智慧中融为一体。太阳是驾六龙出咸池的御者羲和，月亮是藏玉兔饮桂酒的寂寞嫦娥，虽然现代人对天的理解多了几分理性，多了几分科学，但却少了几分诗性，少了几分天真。

原始人类的历史是诗意的。原始人的历史不是科学的叙述而是诗性的想象。创世的女娲被描绘成炼五色石以补苍天的女神；盘古被描绘成："气成风云；声为雷霆；左眼为日；右眼为月；四肢五体，为四极五岳；血液为江河；筋脉为地里；肌肉为田土；发髭为星辰；皮毛为草木；齿骨为金石；精髓为珠玉，汗流为雨泽；身之诸虫，因风所感，化为黎甿。"盘古这位中国人心目中的开天辟地的神灵，竟然是自然的精华，大自然构筑了他的身躯与灵魂。这里我们不仅看到了人化成了自然，也看到自然化成了人。中国人的历史观也是由自然发源的。

地理是诗意的。先民们在给一个地方命名时，总忘不了用自然去象征，山峰成了燕子雄鹰，江河成了蛟龙，村庄成了李树桃花，自然就这样把自然万象沟通起来，正是因为有了这样的命名，人类的居住才充满诗意，才与大自然融会贯通。

哲学也是诗意的。原始人的哲学是原始宗教，马克思曾说，宗教是这个世界的总的理论，是它包罗万象的纲领。但必须指出原始宗教呈现着天人合一、神人合一的思想，体现着人类以一种伟大的精神力量走出蛮荒迈进文明的气魄。在莽莽苍苍的大自然中，我们听到了原始人类的歌唱。

歌是原始文化的综合表现。远古诗是视觉与听觉的综合艺术，《尚书·舜典》记：

> 诗言志，歌永言，声依永，律和声。八音克谐，无相夺伦，神人以和。夔曰："於，予击石拊石，百兽率舞。"

在中国文学史上，这是"诗言志"的首次提出。但从这里可以看出"言志"的诗不是孤立的精神现象，它一方面是"八音克谐"的音乐与"百兽率舞"的舞蹈形式的统一，一方面追求着"神人以和"的艺术境界，这就提出了人与自然融贯的艺术主张。《尚书》的另一篇《益稷》也同样记载了一个宏大的演诗场面：

> 夔曰："戛击鸣球，搏拊，琴瑟以咏。"祖考来格，虞宾在位，群后德让。下管鼗鼓，合止柷敔，笙镛以间。鸟兽跄跄，《箫韶》九成，凤皇来仪。夔曰："於，予击石拊石，百兽率舞。"

一般认为，这里的《箫韶》就是孔子闻之"三月不知肉味"的《韶》乐。海德格尔说真正的诗与诗人必须实现天地神人四元结构的统一，而这一宏大的演诗场面，正体现了天地神人四元交融的境界。这里有"戛击鸣球""琴瑟以咏"的艺术形式，有"虞宾在位，群后德让"的人格风范，有天空中"凤皇来仪"、大地上"百兽率舞"的自然空间，更有对神灵虔敬崇拜的神圣情感。在这里实现了天地神人的对话，实现了人与自然的交流，达到了天空与大地、神灵与人类的贯通。

原始的诗是娱神的。“对原始人来说，音乐并不是一种艺术，而是一种力量。通过音乐，世界才被创造出来……在原始人看来，音乐是人所获得的唯一的一点神赐的本质，使他们能通过音乐去规定礼仪的方式，把自己和神联在一起，并通过音乐去控制各种神灵。这样，整个过程被颠倒了过来，好像是在神通过音乐对人说话之后，人才通过音乐对神说话。”原始社会里音乐不是纯艺术的，它具有沟通神人联系的功能，但原始的神不是人、不是意志，而是人类对自然、对神秘力量的解释，这样音乐在与神的对话中实现了与自然的对话，从而获得一种巨大的力量。

诗性的智慧通过歌谣阐释着自然，也表现着对自然或是理解或是崇拜或是祈求的复杂感情。甲骨卜辞有这样的记载：

> 癸卯卜，今日雨。
> 其自西来雨？其自东来雨？
> 其自北来雨？其自南来雨？

雨被称为“天水”，它对原始人的生存与生活有决定性作用，因此对雨这种自然现象的关心就成为原始文化的普遍现象，对雨的祈盼也表现着原始先民朴素的自然观。

萧艾认为："殷人贞卜，具有一定的仪式，无论是祈雨祈年，抑或贞问其他国之大事，都有贞人主持，有时王还亲自参加。贞人有主卜掌，可能即卜辞上署名的人，也有陪列的若干贞人。贞卜开始行礼如仪，主卜者一面念念有词地作祈祷，一面还婆娑起舞，起舞时还操牛尾之类的神物。在主卜者领唱'今日雨'时，陪卜的贞人遂接着念：'其自西来雨''其自东来雨'……如此一唱互和，祈求之事宣告完毕，音乐、舞蹈、诗歌的表演也至此结束。"虽然这里不乏想象之辞，但总的来说是符合原始歌舞的实际的。人们祭祀着、歌唱着、舞蹈着，同时也赋予雨以一种生命的性格，雨能倾听到人们的呐喊，倾听到人们的心声，雨是富有生命的、性灵的，在这样的活动中人与自然是同在的。

人们不仅在生存中歌唱自然万物，也在歌唱自然中解释着自身的生命现象，把自身的生命现象与大自然的一棵树、一片云、一只燕子联系起来，自然万象是原始人类图腾崇拜的精神武库。黄帝族的图腾是"云"，《左传·昭公十七年》："昔者黄帝氏以云纪，故为云师而云名。"杜预注："黄帝受命有云瑞，故以云纪事，百官师长皆以云为名号。"可见黄帝氏族最早是以云为图腾的，而且以云命名其氏族及部落长官。大自然的五彩祥云竟是一种图腾，足见自然在原始人类那里是怎样的生机盎然。而殷民族把天空中翩翩飞来的燕子作为图腾来歌唱，《吕氏春秋·音初》记：

有娀氏有二佚女，为之九成之台，饮食必以鼓。帝令燕往视之，鸣若谥隘。二女爱而争搏之，覆以玉筐。少选，发而视之，燕遗二卵，北飞，遂不反。二女作歌一终曰：“燕燕往飞！”实始作为北音。

歌者的乐园就是自然的乐园。这里所描绘的鸣若谥隘的燕子就是殷商神话中的玄鸟，它奉天命而来，遗二卵而生商，这是对天的颂扬，也是对自然的颂扬。“燕燕往飞”，虽只有四字，却辞约义丰，委婉深长，表现了对遗卵生商的玄鸟（燕子）的无限依恋的深情。燕子飞去了，虔敬的人们目送那远去的燕影，发出一声悠远绵长的叹息，对生命的追怀寄寓于自然界翩翩的燕子，对生命对自然的歌颂充溢于天地之间。

师法天地

《周易》是中国诗性智慧的出发点，《周易》的智慧是以天地为象征为楷模的。《易经·系辞》讲：“《易》与天地准，故能弥纶天地之道”，《易》充溢着“生生之谓易”的生命活力，贯注在整体天地万物中，无所不在，无所不注，因此才能“与天地准”。博大宏阔的天地是《周易》智慧的最高启示物。

日月为易

“易”字是日月二字的合体，所以古人称“日月为易”。《易纬·乾坤凿度》云：

易名有四义，本日月相衡。

《说文解字》引秘书云：“日月为易，象阴阳也。”

《参同契·言不苟造章》：“日月为易，刚柔相当。”

《经典释文》：“《易》，经名也。虞翻注参同契云：‘字从日月。’”

按照汉人的理解，“易”字上为日下为月，把大自然的太阳与月亮合为一体，构成了《周易》的根本象征意蕴。

《系辞》谓：“县（悬）象著明，莫大乎日月。”《周易》是以象征为基础来阐释哲学的，而最大的象征则是高悬于天际的智慧与艺术的象征物。太阳升起时普照万物，一切都变得明丽而充满生机，而夜色渐起，月亮宁静温柔，世界因此澄澈而安详。这两个巨大的星体是如此强烈地震动着原始人类的心灵。因此原始先民那里到处是太阳和月亮的神话，到处是关于太阳和月亮的祭祀崇拜，到处是歌唱太阳和月亮的诗篇。太阳和月亮享受着人们普遍的祭祀，《礼记·祭义》谓：

郊之祭，大报天而主日，配以月。夏后氏祭其暗，殷人祭其阳，周人祭日以朝及暗。

人类祭祀着太阳与月亮，也思索着太阳与月亮。卡纳博士在《性崇拜》中说："使人惊奇诧异的，不单单是人类自己本身的产育婴儿一事而已；天地间一切有情物的作育繁生，花圃上百花万卉的绽苞吐艳，田野间满车的收获，果树上累累满枝的果实，凡此种种，都是蚩蚩的初民所无法理解的神秘。于是，随着性的眩惑发生了之后，人类便开始以惊异的心情，去根究大自然的林林总总、蠢蠢众生；尤其使人醉心究诘的，是我们称为'太阳'的那个高悬天上的发光大球体。"世界各国普遍流行着太阳崇拜的宗教信仰，但是这种崇拜不仅仅把太阳视为一个可以发光发热的普通星体。古人最初从"诗性的智慧"出发，对太阳作了人化的联想，使其充满了神秘的生命力量，于是太阳崇拜便和生命崇拜联袂而行。卡纳说：“我们走遍全世界，随处都可以见到人类顶礼膜拜的庙宇和神像；而这两种东西，一加细意考查，便都足以证明太阳神话与性的崇拜，两者在宗教仪节与法术行为上，都占有极广泛的地位。”在生命崇拜中，太阳是男性化身。赵国华在《生殖崇拜文化论略》一文中破译三足乌负日而行的花纹时指出：“在远古先民的心目中，负日飞行之乌，自然不应是两足凡乌，于是，他们进一步把象征男根的三足乌和负日飞行之乌合而为一，演化出了日即三足乌，日中有三足乌，日即金乌。”太阳神在中国神话中进一步演化成男性神伏羲。

在生殖崇拜的观念中，两性的交媾是生命的最高快乐的原则，也是世界的最终对称法则。因此，无论是人类社会还是自然世界，都普遍存在着对称的生命交合。从这一事实出发，既然太阳是男性的，那么很容易为它确立一个配偶——女性的月亮。《礼记·礼器篇》谓：

> 大明生于东，月生于西。此阴阳之分，夫妇之位也。

大明即太阳，太阳与月亮的身份，是夫妻身份，它们是以夫妇的身份昼夜运行，化生万物的。在古人观念中日为阳精，月为群阴之本。《大戴记》谓：“阳之精气曰神，阴之精气曰灵，神灵者，品物之本也。”从太阳与月亮的运行中，人们推得出阴阳两种根本的符号。

《系辞》谓“一阴一阳之谓道”。阴阳即太阳与月亮的根本性象征，《周易》的弥纶天地正是在观察太阳与月亮的运行中推演出来的。

观物取象

《周易》的基本表现方法是象，是象征。《系辞》云："是故易者，象也。象也者，像也。"而象征的武库源于天地，源于自然万物。《系辞》云：

在天成象，在地成形，变化见矣。

圣人有以见天下之赜，而拟诸其形容，象其物宜，是故谓之象。

是故法象莫大乎天地，变通莫大乎四时，县象著明，莫大乎日月。

天垂象，见吉凶，圣人象之。

古代的先哲们仰望天空，远眺大地，观四时流转，察宇宙变化，并因此而上升为哲学的表述。《周易》的哲学历史就是自然万物与人的心灵相互感应的历史。"天垂象，圣人则之"，文化的历史是人发现了自然，也是自然启示了人的心灵。象征形式的运用本身就反映了人与自然的亲情关系。自然万象不是一个被分析被研究的对象，而是思想与艺术不可分割的象征。思想的阐释总依据自然物象去指示无限。自然在先民们心中保持了一种沉默冷静，富于启示而又不可言说。《周易》哲学的神秘则来源于自然的神秘、天地的神秘。

《周易》最集中的象征就是天地的象征。“乾坤，其《易》之门耶？”已道出了灿烂的天空与大地，《乾》《坤》两卦是《周易》的门径，而这两卦又诗意地描写了天空与大地。

《乾》卦描写的是天空，而天空中最有代表意义的是星斗。因此，《乾》卦描绘的就是东方苍龙七星在天空中的变化，揭示对天的神秘的感悟理解。整理一下，《乾》卦爻辞可以这样表示：

潜龙勿用，见龙在田。

或跃在渊，飞龙在天。

亢龙有悔，见群龙无首。

龙，即苍龙七星。闻一多在《璞堂杂识》中云：“《乾卦》言龙者六（内九四‘或跃在渊’虽未明言龙，而实指龙），皆指东方苍龙之星。”《易·彖》云：“时乘六龙以御天”，六龙即天象之谓也。苍龙七星即二十八宿中的东方七宿：角、亢、氐、房、心、尾、箕。潜龙指冬天，傍晚时分，苍龙星全体处于地平线下。“见龙在田”指春分，龙角始见于地平线上。“或跃在渊”意思就是苍龙好像从地平线下的渊水里跳跃出来。“飞龙在天”，夏天之象，此时苍龙全体陈列于天上。“亢龙有悔”，乃秋天之象，这个季节亢宿刚好处于两方地平线之上，正经历着由明及暗的过程。“见群龙无首”亦指秋天，亢宿处于西方地平线之上时，角宿亦即龙的角与首部已潜入地平线之下不见。原始先民对天空的观察是如此专注而深情，这不仅因为天象的变化与耕种放牧的生产活动息息相关，更在于他们对天的崇敬，于是他们便把美丽的星斗写进了古老的哲学和艺术里，智慧由此洋溢着大自然的生机。

《坤》卦则是大地之诗。而大地最有代表意义的是秋天，因此《坤》卦便把大地写进了爻辞：

履霜，直方。
含章，括囊，黄裳。
龙战于野，其血玄黄。

这里描绘的是一个霜天寥廓的秋天景色。行人走在刚刚落霜的大地上（履霜），一眼望去，大地上坦荡无垠（直方），丰收的田野多姿多彩（含章），人们忙着把丰收的果实装进口袋（括囊），大家穿着黄色的衣衫（黄裳）。这时一个细节出现了，两条忍耐不了寒冷的蛇撕咬起来，地上流出了淋漓的鲜血。用如此简练的笔墨勾画出如此明净开阔的秋天景色，表现了人类对大地的热爱。大地不仅养育了人们的生命，也是人类智慧的源泉。因此，《周易》的作者才从天地中抽绎出伟大的思想与人格：

天行健，君子以自强不息。
地势坤，君子以厚德载物。

《周易》的作者总是强调天地的引申意义："《易》与天地准，故能弥纶天地之道。仰以观于天文，俯以察于地理，是故知幽明之故。原始反终，故知死生之说；精气为物，游魂为变，是故知鬼神之情状。与天地相似，故不违；知周乎万物，而道济天下，故不过；旁行而不流，乐天知命，故不忧。"《周易》遵循的思想原则就是在大自然中观物取象，师法天地，由其中推演出幽明、生死、智道、天命等一系列观念。

《周易》观物取象不仅在空间上师法天地，也在时间上楷模四时。春夏秋冬的自然也启示着、触动着《周易》时代的上古先民。弗雷泽说："大地外表上经历一年一度的巨大变化强烈铭刻在世世代代的人类心中，并激发人们去思索：如此宏大神奇的变化出于什么原因呢？""物色之动，心亦摇焉"，中国绝大部分地区四时变化强烈地刺激着原始人的心灵，并在他们心目中留下了精神的结构形式。《周易》是一部占卜的书，其占卜的准则就是模拟天地开辟生成的历史，模拟四时的运转，《系辞》谓：

> 大衍之数五十，其用四十有九。分而为二以象两，挂一以象三，揲之以四以象四时，归奇于扐以象闰。五岁再闰，故再扐而后挂。

在这个古老的占卜规则里面，表现出对天地生成、四时变化的模仿。天地在于一，分而为二象征着天地开辟，乾坤定立。“挂一以象三”，意味着人的出现，人的活动。而“揲之以四”即四时变化、春夏秋冬流转。四时运转是演义《周易》的最基本形式，如果说《周易》的师法天地显现的是空间广阔的话，而楷模四时昭示的则是时间的变化。《周易》开篇即谓：

乾，元亨利贞。

对于四时变化而言，元，是起始是发生是春天；亨，是发展是繁荣是夏天；利，是转折是丰收是秋天；贞，是结果是终极是冬天。

元、亨、利、贞，正是春夏秋冬四时变化在人们心中引起的强烈反应。《周易》的作者把它上升为一种道德，概括为：“天有善、美、利物、贞正四德。”《文言》谓：“元者，善之长也；亨者，嘉之会也；利者，义之和也；贞者，事之干也。”古代先哲们把四时与人伦结合为一，形成了所谓的“君子四德”，即“君子体仁足以长人，嘉会足以合礼，利物足以和义，贞固足以干事，君子行此四德者，故曰‘乾：元亨利贞。’”这样在《周易》中就形成了一个“天地—四时—人伦”浑融统一的天人合一式的思想体系。

《周易》在大自然中选择物象以象征其哲学，但大自然是无限的，因此先哲们只能选择有限的物象，在类比的原则下，指示更广泛更无穷的世界。“其称名也小，其取类也大”，即由一物而普及万物，由有限而指示无限的象征方式。《周易》卦象的基本象征是八种基本自然物象：

乾为天，坤为地，离为火，坎为水，震为雷，艮为山，兑为泽，巽为风。

这八种自然物象在引申类比的原则下，天人沟通，心物交流，形成了一个自然—人伦—社会的有机思想体系，这一体系的表示见下表：

《周易》卦象的基本象征

八卦	八种自然物	人伦	人体	动物	功能属性	时令	方位
震	雷	长男	足	龙	动、起	春	东
巽	风	长女	股	鸡	入、散	春夏之交	东南
离	火	中女	目	雉	丽、烜	夏	南
坤	地	母	腹	牛	顺、藏	夏秋之交	西南
兑	泽	少女	口	羊	说	秋	西
乾	天	父	首	马	健、刚	秋冬之交	西北
坎	水	中男	耳	豕	陷	冬	北
艮	山	少男	手	狗	止	冬春之交	东北

这里我们可以看到自然象征意义的广泛性、丰富性。八卦作为自然物是雷风火地泽天水山，但它可以引申为人伦、人体、动物，也可以引申为功能属性、时令、方位。这样《周易》便建立了以自然物象为中心，容纳着人伦、人体、地理、行为等广泛象征的哲学系统。

鲁道夫·阿恩海姆曾说："一块陡峭的岩石，一棵婀娜多姿的垂柳，落日的余晖，墙上的裂缝，飘雪的落叶，一汪清泉，甚至一条抽象的线条，一片孤立的色彩——都和人体具有同样的表现。"《周易》时代的先民们同样也把高天厚地、山岭大河、水火雷泽等作为一种象征物，与人类社会的思想智慧沟通交流。《周易》的"立象以尽意"的象征可以理解为最大限度地摆脱外在载体的羁绊，而充分利用象征所独具的启发性、暗示性，让读者全身心投入到对世界万物的体验中去。它不追求事事付诸语言文字，不讲求繁复的形式，而是化理性为感性，化繁复为简约，化一般为审美，真正达到天地之间、心物之间、神人之间的感应交流，形成浑融有机的境界。

天地之大德曰生

《周易》是从大自然中取象，自然万物旺盛的生命力极大地启示了上古人类。"生"成为《周易》的最高精神。《周易》正体现了一种生动的"万物含生"的机体主义，"生生之谓易""天地之大德曰生"是《周易》高扬的生命精神。

《易传》作者以恢宏磅礴的气度来歌唱流转于自然与人类社会之间的生命精神，展现着以生命为中心的"宇宙发生论"。天是万物的创生者，《彖》云：

> 大哉，乾元。万物资始乃统天。云行雨施，品物流行。大明终始，六位时成，时乘六龙以御天。……首出庶物，万国咸宁。
>
> 至哉，坤元。万物资生乃顺承天。坤厚载物，德合无疆。含弘光大，品物咸亨。

《易传》把天视为创生者，天具有一种雄健阳刚的生命精神。“乾元”是自然万物的发端，连自然界的“云行雨施，品物流行”都被认为充满生命活力。宇宙绝不是无生命的任意拼凑，而体现着化育一切生命的庄严目的，“首出庶物，万国咸宁”。正是从化育万物的角度乾元才可以“统天”，“天”象征充满劲道的生命原动力。

而地是天的承载者，是顺应者。大地顺应天的创生意志，肯定生命活力，这就是坤元的象征意义，即所谓“至哉，坤元。万物资生乃顺承天”。天以其雄健开创生命，而大地则以顺承丰厚滋养生命，它以其宽广笃实的品性包含着催促着万物的茁壮生长——“含弘光大，品物咸亨”。如果说天是生命的原动力，是创生者的话，那么大地则是生命的滋养者，是辅生者。

《周易》的自然界绝不是干枯僵硬的庞然大物，而是一个有生命有活力并且有充分价值和意义的无限有机体。《周易》是以生命的眼光打量自然打量世界的，因此自然便充溢着无限的生命趣味。《系辞》谓：

刚柔相摩，八卦相荡。鼓之以雷霆，润之以风雨。日月运行，一寒一暑。

在《周易》的诗意描绘中，大自然的雷鸣电闪、风雨变幻、日月迭出、寒暑往来，仿佛都体现出一种目的性，但这目的不是偶像不是理念，而是鲜活的生命，生是不受任何超越生的原则限制的最伟大的动力，所以《系辞》才说“生生之谓易”。

而人类是师法天地的合作者。《文言》谓“大人者，与天地合其德”。天地是生命的创生者与辅生者，而立于天地间的人是生的合作者，他不仅追求个人的生存，更追求天地自然雄浑博大的大生。弥纶天地、顺应自然才是人的生命原则，《系辞》谓：“天地之大德曰生”，既然天地的最高准则是生，那么人要与天地合德就是要合于生命之德。天地之德是创造，是开辟生机，并以此贯注天地充塞众生。而人作为合作者，就要去体认生命，仁爱万物，然后才能成为顶天立地，与天地贯融合一的“大人”。

在万物含生基础上，《易传》还把生命的原则推及到人类的社会发展、道德伦理。《序卦》谓：

有天地，然后万物生焉，盈天地间者唯万物。

有天地然后有万物，有万物然后有男女，有男女然后有夫妇，有夫妇然后有父子，有父子然后有君臣，有君臣然后有上下，有上下然后礼义有所错（措）。

“天地—万物—男女—夫妇—父子—君臣—上下—礼义”，在这个逻辑顺序里明显可以看出，中国哲学以自然为中心的宇宙生成，作为最本源的是自然的天地万物，由天地万物衍生出夫妇、父子、君臣的伦理关系，由伦理关系推及文明道德的礼义，世界越来越繁富，社会越来越庞杂，而其本源则是自然，是自然的生命化育。《系辞》下谓：

天地细缊，万物化醇；男女构精，万物化生。

为了更具体更切实地理解生，《系辞》的作者甚至用男女行为来比较天地的交感。生命的证生不是“抟黄土以造”，而是生命之间的交流感应。天地感应是“细缊”，男女交流是“构精”。《周易》力图告诉人们的是，自然并不陌生，自然并不外在，它是一个相互感应、相互交流、生命融贯的有机体，如同男女之间的生命行为一样，天地间也有着庄严的生命交合。

《周易》中《咸》卦是专门谈感应的。咸，就是感，代表万物交感。《彖》云：

咸，感也。柔上而刚下，二气感应以相与，……天地感，而万物化生，圣人感人心而天下和平。观其所感，而天地万物之情可见矣。

天地之间的感应化生万物，圣人观天地感应而引发心灵的感动，才能理解自然、社会、宇宙、人生的无穷奥妙，一切相感的都是吉利的、平和的。《周易·泰卦》就是天地感应，《泰》卦下为☰（乾），上为☷（坤），正象征着交流，天本在上，地本在下，而《泰》卦相互易位，正是交流感通，是天气下降、地气上腾达到交合，所以《泰·象》曰："天地交，泰。后以财成天地之道，辅相天地之宜，以左右民。"《彖》阐释得更为详尽："天地交而万物通也，上下交而其志同也。"只要此界与彼界充分感通、物我合一，就能和谐互助，化育并进，这就是"泰"。

反之"天地不交而万物不通"，就是否定，因此《否》卦的卦象是乾上坤下，天是天，地是地，彼此不交，物我分离，因此它是"否"。

交通是泰，也是永恒，交通是生命发展的永恒道理。《恒·彖》云：

> 天地之道恒久而不已也。……日月得天而能久照，四时变化而能久成，圣人久于其道，而天下化成。观其所恒，而天地万物之情可见矣。

生之所以永恒，在《易传》看来它永远是"雷风相与，巽而动，刚柔皆应"，一切都是感应，是互动，是对话，是交流，因此能达到一种生生不息的永不衰绝的恒久境地。

触类而长之

《周易》对中国古典哲学和艺术的影响是深远的。《系辞》在说到《周易》的象征原则时说："引而伸之，触类而长之"，是说《易》的象征依靠的是由一而多、由简单到复杂的引申方式，遇到同类则扩大其象征，凡触类处即可引申。这一点用以说明《周易》对中国文化的源远流长的影响也是恰如其分的。

太阳与月亮是《周易》的根本象征方式，"天地之大德曰生"是它的基本思想原则，这一点在中国哲学史上的影响是深刻的。哲学家们从太阳月亮中推导出阴阳，阴阳变化又遵循生生不已的变化准则。

《系辞》谓："一阴一阳之谓道。"而阴阳是万事万物变化的基本动力。阴阳观念的广泛普及又使中国哲学产生了"二"的境界，所谓"二"就是自然界的二元性，是宇宙万物阴阳二性的对立统一和一分为二。《易·系辞》云：

《易》有太极，是生两仪，两仪生四象，四象生八卦。

这是一个典型的"一分为二"的宇宙模式，阴阳从静止的太一境界中分离出来，于是产生裂变生生不息。《淮南子·天文训》对此进一步阐释道："道始于一，一而不生，故分而为阴阳，阴阳合而万物生，故曰：一生二，二生三，三生万物。"阴阳在抽象的思维空间里，依然体现着大自然的生命化育原则，表现出由简趋繁由少生多的过程。在中国哲学里，"一"就是大自然混混茫茫的原始状态，阴阳是被人初识的自然，它的演化规则是化生，阴阳是"二"，而“三”是四时变化，万物生焉，它体现着世界的多样性、复杂性、生动性。北宋周敦颐在《太极图》中这样描绘宇宙的生成：

无极而太极，太极动而生阳，动极而静，静而生阴，静极复动。一动一静，互为其根，分阴分阳，两仪立焉。阳变阴合，而生水火木金土，五气顺布，四时行焉。五行一阴阳也，阴阳一太极也，太极本无极也。五行之生也，各一其性。无极之真，二五之精，妙合而凝。乾道成男，坤道成女；二气交感，化生万物，万物生生，而变化无穷焉。

在这个宇宙生成图中，最基本的是自然，其宇宙观是以自然为中心的宇宙观，而这样的宇宙观在《周易》中就已形成了。

肯定生命，张扬生命的意志，以生命充塞宇宙贯注万物是中国文化的根本特点。《礼记·乐记》谓：

地气上齐，天气下降，阴阳相摩，天地相荡，鼓之以雷霆，奋之以风雨，动之以四时，煖之以日月，而百化兴焉。如此，则乐者天地之和也。化不时则不生，男女无辨则乱升，天地之情也。……著不息者，天也；著不动者，地也。一动一静者，天地之间也。……天地䜣合，阴阳相得。煦妪覆育万物，然后草木茂，区萌达，羽翼奋，角觡生，蛰虫昭苏，羽者妪伏，毛者孕鬻，胎生者不殰，而卵生者不殈，则乐之道归焉耳。

在《乐记》里，天地万物充满了旺盛的生命气息，天地交感，化生万物；雷霆变化，引动四时；日月更迭，草木荣枯，天以其动，唤醒万物，地以其静，滋养万物。在天与地的交媾中，草木繁生，云兴雨作，天地之间流动着一曲伟大的生命交响乐曲，这伟大的乐音与天地间生命的化生是同律互动的，由此中国哲学的境界与中国的艺术境界也和谐地交融于一体。

《周易》的阴阳观还把天的刚健雄浑与地的柔顺厚笃上升为两种审美境界：

大哉乾乎，刚健中正，纯粹精也。六爻发挥，旁通情也。时乘六龙，以御天也。云行雨施，天下平也。

——《乾·文言》

至哉坤元，万物资生，乃顺承天。坤厚载物，德合无疆，含弘光大，品物咸亨。

——《坤·象》

夫乾，天下之至健也。行恒易，以知险。夫坤，天下之至顺也。德行恒简，以知阻。

——《系辞》下

《易经》的作者几乎是以诗的语言、诗的激情来歌颂赞美天地的美学品格。在他们看来，天是最雄伟最广大的道，其高尚的品格是雄健，乾有坚定不移的刚健品格，有时乘六龙以御天的磅礴气势，这样中国古代文论家们便从中演绎出“大用外腓，真体内充。返虚入浑，积健为雄。具备万物，横绝太空”的审美境界，这就是雄浑，是高古，是阳刚。

而地的品格是至柔，是顺应，它以默不言说的宁静滋生万物，它有“厚德载物”的广阔胸怀，具有含弘一切的品性，中国古代文论家由此引申出“不著一字，尽得风流。语不涉己，若不堪忧。是有真宰，与之沉浮”的含蓄自然的美学境界，这就是淡泊，是婉约，是阴柔。

阳刚与阴柔是中国古典美学的两种基本风格。清代桐城文人姚鼐对此作了淋漓尽致的发挥：

> 鼐闻天地之道，阴阳刚柔而已。文者，天地之精英，而阴阳刚柔之发也。……其得于阳与刚之美者，则其文如霆、如电、如长风之出谷、如崇山峻崖、如决大川、如奔骐骥；……其得于阴与柔之美者，则其文如升初日、如清风、如云、如霞、如烟、如幽林曲涧、如沦、如漾、如珠玉之辉，如鸿鹄之鸣。……糅而偏胜可也，偏胜之极，一有一绝无，与夫刚不足为刚，柔不足为柔者，皆不可以言文。
>
> ——《复鲁絜非书》

《坤·文言》认为天地间“美在其中，而畅于四支，发于事业，美之至也”。审美不过是大自然的表现形式，不过是心灵对自然形式的感应而已。先哲们就是在对自然的感动中体会着天的雄壮与地的秀美。而抽象的审美原则竟然变成了大自然的体悟，那雷霆闪电、长风峻岭、冲决的大河、奔腾的骏马，代表着大气磅礴的英雄主义气度的阳刚之美。而朝霞清风、林泉云烟、清澈的溪水、荡漾的波纹，则象征着清风明月般的阴柔之美，而阳刚与阴柔都融进太阳的热烈与月亮的宁静的光芒之中，用汉人的话说就是：“日月为易，象阴阳也。”

瞻彼淇奥

2003年10月，我到开封参加一个“《诗经》与中原史迹学术讨论会”，会议开得相当别致，代表只七八个人，没有开幕式，没有闭幕式，甚至没有一个领导到会讲话。因为会议的中心议题是《诗经》与中原的史迹，所以大家的兴致集中于河南一带与《诗经》相关的历史遗迹。宛丘仍在，桑园依旧，溱洧河边波光粼粼，默默东流，仿佛讲述着曾有的欢乐与悲伤。会议且行且议，说古道今，令人难忘。而淇上之行，尤其让我们久久回味。

本来中原一带是一片辽阔的平原，而快到淇水的时候却突然出现了陡峭的山脉。夕阳在山，车子进入了太行山麓。茫茫平原上突然出现了光秃秃的层峦叠嶂的山脉，让我们的精神也陡然有了变化。《鹤壁日报》的姚总编辑前来迎接，在山中的一座桥上，我们的车子停下来，主人说：“看看吧，这就是淇水了。”主人说得并不经意，我们心中却顿起波澜。淇水可不是一条寻常的河流啊，稍微熟悉一点《诗经》的人，都知道这条著名的河流。它不像长江黄河那样声名显赫，却也是一条著名的文学河流，淇水没有长江黄河的奔涌豪放，却有着艺术的浪漫与婉约。大学时代的古代文学教材，几乎都选过《诗经·卫风·氓》，“送子涉淇，至于顿丘”“淇水汤汤，渐车帷裳”，淇水连同那位善良美丽的弃妇和貌似忠厚而二三其德的氓，都深深地印在记忆里了。“淇水滺滺，桧楫松舟。驾言出游，以写我忧。”（《卫风·竹竿》）心灵里流淌多年的一条文学的河流，仿佛是不经意间就出现在眼前了。虽然没有了桧楫松舟，但只要看一眼悠悠淇水，便禁不住苍茫古意油然而生。

四周的山陡峭峻拔，漫山遍野是裸露的瘦硬的山石。淇水就从太行山层层叠叠的峻石间流出，浩浩荡荡，浪花层层，声韵锵锵，流向平原，流向远方，去创造文明创造艺术去了。河水是那样的清澈，捧起来就可以喝了，当地出版的一本画册里说，这是豫北唯一没有被污染的河流。太阳有些疲惫地照在淇水上，淇河粼粼波光，透出无奈与苍凉。淇水应当是多情的，不然淇水边长大的女人都那么多情，她们也像淇水一样清澈而透明，简单到可以被人哄骗。清清的淇河水，养育了美丽的卫国女人，那位卫庄夫人以她的美丽征服了世界，“手如柔荑，肤如凝脂。领如蝤蛴，齿如瓠犀。螓首蛾眉，巧笑倩兮，美目盼兮”，这几乎成了中国人审美标准的典范。这种被卫国人歌唱的美丽是健康的自然的，不是后来病态的柔弱的。高高大大的健朗的身影，配上洁白的皮肤、手指、脖颈、牙齿、眉毛，尤其是那动人的巧笑，陶醉了无数中国人，好像美丽的维纳斯一样发出人性的照耀心灵的光芒。卫国人大概以硕大为美，不仅美丽的庄公夫人“硕人其颀，衣锦䌹衣”，《考槃》里那位考考击槃的隐者，也有着“硕人之宽”“硕人之薖”“硕人之轴”的高大俊朗的身影。联想到在离淇水不远的殷墟车马坑里那些车夫的高大的身材，那些与高大的车及马埋葬在一起的车夫们，有着接近两米的躯体。以前总以为古人的身材是矮小的，而那些高大的车夫可以让我们想到卫国这一带殷商后裔们魁伟而高大的身躯，不然《伯兮》中女主人公的丈夫，怎么会有“伯兮朅兮，邦之桀兮”的伟岸形象？正因为有了如此人才基础，才有了如此健康的审美标准。

淇水滋润的卫国女人是善良的，纯洁的，也是多情的。与人相恋，便是一往情深：“乘彼垝垣，以望复关。不见复关，泣涕涟涟。既见复关，载笑载言。”爱到深处，毫不遮掩，既不是“犹抱琵琶半遮面”，也不是身无彩凤、心有灵犀而暗通款曲，而是大胆自然，一派天真，敢哭敢笑，决不遮掩，哭时可以天昏地暗，笑时可以春风满面。与人成婚，便是刻骨相思：“自伯之东，首如飞蓬。岂无膏沐，谁适为容？”丈夫远征了，相思成疾，便也无心膏沐，以至于蓬头垢面，也在所不惜，这是怎样的深情怎样的爱恋啊？这是那些把爱挂在口上的现代人无从体会的。即使自己受到了伤害，也还不忘提醒姐妹们“于嗟鸠兮，无食桑葚。于嗟女兮，无与士耽。士之耽兮，犹可说也。女之耽兮，不可说也”。在以血泪代价换来的人生教训面前，她不仅仅是自伤自怜，而是把人生的教训及时告诉后来的姐妹。

可是，多情而善良的卫国妇女，好像并没有被人认同。

经学家们对于卫国的女性，对于淇河之滨的桑间濮上，充满了经学的偏见和误解。“桑间濮上”连同曼妙的郑风，被作为亡国之音和靡靡之音的代表作品，一直是经学家们批判的对象。《礼记》中的一段文字是颇有代表性的，《乐记》谓：“郑卫之音，乱世之音也，比于慢矣；桑间濮上之音，亡国之音也，其政散，其民流，诬上行私而不可止也。”文艺真有亡家灭国的作用吗？我试图在郑卫之风中找到可以让一个国家灭亡的证据而不得究竟，凭什么根据音乐就能得出“其政散，其民流”的论点？难道仅仅是郑卫之风里那些男欢女爱的歌唱？如果是那样就太不负责了，因为歌唱爱情就断送一个国家的前程？为什么同样是歌唱爱情，《周南》《召南》会获得那么崇高的评价？孔子甚至说“人而不为《周南》《召南》，其犹正墙面而立也与”，难道《周南》《召南》里的诗篇真符合所谓“发乎情，止乎礼仪”的标准吗？这里我们看看《周南》《召南》的两首诗歌：

遵彼汝坟，伐其条枚。未见君子，惄如调饥。
遵彼汝坟，伐其条肄。既见君子，不我遐弃。
鲂鱼赪尾，王室如燬。虽则如燬，父母孔迩。

——《周南·汝坟》

野有死麇，白茅包之。有女怀春，吉士诱之。
林有朴樕，野有死鹿。白茅纯束，有女如玉。

舒而脱脱兮，无感我帨兮，无使尨也吠。

——《召南·野有死麕》

《野有死麕》是一首著名的古老情歌，其中洋溢着生命的冲动与激情。与大自然的鲜活生动一样，这里的爱情表白也是自由浪漫的，女儿怀春，青年男子大胆引诱，两情相悦，男欢女爱，所谓告诫也只是陶醉于生命愉悦之际娇羞的提醒，一派天然，丝毫没有礼教的浸染。而《汝坟》一诗，则用了很多隐语曲折地表达性的渴望。闻一多先生考证过《汝坟》里的“惄”是性的饥渴，而“赬尾”也是以鱼喻性，表达男女之间本能的渴求。这样的诗篇出现在《周南》《召南》里，并没有经学家们指责，实在说不过去了，经学家们还帮助曲解为礼教的意味。其实，不唯《周南》《召南》，在《齐风》《陈风》里，也有许多超迈礼教精神的诗歌，像《齐风·鸡鸣》里那个懒在床上不肯上朝的男子，《陈风·东门之枌》中“不绩其麻，市也婆娑”只顾翩翩歌舞连劳动也忘了的青年男女，都可以躲过经学家们的唇枪舌剑，怎么一到了郑卫之地，就成了亡国的音乐？难道《郑风·将仲子》不更具有礼学说教的意义？而更让人不可理解的是，在《卫风》中我甚至找不到一首可以和《野有死麕》相比的大胆表白的言辞，而受到攻击的却是卫风的诗歌，难道仅仅是桑间濮上、溱洧河边真情的男女约会就成就了郑卫之风如此的罪名？

走过安阳，走过淇水，走过朝歌这些古老的文明遗址，我忽然明白了，这不正是殷商文化的故地吗？曼妙而动听的郑卫之声不就是在古老的殷商旧地、在淇水洹河边长成的吗？在淇水之滨望去，北有安阳，南有朝歌，东有商丘，这些商代著名的首都，都是发源于郑卫之地。放眼所见，在淇水与洹水流经的土地上，到处都留下了伟大的殷商文明繁荣与兴盛的遗迹。在当时中国的东方，这里曾经华屋林立，繁花似锦，车水马龙，商代的贵族们穿戴着华丽而高贵的衣裳，环佩声声，行走在街市上，一派盛世升平的景象。后母戊的青铜方鼎可以作证，"茅茨土阶""四阿重屋"的瑰丽宫殿可以作证，妇好墓里琳琅满目的玉器佩饰可以作证，小屯的甲骨文字可以作证，殷墟街市上宽阔的马路可以作证，这里曾经拥有的富丽堂皇、花团锦簇。殷商创造了城市、宫殿、青铜、文字这些令天下艳羡的文明，古老的商帝国在当时该是怎样的威风八面，独步天下？

这时周人正蜷缩在西北的周原上，虎视眈眈地看着庞大的商帝国而艳羡不已。虽然周人的历史，可以追溯到后稷时代甚至更为古老的时期，但是周人毕竟生活在中国的西北，那里是农业文明与游牧文明的交接口，周人还处于忽而农业忽而牧业的飘泊不定的时期。按照《史记·周本纪》记载，后稷之后，他的儿子不窋就"失其官而犇戎狄之间"，刚刚兴起的农业定居文明，又为游牧文明所遮掩了。直到公刘才又在豳地"复修后稷之业，务耕种，行地宜"，重新开创农业文明的新局面。在相当长的时间里，周人前进的脚步是相当缓慢的，即使到了文王祖父古公亶父时代，还仍然是“陶复陶穴，未有家室”，古公亶父率领着周人来到岐山脚下的周原，开始建立宫室，带着游牧与农业文明杂交优势的周代文明渐渐强大起来，周人一直是以农耕文明而自豪的，但是周人的农业文明里混杂着草原文明粗犷豪放的气息。

而此时东方的老大商帝国，还陶醉于日久之升平，统治阶级充分享受着文明的成果，而渐渐失去了文明创建之初的敏锐与机警。据说此时的商纣王荒淫无度，“好酒淫乐，嬖于妇人”，炮烙之刑、酒池肉林等等史书多有记载。文明的建立和财富的创造有时也是一把双刃剑，文明进程中的每一次进步都体现着人类的智慧品格与牺牲精神，使人类的物质与精神生活变得典雅而精致，而文明的日趋完善又往往瓦解创业之初所表现出的义无反顾的伟大精神，消解斗志，让人贪图安逸而无所作为。许多文明最终都是在这样的情形下走向衰落的。文明发展的程度愈高，便愈潜藏着走向衰败的危机。

应该说高度发展的商代文明已经处在这样的危险之中了，殷商城邑的楼台阁榭在让人们啧啧称奇的同时，也勾起了人们的贪婪觊觎。岐山下的周人正在窥视东方，“西伯归，乃阴修德行善，诸侯多叛纣而往归西伯。西伯滋大，纣由是稍失权重”（《史记·殷本纪》）。许多学者都把殷周变革解释成商纣王道德的堕落，我们不能否认历史发展中的道德因素，但是历史绝不仅仅取决于道德的高下，那样历史就太单调了。文王的修德行善，是有着强烈的功利目的和实用色彩的。《史记》里的那个“阴”字很说明问题，道德对于文王充其量也只是一种手段，而不是目的，否则就不会有伯夷、叔齐“以暴易暴”的感慨。但无论怎样，周人还是获胜了，道德上取得了胜利的周人终于在武王的时候取代了商王朝，纣王落得了赴火而死的结局。殷商辉煌的宫殿、古老的甲骨文都化作了洹河之滨的寂寂春草、青青禾麦。

政治的胜利并不是文化的胜利，周人取代了殷商的政治统治，却不能完全取代殷商的文明。周人对繁荣的殷商文明心理上是矛盾的：一方面使用了战败的商人的各种工匠，毕竟殷人有着悠久的文明传统，是周人暂时望尘莫及的；而另一方面多少有些心虚的周人对于殷商文明又是拒绝的、诋毁的、排斥的，一切文化的负面影响都归罪于殷商文化，郑卫之声也因了殷商的原因而备受诟病。郑、卫一带是殷商故地，最初周人把殷商后裔封在卫地，后来纣的儿子武庚禄父反叛未成，但周人一直耿耿于怀。虽然政治上换了新的主人，而殷商文化的流风余绪尚在，这一点周人是高度警惕的。可以通过政治手段消灭一个政权、一个国家，而文化却有它的相对独立性。商王朝被消灭了，而殷商文化却通过郑卫之风等文化形式潜藏下来，余音袅袅，成为周人挥之不去的梦魇。但历史毕竟是强者书写的，胜者王侯败者贼是中国一贯的传统，因此在体现周人意志的文化典籍里，以郑卫之风为代表的音乐，被描述成了靡靡之音而被大加讨伐。其实商纣王的音乐已经被描述成“靡靡之音”了，《史记·殷本纪》记载：“使师涓作新淫声，北里之舞，靡靡之乐。”郑卫之声被描述成亡国的音乐，完全是政治的产物，是政治斗争中一种文化与另一种文化的斗争需要的产物，是胜利者对失败者的歧视与偏见。历史按照胜利者的意志书写，仿佛失败王朝的文化也天然带有了失败的病毒。不过，总还有不同的声音传来，孔子的学生子贡就说：“纣之不善不如是之甚也，是以君子恶居下流。天下之恶皆归焉。”（《论语·子张》）春秋时代的子贡，已经为商纣王抱不平了，由于政治的失败，商纣王承担了一切罪名。不唯纣，殷商文化也因此受了株连，深受殷商文化浸染的郑卫音乐成为了亡国之音。但是艺术的影响往往超越政治的好恶，尽管周人在政治上不断批判郑卫之风，但是郑风、卫风的艺术影响力仍然是巨大的。马克思有一句名言“批判的武器不能代替武器的批判”，对于艺术来说，武器的批判也不能代替批判的武器。周人激烈地指责郑卫之声是亡国之声，可是仍然改变不了人们对这种音乐的雅好。《左传·昭公十六年》记晋国的韩宣子出使到郑国点名要听郑国的音乐，要求“赋不出郑志”；《左传·襄公二十九年》记吴季札观乐，“为之歌《邶》《鄘》《卫》。曰：‘美哉渊乎！忧而不困者也。吾闻卫康叔、武公之德如是，是其《卫风》乎！’”来自东南的吴国公子，没有多少周人的文化偏见，对卫风的评价倒有几分公允；直到战国时期的魏文侯还说“吾端冕而听古乐则唯恐卧，听郑卫之音则不知倦”，以君主之尊，掩饰不了对郑卫之音的喜爱，足见其动人的艺术魅力。

殷商政治上失败了，只留下几曲卫地的诗歌和郑国的音乐，人们欣赏着它的艺术却谩骂它的精神，因为郑卫之声毕竟属于前朝遗曲，属于战败国的文化的残留。

淇水边上，有一桑园。暮霭渐沉，桑园显得宁静而庄重，这里的一个村庄叫桑园村。一个农民导游，饶有兴致地讲述所谓“氓”与桑园女恋爱的故事。说那“氓”，在当地叫作“闷儿”，是一种看起来老实却有心计的人。其实没有必要了，那首著名的《桑中》诗，不是更有韵致吗？

爰采唐矣，沬之乡矣。云谁之思，美孟姜矣。期我乎桑中，要我乎上宫，送我乎淇之上矣。

爰采麦矣，沬之北矣。云谁之思，美孟弋矣。期我乎桑中，要我乎上宫，送我乎淇之上矣。

爰采葑矣，沬之东矣。云谁之思，美孟庸矣。期我乎桑中，要我乎上宫，送我乎淇之上矣。

寂寂桑中，巍巍上宫，悠悠淇水，到处有爱的故事，涂抹着浓重的相思相恋，寄托着美好爱情的向往，这里反映的不是一个人的故事，而是一群人的故事。我们祖先的爱恋风情万种，瑰丽多姿，充满诗意，一点也不比现代人逊色，这不比编造并不高明的故事更有意境吗？以农耕文明为主的中国文化中，“桑园”这个词潜藏着许多情与爱的意味。法国有位汉学家桀溺，专门写过一篇叫作《牧女与蚕娘》的长篇论文，大意是说，游牧民族爱情故事的主角是牧女，空间是草原牧场，而农耕民族的爱情主角是蚕娘，空间是桑间田上。《诗经》中还有许多以桑中为舞台歌颂爱情的诗篇，像“隰桑有阿，其叶有难。既见君子，其乐如何！”（《小雅·隰桑》）、“彼汾一方，言采其桑。彼其之子，美如英。美如英，殊异乎公行。”（《魏风·汾沮洳》）所以《左传·成公四年》称申公巫臣与夏姬的爱恋就是“桑中之喜”。屈原《天问》中追问：“焉得彼涂山女，而通之于台桑？”桑间当是大禹与涂山女相恋的地方，桑林曾是殷人的祭祀之地，伊尹、孔子等的出生也多与桑林相关，古老的桑园有太多的爱情和生命的故事，以至于成为一个爱的隐语。其实说来也不奇怪，有了桑间劳作，有了采桑的蚕娘，古老的桑园自然多了几分风流。淇水之滨，也还应该有茂密的竹子啊，卫人把竹子比喻成令人思恋的君子：

> 瞻彼淇奥，绿竹猗猗。有匪君子，如切如磋，如琢如磨。瑟兮僩兮，赫兮咺兮，有匪君子，终不可谖兮。
>
> ——《卫风·淇奥》

玉一般纯洁光明坦荡的君子，就像青青翠竹一样令人难以忘怀。可是，如今的淇水之滨，已经不见有翠竹生长，只留下诗人无尽的相思。

暝色已浓，淇水悠悠，但闻水声，不见水流，淇水连同寂寂的桑园掩盖于无边的夜色里，有种莫名的愁绪涌上心头。

至于顿丘

每次来到河南，总会想起一个地方，这就是顿丘。对顿丘的向往，源于《诗经·卫风·氓》中那个著名的诗句："送子涉淇，至于顿丘。"《氓》被选进过高中教材，也是各类《大学语文》《中国文学史》《中国文学作品选》等选取的经典篇目，可以说这是受过高中以上教育的现代中国人大都熟悉的诗篇。《诗经》中那个纯情的卫国少女在付出一片深情之后而被遗弃的命运，曾经无数次打动过中国知识阶层的心灵。"送子涉淇，至于顿丘"，热恋中的卫国少女不辞路远，而将心爱的恋人送过了淇水，来到了顿丘，每看到此，常常发问，顿丘何在？痴情少女钟情的蚩蚩之氓，是顿丘人吗？

2008年7月去河南鹤壁参加"鹤壁与淇水文明讨论会"。会散了，代表们纷纷离开，而我坐的返程列车却是晚上的。还有一个白天的时间，何不趁机寻找那个叫顿丘的地方？于是便约了几位与会的朋友一起去寻访《诗经》里的"顿丘"。河南有两个顿丘，一个是汉所置顿丘县，三国曹操还做过顿丘令，在今河南清丰县，属濮阳；一个是《诗经》中的春秋卫邑顿丘，即《诗经》的"顿丘"，在今河南省浚县，属鹤壁。清代嘉庆年间编撰的《浚县志·古迹》云："顿丘有二：一在黄河故渎之东，后魏景明年间置，今清丰县西南二十五里有顿丘城是也；一为古顿丘城，在浚县境之古顿丘城，即《水经》之顿丘也。”《诗经》的顿丘，是属于古顿丘城的。《诗经》的顿丘，紧邻淇水，显然不是河南清丰的顿丘。《氓》中的女主人公住在卫国国都朝歌，无论她怎样痴情都不可能越过黄河而将“氓”送到百里之外的濮阳城西的。《诗经》中的顿丘，应当就在淇水河畔，就在离朝歌（今淇县朝歌镇）不远的地方，即《水经》的顿丘，是属于古顿丘城的。

《中国历史地名大词典・下》记：“顿丘，一作敦丘。春秋卫邑。在今河南浚县西。《诗经・卫风・氓》：‘送子涉淇，至于顿丘。’”（第 2110 页，中国社会科学出版社 2005 年版）可是“浚县西”实在还是一个范围宽广的地域，还是语焉不详。倒是当地一位对淇河文化感兴趣的王革勋先生的一篇《千古文明话淇河》的论文，说出了准确的方位：“浚县蒋村的顿丘城，位于古淇水南岸，以《诗经》‘送子涉淇，至于顿丘’而名扬中华数千年，是齐、晋、赵、卫的交通重镇。”（《淇河文化资料汇编》，内部资料）虽然标注已经明确了，但寻访顿丘还是颇费周折。

带我们去的司机，就是浚县人，自然熟悉这里的地理。而当我们曲曲折折找到蒋村的时候，村民却告诉我们这里是大蒋村，真正的蒋村在屯子镇，当地人叫小蒋村。之所以有大小之别，是因为小蒋村人是从大蒋村迁移而来。沿着宽阔的乡间柏油路，车子走了不到十公里，就到了屯子镇，我们把屯子读成 tunzi，而当地人古音犹存，读得重，称为 dunzi。镇里人告诉我们，只前行二三里就是蒋村了。

可是到了蒋村，并没有人知道有顿丘城的存在。我们以为知道顿丘的人，应该是当地的老人，于是问遍了路边乘凉的六七十岁以上的老人，但老人都说根本没听说过有什么顿丘城在。连村委会我们也去过了，还是没有人知道。这让我很着急，会上发的资料里明明写着顿丘城就在蒋村，为什么当地人一点都不知道呢？为了平稳一下自己的情绪，我甚至和路边的老人开起了玩笑："你这村里有个叫氓的人吗？"老人认真地追问："氓？啥样个人？姓个啥？""爱笑，蚩蚩地笑。不知道姓啥，活着的话，已经好几千年了。""几千年了，那往哪知道啊？"老人浓重的河南乡下话，诚恳而动听。

在村外一个尘土飞扬的土路上，遇到了一位骑摩托车的青年，倒是这位青年说得清楚，他指着一片绿油油的田野说："从屯子镇到蒋村这一带都是顿丘，没啥看头了，啥也没有了。"

当我们重新返回蒋村时，路边一位做手工的妇女说："恁不是找顿丘吗？我家老头知道。他刚从田里回来。"热情的大嫂还找来了她的丈夫——蒋廷保，一位五十五岁的农家大哥。蒋大哥迟疑了一阵后，还是把我们带到了村西边二百米的一片田地上，他指着一片茂盛的庄稼地说："这就是顿丘遗址，地里尽是砖头瓦块。"功夫不负有心人，顿丘终于找到了。

顿丘遗址位于善化山下，放眼望去，沃野十里，满目葱翠。走进田里，细碎的瓦片、砖头俯拾皆是，散发着古老文明的气息，述说着往日的辉煌与繁荣。走进田野深处，有季节河冲刷的痕迹，形成了一米多高的冲击断面。断面显示着文明的层层积累，有周代的筒瓦、战国的瓦当、汉代的青砖，一层层地累积着早周、周代、战国、汉代的历史文明遗迹。昔日繁华热闹的顿丘城，已经归于沉寂了。彼黍离离，草木深深，掩映着古老人类从远古走向现代的历史足迹，只留下些许残砖断瓦，挣扎地叙述着往日的繁荣。这曾经是一座历时久远美轮美奂的古老城邑啊！卫国国都朝歌与顿丘之间不到二十公里，当年深情的朝歌少女就是越过了淇水，将氓送到了顿丘城来。

淇河发源于太行山西壶关县境，东流经林县和鹤壁市，再折向南流，历淇县城之东，至淇门镇附近入于卫河。现在的淇水流经河南的淇县和浚县之间，是淇县与浚县的分界线。朝歌在淇县，顿丘在浚县，两地之间尚有十几公里的路程，而春秋时代的淇水与顿丘更近。淇水河历史上曾发生过改道的现象，史念海先生根据《水经注》的有关记载考证，蒋村一带（包括刘庄、张贾店、瓮城、余营、东王村等村庄）的村民，在打井时发现了大量的“埋藏深度大体相当”的“夹杂着白蚌壳的粗砂卵石层”，把这些村庄连成一线，分明可以看出这里就是淇河故道。（史念海《河

南浚县大伾山西部古河道考》，《历史研究》1984 年第 2 期）

顿丘之“顿”，与现在“屯子镇”的“屯”字，当是一音之转。春秋时代的顿丘，应当包括现在的蒋村与屯子一带，面积是相当广阔的。顿丘一带，还有五帝之一的颛顼的历史遗迹。《山海经》等在提到颛顼的埋葬之地时，均言颛顼死后葬于鲋鰅山，也写作“附禺”“务禺”。其实，三山是一山而异名，是三种不同的写法。杜佑《通典》释“顿丘”曰：“鲋鰅山。颛顼葬其阳，九嫔葬其阴，今名广阳山。”而马世之先生撰文认为，广阳山是因该山位于顿丘广阳里而得名，“古顿丘在今浚县西北五公里的屯子镇蒋村西 200 米”（马世之《颛顼活动地域地理新证》，《黄河科技大学学报》2006 年第 3 期）。顿丘历史上更是繁华的商业城邑，《史记·五帝本纪》谓舜：“就时于负夏”，司马贞《索隐》引《尚书大传》云：“贩于顿丘，就时负夏。”《索隐》谓“就时”：“若言乘时射利也。”即根据季节不同，价格差异，在各地奔走贩卖，以获取经济利益。关于舜的经商活动，《帝王世纪》云：“帝有虞氏，……始迁于负夏，贩于顿丘，债于传虚。”《尸子》的记载更为详细：“顿邱买贵，于是贩于顿邱；传虚卖贱，于是债于传虚。”顿丘一带物价较贵，所以虞舜便从物价相对便宜的传虚买了货物到顿丘贩卖，虞舜曾是一个机敏的商人。这里也透露出这样的信息，一般说来越是生活富裕的地方也越是物价相对较高的地方，由此可以想象，顿丘一带曾有的商业繁荣、生活富足。远古的顿丘，一时间交易频繁，商贾云集，曾吸引过赫赫有名的虞舜，也是许多人淘金和追梦的地方。

这里就可以考证那位来自顿丘的头脑活络精于算计的蚩蚩之氓的文化来源了，他就是来自有着商业传统的顿丘城，是往来于朝歌与顿丘之间的商人。朝歌与顿丘之间虽然相距不远，也就十几公里的路程，但这是两个城邑：一个是殷商故地，是卫国的国都；一个是历史名城，繁华的商业城邑，这不仅给往来于两个城邑之间的商人们带来了无限的商业利益，也给朝歌少女与顿丘青年商人的情感爱恋创造了机缘。以前多种文学史和文学作品选，都把“氓”看作是偶尔搞一点小商小贩活动的乡下人，实在是对氓的身份的误解。无论是氓，还是《氓》中的“我”，都是城邑中的贵族，其中种种悲欢离合的故事，也是城邑青年贵族的故事。

朱熹在《诗集传序》中说，读诗应该讽咏涵濡，可是如果所谓涵咏仅仅是语词的吟咏，而缺乏足够的风物地理的实地考证，无论怎样细密，那都是远远不够的。站在古顿丘城的遗址上，遥望十几公里之外的朝歌，忽然对这首诗有了新的理解、新的感悟。

春秋时代是典范的城邦社会，中原大地上星罗棋布地分布着大大小小的城邑，朝歌与顿丘不到二十公里的路程，就有着风光各异的城邑。城邑间不是孤立的，相互间往来频繁，贵族们坐在车子上，马鸣萧萧，旗銮声声，穿梭奔走于各个城邑之间。这些来来往往的贵族，有思想家，有政治家，有军事家，也有商人。在这样频繁的往来中，传递着思想，推进着文明，追逐着霸业，也提升着精神品格，由此形成了春秋“文化轴心时代”的一道壮丽的文化景观。春秋时期著名的政治家、思想家、文学家，都曾有过如此非凡的旅行，像晋文公重耳、郑子产、鲁叔孙豹、孔子等，都曾远游四方。艰苦而浪漫的旅行，一方面使他们遭受了生活的种种挫折与磨难，但另一方面，他们也获得了意志的磨砺和锻炼，由此增长了见识，开阔了胸襟，而拥有了被称为“天下”的独到目光。

在往来的春秋贵族中，也有看起来不那么崇高、不那么伟大的人，他们不会心怀天下，不会心系苍生，而只是想获得一点世俗的利益，以求生活的富足与安康，而这却也是历史进程中最基本的最普通的也最不可忽视的力量。例如氓，他往来于不同的城邑间，以布贸丝，对人露出讨好的蚩蚩的笑。正是这样的往来，不经意间促进了交流，促进了发展，也让不同城邑的青年男女有了相识的机会，有了爱恋的机缘。

如果“我”与氓之间的爱恋不是以悲剧结尾的话，他们的爱情完全是值得赞美的具有现代意义的爱情。首先，这是以城邦经济交往为背景发生的情感恋爱。“氓之蚩蚩，抱布贸丝。匪来贸丝，来即我谋。”在“抱布贸丝”的商品交易中，氓总是露出让朝歌少女感动的灿烂笑容。这里的“布”，不是布匹，不是原始的以物易物，而是货币，是成熟的以钱购物的商品交易活动。毛传谓：“布，币也。”郑玄笺曰：“币者，所以贸买物也。季春始蚕，孟夏卖丝。”尽管贸丝仅仅是手段，流行的注解也认为这里表现了氓的精明世故与老谋深算，也有的说他一开始就居心不良。其实，即便现代，找一个借口接近自己心仪的女孩，或是借书，或是看戏，或是雨中送伞，或是雪里问寒，都算不得什么老谋深算，更算不上用心险恶，而只能是可以理解的，可以原谅的，甚至想起来让人会心一笑的小聪明、小伎俩。朝歌毕竟是国都，纺织业发达，能生产出华丽的丝绸来，让顿丘等地的商人们觉得有利可图，促使了交换，也为氓接近朝歌少女制造了口实。这至少反映了当时城邦的成熟与发达，反映了商品交换和人际交往的活跃与频繁。《氓》中的爱恋是以城邑社会及其经济活动为背景的。他们是在商业交往中结识的，而他们最初的爱情却没有什么功利的色彩，完全是青年男女之间的天然吸引，从这里可以想见当时城邦社会青年男女交流的自由和情感的浪漫。其次，这是一场深刻而自由的青年男女的爱情生活。许多流行的《诗经》翻译本都把“氓之蚩蚩”译成了“那个家伙笑嘻嘻”，这是一种误解，“我”对氓有谴责有埋怨，但即使如此，她回忆起恋爱的岁月仍然是美好的留恋的，而不是全面的否定，他最初的留在嘴角的笑容仍然是灿烂的富有感染力的。所以《毛传》解释蚩蚩是“敦厚貌”，而《韩诗》释为“美貌”，比起朱熹《诗集传》解释的“无知之貌”，更符合《诗经》的原意，更符合当时的社会真实。“我”与氓之间，没有父母之命，没有媒妁之言，而是自由结识，自由恋爱，所以她才说氓：“匪我愆期，子无良媒。”而在这场自由的婚恋中，主人公的火热至诚让我们至今感动不已。“送子涉淇，至于顿丘。”顿丘与卫都朝歌之间有近二十公里的路程，痴情的少女竟然越过淇水将心爱的商人送到了他的家乡顿丘，虽是乘车往返，其真诚也见一斑，因此氓才匆匆催促她确定结婚的日期。朝歌少女爱得真诚，爱得热烈，天真自然，毫无遮掩：“不见复关，泣涕涟涟。既见复关，载笑载言。”以前人们或认为“复关”是氓所居之地的城关，或是氓所乘坐的车子。顿丘和朝歌分属平原上的两个城邑，近二十公里的距离，女主人公站在墙头上，也是望不到“氓之所居”的复关的。复关只能是氓乘坐的车子。氓是商人，车子是贸易往来中必备的交通运载工具，氓因为贸易的原因经常往来于顿丘、朝歌之间，这才有了见不到恋人的车子，就泪水涟涟，见到恋人的车子，就有说有笑，是一派天真自然毫无遮掩的情感流露。按照郑玄“季春始蚕，孟夏卖丝”的解释，他们的爱情开始于盛夏时节，而仅仅到了秋天便匆匆结婚了，可见他们当时是怎样的一见倾心，爱情又是怎样的火热。

顿丘是主人公爱情升华的地方，也是爱情结束的地方，是新婚燕尔的地方，也是悲剧发生的地方。“以尔车来，以我贿迁”，朝歌少女嫁到了顿丘城，时光荏苒，华落色衰，遭到了“士也罔极，二三其德”的氓的无情背弃。“言既遂矣，至于暴矣”，引来了抒情女主人公的无尽哀怨：“及尔偕老，老使我怨”“反是不思，亦已焉哉。”一场自由爱恋引发的婚姻以悲剧结束了，不过我们在扼腕痛惜的同时，也应该追问，这仅仅是始乱终弃遇人不淑那样简单吗？难道所有的爱恋所有的婚姻都只能允许成功而不允许失败吗？难道春天所有灿烂的花朵都能结出秋天丰硕的果实吗？

顿丘城虽然不在了，可是顿丘的故事却仍在继续。“我”与氓的爱恋，在今天依然让人觉得惊心动魄，“我”与氓的婚姻悲剧，在今天依然发人深省令人同情。“于嗟鸠兮，无食桑葚。于嗟女兮，无与士耽”，朝歌少女的善意劝告，也没有让后来的怀春少女由此变得矜持而庄重；“言既遂矣，至于暴矣”的男人屡见不鲜，爱情的悲喜剧仍然不断地千万次地重复发生着。春秋时代的爱恋故事和今天的爱情故事没有什么不同，春秋人的喜怒哀乐的情感世界和今天也没有多少差异。我们惊异于物质世界变化得如此迅速，也感叹精神世界演变得如此缓慢。

离开蒋村的时候，已近正午，村民们三三两两坐于树下，或做手工，或话桑麻，宛如一幅乡间的古朴图画。车子经过两公里之外的屯子镇，渐渐有了些商业气息，一些小商小贩沿街吆喊，不知为什么我突然有种想法：说不准他们哪位就是“氓”的后人呢？可顿丘一带的村民们谁又知道氓是何许人呢！耳边又响起蒋村树下老人动听的河南话：“几千年了，那往哪知道啊？”

宛丘之上兮

2003年10月17日，参加完在河南大学举办的一个学术讨论会。早晨，便与参会的几位朋友相约，我们从开封出发乘车南下，去寻访周代陈国的故地。河南本地的学者华锋教授为我们向导。

秋收时节，放眼望去，整个中原大地一片金黄，田野里到处是辛勤劳作的农民。许多农民祖辈居住于此，几千年都不曾走出这块曾经繁荣的土地。大概他们并不习惯于现代文明的条条框框，农民们很随意地把谷麦放在道路上晾晒，把柏油马路当成了场院，汽车只得在中间道路的缝隙中行走，好像一切都天经地义，并没有什么人阻止他们，足见农业文明的历史悠久和传统力量。就这样本来不远的道路，却走了很长的时间，到达淮阳时已经接近一点了。

淮阳是陈国故地，据说这里是太皞伏羲的旧地，原野上仍然有太皞陵。中原一带缺水，而淮阳城里却有一片苍茫的湖水，当地人称之为龙湖。其实，《诗经》时代这片水域被称为泽陂，《陈风》里有一首叫《泽陂》的诗写道：

彼泽之陂，有蒲与荷。有美一人，伤如之何。寤寐无为，涕泗滂沱。

彼泽之陂，有蒲与蕑。有美一人，硕大且卷。寤寐无为，中心悁悁。

彼泽之陂，有蒲菡萏。有美一人，硕大且俨。寤寐无为，辗转伏枕。

茫茫湖面上，到处盛开着美丽的荷花，芦苇茂盛，花蕾初放。而令人吃惊的是历经两千多年世事沧桑，这里风光依旧，湖面上不时地看到有些变黄的荷叶，萧瑟秋风里偶尔还看到风韵宛然的荷花。只是看不见高挑健朗、无比美丽，令人朝夕思念的“有美一人”，还有那位因为多情而伤心不已的陈国翩翩少年。

《史记·陈杞世家》记载，陈国国君是舜的后代，周武王伐纣之后，找到舜的后人把他封在了陈地“以奉帝舜祀，是为胡公”。《左传·襄公二十五年》的记载则更早些，子产回忆说“昔虞阏父为周陶正，以服事我先王。我先王赖其利器用也，与其神明之后也，庸以元女大姬配胡公，而封诸陈，以备三恪”。舜的后代阏父在周朝任管理陶器一类的官吏，一方面因为他们精湛的陶器制作工艺，另一方面他们又是神圣的虞舜的后人，周人对他们青眼有加，周武王还把自己的女儿太姬嫁给阏父的儿子胡公妫满。《礼记·乐记》记“武王克殷反商，未及下车，而封帝舜之后于陈”。周武王刚刚取得牧野之战的胜利，就迫不及待地将陈地分封给舜的后人，就是向天下宣示对道德的敬仰和文化的尊崇。

《汉书·地理志》谓陈国“妇人尊贵，好祭祀，用史巫，故其俗巫鬼”，上古时代凡是流行祭祀巫觋的地方，都盛行巫风，都有能歌善舞的传统。虞舜一族，有雅好音乐的传统，《乐记》谓“昔者，舜作五弦之琴以歌《南风》，夔始制乐以赏诸侯”，也就是说，舜帝不仅创作了气象恢宏的音乐，也把音乐纳入国家礼乐政治，并普及到诸侯国的各个领地去。虞舜时期最著名的音乐当数《韶》乐，《尚书·益稷》记载过《韶》乐的具体艺术形态：

> 夔曰：“戛击鸣球，搏拊琴瑟以咏。”祖考来格，虞宾在位，群后德让。下管鼗鼓，合止柷敔，笙镛以间；鸟兽跄跄。《箫韶》九成，凤皇来仪。夔曰：“於，予击石拊石，百兽率舞。”

这里描绘了《韶》乐史诗般崇高恢宏的艺术场景。海德格尔说真正的诗与诗人必须实现天地神人四元结构的统一，而这一宏大的演诗场面，正体现了天地神人四元交融的境界。金石之音，琴瑟之声，整齐陈列；这时候，天上诸神来降，祖考来格，一派祥和；大地上则众宾来集，诸侯班爵，德让有序。人世间鼗鼓忽鸣，金钟竹笙，此起彼伏。在悠扬恢宏的艺术旋律中，鸟兽也被吸引，翩然起舞；而这幅宏大的艺术旋律中，中心就是在《韶》乐的引领下，凤凰起飞，翩翩来仪。凤凰的出现，标志着整个典礼进入高潮，在钟磬和鸣、琴瑟轻扬的艺术旋律中，天空上凤凰来仪，大地上百兽率舞，人世间群后德让，呈现出天地融为一体、人神精神贯通的宏大场面。

凤凰是虞舜一族的民族图腾。《左传·庄公二十二年》记载陈公子完成婚时，占卜得到的歌谣就是一首《凤凰谣》：“凤皇于飞，和鸣锵锵。有妫之后，将育于姜。”以凤凰图腾为中心，勾勒了凤凰——虞舜——陈国——齐国的历史发展线索，为后来陈公子完奔齐最终完成田氏代齐的伟业做了预言。历史不断变化，王朝不断更迭，但凤凰的崇拜和精神却一直延续下来，成为华夏民族的文化象征。

许多年后，孔子在齐国听到这首音乐，竟然还陶醉到“三月不知肉味”（《论语·述而》）的程度，心灵的愉悦超越了物质的快乐，达到一种“不图为乐之至于斯也”的忘我精神境界。其实这不是孔子一个人的感受，吴国季札在鲁国“观乐”，就深深地被《韶》乐感染了，那时候孔子还是刚刚八岁的儿童。《左传》鲁襄公二十九年，即公元前544年，鲁国盛情招待吴国使者季札，其中一个重要内容是演奏风、雅、颂的音乐。从演奏的内容看，既有以《周南》《召南》为代表的十三国的国风，也包括小雅、大雅，还有《象箾》《南籥》《大武》等宏大歌舞，已经涵盖了现在流行的《诗经》的基本内容。季札或赞叹，或批评，或沉思感伤，或连声称颂；而当演奏到《韶箾》歌舞时，艺术的欣赏进入高潮，吴季札发出了叹为观止的感慨：

德至矣哉，大矣。如天之无不帱也，如地之无不载也。虽甚盛德，其蔑以加于此矣。观止矣。若有他乐，吾不敢请已。

这是“观止”一词的最早出处。《韶》乐也称《韶箾》，或者《箫韶》，在季札看来，《韶》乐无论是思想上、艺术上还是审美上，都已经达到无与伦比、无以复加的艺术高度，如天如地，覆盖一切，承载一切，至善至美，无出其右；这是思想的最高层次，这是艺术的最高阶段，这是审美的最高境界。恢宏昂扬的音乐旋律，将季札带入到一个至善至美的艺术世界，这个艺术世界有一种神圣的道德之光，天地交辉，辉煌灿烂，给人以向上和升华的力量。季札感受到从未有过的心理愉悦和精神享受，他激动不已，情不自禁。精神的亢奋与沉醉，使他无力欣赏新的音乐，叹为观止，不由得感慨“若有他乐，吾不敢请已”。孔子对《韶》乐的激赏一定是受到了季札的影响，却没有超出季札的境界。

受虞舜礼乐政治的影响，陈国也延续了“好乐巫觋歌舞之事”的传统。在春秋诸国中，陈国只是一个蕞尔小邦，但能歌善舞的陈人却留下了许多动人的歌谣。《诗经》中《陈风》诗篇有十首之多，数量与整个东周王畿的《王风》相同，足见其文化艺术的兴盛繁荣。现在当然看不到那些喜好歌舞的陈人了，与中国大多数地区的居民一样，陈人们也已经变得矜持而庄严，但是大舜时代的善良与真诚，还在这一带村民们朴实而平和的目光里得以保存。

《诗经》时代的人们热爱艺术，喜欢歌舞；重大节日，甚至一般乡里宴饮都且歌且舞，长袖抒怀。诗乐歌舞是人们生命中的一部分，他们的艺术是集体的，是大家参与的，是每个人融入其中的。而《诗经》以后的中国则越来越矜持，庄重谨严有余，浪漫飘逸不足。艺术对于他们只是欣赏，不是参与。歌舞对于绝大多数人来说，是坐在台下观看品评，击节鼓掌，而不是融入其中，更不是任情歌呼翩翩起舞的陶醉。

陈国有一个叫作东门的地方，那里应该是春秋时代陈国一个相当热闹的地方。许多青年男女聚集于此，婆娑起舞，暗通心曲，唱出了流传千古的古老情歌。《陈风》共有十首，其中以东门为题的就有三首，分别是：

东门之枌

东门之枌，宛丘之栩。子仲之子，婆娑其下。

穀旦于差，南方之原。不绩其麻，市也婆娑。

穀旦于逝，越以鬷迈。视而如荍，贻我握椒。

东门之池

东门之池，可以沤麻。彼美淑姬，可与晤歌。

东门之池，可以沤纻。彼美淑姬，可与晤语。

东门之池，可以沤菅。彼美淑姬，可与晤言。

东门之杨

东门之杨，其叶牂牂。昏以为期，明星煌煌。

东门之杨，其叶肺肺。昏以为期，明星晢晢。

陈国的东门真是歌者的天堂与乐园，青年男女或聚集于水边，或聚集于树下，舞之蹈之，歌之咏之，以歌对答，互赠信物，黄昏相约，洋溢着青春与生命的热情与冲动。他们是任性的天真的，没有功利色彩的，“不绩其麻，市也婆娑”，连劳动也被暂时放弃了，而陶醉于翩翩起舞的欢乐中。如今东门不再，但是距离其三里多地的宛丘尚在，于是我们决定去访问宛丘。

东门一带已是原田每每，乡间的路上乡民往来，十分淳朴。正修公路，车子颠簸，有一泥泞处，车子陷入其中，费了许多气力，也没拉出来。同行的七位学者专业都是先秦两汉文学，自然熟知孔子周游列国“厄于陈蔡之间”的掌故，而我们的车子也陷于陈国的路上，大家笑了起来。没办法只好舍车徒步，留下几位当地朋友找人把车子拖出。不多远，就是宛丘的遗址了。

宛丘如碗，平地突起，四周高而中央低。这里曾是一个陈人歌舞祭祀的地方，而沧桑变化，风流总被雨打风吹去，情人的婉转歌唱与庄严的祭祀音乐都已经成为遥远的绝响，与我们一起祭吊的只有离离荒草，青青菜蔬，以及绿树中的几声鸟鸣。不远处旧城墙的土坡上有人放羊，不由想起了张养浩《山坡羊·潼关怀古》的诗句来，“伤心秦汉经行处，宫阙万间都做了土”。

到这里才知道现在此处正式的名字叫作平粮台遗址，这是1979—1980年发现的一处属于龙山文化的遗址，距今已经4355年了。走上平粮台古城址，果然有许多残砖断瓦的遗存，层层累积，从龙山文化土层到明清活动遗迹，一路走来，人们在这里举行了多少盛大的宗教与艺术活动啊。但是，我仍然愿意把这里叫作宛丘，宛丘的名字更富有诗意，更具有人文的特点。耳边仿佛又听到《陈风·宛丘》的歌声：

> 子之汤兮，宛丘之上兮。洵有情兮，而无望兮。
> 坎其击鼓，宛丘之下。无冬无夏，值其鹭羽。
> 坎其击缶，宛丘之道。无冬无夏，值其鹭翿。

“歌声即生存”，海德格尔的名言似乎在古老的《陈风》中得到印证。那些宛丘之上的歌者们，在宛丘上下，带着种种鸟羽文饰，击鼓击缶，徘徊徜徉，无论炎炎夏日，还是漫漫长冬，都曼舞长歌，一任生命的歌声响彻天地。歌唱在这里不是少数人的天才与爱好，而是集体的众人的生命表白。

陈人喜欢舞蹈喜欢歌唱，一切发自于内心的感情都付诸诗的形式。他们以诗歌唱爱的美好，也以诗批判爱的放荡。郑穆公的女儿夏姬嫁给陈国的大夫御叔为妻，但是美丽而多情的夏姬太惹人注目了，她的美丽为她赢得了尊贵的地位，却也像美丽的花朵一样，招致了放浪的蜂蝶。陈灵公与他的臣子孔宁、仪行父都与之有染，他们挥舞着夏姬的内衣嬉戏于朝廷之上。而更为荒唐的是夏姬的儿子夏征舒此时已经长大成人，酒酣耳热之际，这几位荒唐的君臣居然拿他开玩笑，陈灵公对孔宁、仪行父说“夏征舒长得很像你们”，二人大笑说：“也像您啊！”他们的荒唐引起了夏征舒的愤怒，他杀死了陈灵公，自立为公（事见《左传·宣公十年》）。一首《陈风·株林》记载了人们对陈灵公君臣的嘲讽：

胡为乎株林，从夏南。匪适株林，从夏南。
驾我乘马，说于株野。乘我乘驹，朝食于株。

这首诗写于公元前 599 年，一般认为这是《诗经》中创作年代最晚的一首诗，伟大的“诗三百”就结束在血雨腥风的沉重喟叹中。《陈风》不仅记载着爱的美好，也记载了爱的荒诞。诗人以调侃奚落的口吻发问，国君为何株林去？因为那里有夏姬。他去株林非本意，只因那里有夏姬。晚上乘大马去，男欢女爱在株野。清晨又乘小马来，早餐兴致很愉悦。《毛传》在谈到《株林》的主题时说：“刺灵公也。淫乎夏姬，驱驰而往，朝夕不休息焉。”鲁襄公二十九年吴国季札在鲁观乐，当听到《陈风》时，他不禁感慨“国无主，其能久乎？”此时距夏征舒杀死陈灵公的宫廷政变，已经整整过去了五十五年，而听到陈国的音乐，吴季札似乎又想起了陈国宫廷由于荒淫而带来的腥风血雨，有一种“故国不堪回首月明中”的感慨。

附带说的是，这位夏姬的故事并没有就此结束。夏征舒杀死陈灵公之后，楚庄王征讨陈国，杀死夏征舒，欲纳夏姬。楚国大夫申公巫臣引经据典劝阻说，本来是为平定叛乱，却占有人家的美色，实在不好。楚国的著名将领子反也要娶夏姬，申公巫臣还是劝阻说，这个女人造成的祸害太多，是个不祥的女人。庄王只好把她嫁给了老臣连尹襄老，襄老战死在晋楚邲之战，襄老的儿子趁机又占了夏姬的便宜。而早有预谋的申公巫臣，劝说夏姬暂时回到郑国，以后申公巫臣利用出使齐国的机会，中途娶了夏姬，而逃到晋国去了（事见《左传·成公二年》）。这位夏姬该有怎样的美丽啊，让那么多的王侯将相为她着迷、为她倾倒。其实，此时的夏姬应该已是徐娘半老，不说她的儿子已经长大成人，而她与申公巫臣逃奔时，距她的儿子被杀又过了十年了，在中国历史上还没有哪位女性有如此征服人的魅力。

本来还要去太皞陵，可是由于车子陷入泥泞中，耽搁了时间，我们只好匆匆赶路，不能参观了。车子在路上疾驶，同行的几位朋友渐渐有了倦意，车内安静下来。窗外残月初上，月光玲珑，静静地洒在中原大地上，天上地下，万里澄澈。忽然想起中国第一首吟咏月亮的诗歌，就出自古老的《陈风》啊。那首名为《月出》的诗歌写道：

月出皎兮，佼人僚兮。舒窈纠兮，劳心悄兮。
月出皓兮，佼人懰兮。舒懮受兮，劳心慅兮。
月出照兮，佼人燎兮。舒夭绍兮，劳心惨兮。

这是中国古代诗歌里出现的第一轮艺术的皎皎明月，也是明月—佳人抒情模式的第一次展现。晶莹洁白的月光下，佳人独立，楚楚动人；月光中映现出佳人的身影，窈窕舒缓，飘逸出尘，诗人禁不住生出千般思念、万般怜爱之情。中国文化的上空有一轮“文化的月亮”，月亮在中国文化中是富有象征意蕴和艺术精神的。中国古典诗歌惯有吟咏明月的传统，比起太阳来，皓皓明月似乎更能拨动中国文人复杂而敏锐的神经，月亮是高悬于天际的中国文化原型。L. 克兰默·宾在《灯宴》中说：“月亮悬挂在中国旧诗坛的上空……（她）是人间戏剧的美丽而苍白的观众，而她所知道的一切隐秘、激情和欢乐，迅速地崩溃或是慢慢地腐烂，……她把远隔千山的情侣的思念联结起来。”著名的诗人大都有吟咏明月的美好诗句，而这一切都从《陈风》的《月出》出发。中国文人常常把月亮与女性联系在一起，美人似月，佳人如月，成为古典诗歌的经典意象。敦煌曲子词“此时模样，算来是，秋天月”（《别仙子》），韦庄“垆边人似月，皓腕凝霜雪”（《菩萨蛮》），苏轼“新月如佳人，出海初弄色”（《宿望湖楼再和》），洁白宁静的月光总流露出神秘美好的女性微笑。同女性相连，陈人的那轮皎洁明月，穿越时空，照亮了无数中国人的心灵，放射出充满人性的诗意的艺术光芒。

月华如水，万里清辉，车子疾行在渐渐安静的中原大地上，映照我们的还是《陈风》里“月出皎兮”的光芒吗？忽然发现前方灯火辉煌，坐在前排的华锋教授说：“到郑州了。”

《左传》的“闲笔”

历史叙事愈是通向往古，愈是庄严肃穆，充满神圣感和紧张感。早期的历史叙事是宏大的，缺少细节的；是外在叙述的，缺少内在心灵表现的；是神情紧张的，缺少诙谐幽默的。在《尚书》叙事里，历史主角是尧、舜、皋陶、禹、汤、伊尹、微子、周文王、周武王、周公等具有历史决定意义的英雄人物。这些英雄人物的形象通常是半人半神，庄严崇高，不苟言笑，很少见到他们心灵的变化。他们的语言常常是自上而下的训话，高屋建瓴，一言九鼎，不容置疑。因此上古历史表现出以崇高为主的美学风格，很少幽默，很少轻松，总给人一种肃穆紧张的感觉，这样的历史美学风格在《春秋》中也鲜明地表现出来。所谓“《春秋》谨严”，即是叙事艺术的庄重矜持，因此《春秋》依旧带有上古史学正襟危坐的美学风格。

《左传》的文学突破恰恰是对宏大事件即所谓“正笔”的历史突破。在“正笔”之外，《左传》对小事件、小人物、小情节、小趣味的所谓“闲笔”的历史叙述上，发生了从宏大事件向生活细节，从外在叙事向心灵叙事，从拘谨肃穆向诙谐幽默的审美转向，体现了春秋文学的历史进步。童庆炳说：“所谓‘闲笔’，是指叙事文学作品人物和事件的主要线索外穿插进去的部分，它的主要功能是调整叙述节奏，扩大叙述空间，延伸叙述时间，丰富文学叙事的内容，不但可以加强叙事的情趣，而且可以增强叙事的真实感和诗意感，所以说‘闲笔不闲’。”（童庆炳等《现代学术视野中的中华古代文论》）这里必须强调的是，“闲笔”看似“叙事文学作品人物和事件的主要线索外穿插进去的部分”，但其绝不是对历史主题的游离之笔，而是对作品思想和艺术的深化，是对历史人物精神世界的深度挖掘。这种文学上的闲笔、侧笔看似闲情逸致、云淡风轻，却更富有艺术趣味，更具有揭示历史本质的力量。

庄子从自然逍遥的思想出发，屡屡标举“心闲而无事”（《庄子·大宗师》）、“无江海而闲”（《庄子·刻意》）的精神境界。刘勰以“入兴贵闲”（《文心雕龙·物色》）的理论，将“闲”的精神状态纳入文学创作的艺术表达。“闲”不仅是叙事的，也是抒情的；不仅是历史的事笔，也是抒情的诗笔。“兴”，讲求感兴，讲求象征，不直指，不切近，不急迫，本质上也是从“闲笔”着手的艺术方法，是一种悠远祥和从容舒缓的审美追求。明清之际金圣叹在评点《水浒传》时明确提出文章的“正笔”与“闲笔”的概念，以为“正笔”与“闲笔”并不在于字数多寡，从文学上说，作者着意处“文虽少，却是正笔”，而所谓“闲笔”却往往写得汪洋恣肆“绚烂纵横”（《金圣叹全集·贯华堂第五才子书水浒传》）。

总是先有文学事实，才有文学概念。“闲笔”这一概念虽然是渐进的、晚出的，但从《左传》的大量的细笔、趣笔、奇笔、偶笔的运用上看，“闲笔”已经是春秋时期历史文学的转向，标志着一种自然轻松充满趣味的文学笔法的成熟。

“闲笔”不是游离于叙事主题之外对无关紧要情节的描述，而是叙事结构的有机组成部分，是《左传》开启的一种独特文学笔法。

《左传》叙事往往愈是紧张处，愈使用“闲笔”，以缓解惊心动魄的历史故事带来的某些精神压力，从而制造一种紧张与悠闲参差错落的美学效果。《左传》叙事常常在宏大处用“闲笔”，由细琐的世俗生活，显现恢宏的政治主题，从而组成巨细映衬、大小对比的叙事单元，表达一种小事件推动大历史的历史观念。

春秋人对优游闲暇从容不迫的审美精神有特别的喜爱。成公十六年在鄢陵之战，晋国将领栾鍼看到楚国子重的战旗，便想起出使楚国时向子重介绍过晋国军队“好以暇”的特点，所谓“暇”，杜预注谓“闲暇”，这种“暇”在战场上就是一种神闲气定从容不迫的精神气象。为了证明晋国军人在战场上的悠闲从容的品格，栾鍼竟然在激烈战斗中向楚国主将子重献上一壶酒，子重竟也一饮而尽，然后两国继续投入战斗，“旦而战，见星未已”。栾鍼所言非虚，晋国军人确实喜欢在战斗中摆出一副悠闲自在与众不同的气度与风范。宣公十二年晋楚邲之战，晋国军队逃命途中，战车陷入泥潭不能自拔，楚国军队竟教导其卸掉车板，轻装逃命。晋人此时仍然有心思开玩笑："吾不如大国之数奔也。"成公二年齐晋鞌之战中，晋国将领韩厥已经追赶上齐顷公，而其并不急于俘获齐国国君，而是从容地"奉觞加璧以进"，言辞温雅，谦敬有加。成公十六年鄢陵之战，晋国将领郤至几次与楚共王相遇，郤至不是求战却脱下铠甲，疾走如风，表示对敌国国君的尊敬。襄公二十四年晋楚棘泽之役，晋人张骼、辅跞向楚军挑战，二人毫无畏惧，坐在战车上一面弹琴，一面冲入楚军阵营。这种从容镇定的悠闲，不仅表现在战场上的从容不迫，也转化为春秋文学的精神品格。"闲笔"写出了春秋人的精神世界，也表现了春秋文学的艺术品格。

"闲笔"往往描写的是看似无关紧要的小事件，却具有叙事结构与主题的双重意义。从结构上说，历史的发展过程总是起伏跌宕的，有云飞浪卷电闪雷鸣，也有闲情逸致云淡风轻，"闲笔"的加入更能揭示历史的真实，"闲笔"往往是"正笔"的有机构成，没有了"闲笔"，"正笔"也显得呆板僵滞，失去了生命的活力。而从主题上说，"闲笔"常常通过小事件、小情趣显示历史的大主题、大格局，根本上讲，"闲笔"比"正笔"更突显了《左传》在文学史上的思想跨越和艺术进步。

《左传》常常在风云激荡处宕开笔墨，写出一两件小事件、小情节，以小事件显示大历史发生的具体情景，以细微处展示大人物真实的心理动态。隐公十一年郑国、齐国、鲁国联合伐许，大兵压境，弱小的许国风雨飘摇，但作者却突然写出郑国在颁授兵器时，郑大夫公孙阏与颍考叔相互争车的情景，颍考叔“挟辀以走”，公孙阏“拔戟以逐之”。战场上颍考叔高擎郑庄公的战旗一马当先，冲锋在前，登上城墙，而公孙阏却从城下突放冷箭，致使颍考叔不死于敌人的明枪，而死于内部的暗箭，这让整个战争叙事陡起波澜，惊心动魄。襄公三十年记昔日威风凛凛而又嗜酒的一代郑国正卿伯有，在良驷之争中惨死于羊肆中，行笔至此，《左传》突然回忆起十一年前公孙挥与裨灶经过伯有家门前“门上生莠”的旧事，杜注“以莠喻伯有”，此时的伯有执掌郑国，权倾朝野，而《左传》却在宏大的叙事里突然嵌入一棵小草的描写，在波谲云诡的巨大政治风云里以特写的方式描述了飘摇而无根基的莠草，为伯有悲惨的命运做了预言和铺垫。《左传》定公十年，宋景公宠爱向魋，将公子地的四匹白马转送给向魋，引起公子地的不满，向魋准备逃亡，宋景公伤心欲绝，竟然“目尽肿”，为自己的宠嬖哭得双目红肿。一个细节写出了景公内心的无限悲伤，这是中国叙事文学第一次写出一个人双泪长流两目红肿的动人细节。

钱锺书《管锥编》有“一饭之恩仇”的论述，一饮一饭，分配不均，看似小事却往往引发政治的连环报复，甚至造成激烈的流血冲突、朝野动荡。宣公二年郑、宋大棘之战中，宋国主帅华元被俘，其原因是战前华元“杀羊食士”，犒劳将帅，却唯独没分给驾车的羊斟，羊斟气愤不已，战斗开始竟然驾驶战车直接将华元交给了郑军，造成了宋人的惨败。宣公四年，郑国大夫子宋、子家一起朝见，子宋以其“食指动”，预言此日“必尝异味”，而恰逢郑灵公烹制楚人送来的大鼋，两人相视而笑。郑灵公故意召见子宋而不分给他大鼋，子宋染指而出，两人最终杀死了郑灵公。襄公二十八年记齐国“公膳日双鸡”，而饔人却将鸡更换成鸭子，御者又换掉鸭肉只送上肉汁残汤，这让子雅、子尾愤怒异常，从而导致齐国庆氏集团被逐事件的发生，而这场宫廷流血事件又恰恰改变了齐国的政治走向，致使陈氏家族在崔、庆之乱中渔翁得利，篡取了齐国的政权。定公二年，邾庄公与大夫夷射姑饮酒，夷射姑外出小解，守门人向其索取肉食，夷射姑不但不给，还夺过守门人的拐杖敲打他的头颅。守门人后来故意在朝廷上“以瓶水沃廷”，并说这是夷射姑小解所致，结果邾庄公大怒，寻夷射姑不得便自投于床，却不小心跌倒在炭炉里，烧烂了皮肤，不治而亡。

“细笔”不细，“闲笔”不闲，《左传》的眼光是独到的，宏大的历史往往从细微处走来，大历史常常是由一连串小事件构成的。在叙事结构上，“细笔”“闲笔”通常具有章法的结构意义。

竹下风流

到了魏晋，中国有一群士人产生：“（他们）一个个宽衣大袖，倜傥风流，手持麈尾，口吐玄言，服药行散，饮酒长啸，更有甚者则散发垢面，裸袒箕踞，与猪共饮。这是我国古代历史上的一幅独放异彩的历史画卷。千百年来，不时地闪烁着它那耀眼诱人的光辉。”（马良怀《崩溃与重建中的困惑》）人们将这样一个时代人的风采称之为魏晋风度。虽然魏晋名士可分为正始名士、竹下名士、中朝名士，但最有影响最典型的还是竹下名士，这不仅由于竹下名士其人格风韵本身就在正始名士、中朝名士之上，还由于“竹下”这一语词本身就有艺术风韵，就具有大自然的生命灵气。竹下风流正恰切地代表了魏晋名士亲近自然、亲近山水的人格风范。

魏晋风度的实质就是完成了从哲学的自然到人的自然，从人的自然到山水自然的转变。

魏晋风度是一个自然深化的时期。

越名教而任自然

《世说新语·任诞》中说嵇康、阮籍、山涛、向秀、刘伶、阮咸、王戎“七人常集于竹林之下，肆意酣畅，故世谓竹林七贤”。魏晋时代的名士风度是乱世里的逍遥，一个士人群体自觉地远离黑暗的社会现实，他们因性聚类，集于竹下，放歌啸吟，饮酒自乐。这是魏晋名士的一次自我放逐。精神的放逐与精神的逍遥是一致的。以竹林七贤为代表的魏晋名士主动实践着庄子的艺术人生，形成了独具人格魅力的魏晋风韵。魏晋远承老庄“藐姑射之神人”的风采，是人性率真天然的流露。其外在风采是亲近自然逍遥山水，而其内在神韵则是“越名教而任自然”。

“越名教而任自然”是嵇康在《释私论》中提出来的：

> 夫称君子者，心无措乎是非，而行不违乎道者也。何以言之？夫气静神虚者，心不存于矜尚；体亮心达者，情不系于所欲，矜尚不存乎心，故能越名教而任自然；情不系于所欲，故能审贵贱而通物情。物情顺通，故大道无违；越名任心，故是非无措也。

“任自然”的自然是老庄“人法地、地法天、天法道、道法自然”的自然，这里的自然是天的自然、物的自然，而不是人的自然。人的自然品格是从天地造化中获得的。这种无追求而任自然也就成了庄子反复强调的“安时处顺”、听天由命了，是在大自然中的自弃状态。人自弃了，只剩下天地万物，人听命于宇宙变化的运转，放弃任何主观意志的努力。但这种“任自然”是以“越名教”为前提的。名教就是以儒家伦理道德为基础的价值系统，它像梦魇一样纠缠着士大夫的心灵。“越名教”就是为了超越这套礼义思想，就是“非汤武而薄周孔”。之所以如此，就是为了冲破儒学的虚伪而走向飘逸自然的理想人格。

在反礼教的呐喊中，在向大自然的回归中，一种新的风骨——清雅、性情率真、神韵飘逸的自然人格形成了。阮籍、嵇康等人不仅在理论上回应老庄，也以自己的率性任性去冲破礼教樊篱，完成了自然人格的塑造。《世说新语·任诞》记：

> 阮籍当葬母，蒸一肥豚，饮酒二斗，然后临诀，直言：“穷矣！”都得一号，因吐血，废顿良久。

人生以自然为第一要义，一切皆循于天性，可以悲痛得呕血，却不屑于繁缛造作的礼仪，只要不殉葬，总得生存。因此酒肉依旧，隐痛于心，这是何等的纯白天真，何等的率性自然。自然是最高的人品、最高的道德：

> 阮公邻家妇有美色，当垆酤酒，阮与王安丰常从妇饮酒，阮醉，便眠其妇侧，夫始殊疑之，伺察，终无他意。
>
> 阮籍嫂尝还家，籍与见别。或讥之，籍曰：“礼岂为我辈设也？”
>
> ——《世说新语·任诞》

按照儒家名教观“男女之防”“叔嫂不通问”的原则，

阮籍是走得太远了。但他追寻的是唯美主义的人生，对美的欣赏是无须掩饰的。因此他可以醉眼蒙眬中眠卧在美丽的少妇身旁，而绝无猎艳的贪婪，审美的自然人性充溢他真纯的世界，所以嫂子还家，他也不避嫌疑而与之话别，庄子那种“乘天地之正，而御六气之辨”的至人境界转化成了他自然人生的实践。“礼岂为我辈设也”是冲破礼教返归自然人生的真率的宣言。个人的性情是超越一切的最值得敬重的：

> 王仲宣好驴鸣，既葬，文帝临其丧。顾语同游曰：“王好驴鸣，可各作一声以送之。”赴客皆一作驴鸣。
>
> ——《世说新语·伤逝》

个人的爱好得到如此尊重，在肃穆的葬礼上，曹丕以帝王之尊，命人以驴鸣送亡友。这太特殊了，太不可思议了，只有在个人的性情受到尊重的时代才是可以想象的。

正是在这种背景下，魏晋人品藻人物常以清为主，清峻的人格具有大自然浓郁的野气清香。《世说新语》品评人物的词汇多是清畅、清竦、清高、清蔚、清新、清识、清允等等。这样的品评让人联想到那原野上的芳草野花，树木间圆润晶莹的露珠，空气里纯净的长风，一切关于自然的、纯白的、朴素的东西都是清的。清是相对于尘世的浊而言的。这样的人格不拘形迹、不矜矫饰，他们“傲然独得，任性不羁”，一反两汉风习，佯狂酲裸，寄情高远，以一股清新的自然野气，给浊热的士林吹进了空灵鲜活的气息。

清又相对于人工雕琢而言，是“清水出芙蓉，天然去雕饰”，铅华落尽便是平淡，雕饰皆去自是一派天然。这样的人格常常是以大自然为参照物的。因此魏晋人常以自然物象品评人物，请看他们是怎样描绘魏晋名士的容止神韵的：

> 魏明帝使后弟毛曾与夏侯玄共坐，时人谓：“蒹葭倚玉树。”
>
> 嵇康身长七尺八寸，风姿特秀。见者叹曰：“萧萧肃肃，爽朗清举。”或云：“肃肃如松下风，高而徐引。”山公曰：“嵇叔夜之为人也，岩岩若孤松之独立。其醉也，傀俄若玉山之将崩。”
>
> 时人目王右军“飘若游云，矫若惊龙”。
>
> 海西时，诸公每朝，朝堂犹暗。唯会稽王来，轩轩如朝霞举。
>
> 有人叹王恭形茂者，云：“濯濯如春月柳。”
>
> ——《世说新语·容止》

这里的苍苍蒹葭、佼佼玉树、寂寞孤松、飘逸游云、矫健惊龙、轩轩朝霞、濯濯春柳，组成了以自然物象编织成的壮丽景观，但它要表现的并不是大自然，而是一群俊逸出尘的魏晋士人。以自然物象言说哲学的中国古典哲学，在魏晋士人品藻中又得到回应。自然美的极致只能使用自然物象征，不是自然符合人的精神，而是人必须有自然的风韵才是美的。这是以《世说新语》为代表的魏晋士人美学带给我们的启示。

魏晋新美学思潮的产生源于魏晋名士对大自然的敏锐感觉。无论是寻常的花草竹木，还是无尽的碧水青山，都强烈地刺激着魏晋士人的艺术感官，令他们陶醉愉悦、欣然忘归。

> 王子猷尝暂寄人空宅住，便令种竹。或曰："暂住何烦尔？"王啸咏良久，直指竹曰："何可一日无此君！"
>
> ——《世说新语·任诞》

竹子是魏晋士人高洁人格的象征，它挺拔虚白、俊逸潇洒的自然风韵，成为士大夫理想人格的追求。王子猷对竹的挚爱体现着他对自然的热爱与真情，因此即便是短暂的寄居生活，他也要种竹——"何可一日无此君！"竹子的品格已融注为他的生命。苏东坡谓"可使食无肉，不可居无竹。无肉令人瘦，无竹令人俗"，正是从魏晋士人的竹下风流引发的。

大自然在魏晋士人那里已不是先秦哲人似的哲学思考，而是一种具体的实际的世俗人生了。自然的俊美感动着魏晋人的心灵：

> 顾长康从会稽还，人问山川之美。顾云："千岩竞秀，

> 万壑争流。草木蒙笼其上，若云兴霞蔚。”
>
> 王子敬云：“从山阴道上行，山川自相映发，使人应接不暇。若秋冬之际，尤难为怀。”
>
> 简文入华林园，顾谓左右曰：“会心处不必在远，翳然林木，便自有濠濮间想也，觉鸟兽禽鱼自来亲人。”
>
> ——《世说新语·言语》

这里我们似乎找到了魏晋人自然人格和自然美学的精神来源，对大自然生动的体验和审美愉悦并不出于文学作品，而出于他们日常生活的感动。正因为有了一颗永远对自然感动的心灵，才有了如此卓然不群的审美目光，大自然才与人类“自相映发”，使得“鸟兽禽鱼自来亲人”。

魏晋士人飘逸风范的背后有一种文化底蕴和精神操守，它形成了魏晋士人的人格风骨，人格的自然才不显得纤弱绵软，也不仅仅是一种无原则的随遇而安。嵇康的广陵绝唱是最有代表意义的了。公元 263 年，嵇康被司马氏斩于洛阳东市，而他临死前仍抚琴一曲，面对死亡显得那样冷静而从容、勇敢而美丽。《晋书·嵇康传》云：

> （嵇）康将刑东市，太学生三千人请以为师，弗许。康顾视日影，索琴弹之，曰：“昔袁孝尼尝从吾学《广陵散》，吾每靳固之，《广陵散》于今绝矣。”时年四十。

在生命的最后时刻他仍不忘啸歌，不忘抚琴吟志，《广陵散》

绝响是歌者的绝响，是自然人格的最后辉光。

挥麈清谈

麈是魏晋士人清谈时助兴的工具，一般用鹿尾制成。麈是自然风物，它展示的是自然的风采，也显示着魏晋士人自然人格的风雅。魏晋士人在风雅中言谈自然宇宙，宏论社会人生，终于谈论出一门中国文化史上影响深远的学问——玄学。

玄学之玄，有自然玄远之义。玄字一义，本出自《老子》中的“玄之又玄，众妙之门”一语，其思想核心是道，道即无。玄学理论来源是“三玄”。所谓“三玄”就是《易》《老》《庄》。这样《易》《老》《庄》三玄的自然主义哲学就转化成具体的人生，转化成追求自然之道的审美艺术。自然之说作为一种系统的哲学思想肇源于先秦时代的老庄。它作为一种与儒、法重名教重人为相抗衡的学说，支撑着中国哲学的大厦，这种思想经历两汉逆转之后，至汉魏六朝始为盛大，所以有人干脆说魏晋的学术就是自然主义，自然就是魏晋清谈的中心话题。

以何晏、王弼为代表的正始名士是魏晋玄学的第一阶段。何晏、王弼所处的汉魏之交，正是儒家正统地位处于衰落的时期。而这种衰落是就其思想发展的兴盛而言，并不是彻底的衰亡，正始士人对于儒家思想还有相当的依恋之情，儒学还有相当的市场。因此正始名士首要的不是打倒圣人，而是怎样解释圣人。“名教本于自然”是这一时期的中心话题。

何晏、王弼一方面推崇孔子，把孔子尊崇为“圣人”，但这个圣人已不是儒家的圣人，而是道家笔下的圣人。刘勰《文心雕龙·论说》谓：“迄至正始，务欲守文；何晏之徒，始盛玄论。于是聃周当路，与尼父争涂。”与孔子争途不是反孔抑孔，而是重新改造孔子，这里实在已是道为本而儒为末了。

在何晏、王弼笔下，圣人具有了道家主张的自然与无的属性。《晋书》卷四十三《王衍传》曰：“魏正始中，何晏、王弼等祖述老庄，立论以为：‘天地万物皆以无为本。无也者，开物成务，无往不存者也。阴阳恃以化生，万物恃以成形，贤者恃以成德，不肖恃以免身。故无之为用，无爵而贵矣。’”何晏、王弼所求的“无”其实是人的“无”、礼的“无”，是自然的“有”、道的“有”、无形的“有”，而圣人正是代表自然、代表天地、代表造化的。《列子·仲尼篇》注引何晏、夏侯玄的话：

> 为民所誉，则有名者也。无誉，无名者也。若夫圣人，名无名，誉无誉，谓无名为道，无誉为大。则夫无名者，可以言有名矣；无誉者，可以言有誉矣。然与夫可誉可名者，岂同用哉！此比于无所有，故皆有所有矣。

而于有所有之中，当与无所有相从，而与夫有所有者不同。

夏侯玄曰:“天地以自然运,圣人以自然用。自然者,道也。道本无名，故老氏曰强为之名。仲尼称尧荡荡无能名焉，下云巍巍成功，则强为之名，取世所知而称耳。岂有名而更当云无能名焉者邪？夫唯无名，故可得遍以天下之名名之，然岂其名也哉！唯此足喻而终莫悟，是观泰山崇崛，而谓元气不浩茫者也。”

在正始名士的心中，天地是以自然法则而运作，而圣人则是按照大自然的法则运动。圣人的功名是无的功名，不是有的功名；是不求的功名，而不是求的功名。自然是道，是形而上；圣人是器，是形而下，道之为物惚兮恍兮，都必须凭借器之形象可感可觉并表现出来，因此自然与圣人及名教已不是对立而是融合。圣人也好，名教也好，功名只是本于自然，又是自然的表现形式。在《老子注》第二十九章中，王弼说：

圣人达自然之性，畅万物之情。故因而不为，顺而不施，除其所以迷，去其所以惑，故心不乱而物性自得之也。

圣人不是超乎众人之上的怪物，而是贴近自然“畅万物之情”，圣人于自然之游中将自身置于山水丘壑中，追求着高情畅神的人格风韵。

以阮籍、嵇康为代表的竹下名士是玄学发展的第二阶段。这时玄学的主题已不仅仅是强调名教与自然的关系，调和已不可能实现，士人对名教的绝望使他们不得不在打破“名教”之后而达到自然。于是“越名教而任自然”已成为这一时期响亮的口号。

对于名教，阮籍、嵇康已不像何晏、王弼那样把它调和成“名教本于自然”的理论。司马氏一系列残酷暴行撕去了礼教的最后面纱，让竹下名士更体会到它的虚伪。因此他们痛快淋漓地批判名教的奸诈矫情，名教违反人的自然本性已成为竹林名士集中攻击的对象。阮籍的《大人先生传》把那些名教之徒比喻成藏于裤絮的虱虮，他们“行不敢离缝际，动不敢出裈裆，自以为得绳墨也。饥则啮人，自以为无穷食也”。他以极其冷酷的笔调嘲笑礼法之士，无情揭露名教之虚伪，而真正的大人先生与虚伪的礼法之士的根本区别就是尊重自然，他说：

呜乎！时不若岁，岁不若天，天不若道，道不若神。神者，自然之根也。

这是阮籍对他的宇宙论、本体论的最为简明的概括。时空中存在着这样一个逻辑顺序：时不如岁（年），岁不如天（天地），但天又不如道，而道又不如神，神才是自然，这是因为“天地生于自然，万物生于天地”（《达庄论》），自然才是世界之根，而阮籍的人生理想正是向着无限的自然飞去：

夫大人者，乃与造物同体，天地并生；逍遥浮世，与道俱成；变化散聚，不常其形。

今吾乃飘摇于天地之外，与造化为友。朝飧汤谷，夕饮西海，将变化迁易，与道周始，此之于万物，岂不厚哉！

真正的大人是随着自然宇宙俯仰变化的。在宇宙造化的流转中，人类的一切文明礼义都显得微不足道。在阮籍看来，尧舜禅让、汤武功德、彭祖长寿、孔丘仁义，与永恒的自然相比都不足道也。因此，要超越有限达到无限，跨越短暂达到永恒，就必须走入自然。

这样的思想被嵇康简括为“越名教而任自然”的响亮口号，超越一切有形的名教，而进入与大自然融为一体的世界。罗宗强先生在《玄学与魏晋士人心态》中说：“（嵇康）是第一位把庄子的返归自然的精神境界变为人间境界的人。”

庄子玄远的人生境界变成了嵇康亲切可感的具体人生。嵇康改造了庄子，心游太玄，自然的精神已不是梦幻，而是可感可行的生活。“目送归鸿，手挥五弦”是这种人生的具体体验，在无拘无束悠闲自得的情景中，忽有所悟，心与道合，于是我与自然融为一体。他在《与山巨源绝交书》中说：“游山泽，观鱼鸟，心甚乐之。一行作吏，此事便废，安能舍其所乐，而从其所惧哉？”大自然中的畅情是他的心乐之处，而世俗的官宦生活让他惧怕难耐。因此《与山巨源绝交书》中他说宦吏生活让他有“七不堪”，而他理想的生活必然超越世俗：

> 今但愿守陋巷，教养子孙，时与亲旧叙阔，陈说平生，浊酒一杯，弹琴一曲，志愿毕矣。

大自然的山泽鱼鸟，人伦的亲情往来，使他陶醉使他快乐。这里可以看出嵇康追求的是闲适愉悦、悠闲自在、与自然相亲的理想生活——“轻车迈迅，息彼长林。春木载荣，布叶垂阴。习习谷风，吹我素琴。咬咬黄鸟，顾畴弄音。感悟驰情，思我所钦。”

庄子把哲学自然化了，而嵇康则把人生自然化了。

中朝名士是玄学发展的第三阶段。晋南渡以后，因晋在中原，故称西晋为中朝，不过这里的中朝名士包括太始以后以迄梁陈大多数的六朝名士。中朝名士在气质和精神上较之于正始名士和竹林诸贤，的确是末流了。正始名士的以贵无为理论基础的“名教本于自然”，竹林名士的富有批判精神的“越名教而任自然”，到了这里已成为以贵有为基础的主张内圣外王合一的“名教合乎自然”了。

“越名教而任自然”的理论模式对士大夫的精神世界有巨大的鼓舞作用。但一方面这样的理论要承受与传统和社会的对抗，另一方面玄妙的自然理想也要时时抵御种种物质生活的引诱，这些都不免令人精神紧张。因此，一种旨在消除两大对抗而又不否定人的精神超越的新模式——“内圣外王”的理论已开始孕育诞生。竹林七贤的向秀已明确表现出与嵇康等不同的思想主张。《难养生论》中，向秀肯定了人的欲望，在他看来，人的欲望也是一种自然，肯定人要在现实生活中生存下去，就不能“绝五谷，去滋味，寡情欲，抑富贵”去作单纯的精神追求，精神的追求也必须以欲望的满足为基本前提：“夫天地之大德曰生，圣人之大宝曰位。崇高莫大于富贵，然富贵天地之情也。贵则人顺已以行义于下，富则所欲得以有财聚人，此皆先王所重，关之自然，不得相外也。”这里，对富贵的欲望已不是庄子以来伤生残性的批判，而把它看成是合乎自然的本能追求，自然不再仅仅是日月星斗、草木山川，也包括人的欲望、人的性情。正常的欲望不再是可鄙的，而是正常的、自然的，同样也是不可扭曲的。嵇康死后，向秀入洛，于是他就彻底摆脱了“越名教而任自然”的理论模式，士人的精神萎缩了，这样就触及一个新的理论命题——内圣外王。

真正建立起“内圣外王”理论体系的是郭象。郭象于《庄子序》中说：

然庄生虽未体之，言则至矣。通天地之统，序万物之性，达死生之变，而明内圣外王之道。上知造物无物，下知有物之自造也，其言宏绰，其旨玄妙。至至之道，融微旨雅；泰然遣放，放而不敖。故曰：不知义之所适，猖狂妄行而蹈其大方。含哺而熙乎澹泊，鼓腹而游乎混芒，至仁极乎无亲，孝慈终于兼忘，礼乐复乎已能，忠信发乎天光。用其光则其朴自成，是以神器独化于玄冥之境而源流深长也。

儒家的入世精神与道家的归隐情怀就在这样的阐释下融和了。他告诫人们不仅要“上知造物无物”，而且要“下知有物之自造”。上知即知天，下知即知人，这就是“内圣外王”的理论依据。内圣外王即把个体与社会，自然与名教，内在精神的超越与外在功名的追求协调起来。这样强调个体精神修养的道家思想（内圣）与强调社会秩序规范的儒家学说（外王）便被糅合在一起了。出世的精神旨趣与入世的功利人生，不再是此疆彼域，水火不容，而是彼此联系的。人们不可能完全摆脱现实世界的吸引，是因为现实的欲望本身就具有自然性。郭象在《齐物论》注中说：“我既不能生物，物亦不能生我，则我自然矣。自己而然则谓之天然。天然耳，非为也，故以天言之。以天言之，所以明其自然也，岂苍苍之谓哉！……故天者，万物之总名也。莫适为天，谁主役物乎？故物各自生而无所出焉，此天道也。”郭象对庄子的注疏是对自然认识的理论突破，过去人们认识自然时，仅把客观世界的林林总总视为自然，而忽略自身也是自然。由我观物，物是天是自然，而由物观我，我又何尝不是一种自然。海德格尔强调，生活总要出场，要出场的生命就是自然；而故作高深刻意避世，才是非自然和违背天性的。这就引发了魏晋人一个经常性的话题：小隐隐于山薮，大隐隐于市朝。

内圣外王是一个人与自然、个体与社会、入世与隐世的有机统一。它一方面强调个人心性精神的出世漫游，一方面又注重人生的现实追求，这样一个新的人生境界便产生了：

> 夫理有至极，外内相冥。未有极游外之致而不冥于内者也。未有能冥于内而不游于外者也。故圣人常游外以冥内，无心以顺有，故虽终日见形而神气无变，俯仰万机而淡然自若，夫见形而不及神者，天下之常累也。是故睹其与群物并行，则莫能谓之遗物而离人矣；睹其体化而应务，则莫能谓之坐忘而自得矣，岂直谓圣人不然哉？乃必谓至理之无此。
>
> ——郭象《庄子·大宗师》注

在内圣外王的旗帜下，内冥与外游统一了，自然与名教协调了，个体与社会的矛盾对抗消失了。人们不必再刻意地徜徉于山野间，自然可以畅情、可以逍遥，社会怎么就不可以自由遨游其间，自然在世间，世间亦自然，这样人就可以抓住有限的时间而游于无限了。在内圣外王的理论指导下，“困惑解除了，心情平静了，悲愤消除了，余下的是一种悠闲、恬淡、旷达与超然。名士的言谈举止，已失去了昔日的那种凄厉震耳悲怆感人的格调”。

山水方滋

魏晋人亲近自然顺应自然的思潮导致了文学史上一个重要诗歌流派——山水诗的产生。

刘勰《文心雕龙·明诗》谓：“宋初文咏，体有因革。庄老告退，而山水方滋。”这样的论述极易让人发生误解，仿佛只有老庄思想隐退了，山水诗才兴起。其实，山水诗兴起的真正哲学背景就是老庄“道法自然”的思想，人们对自然山水的兴致恰恰是在玄谈自然中产生的。但刘勰的话也道出了一个事实，即人们厌倦了抽象的“理过其辞，淡乎寡味”的玄谈之后，才开始了更高情味更艺术化的自然文化的追求，这就是魏晋南北朝山水诗创作的开始。

魏晋士人的求仙风气是山水诗发展的重要原因。虽然《诗经》《楚辞》的一些作品，已经表现出人类对自然山水的亲近，汉代辞赋家们已经拥有了鉴赏自然美的能力，同时也具有了相当成熟的模山范水的艺术技巧。但是山水诗的正式出现，还是在魏晋时代（220—419），而魏晋时代老庄玄风的盛行，正是促使山水诗产生的一个重要原因。

面对汉末动荡流离的苦难社会图画，面对司马氏残酷迫害名士的黑暗现实，老庄思想渐渐成为魏晋士人的精神支柱。对苦难的超越使他们不得不采用服药行散狂饮无度的物质手段，以求疏离黑暗的社会现实，达到超越尘外无往而不自得的神仙境界。对神仙世界的企慕造成了游仙诗的兴起，而仙境是虚无飘渺的，许多游仙诗人自己也不相信仙境的存在。因此对仙境的歌咏只能求诸大自然的山川风物。自然山水是仙境的参照物，是神仙境界的蓝本。请看郭璞《游仙诗十九首》之八中的诗句：

阳谷吐灵曜，扶桑森千丈。
朱霞升东山，朝日何晃朗。
回风流曲棂，幽室发逸响。
悠然心永怀，眇尔自遐想。
仰思举云翼，延首矫玉掌。
啸傲遗世罗，纵情在独往。
明道虽若昧，其中有妙象。
希贤宜励德，羡鱼当结网。

这首诗中，诗人对仙境的渴求是以大自然为底木的。这里的仙境中流露着自然的水光山影，诗中日出东方，辉映扶桑，天风朗朗，金光闪闪。于是飘飘然有举翼凌云、遗世独立之情，进入哲学的玄思境界，这集中代表了自然对玄言的启示作用。魏晋士人的仙境是自然的神秘化，是自然的哲学化。但是应该看到，山水在玄言诗、游仙诗中不过是玄理的点缀而已，因此山水诗的发展还有待于进一步深化。

魏晋士人对政治的反叛表现为精神上的求仙和现实的归隐。求仙是精神的漫游，但毕竟虚幻，而归隐则更具体，更具现实的土壤。正是在这一点上，归隐的风俗深化了人们对自然山水的理解。隐逸之士自古有之。但经过儒道哲学的理论化，隐逸不再是单纯的逃避行为，却可以解释成一种具有道德批判性的政治姿态，也可以代表一种精神理想的追求。而远离俗世的自然山水，也从实用的隐避功用增添了精神价值。自然的山水情思化、艺术化了。

隐逸总是同自然山川联系在一起。汉末仲长统的《述志诗二首》之二中有："抗志山栖，游心海左。元气为舟，微风为柁。翱翔太清，纵意容冶。"已把隐逸之志与山川之情融为一体了。大自然的山川草木由于有了隐逸之士的到来而增添了其文化及审美意蕴。张华《赠挚仲治》云：

君子有逸志，栖迟于一丘。
仰荫高林茂，俯临绿水流。
恬淡养玄虚，沈精研圣猷。

在隐逸诗人的歌唱里，老庄玄奥的哲理渐渐隐去，而真正的自然山川之美显露出无限的灵机异趣。早年曾雄心万丈，立志"铅刀贵一割"的左思，晚年却带着悲凉的心境成为融心自然的隐士。他的《招隐二首》之一里描写自己原本是带着悲凉之情而无奈地寻访自然的，却因体验到"白云停阴冈，丹葩曜阳林。石泉漱琼瑶，纤鳞或浮沉"

的一片祥和的山川之美，而心情渐趋平静，人生的境界澄明了、升华了：

杖策招隐士，荒涂横古今。
岩穴无结构，丘中有鸣琴。
白云停阴冈，丹葩曜阳林。
石泉漱琼瑶，纤鳞或浮沉。
非必丝与竹，山水有清音。
何事待啸歌，灌木自悲吟。
秋菊兼糇粮，幽兰间重襟。
踌躇足力烦，聊欲投吾簪。

山水的美感冲淡了尘世的无奈悲凉，诗人于山川乐音中听到了弥漫天地的悠悠天籁——“丘中有鸣琴”，人为的丝竹远不如山水的清音，“非必丝与竹，山水有清音。何事待啸歌，灌木自悲吟”。在这种境界里，诗人获得了隐逸山林、恬淡虚静的精神享受，现实的世界已完全可以置诸尘外了，“踌躇足力烦，聊欲投吾簪”。这样的诗无论从何种意义上说都是真正意义的山水诗了。在左思的诗里，政治意义上的隐逸渐趋淡化，而超然的大自然情怀渐趋明朗，自然已作为一种美的生活摆在人们面前了。

晋人南渡之后，山水诗真正成熟了。南渡之后中朝名士从粗犷的北国来到了山水明丽的江南，面对的是四时苍郁的景色，或杏花春雨，或莺飞草长，或淡烟疏柳，或渔歌唱答，如何不令他们动心。而另一方面，当时的士族广占山林田园，他们的庄园往往具有实用与审美双重价值，既“尽幽居之美”，又“备登临之美”。士族文人徜徉于江南秀丽的山水景色中，宅心玄远，鄙薄俗物，登临游览之风一时盛行。宗炳《画山水序》中说：“山水以形媚道而仁者乐”，把山水之美与宇宙造化之道联为一体，在“天朗气清，惠风和畅”中，“仰观宇宙之大，俯察品类之盛”，赞美自然万物中蕴含的宇宙精神的美。孙绰在《天台山赋》中说：

太虚辽廓而无阂，运自然之妙有。融而为川渎，结而为山阜。嗟台岳之所奇挺，实神明之所扶持。

正因为自然美是自然之道的显现，不是主观意志的产物，所以山水自然与人相亲相近，人们在感受欣赏中可以领略与天地同体的无限乐趣。

在南朝众多的山水诗人中，宋初的谢灵运是第一个大量创作山水诗的作家。他常头戴斗笠，脚蹬木屐，啸傲风月，在经历官宦的坎坷之后，自然的山水成为他精神的乐园。他对山川景物的描写有声有色，精美而秀逸。“池塘生春草，园柳变鸣禽”，一声一色，一静一动，“生”传达着季节的变换，表现着生命的生长，而“鸣”则洋溢着自然悠扬的乐音，传达着生命的喜悦与欢欣，成为千古传唱的佳句。宋人吴可云：“春草池塘一句子，惊天动地至今传。”其他如写春秋之景：“春晚绿野秀，岩高白云屯”（《入彭蠡湖口》）、“野旷沙岸净，天高秋月明”（《初去郡》）；写山川之景：“密林含余清，远峰隐半规”（《游南亭》）、“云日相辉映，空水共澄鲜”（《登江中孤屿》）；写花鸟：“山桃发红萼，野蕨渐紫苞”（《酬从弟惠连》）等诗句，都抓住不同季节自然景物的特征，对偶工整，清新可人。鲍照评其诗云：“如初发芙蓉，自然可爱。”他的诗是从自然中采撷来的，也具有大自然的风采。

谢灵运之后，谢朓是进一步发展山水诗的伟大诗人。他的诗摆脱了玄言诗的尾巴，避免了形而上空泛的议论，从而形成了清新流丽的独特风格，将山水诗创作推向了一个新的高峰。《晚登三山还望京邑》是其代表作：

灞涘望长安，河阳视京县。
白日丽飞甍，参差皆可见。
余霞散成绮，澄江静如练。
喧鸟覆春洲，杂英满芳甸。
去矣方滞淫，怀哉罢欢宴。
佳期怅何许，泪下如流霰。
有情知望乡，谁能鬒不变。

作者始终围绕“望”字进行艺术构思，既写望中之景，又抒望中之情，中间重点写春天望中的自然景物，远近高低，大小内外，层次错落分明。其中“余霞散成绮，澄江静如练”

两句最为后人称道。两句以铺展的锦缎和明净的白绢来比喻晚霞和江水，不仅色彩绚丽悦目，而且渲染了春江日暮静谧柔和的气氛。李白称赞说："解道澄江净如练，令人长忆谢玄晖。"谢朓诗气魄宏大，意致高远，已深具唐人气象：

> 大江流日夜，客心悲未央。
>
> ——《暂使下都夜发新林至京邑赠西府同僚》
>
> 天际识归舟，云中辨江树。
>
> ——《之宣城郡出新林浦向板桥》
>
> 寒城一以眺，平楚正苍然。
>
> ——《宣城郡内登望》

谢朓笔下的自然山水，已超出了一般的模山范水，而成为一个风韵独具的审美世界，以一种"圆美流转如弹丸"的艺术形式表现出来，已开启唐人山水诗的先声了。

神与物游

"神与物游"是魏晋人在探讨人与自然关系中获得的对文艺的基本认识。它是中国文艺理论走向自觉的标志。这一命题是由刘勰在《文心雕龙·神思》中提出的：

> 故寂然凝虑，思接千载；悄焉动容，视通万里。吟咏之间，吐纳珠玉之声；眉睫之前，卷舒风云之色，

其思理之致乎？故思理为妙，神与物游。

“神与物游”明确肯定了自然物象对艺术创作的制约作用。艺术构思过程中，万象纷呈，声色俱现，大自然的风卷云舒走进艺术家的心灵，从而形成精神与物象的互为交融。艺术创作的过程就是不断与自然交流冥合的过程，不是以自然附会于主观意志，以外合内，而是化主体于自然之中，以内合外，内外合一，这就是神与物游的基本含义。因此可以说中国古典文艺理论正是在自然主义文化土壤上生长起来的。

按照古典文论的解释，艺术创作的动因是感物兴情，而这个物首先是自然，艺术的准备过程就是虚以待物，让自然万物真诚地感动人的心灵。陆机的《文赋》是中国第一篇独立的文学理论著作。《文赋》曰：

伫中区以玄览，颐情志于典坟。遵四时以叹逝，瞻万物而思纷。悲落叶于劲秋，喜柔条于芳春，心凛凛以怀霜，志眇眇而临云。咏世德之骏烈，诵先人之清芬。游文章之林府，嘉丽藻之彬彬。慨投篇而援笔，聊宣之乎斯文。

陆机这里描写的正是艺术创作的准备过程，而自然的四时运行，万象变幻，是文学的第一诱因。陆机在说过“颐情志于典坟”，即继承前代的文学传统之后，集中笔墨表达的是情由物生，不是为文造情，而是睹物兴情。生命的感动主要依据于自然的感动，人的喜怒变化与大自然的四时运转同律互动。古典文艺的创作与实践都定位于自然万物的感应上。钟嵘《诗品序》开篇即谓：

> 气之动物，物之感人。故摇荡性情，形诸舞咏。……若夫春风春鸟，秋月秋蝉，夏云暑雨，冬月祁寒，斯四候之感诸诗者也。嘉会寄诗以亲，离群托诗以怨。至于楚臣去境，汉妾辞宫；或骨横朔野，或魂逐飞蓬，或负戈外戍，或杀气雄边；塞客衣单，霜闺泪尽，又士有解佩出朝，一去忘返；女有扬蛾入宠，再盼倾国。凡斯种种，感荡心灵，非陈诗何以展其义，非长歌何以释其情？

动物感人，摇荡性情，形诸舞咏，是钟嵘对艺术产生过程的一个基本概括，但这个过程的基点是物感。一些学者认为物感之“物”，包括两个方面：一是自然之物，诸如春风春鸟，秋月秋蝉，夏云暑雨，冬月祁寒；一是社会之物，即楚臣去境，汉妾辞宫，负戈外戍，杀气雄边，骨横朔野，魂逐飞蓬之类。但这些“物”在钟嵘笔下都统一于自然。春风秋月、夏雨冬寒固然是自然景观的体现，而作为人事的楚臣去境、骨横朔野、魂逐飞蓬之类，其实也是自然物大背景下的人事，是与物相感之后的人事。因此钟嵘把它们总称为“物”，这个物是自然主义观照下的“物”，因此物与情的关系是感。这个感是感应，是感动，而不是凌驾，不是统率。“感”不是我们通常所说的反映，反映是认识是说明，而“感”则是顺应是体悟，所以钟嵘强调的不是以悲喜哀怨之类的感情涂抹于自然万物，而是自然万物引动主观情感，因此钟嵘在这里反反复复强调“物之感人”“摇荡性情”“四候之感诸诗者也”。也就是说，主观的情志是顺应外物的结果，用刘勰《原道》的话说就是：“夫岂外饰，盖自然耳！”

同陆机、钟嵘一样，刘勰也认为作家的感受只能来源于客观自然：“人禀七情，应物斯感，感物吟志，莫非自然。”又说：“春秋代序，阴阳惨舒。物色之动，心亦摇焉。”——大自然的变化不是毫无意义的循环往复，它引起人类或喜或悲的情感变化，从而引发作家的创作情感。自然是流动的、不断变化的——“岁有其物，物有其容。”因此，作家的情感也随之变化：“献岁春发，悦豫之情畅；滔滔孟夏，郁陶之心凝；天高气清，阴沉之志远；霰雪无垠，矜肃之虑深。……情以物迁，辞以情发。”（《物色》）作家创作不仅要随着客观自然的变化而变化，而且作家所创造的艺术美从根源上说是与自然美的客观属性一致的。他说：“是以诗人感物，联类不穷。流连万象之际，沉吟视听之区；写气图貌，既随物以宛转；属采附声，亦与心而徘徊。”这样，决定着文学创作的是客观万物作用于作家主观感情的结果，而不是超自然的理性的“道”。

虽然魏晋南北朝时期的作家们对文学艺术有不同的理

解，作家的创作倾向也不尽相同，但把文学创作的动因归结于睹物兴情却是普遍的看法：

> 炎凉始贸，触兴自高。睹物兴情，更向篇什。
>
> ——萧统《答晋安王书》
>
> 至如春庭落景，转蕙承风，秋雨且晴，檐梧初下，浮云生野，明月入楼，时命亲宾，乍动严驾，车渠屡酌，鹦鹉骤倾，伊昔三边，久留四战，胡雾连天，征旗拂日，时闻坞笛，遥听塞笳。或乡思凄然，或雄心愤薄，是以沈吟短翰，补缀庸音，寓目写心，因事而作。
>
> ——萧纲《答张缵谢示集书》
>
> 捣衣清而彻，有悲人者。此是秋士悲于心，捣衣感于外。内外相感，愁情结悲，然后哀怨生焉。苟无感，何嗟何怨也？
>
> ——萧绎《金楼子·立言》

这里的“睹物兴情”“寓目写心”“内外相感”都是自然主义文艺观的体现。这样的基本认识源于诗人们亲近自然乐山乐水的思想感情，也影响了后世作家对山水自然的描写。

既然作家的创作感动源于自然万物，因此，创作的真正状态必须是对自然万物的迎接融和，而不是拒绝分离，因此作家创作的心理状态是虚静。用庄子的话说，虚就是“心斋”，就是“虚以待物”；静则是明，是显现，让自然万象在心灵世界中显现出来，即苏东坡谓："静故了群动，空故纳万境。"陆机《文赋》如此描绘这样的境界：

其始也，皆收视反听，耽思傍讯，精骛八极，心游万仞。其致也，情曈昽而弥鲜，物昭晰而互进。倾群言之沥液，漱六艺之芳润。浮天渊以安流，濯下泉而潜浸。于是沉辞怫悦，若游鱼衔钩而出重渊之深，浮藻联翩，若翰鸟缨缴而坠曾云之峻。收百世之阙文，采千载之遗韵，谢朝华于已披，启夕秀于未振；观古今于须臾，抚四海于一瞬。

在艺术的创作里，心灵必须进入空虚境界，要收视反听，耽思傍讯，心灵的虚静，创造了"精骛八极""心游万仞"的博大艺术空间。"空故纳万境"：群言之沥液，六艺之芳润，天渊之安流、下泉之潜浸、古今之须臾、四海之一瞬等等，一切有形的无形的、空间的时间的、历史的现实的，都在无限空间里搅拌融和，自由交往。空明的心容纳着万境，自然万象充实了人的生命，万物也染上了人的性灵。这就是物象呈现着灵魂生命的时候，也是艺术境界诞生的时候，这就是刘勰所说的"神思"：

夫神思方运，万涂竞萌。规矩虚位，刻镂无形。登山则情满于山，观海则意溢于海。我才之多少，将与风云而并驱矣。

“神”是上天下地包揽宇宙的精神活动。但这里的“神”不是离开自然万象的无度的胡思乱想，而总是与自然相伴，是自然界最悠远最广阔的时空。神是从自然万物感发中的想象活动，所以刘勰《文心雕龙·物色》谓“诗人感物，联类不穷”。神思是精神与物象相互交融，孕育出无穷的审美境界，是人与自然的冥合无间。人与自然的冥合不是人为的撮合，而必须是超越人为的自然结合。萧子显《自序》谓：

> 若乃登高目极，临水送归，风动春朝，月明秋夜，早雁初莺，开花落叶，有来斯应，每不能已也。

魏晋以来的名士们在服药行散、竹下风流中，完成了哲学的从名教到玄学、人格的从才情到神韵、诗歌创作的从玄思到山水、艺术理论的从摹形到神思的转变，这一过程的主题是人的哲学精神、艺术精神自然化的过程。魏晋士人完成了中国历史上最大的一次回归自然的活动。

心灯：哲学与智慧的隐喻

灯与烛在象征世界里最广泛的意义是隐喻心灵，美国批评家艾布拉姆斯在《镜与灯》一书中，曾罗列了西方文艺批评史上种种心灵的隐喻，饶有兴味的是心灵比喻的变迁竟与整个文艺思想的发展相联系。模仿说把心灵比喻成镜子，反映论把心灵比成泉水，表现说则把心灵看成是蜡烛和灯，从镜子到泉水，从泉水到灯烛，意象的变化标志着哲学、文艺学认识论的发展阶段。

以灯喻心意味着把心灵当作发光体，这个心灵的比喻意味着把心灵的认知当作用光去映照的过程。一切被认知的都是被照亮的，未被照亮的是黑暗是蒙昧。柏拉图主义者将人的精神视为主的蜡烛，用以照亮各种对象，它照射在这些对象上的光多于从它们身上得到的光。精神是蜡烛的命题，是因为创造者本身是“光之源泉”，他用智慧之灯装饰美化了下界：“这灯将伴随着人们对他莫名的赞誉和敬仰而永世长明。”（艾布拉姆斯《镜与灯》）

智慧是灯、是烛，在发源上有着更悠远的传统，古希腊神话中阿波罗是太阳之神，但同时又是艺术、医学、神学之神。几乎人类所有的文化智慧都集于阿波罗一身。阿波罗日神的故事妇孺皆知，但人们很少注意到阿波罗的一身多任现象背后有一个重要的象征底蕴，光明之神与智慧之神合二为一，构成了光与智的意义联系。

中国古典哲学也将智慧和心灵比作火光和蜡烛，《潜夫论·赞学》谓：“道之于心也，犹火之于人目也。中阱深室，幽黑无见，及设盛烛，则百物彰矣。此则火之耀也，非目之光也，而目假之，则为己明矣。”道在中国哲学里往往是一切被认知活动的最高概括，哲学家们在这里把它比喻成了火与烛，而未被认知的蒙昧状态，即心智未达到的领域，即夜与黑暗，它的底蕴仍然把心看成是灯是火。“启蒙”一词是有启发意义的，启蒙意味着从无知愚昧走向知识觉悟，这里有两个方面的比喻意义：第一，它意味着无知是黑暗的无光的；第二，知识与智慧是光的照亮，因此这个词本身就是对心灵是灯烛的认同，智慧是发光的，是中国智慧的普遍见解。

《周易》中的《离卦》作䷝，离象征火与日，《大有》卦作䷍（上离下乾），其象曰：“火在天上。”而这两个卦象都具有智慧的象征意义，《大有》之《象》曰：“君子以遏恶扬善，顺天休命。”火作为燃烧的光，不仅能照亮物质世界，也能显示出精神世界的善恶，太极图是以阴阳符号为代表的，它的意象符号是复合式的，阴阳鱼的分割线是S形的，“其中主要的对偶可以用我们的语言表示为反义词：明暗、雌雄、生死、知与不知”（叶舒宪《文学人类学探索》），可以说在这个图式里的光对智慧做了最高最终的归结象征，所以威尔赖特说：“光的意象于是就格外适

合于充当代表心灵状态的主要的意指性象征了。”（《原型性的象征》）

中国的道家也常常把光与智联系起来。日本学者今道友信在《东方的美学》（三联书店 1991 年版）中把庄子的哲学概括为“光的形而上学”。《庄子·逍遥游》中有一段著名的文字：“北冥有鱼，其名为鲲。鲲之大，不知其几千里也。化而为鸟，其名为鹏，鹏之背，不知其几千里也。怒而飞，其翼若垂天之云。是鸟也，海运则将徙于南冥。南冥者，天池也。”

这段耳熟能详的文字，在今道友信那里做了别有意味的新解。在他看来，北冥（北海）之“北”字，在中国古典里意味着阴，也就是否定的一极，那是昏暗的方向，是地的方向，而由北冥向南海的运向即思维从北方的海飞向南方，就是向积极的一极，向明亮的充满光的方向，也即天的方向飞去。同时鲲变成鹏也意味着思维变化的必然性，即思维从相对中解脱出来，回到绝对的一的世界。庄周“不是追求老子那种无的根据，他所憧憬的是真正的光。……在光里的这种陶醉即恍惚浮游，庄周名之为逍遥游”（今道友信《东方的美学》第 127 页）。

学术研究中有时候站出来一步，就会发现一个完全不同的世界，大鹏南飞，水击云天的博大境界，在今道友信看来完全是从混沌迷蒙向智慧之光奋飞的过程。鲲是混沌迷蒙，而鹏则代表智慧与感知。在我们佩服日本学者见识的同时，也觉得他对庄子“光的形而上学”阐述不足，这里我再提出几点以申足其意：

第一，从语源上说，鲲本身象征着原始混沌，在汉语里原始混沌状态往往用混沦、囫囵、昆仑等语词表示，在汉语里鲲即混沌，急读之则谓鲲，析读之则谓混沌。而鹏则代表了光明觉醒。依《说文》解，鹏字作[illegible]，即古“凤”字。凤在中国民间又称火鸟、火鸡，五百年集木自焚而再生，所以庄子用它作光明的象征，作为到达逍遥自在的象征物。

第二，《庄子》一书的内部存在着一个由北至南，由昏暗走向光明的逻辑联系。《庄子》第一篇是《逍遥游》，外篇的最后一篇是《知北游》。《逍遥游》是鲲化为鹏由北冥入南冥，即由蒙昧走向智慧；而《知北游》中的“知”通于“智”，反映的是从智慧重新返回原始蒙昧，但这里的复归不是简单的重复，而是智慧在经历了质的飞跃之后重新回到自然。这颇类似于禅家语录中的“老僧三十年前未参禅时，见山是山，见水是水。及至后来，亲见知识，有个入处，见山不是山，见水不是水。而今得个休歇处，依然见山只是山，见水只是水”。

第三，庄子在自己的著作中常常以光来暗喻对道之体悟，暗喻心灵呈现出的一种自由澄明状态。他在《齐物论》中提出了“葆光”的理论，所谓“注焉而不满，酌焉而不竭，而不知其所由来，此之谓葆光”。光成为庄子对心灵世界的基本认识，心灵被看作是发光体，汇纳百川而不流溢，自由挥发而不枯竭，这是一种超验的自然状态，来自于心灵的宁静祥和，所以《庚桑楚》中说："宇泰定者，发乎天光，发乎天光者，人见其人，物见其物。"宇泰即心灵，宁静的心灵总是吐露辉光，只有在宁静中心灵的辉光才能照亮自身，辉映万物，用海德格尔的话说，只有在光的照耀下，世界才敞开并且出场，在这里"天光"即心灵的代名词。

《周易》的卦象和庄子"光的形而上学"中，太阳与火的性格已融进了人类的精神世界，当心成了认知的代表时，心也就成了光。而"心灯"一词却是佛家提出的。"心灯"是佛家术语，《佛学大辞典》谓："心灯，犹言心灵，静中不昧之义。"笃信佛教的梁简文帝萧纲于《广明弘集·与广信侯书》卷十六云："岂止心灯夜炳，亦乃意蕊晨飞。"《慈恩寺·三藏法师传》卷九云："智皎心灯，定凝意水。"灯代表着佛家的人格与精神。

> 下界水长急，上方灯自明。
>
> ——卢纶《题云际寺上方》
>
> 一灯心法在，三世影堂空。
>
> ——羊士谔《山寺题壁》

诗人笔下寂寂僧院里的闪闪灯火，总流露出一尘不染、佛光朗照的心灵辉光，这种心灯是"处垢不染，修沉不净，故云自性清净，性体遍照，无幽不烛，故曰圆明"（华严宗师法藏《妄尽还源观》)。“圆明”是佛家人格境界的体现，而这种境界的心灵空间是“性体遍照”“无幽不烛”的光辉，相反，无佛无知的状态就是无灯无明，佛的最高境界是涅槃，而这种境界之中佛家依然点燃一盏“无上灯”——“一切有结尽，无病为涅槃，谓之无上灯。”

佛家认为绝对真空的如来法界是难于言说的，即无言说相，无文字相，佛家常于语言之外立象征比喻，而通常的比喻即为灯。

> 诸法真实相，寂灭无所依，如来方便力，能为众生现。
>
> 如来于诸法，无性无所依，而能现众像，显相犹明灯。
>
> ——《华严经·卷一·世间净眼品》

> 或现种种色身音声教化众生，或现诸语言法，种种威信，种种菩萨行，一切智明为世界灯。
>
> ——《华严经·卷十五·入法界品》

虽然世界如此复杂，佛家的经典威信如此众多，但千头万绪归根结底“一切智明为世界灯”。一切像灯烛一样照亮着的才是心灵，才是智慧。“一灯如悟道，为照客心迷”(孟浩然《夜泊庐江闻故人在东寺以诗寄之》)，灯是超度众生摆脱苦难的智慧之火，是达到佛的境界的最高象征。众生的执迷与菩萨觉悟的最大区别是觉悟的心有灯映照。

“继世风流在，传心向一灯。”（皎然《雪夜送海上人常州觐叔父上人殷仲文后》）灯不仅象征着佛家智慧与心灵，也象征着佛家旨趣的衣钵传承，高僧们常常以灯命名自己的著作，像《五灯会元》《景德传灯录》《传灯录》等等。灯在这里则是佛家思想传承的代名词了。真正的禅佛意趣难以言传，而心灵却可以以心会心，正如绵绵灯火相传不绝。东晋佛教领袖慧远曾以“火薪之喻”来阐述佛家精神的“冥移之功”：

> 火之传于薪，犹神之传于形；火之传异薪，犹神之传异形。前薪非后薪，则知指穷之术妙；前形非后形，则悟情数之感深。惑者见形朽于一生，便以为神情俱丧，犹睹火穷于一木，谓终期都尽耳。
>
> ——《弘明集》卷五

在佛家看来，佛的思想如同人类世代相传的火炬一样，生生不息，万世不绝。如果不是火与光在人类精神里的美好记忆，很难产生如此生动的比喻和象征。点亮了心智之灯，也就获得了菩提觉悟，踏上希望之路，寒山有诗云：

> 常闻释迦佛，先受然灯记。
> 然灯与释迦，只论前后智。
>
> ——《诗三百三首》之二百四十

燃灯代表着皈依佛家踏上精神获救之路，烛光灯影照见了高唱梵歌的僧人，也启示着诗人们的佛意禅思。

> 案上香烟铺贝叶，佛前灯焰透莲花。
>
> ——刘禹锡《和乐天斋戒月满夜对道场偶怀咏》

> 香火一炉灯一盏，白头夜礼佛名经。
>
> ——白居易《戏礼经老僧》

> 松门山半寺，夜雨佛前灯。
>
> ——马戴《寄终南真空禅师》

> 一灯常到晓，十载不离师。
>
> ——贯休《桐江闲居作十二首》

夜深寺静，灯青烛红，灯烛构成了一种境界、一种智慧，反映着诗人与僧人丰富复杂的精神活动。灵一有诗云：“灯传三世火，树老万株松。”（《静林精舍》）时越千载，树老松衰，人何以堪？而一灯尚传，佛火不熄，人类就有了不泯之希望，正所谓：“闻说天台旧禅处，石房独有一龛灯。”（李郢《长安夜访澈上人》）

从儒家的“天不生仲尼，万古长如夜”到道家的“宇泰天光”，从《周易》古老卦象的光明启示到佛家的“传心向一灯”，灯与烛都是心灵与精神的象征，灯与烛给中国哲学与智慧以无穷的启示，增添了古典哲学的丰富内涵。智慧与心灵感知之处都有如辉光普照，世界由此显现出来。汉语里的“眼光”一词颇有意味，一切可看见的可认识的都是光。眼睛是发现，也就成了光。《圣经·马太福音》上说“眼睛就是光”，这恰好道出了“眼光”一词的底蕴，从这里我们可以理解灯烛之所以象征心灵，正因为它是照亮、是燃烧。

禅意盎然

在魏晋士人挥麈清谈时，佛学也在中国文人间大大拓宽了市场。佛学本是戒律森森的宗教，但它要深入中国，就必须完成中国化的过程，佛家的“空”与道家的“无”本有相通之处，而魏晋士人崇尚老庄谈玄说理的风气，为佛教在中国的发展提供了适宜的土壤。中唐以后完成了佛学中国化的禅宗，成为风靡中国的思想。禁欲的宗教演化成世俗的亲近自然的人生哲学。

佛祖拈花

佛是佛陀的简称，意即觉悟。佛陀本名乔达摩·悉达多，释迦牟尼是对他的尊称，意为释迦族的圣人。据说他出生在古印度北部的一个小国。他是净饭王的太子。他自幼受过完备的教育，多情善感，对人世间寄予无限的同情和深思。他不留恋花团锦簇的王宫生活，从小就因看到青草被犁翻，蚯蚓和虫卵被杀死，耕地的农夫面容憔悴，而大动恻隐之心，长大以后则注意到现实生活中的生老病死等痛苦的景象。二十九岁的他弃家出走，出走前夕，他无意中瞥见了宫廷中众美女在月光下熟睡的呆相，因此他感到世间皆苦，人生无常，于是寻求解放，遁入深山丛林中过苦行僧的生活。三十五岁的时候，他在菩提树下悟道，终于获得了神通，获得了“无上正觉”，建构了以摆脱人生痛苦、追求人生解放为核心的佛学理论体系，展示了佛学的基本特色。

佛教在其本源上就决定了它与自然的亲近关系。首先，佛陀把生命视为平等现象，其哀怜悲悯遍及一切生命现象。《法华经》谓：“一切众生皆是成佛道，若有闻法者，无一不成佛。”其次，万物之间“圆融无碍”，庄严的佛教把整个自然界都点化成生意盎然的统一有机体。最后，佛陀长期生活于丛林中，表现了亲近自然的品格，“天下名山僧占多”，这一现实情况也正说明佛教与自然的关系。

佛教与自然的亲近关系在中国佛教禅宗里得到了淋漓尽致的发挥。据《五灯会元》说，当年佛祖在灵山聚众法会，拈花示众，听者不明白其中的奥妙，只有迦叶尊者微微一笑，佛祖知道他已领悟，于是对这个弟子格外赏识，当众宣布：吾有正法眼藏付诸摩诃迦叶！佛祖拈花，迦叶微笑。这是一幅多么动人富有生活情趣的诗意图画。“没有谆谆教诲，也没有滔滔雄辩，只有两位智者间的‘心有灵犀一点通’，那拈花的动作中包含着无穷的妙谛，那微笑的神态中闪烁着悟性的光辉。”（周裕锴《中国禅宗与诗歌》）繁缛的宗教传承在这里变成简洁平易的心灵交流，沉默的微笑替代了悟道的喜悦。不立文字，以心传心，意义只能借助纯象征的形式来表现。一花一世界，一叶一乾坤，花是带着野性芬芳的自然物象，又是体悟哲学与理性的符号。因观花而悟道，正暗示着禅宗把自然物象作为其哲学精神指示物的象征意蕴。

由于禅宗摒弃了繁缛的语言形式，只能通过自然物象的选择来传达对宇宙对人生的神秘体验。著名的神秀与惠能之争就是以物象来参悟其世界的。

禅宗自达摩东来传至五祖弘忍，弘忍有两个弟子，一个是神秀，一个是惠能。弘忍在确立衣钵传承人时，命弟子述一诗偈，以考察他们对佛的理解。大弟子神秀本来是公认的衣钵传承人，他踌躇满志，用心作了一首偈语道：

> 身是菩提树，心如明镜台。时时勤拂拭，勿使惹尘埃。

然而这一偈语未得到弘忍心许。惠能虽只字不识，又在碓房作务，但有慧根。他也请人拂拭壁上代书一偈：

> 菩提本无树，明镜亦非台。本来无一物，何处惹尘埃。

这首偈语揭开了禅宗正式形成的最后一道帷幕。神秀的中心理论是万事万物是不洁净的，连人的心灵也极易受到污染。因此人必须拂拭，拂拭心灵的污垢，才能显现出佛性的辉光。因而必须接受戒一定一慧的三段修行，才能达到佛的领悟，这样的悟只能是渐悟。而照惠能看来佛是众生，众生是佛，佛在自性中。“自心是佛，更莫狐疑，外无一物而能建立。”

既然如此，又何必向外去求，成佛只在一念之悟，刹那之间，顿悟自性，便可成佛。又何须受什么戒律，直指本心，便顿悟成佛了。这样的修行方法迎合了中国士大夫的口味。中国本没有严格意义上的宗教，士大夫难以忍受戒律的约束。古代哲人们往往沉溺于对心性的探讨，这与推崇心性的中国士大夫一拍即合，于是顿悟的禅宗便席卷全国了。

禅宗反对语言文字的束缚，对佛的领悟依靠的是简洁平易的心灵交流，是以心传心，不立文字，自然物象便成为其体悟佛陀的象征语言。由于摆脱了语言文字，对佛的世界不是通过讲解分析来理解，而只能通过心灵感应彻悟。这样的彻悟便是心灵空灵澄澈，是全身心的直觉体验，只有如此才能达到“梵我为一”，回到自然状态里。心便是佛，而心是自然状态下的澄明的心灵，因此回到心灵就是回到原始、回到自然。李泽厚先生在《中国古代思想史论》中说：

> 禅之所以多半在大自然的观赏中来获得对所谓宇宙目的性从而似乎是对神的了悟，也正在于自然界事物本身是无目的性的。花开水流，鸟飞叶落，它们本身都是无意识、无目的、无思虑、无计划的，也就是说，是“无心”的。但就在这“无心”中，在这无目的性中，却似乎可以窥见那个使这一切所以然的“大心”、大目的性——而这就是“神”。并且只有在这“无心”、无目的性中，才可能感受到它。一切有心、有目的、

有意识、有计划的事物、作为、思念，比起它来就毫不足道，只妨碍它的展露。不是说经说得顽石也点头，而是在未说之前，顽石即已点头了。就是说，并不待人为，自然已是佛性。

应该说这是深得禅宗底蕴的话，自然的无目的性、任意性、非阐释性给了同样是无目的、无意志、不可言说的禅宗以极大的思想启示。理解了这一点，就可以理解禅宗思想家为什么总是向自然界寻求思想的感悟了。

有月落波心

佛学本来划分为“此岸世界”与“彼岸世界”，这两个世界是彼此对立的。此岸世界包括尘世的一切，它人欲横流，充满了卑俗、污秽、下流、苦难；而彼岸世界则金碧辉煌、纯洁无瑕，洋溢着快乐、自由、高尚。但禅宗则强调心物一体、梵我合一，把彼岸世界从遥远的天国拉回尘世，从虚幻的来生拉回尘世，存放于每个人的心中。“我心就是一切”，山河大地、日月星辰、风花雪月，都体现着我的本心。我的本心之中就有山河大地、日月星辰、风花雪月。佛即我心，我心即佛，这样的物质世界与精神世界已在无边无际的时空中融合为一了。传统的儒道两家的“天人合一”被带进了佛陀世界，从而把自然的现实的人与彼岸理想世界的人统一在一起了。《翠岩可真禅师语录》里记载，慈明和尚问可真："如何是佛法大意？"可真回答："无云生岭上，有月落波心。"

可是慈明却大怒，说你已风烛残年、头白齿豁，还这样不明佛法，如何才能解脱。可真大为恐慌，求慈明指示。慈明说那你来问我，可真用刚才的话一问，慈明和尚大喝一声，依旧是：无云生岭上，有月落波心。

这就把禅的机锋导入神秘。这种神秘初看起来没有是非彼此物我，但这里的肯定是经过了否定之否定的肯定。这使人们想起了青原惟信禅师所云："老僧三十年前未参禅时，见山是山，见水是水。及至后来，亲见知识，有个入处，见山不是山，见水不是水。而今得个休歇处，依然见山只是山，见水只是水。"最初的"无云生岭上，有月落波心"，经历了否定之后又回到"无云生岭上，有月落波心"，已是又一番境界。见山是山，见水是水是原始的朴素的山水自在状态；见山不是山，见水不是水是以我观物，山水都是主观意志观照下的山水，这是第二境界；见山又是山，见水又是水，则是物我两忘，梵我合一，这是禅的第三境界，也是最高境界。

禅强调对世界的直观领悟，它竭力避开任何抽象性论证，更不谈抽象的本体道体，它只讲眼前的生活、境遇、风景、花鸟，也就是说禅的意境不是抽象的思考，而是自然的呈现。这样自然本身就是一种语言。

山河大地，日月星辰。

万古长空，一朝风月。

晓日烁开岩畔雪，朔风吹绽腊梅华。

山花开似锦，涧水湛如蓝。

——《五灯会元》

抽象的宗教玄思变成了审美的艺术图画。一切都那么温馨亲切，对大自然的会心一笑替代了哲理的抽象思辨，自然界中无不禅机遍布，佛法显露，立地成佛。人们无须去在青灯黄卷中苦熬岁月地去寻求佛的理念，更无须去接受宗教的种种戒律，只需抓住当下，与自然妙然心会，即是觉悟，即是成佛。于是抽象的佛法被大自然的审美替代了。《五灯会元》卷二记天柱山崇慧禅师与僧人的对话：

僧问："如何是天柱家风？"师曰："时有白云来闭户，更无风月四山流。"问："亡僧迁化向甚么处去也？"师曰："灊岳峰高长积翠，舒江明月色光晖。"……问："如何是道？"师曰："白云覆青嶂，蜂蝶恋庭华。"……问："宗门中事，请师举唱。"师曰："石牛长吼真空外，木马嘶时月隐山。"问："如何是和尚利人处？"师曰："一雨普滋，千山秀色。"问："如何是天柱山中人？"师曰："独步千峰顶，优游九曲泉。"问："如何是西来意？"师曰："白猿抱子来青嶂，蜂蝶衔华绿蕊间。"

在天柱山一师一徒的问答中，佛法已不是抽象的理论，而融化成白云闭户，风月四山，峰高积翠，江月辉光，一雨普滋，千山秀色，独步峰顶，优游九曲等壮丽优美的自然景观。宗教的玄思被大自然的审美愉悦替代了，神秘的宗教天国成为可经验可证实妙然心会的自然界。佛即眼前即审美即会心即温馨即愉悦，一切平常的自然的适意的均是佛法的体现，所谓“古佛心源，明露现前，匝天遍地，森罗万象，自己家风，佛与众生，本无差别”（《五灯会元》卷八）。

禅宗反对语言文字，不在思辨推理中去强作解人。惠能《坛经·机缘》中说：“诸佛妙理，非关文字。”任何语言文字，只是人为的枷锁，文字与语言对于充溢天地的佛法来说只能是“障”。而一切自然都有道的自足，在禅宗看来，“青青翠竹总是法身，郁郁黄华无非般若”（《五灯会元》卷三），这样佛法无所不在了：

> 柳色含烟，青光迥秀。一峰孤峻，万卉争芳。白云淡泞已无心，满目青山元不动。渔翁垂钓，一溪寒雪未曾消，野渡无人，万古碧潭清似镜。
>
> ——《五灯会元》卷十四

> 千峰列翠，岸柳垂金。樵父讴歌，渔人鼓舞。笙簧聒地，鸟语呢喃。红粉佳人，风流公子，一一为汝诸人发上上机，开正法眼。
>
> ——《五灯会元》卷十九

在禅宗那里，“法身”不再是抽象的神秘的彼岸世界，而是存在于目前的宇宙万物，山河大地，天机自张，“道非物外，物外非道”。这样禅宗对世界的体悟不是自然中演绎出抽象的原理法则，而是与大自然打成一片。禅宗召唤出了一个生机勃勃的诗意的自然界。李泽厚先生说：“在禅宗公案中，所用以比喻、暗示、寓意的种种自然事物及其情感内蕴，就并非都是枯冷、衰颓、寂灭的东西；相反，经常倒是花开草长，鸢飞鱼跃，活跃而富有生命的对象。它所诉诸人们感受的似乎是：你看那大自然！生命之树常青啊，你不要去干扰破坏它！充满禅意的著名日本俳句：‘晨光啊！牵牛花把井边小桶缠住了，我借水。’也如此。”（《中国古代思想史论》）大自然不是被梵意禅思遮蔽了，而是被禅悦的宁静诗意般地召唤出来了。自然出场了，心灵被照亮了，禅的境界便成了自然荟萃的壮丽景观。铃木大拙说：“禅是大海，是大气，是高山，是雷鸣，是闪电，是春天花开、夏天炎热、冬天降雪，不！这些都是禅，而禅即是人类的。禅宗并不拘泥于那些来历久远、长期形成的种种形式、习惯及其他一切外在因素，它直指人心，活泼而有生命力。”（《通向禅学之路》）

禅的生命力源于自然的活力自然的生机。

自然万象是禅宗思想的精神武库。一花一草一枝一叶，自然万象辉映着禅意宁静的辉光。而在禅宗中最富有意味的是月光，以月喻禅是禅家的传统。诸如“宝月流辉，澄潭布影，水无蘸月之意，月无分照之心，水月两忘，方可称断”之类，月境与禅境，物境与心境浑然一体，在相融中合一。佛家的经典诗文也常常以月名之，像《水月斋指月录》《禅月集》等等，无不让人联想到禅家从月亮里得到的宝贵启示。

《五灯会元》记法眼示法诗云：“见山不是山，见水何曾别？山河与大地，都是一轮月。”月的意象既象征苍茫浩渺的永恒历史，又象征了万物混茫物我合一的无差别境地，月亮涵盖了一切，让人们体味到寂然不变的永恒存在。从月光里禅家得到了顿悟的启示。双岭化禅师云：“翠竹黄华非外境，白云明月露全真。头头尽是吾家物，信手拈来不是尘。”禅家把白云明月看成是“吾家物”，体现着禅意的“全真”，月蕴含着哲学取之不尽的永恒意味。

禅宗哲人对顿悟的追求建筑在求诸内心的清净澄明的基础上，而禅家哲人心中总是洒满宁静澄澈温润禅悦的月光。禅家常常以月比心，唐诗僧寒山有诗云：“吾心似秋月，碧潭清皎洁。无物堪比伦，教我如何说。”“众星罗列夜明深，岩点孤灯月未沉。圆满光华不磨莹，挂在青天是我心。”皎然也有诗云：“夜夜池上观，禅身坐月边。虚无色可取，皎洁意难传。若向空心了，长如影正圆。”禅家明净之心以阔朗圆满之明月来象征，一片禅心可掬。禅家诗人正是通过充满禅趣的月与心来比喻，从纷杂喧嚣的尘世中超脱出来，澡雪精神，走向那个新的晶莹剔透、澄澈清明的宁静的心灵世界，从明净的心灵体验中达到意境的升华。

月亮像一个无言的哲学大师，引导人们对超脱空灵神秘的智慧品格的思考，而一轮明月正是自然的代表。

平常心是道

禅家在法理上摆脱了语言文字，付诸自然物象的表述；在体验上摆脱了戒律的限制，付诸心灵的感动，这样禅家的人生也是自然主义的人生。铃木大拙在《通向禅学之路》中说："禅宗的目的在于确认生活本身。在禅宗这里，没有突飞的东西，没有神秘的东西。举起手来在桌子的另一侧取书，听窗外打球少年的声音，眺望树梢上流动的云朵，在这一切之中，都能够领悟禅意。语言的说明议论是没有用的。即使不知道其理由——也没必要知道——当太阳升起时，仍然是大地充满生机，人们心中充满幸福。"总而言之，如果要了解禅的话，就必须在当时当场把握它，既然禅把理念心灵都交给了自然，那么它的人生追求也只能交给无心无目的任意的大自然了。这种自然的人生，被后来的高僧概括为"平常心是道"的哲学。《马祖语录》记载过马祖道一的话：

道不用修，但莫污染。何为污染？但有生死心，造作趣向，皆是污染。若欲直会其道，平常心是道。谓平常心无造作，无是非，无取舍，无断常，无凡无圣。

道是平常，而平常心就是顺应就是自然，人们不必向外寻求，一切存于心灵存于自由自在的状态里了。曾受马祖教诲的庞蕴居士在一首诗偈中写道：

> 日用事无别，唯吾自偶谐。头头非取舍，处处没张乖。朱紫谁为号，丘山绝点埃。神通并妙用，运水及搬柴。
>
> ——《五灯会元》卷三

世俗的生活诗化了、禅化了。中国佛教自此走下神圣，走向平易亲近的人生，因此我们在祥和的世界里总能闻到草的芳香，能听到婴孩的歌谣，能看到农夫农妇的身影。生活诗化了，宗教也就自然化了。

平常心是道，是对禁欲主义的一种解放。“孤峰顶上，盘结草庵”“十字街头，解开布袋”，正是在这种思想指导下，深受禅宗影响的中国士大夫们既可隐迹山林，又可藏身市朝，与世推移，和光同尘，能出淤泥而不染。创造出一种既有出世修养，又有入世精神，左右逢源，会心自适的自然主义人格。

在禅宗的自然主义人格里，“生存是一切的根据，离开生存，一切都不复存在，无论有什么哲学，无论有什么伟大的有力的观念，我们都不能离开这现实的生存。仰望星空的人，双脚依然踏在大地”。禅宗是从自然中学会思考，学会像自然那样，学会生存。

据《五灯会元》卷四记载，赵州问新到的和尚："曾到此间么？"曰："未曾到。"赵州说："吃茶去！"过了一会儿，又来了一个和尚，赵州又问曾到此间否？答曰："曾到。"但赵州依然说："吃茶去！"这时连管理僧堂的院主也大惑不解，问："为什么曾到也吃茶去，不曾到也吃茶去？"赵州又说："你也吃茶去！"

这里已无须再问什么。人一思考上帝就发笑，一切安于自身就是正道。生存就是自身，就是顺着生活的运转而运转，不必疑虑，不必发问，一切已存在于平常之中了。这里我们再看仰山与沩山的一段对话。夏末的一天，仰山来访问沩山，沩山问：

> "子一夏不见上来，在下面作何所务？"仰山答："某甲在山下锄得一片畲，下得一萝种。"沩山感叹道："子今夏不虚过。"
>
> 而仰山则反问沩山："未审和尚一夏之中作何所务？"沩山曰："日中一食，夜后一寝。"仰山曰："和尚今夏亦不虚过！"

在禅家看来，只要顺乎自然、存在于存在中、生活于生活中，就是不虚过。不奢求什么意义，不企望什么崇高，在宇宙大化中流动生存，便是得道了，便是觉悟了。因此"锄得一片畲，下得一萝种"与"日中一食，夜后一寝"一样，都是不虚度，都实现了生命的充实。大自然中生长的万物不也是如此吗？草为谁碧，花为谁红，人类又何必追问生存以外的意义呢？

禅家已回到彻底的自然状态里去了，以一颗平静的、自得的、适意的心灵融入生活，迎纳万物。在禅宗的公案里可以看到许多在自然里感动体悟的记载：

（灵云志勤禅师）初在沩山，因见桃华悟道。有偈曰："三十年来寻剑客，几回落叶又抽枝。自从一见桃华后，直至如今更不疑。"

——《五灯会元·卷四》

昔有僧因看《法华经》，至"诸法从本来，常自寂灭相"。忽疑不决，行住坐卧，每自体究，都无所得。忽春月闻莺声，顿然开悟。遂续前偈曰："诸法从本来，常自寂灭相。春至百花开，黄莺啼柳上。"

——《五灯会元·卷六》

（洞山良价禅师）过水睹影，大悟前旨，有偈曰："切忌从他觅，迢迢与我疏。我今独自往，处处得逢渠。渠今正是我，我今不是渠。应须恁么会，方得契如如。"

——《五灯会元·卷十三》

（吉禅元宝禅师）中夜宿田里，睹星月粲然，有省。

——《五灯会元·卷十四》

青山无处不道场，自然随时感动着僧人。一株灿烂的桃花，春日融融，黄莺啼叫，风吹水动，波光粼粼及一天灿烂的星月，都启示着禅僧们对道的体悟。体悟的过程也就是审美的过程，哲理在自然中融化，玄思消逝在大自然的波光水影、春月莺啼里去了。于是士大夫们纷纷向禅宗靠拢，寄情山水，“幽深清远，自有林下一种风流”，在对宇宙自然的静静观照中，领悟人生哲理，形成了特有的禅家人格，而苏东坡最具代表性。他热情讴歌禅宗“斫得龙光竹两竿，持归岭北万人看。竹中一滴曹溪水，涨起江西十八滩”（《东坡居士过龙华留一偈》），他自许过着“芒鞋不踏利名场，一叶轻舟寄淼茫。林下对床听夜雨，静无灯火照凄凉”（《雨夜宿净行院》）的生活。士大夫们厌倦了仕宦追求，一颗禅心飘逸出尘，在大自然中敞开迎纳万象，这种禅境正是士大夫们所向往的、所倾慕的。

诗禅相通

在中国文人的观念里，禅与诗是相通的。严羽在《沧浪诗话》中即谓：“大抵禅道惟在妙悟，诗道亦在妙悟。”僧与诗人在鉴赏诗的意见上也颇为一致。唐诗僧齐己谓：“道自闲机长，诗从静境生。”（《寄酬高辇推官》）“诗心何以传？所证自同禅。觅句如探虎，逢知似得仙。神清太古在，字好雅风全”（《寄郑谷郎中》）。这样的见解在诗人那里也颇得认同。苏东坡谈到自己欣赏的体会时说：“暂借好诗消永夜，每逢佳处辄参禅。”（《夜直玉堂，携李之仪端叔诗百余篇，读至夜半，书其后》）后来江西派诗人曾几也说：“烹茗破睡境，炷香玩诗编。问诗谁所作，其人久沉泉。工部百世祖，涪翁一灯传。闲无用心处，参此如参禅。”（《茶山集》卷二）宋末吴可《学诗诗》谓：

学诗浑似学参禅，竹榻蒲团不计年。

直待自家都了得，等闲拈出便超然。

这里不由使我们生疑，无论怎样，禅与诗毕竟属于两种不同的文化现象，即禅是宗教，诗是文学，那么它们在什么地方有响斯应秘蕴旁通呢？答案是自然。中国诗歌与禅宗都竭力倾听大自然的悠悠天籁，把心灵与万物联在一起，歌使它们在文化上相分，在自然里相逢。齐已《中春感兴》诗写道：

春风日日雨时时，寒力潜从暖势衰。一气不言含有象，万灵何处谢无私。诗通物理行堪掇，道合天机坐可窥。应是正人持造化，尽驱幽细入垆锤。

这里，诗人召唤出了生机蓬勃万物蠢动的春天的自然景观，驱走寒意的春风带来了润物无声的春雨，昭示出大自然默默无言的气象。自然是诗人讴歌的对象，也是禅人参悟的启示物。诗人领悟了自然运转的“物理”，而禅家窥见了万物呈露的“天机”。“青青翠竹，总是法身；郁郁黄花，无非般若。”大自然在灵机异趣的感悟中出场了、显露了。禅家的意趣被人领悟了、体验了，于是梵我合一，诗禅相通了。禅与诗都是召唤自然、倾听自然。

中国文化中有着僧俗往来相互唱和的传统，魏晋以后尤其是唐代以后，与僧人、诗僧交往已是古典士大夫的雅事，语不及佛神，交不及诗僧者十分罕见。唐代的王维、白居易、柳宗元等都笃信佛教。《五灯会元》把白居易、苏轼、苏辙、黄庭坚等列入禅的宗谱。在诗僧交往中，世俗的与宗教的、艺术的与梵音的世界彼此交融，形成了一个壮观的禅诗主体。这个队伍中分成了习诗的僧人与习禅的诗人两部分，而在这两类诗人笔下，都竭力描述壮丽的自然景观，在他们那里自然有了生机活力。

诗僧作为一个特殊的阶层，出现于唐代，尤其是大历年以后的一百多年间更蔚为壮观，可见僧诗这一重要的文学现象是与禅宗的现象分不开的。诗僧们认为诗禅兼行，并行不悖，相映成趣，这大概有两方面的原因：其一，佛家悟道本已有唱偈的传统，偈虽是有韵的梵呗，但再往前发展就是诗了；其二，禅师总要在自然万象中领悟感动，诗的形式与大自然的结合，就把禅与诗结合在一起了。人们讥讽僧诗多有“蔬笋气”，苏轼《赠诗僧道通诗》说：“语带烟霞从古少，气含蔬笋到公无。”元好问谓：“诗僧之诗，所以自别于诗人者，正以蔬笋气在耳。”这里的“语带烟霞”“气含蔬笋”，倒是诗僧山林气、自然气的证明。

天下名山僧占多。一般说来，僧人们生活在涧幽泉清峰高月白的山林中，翠竹掩映，黄莺自啼；一坞白云，三五茅屋，就是他们的住处。于此环境中可以谛听林间万籁，任意啸风吟月，于是大自然的景观便进入诗僧的歌吟里：

福严山上云，舒卷任朝昏。忽尔落平地，客来难讨门。

——福严置禅师《五灯会元·卷十二》

碧落静无云，秋空明有月。长江莹如练，清风来不歇。林下道人幽，相看情共悦。

——若冲觉海禅师《五灯会元·卷十六》

闲来石上观流水，欲洗禅衣未有尘。

——若冲觉海禅师《五灯会元·卷十六》

声声解道不如归，往往人心会者稀。满目青山春水绿，更求何地可忘机。

琼花一夜满空山，天晓皆言好雪寒。片片纵晓知落处，奈何缘在半途间。

——《白云禅师广录》卷三

诗僧笔下的自然清寒淡远，他们随着花开花落云卷云舒，陶醉于自然的悠闲自适，时而月映秋空、长江如练，时而坐观流水、似有所悟，时而看春山春水一片碧绿，时而观瑞雪飘飘漫天皆白，“闲来石上观流水，欲洗禅衣未有尘”，一颗梵心晶莹澄澈空灵飘逸，与天机自张的自然相互辉映，变成了一个生机勃勃禅意盎然的世界。

僧诗的这种模山范水、取境云霞的特点，也受到了人们的责难。欧阳修《六一诗话》上讲了这样一个故事，说的是宋初有一个进士许洞，善为辞章。有一次他和著名的九位诗僧聚会，分题作诗。许洞摆出一张纸，与诸僧相约曰:“不得犯此一字。”诸僧看纸上写的字乃是山、水、风、云、竹、石、花、草、雪、霜、星、月、禽、鸟之类，于是纷纷搁笔，不敢作诗。九僧的窘态，固然暴露出他们诗材不富的寒俭相，但它倒也是诗僧着力描摹自然领悟自然的证明。诗僧们生活在远离尘俗的深山古寺，他们观山照水，“万象形容，尽如照临之内”，山川草木都是有佛性的生命，因此僧诗中扑面而来的大都是千姿百态的山水、风云、竹石、花鸟等自然气象。

与僧人们的禅诗相比，还是诗人们的禅诗更具代表意义，更富艺术成就。禅家意趣为诗人的思想与艺术提供了广泛的精神营养。大诗人苏东坡从禅家公案的话头和机锋里，学到了扑破疑团妙解玄奥的本领。其《琴诗》云：“若言琴上有琴声，放在匣中何不鸣？若言声在指头上，何不于君指上听。”作者借《楞严经》“譬如琴瑟琵琶，虽有妙音，终不能发”的话，以儿童般的天真发问，包含着耐人寻味的理趣。他的“人生到处知何似，应似飞鸿踏雪泥。泥上偶然留指爪，鸿飞那复计东西”“人似秋鸿来有信，事如春梦了无痕”等诗句，都透露着浓厚的禅家情趣。不唯苏东坡，像刘长卿、白居易、贾岛、王安石、黄庭坚等，都写过不少深得禅家风韵的诗，而在禅诗中最具艺术风韵，最具自然灵异色彩的是王维。

王维总是带着禅悦的心情去凝神观照自然，像《竹里馆》：

独坐幽篁里，弹琴复长啸。
深林人不知，明月来相照。

诗人静坐于青青竹林里，弹琴长啸，幽林寂寂，明月淡淡，一任时光流转。心灵正如明月一样，温润宁静，似有若无，体味着虚静澄明的自然。再看《鹿柴》：

空山不见人，但闻人语响。
返景入深林，复照青苔上。

这里王维已在构筑禅意的自然世界了。空山是自然的禅意，虽然还能听到隐约的人声，但已是隔绝了，恍如昨日了，由于有了距离，它不再是烦扰，不再是喧闹，而只是自然声音的一种，是一种梵意的点缀。但空山并不死寂，空山里有一抹夕阳的余晖穿过深林，照在碧绿的青苔上，也洒进了诗人在静默处吐露辉光的心灵里。青苔在这里是一种自然语言，它简单沉默而又充满生机，在夕阳的映照里别有一番情趣。在隔断人声的空山里，连青苔也被唤出场了，人停止聒噪之处，自然就出场，就别有意味。

王渔洋说：“辋川绝句，字字入禅。”“字字入禅”的王维诗，字字透露着对大自然的挚爱流连，字字表现着大自然的风韵。自然的风韵与梵音的辉光交相辉映，构成一个美丽、愉悦、温馨、幽静、无限广阔的精神世界。

> 木末芙蓉花，山中发红萼。涧户寂无人。纷纷开且落。

对这首著名的《辛夷坞》，程亚林先生在《诗与禅》（江西人民出版社 1989 年版）里作了这样的鉴赏：

> 这是一个“洪钟未击”的原始境界。人迹已无，人心不到，只有一个亘古寂静的原始时空。唯有猩红色的辛夷花历尽千载万载，自开自落……这里没有哀乐，没有追求，没有任何活的身影，任何心灵的颤动，时空又仿佛凝固了，仿佛化成了任运自然的悄悄细流在无声地回旋。何等冷清、空寂、淡漠！而“纷纷”二字又显示了大自然自满自足，泠然超然。人们不禁发问，既曰“无人”，诗人怎么又能发现如此境界？（第 288 页）

我们只能说，诗人这时已化作了这般原始境界。在这个境界里，天与人、物与我、情与景、观照者与观照对象已浑然一体完全合一了。

海德格尔说，静不是无声，在无声的状态里只是声调的暂时空缺，而静是以召唤世界与万物的方式发出的命令。那首著名的《鸟鸣涧》谓："人闲桂花落，夜静春山空。月出惊山鸟，时鸣春涧中。"心闲淡淡，在寂静空寥的春山里，连桂花簌簌落地的声音，都听得清楚。蓦地一轮鲜活的充满生机的月亮从东方升起，连鸟儿都被这美丽的月光惊动了，它快乐地自由地飞翔在宁静澄明的春山里。这是一片寂静，但这样的寂静不是让人在自然里止步，而是召唤，是发出命令让人投身到那空明美丽的世界里，与那美丽的自然合而为一。

王维不同于一般的诗僧，只是把自然界描绘得清寒寂寥，而是鲜活可爱生机盎然。其《书事》诗曰："轻阴阁小雨，深院昼慵开。坐看苍苔色，欲上人衣来。"诗人轻轻一笔将人带入宁静清凉的世界，浊热的尘世被雨意清凉洗尽，诗人懒开院门，生怕打扰了自然的宁静清凉，在诗人禅意观照里，绿茸茸的苍苔似乎是一个活泼而顽皮的孩子，带着一身苍翠欲滴的绿色，跳到自己衣襟上来，自然是何等可爱。诗人的另一首《山中》："荆溪白石出，天寒红叶稀。山路元无雨，空翠湿人衣。"在水落石出红叶飘零的秋天，那满山的空翠仿佛打湿了衣裳，没有对大自然的深切关怀，怎么能写出如此平白如话生机盎然的诗句。

是禅家的辉光照亮了诗人的心灵，禅家的意趣滋养了他的艺术感悟。他说：

中岁颇好道，晚家南山陲。兴来每独往，胜事空自知。行到水穷处，坐看云起时。偶然值林叟，谈笑无还期。

——《终南别业》

晚年唯好静，万事不关心。自顾无长策，空知返旧林。松风吹解带，山月照弹琴。君问穷通理，渔歌入浦深。

——《酬张少府》

在诗人那里，一切都是率性的、任意的。“行到水穷处，坐看云起时”，他不刻意追求，一切任其自然。“君问穷通理，渔歌入浦深”，解悟人生而又不解释人生，欲辩忘言，随缘而行。最好的回答就是融入到自然的水穷云深处，禅带入了一个新的自然，也带出了一个新的人生。

在中国文化上，诗禅相通有多方面的原因，而最根本的是它们共同的自然观。首先，中国古典诗歌理论是根植于天人合一的土壤上的，而禅家哲学境界则是梵我合一，不是把此岸与彼岸截然分开，而是此岸与彼岸共存，自然与人类同在。其次，受“言不尽意论”的影响，中国古典诗歌要“立象以尽意”。以象征传达感悟，以有限去表现无限，形成了中国古典文学的“神思论”。而禅家也反对语言，禅家对语言之“执”破得更彻底更全面，它要直指本心，而语言是束缚结构是执，因此参禅要解放要解构要破。白云禅师云："为爱寻光纸上钻，不能透处几多难。忽然撞着来时路，始觉平生被眼瞒。"对禅的理解只能顿悟，不可言说——"说一物便是不中"。于是禅家偈唱也只能借自然物象来表现来传达来体悟。这样禅与诗便举起了象征的旗帜，而象征是以自然为基础的。再次，由此衍生的审美境界是虚静是天然是不雕琢，因性而发。这同禅学的虚静空明是相通的。苏轼《送参寥诗》云："欲令诗语妙，无厌空且静。静故了群动，空故纳万境。"诗之静与禅之静是相通的，因此要以禅家虚静来迎纳万物，瓦解理性的结构，在虚静中与自然交融为一体。

真正促成诗禅相通的不是认知，而是无言的自然。

唐诗月色

月亮本来是没有时代的，千载一月，辉映古今。而文化的月亮却有时代的意味，正如佛典所谓“一月万川”，天上的月亮只有一轮，而映照在不同的山川河流就反映出不同的云影波光。同样当寂寞无语的月亮穿过不同时代人的心灵世界，就具有了不同的文化意义及不同的时代特征。

在中国文化中月亮一开始就不是一个普通的星体，朗朗明月一路流转于中国人广阔的心灵空间，它是静思玄想式的中国智慧的神秘启示物，更是通脱淡泊的中国艺术的深刻象征。而月至有唐，诗境大宽。这不仅表现在唐代诗人们总是好诗常向月中吟，也体现在唐代诗人对月亮意境的开拓。唐诗月色时而开阔明朗，时而淡泊宁静，时而凄婉迷离，融注着广泛的唐代精神。正所谓“千秋月色好，唐代分外明”。

一、唐诗禅与月

最能代表唐代精神的文化现象当是禅宗。汉末以降，释迦东来。佛教作为异域文化现象与中国文化的结合经历了相当艰苦的历程。而唐代禅宗的出现标志着西域天竺佛教与东土文化的儒道融合的完成。因此禅宗既代表了唐代人善于吸收的博大文化胸襟，也表现了唐人通脱明彻淡泊晶莹的心灵睿智。

在禅宗哲学里充满月的意象，以月喻禅成为禅宗的传统。诸如“宝月流辉，澄潭布影。水无蘸月之意，月无分照之心。水月两忘，方可称断”之类，即是月境与禅境的浑然一体，物境与心境的有机统一。在相忘中相融，在相融中合一。

唐代禅诗更是把智慧的通脱潇洒与月亮的明净澄澈发挥得淋漓尽致。以月说禅、禅诗一致产生了多方面的人生启迪意义和艺术审美价值。

1. 对永恒存在的神秘思索。《五灯会元》记法眼示法诗云“见山不是山，见水何曾别？山河与大地，都是一轮月”，月的意象既象征着苍茫浩渺的永恒历史，又象征着万物混茫物我合一的无差别境界，月光涵盖了一切，让人体会到寂然不变的永恒存在，对人生适意超尘脱俗的思考全来自那片灿烂的月光。月亮蕴含着哲学取之不尽的意味。

2. 澄明宁静澡雪精神的心灵体验。禅宗哲人对顿悟的追求建筑在求诸内心的清静光明基础之上，因而禅家哲人心中总是洒满宁静澄澈温润禅悦的月光。禅家常常以月比心，唐代诗僧寒山有诗谓：“吾心似秋月，碧潭清皎洁。无物堪比伦，教我如何说。”皎然也有诗云：“夜夜池上观，禅身坐月边。虚无色可取，皎洁意难传。若向空心了，长如影正圆。”

在这些诗里，皎洁之冰心用阔朗圆满之明月来象征，一片禅心可掬。禅家诗人正是通过充满禅趣的月与心的比喻，从纷杂喧嚣的尘世中超脱出来，澡雪精神，走向那月光般晶莹剔透清明澄澈的心灵世界。

3. 对人生意趣的活参顿悟。禅宗哲学在探讨人生意义时充满对世俗功利生活的鄙夷和惩罚，但禅家并不因此而厌世，而是表现出浓厚的对恬淡闲适生活的礼赞，这种生活意趣常常借月来表现：

悬崖撒手任纵横，大地虚空自坦平。
照壑辉岩不借月，庵头别有一帘明。

——《五灯会元·卷十四》

千尺丝纶直下垂，一波才动万波随。
夜静水寒鱼不食，满船空载月明归。

——《五灯会元·卷五》

在这里人生的功利意义和庸俗的社会被彻底抛弃了，只剩下庵头一轮明月。即使是垂钓，所关心的也不是垂钓的收获，而只求一江清风与满船明月。月亮仿佛是无言的哲学大师，引导着人们对空灵神秘的智慧品格的思考。

二、“天上月色能移世界”

唐诗的审美意味最能体现传统美学冲淡高古风流蕴藉

的美学品格，而这种美学品格里我们总能体味到月的绰约，月的风采，月的神韵。

明人张大复在《梅花草堂笔谈》里说：

> 邵茂奇有言，天上月色能移世界，果然。故夫山石泉涧，梵刹园亭，屋庐竹树，种种常见之物，月照之则深，蒙之则净；金碧之彩，披之则醇；惨悴之容，承之则奇；浅深浓淡之色，按之望之，则屡易而不可了。

月亮是神奇的美学大师，在太阳下袒露无遗的寻常的屋庐竹树、瓦厅僧舍，一经月光的沐浴，霎时会变得澄空碧净幽华可爱，月色创造着审美世界。唐人之所以喜欢引月入诗，正是借助月色创造的美的力量。

唐诗月色创造了心灵虚静与空间澄净的审美意境，引发出妙悟宇宙万籁的空灵情怀。人类主要是在太阳下进行改造世界的活动，这就赋予太阳与月亮的不同含义。太阳意味着真实与运动，而月亮则象征着寂静与超脱。日神下改造物质世界的活动停歇之后，艺术创作便在寂静的月光下悄然展开。并且，月亮的文化内涵具有母亲和女性般的阴柔的美学风范，当中国美学追求安详宁静优美的美学意境时，也就找到了月亮的原型和象征，呈现出娴静与空灵的审美特征。

王维《竹里馆》诗云：“独坐幽篁里，弹琴复长啸。深林人不知，明月来相照。”月亮衬托着宁静自适的精神境界，寞寞心事中笼罩着一片飘逸超群的寂寂梵音。月在艺术观照中的明净主要目的还在于表现心的虚静。刘禹锡《八月十五日夜桃源玩月》中有“尘中见月心亦闲，况是清秋仙府间”，几乎可以说是说破了月光澄澈的底蕴。这样在纷纭乱世中奔波不已的人们寄心明月澡雪精神的情怀就可以理解了。

静静的月光洗着大地，洗着宇宙，也洗着人们的肝胆精神。人们喜欢用冰轮、玉盘、清辉等来指称月亮，正是表现着月的洁净品格。在唐代诗歌里，心灵的空静与月的澄净契合一体创造出许多玉洁冰清的审美境界。新月如眉，让人想起玉阶伫立的楚楚动人的月下佳人，构成恬淡婉约的宁静之美；烟月迷蒙，弥漫着难以名状的轻忧淡愁，构成一种朦胧凄楚之美；花月披离，余音袅袅，象征着典雅艳丽之美；皓月当空，通脱挥洒，象征着雄浑高古之美。不尽的象征创造不尽的月亮审美世界，无数的心灵创造着无数的月亮审美形象。

三、月下唐人

在月光世界里，唐代诗人那根极轻妙极高雅又极为敏感的心弦每每被温润晶莹流光迷离的月色轻轻拨响。一切烦恼忧郁，一切欢欣愉悦，一切人世忧患、生离死别，都被月亮无端地招惹出来，淡淡的月光世界不仅仅反映出唐人的审美意趣，也反映了一代唐人的心象构成。

孤臣浪子云游天涯之际总是把明月与故乡联系在一起，明月便成为启动乡愁、寄托相思、返归家园的神秘象征物。李白的“床前看月光，疑是地上霜。举头望山月，低头思故乡”，杜甫的“戍鼓断人行，秋边一雁声。露从今夜白，月是故乡明”，卢纶的“三湘愁鬓逢秋色，万里归心对月明”，都把明月作为故国家园的象征，诗人怀念故园亲人的情思常寄托于明月的传递。

而当士大夫彷徨失意仕途坎坷之际，诗人们又总是置身月下去寻求慰藉与解脱。李商隐《无题》诗中有“晓镜但愁云鬓改，夜吟应觉月光寒”的诗句，月光并不是真有冷暖之分，它只是孤独与失意的愁苦心象，因此失意者站在月光下常常把月写成是寒月、冷月、孤月。

同时月亮作为一种永恒的自然象征物，又成为士大夫逃避现实苦难超群拔俗笑傲山林的人格化身。在唐代诗人中李白笔下的月亮最为潇洒通脱。“秀色不可名，清辉满江城。人游月边去，舟在空中行”；“花间一壶酒，独酌无相亲，举杯邀明月，对影成三人”，李白以一颗天真烂漫的童心，满怀灵机异趣地描绘富有诗情画意的月光世界，慨然邀月对饮，月亮被拟人化了，成为诗人飘逸风范、天才气度的人格化身。啸风吟月成为唐代士大夫一种普遍的理想。

一位美国学者说过：“月亮悬挂在中国旧诗坛的上空……它是人间美丽而苍白的观众。”而悬挂于唐代诗坛的月亮，映照过大漠沙场、古老边关，也映照过小桥流水、闺阁黄昏，它是美丽的，但不是苍白的，因为它同伟大的唐代文化精神并存。它汇聚着历史云烟向我们走来，使我们感到了历时邈远经久弥新的美感。

宋诗雨意浓

唐诗爱写月，博大的鲜活的充满生机的盛唐明月，哀婉的感伤的徘徊低吟的晚唐月色，都已写得淋漓尽致。而宋诗爱写雨，这不是说宋人不写月，但它比起唐诗月色来已不见特色。宋人喜雨，雨在宋诗里被写得或凝重苦涩，或飘逸灵动，声色摇曳，姿态万千，宋人甚至把雨当作“诗材”，当作诗的催化剂。诗界历来有唐宋之分，如果以两种意象来代表的话，则唐诗以写月见长，而宋人以吟雨出色。有人说月是唐代明，这里我们应补充一句：宋诗雨意浓。

一、“诗翁喜雨句凌云”

风雨助诗、诗人喜雨是宋代流行的诗歌观念。黄庭坚有诗谓：“三雨全清六合尘，诗翁喜雨句凌云。”（《次韵张昌言给事喜雨》）杨万里亦云：“诗人长怨没诗材，天遣斜风细雨来。领了诗材还又怨，问天风雨几时开？”（《瓦店雨作》）杨万里的诗道出了“诗翁喜雨”的底蕴，诗人们把雨当成了“诗材”，斜风细雨是诗的催化剂和天然质料，细雨微风触动着诗人们的创作思绪，激发着诗人们的创作灵感。

陆游入蜀途中恰逢蒙蒙细雨，不禁诗兴大发：“衣上征尘杂酒痕，远游无处不销魂。此身合是诗人未，细雨骑驴入剑门？”钱锺书先生曾胪列种种事实掌故证明巴蜀多诗，驴子是诗人“经常的坐骑”，所以陆游剑门驴上不由自问是否是作诗的材料（钱锺书《宋诗选注》）。但这里钱先生却忽略了“细雨”对诗人的启示作用，引起诗人发问的不仅仅是剑门驴上的无限感慨，更是蜀道雨中的无限诗情。杨万里在写给陆游的诗中径直写道：“却将半掬催诗雨，洒入山村作岁丰。”（《简陆务观史君编修》）雨能“催诗”，雨是“诗材”成了宋代诗人的普遍的观念，所以陆游剑门驴上不想辜负了诗人特有的坐骑和巴山蜀水的诗意风光，更不想辜负了一天“催诗”的细雨。

二、“客愁多在雨声中”

淅淅沥沥的雨打湿了宋代诗坛，雨中多诗经常伴随的是雨中多愁，宋人的精神世界早不像盛唐人那样开展，诗人的愁怨常寄托于雨的意象表达。汪元量《邳州》诗“乡梦渐生灯影外，客愁多在雨声中”是具有代表意义的。“客愁—雨声”构成了雨之抒情意象的典型艺术样式。雨声汇聚着诗人的泪水与哀怨，在哀愁的诗人看来雨仿佛是上天的泪水，因此有“天人同泣”“雨泪同滴”的说法。钱锺书先生在《管锥编》中广引中西典籍证明雨泪同滴：“天下雨而人下泪，两者见成连类，不费工夫，西方童话写小儿女不堪后母之虐，姊携弟出走，适遇零雨，叹云：‘吾侪酸心下泪，天亦同泣矣！’”

雨泪同落、天人同泣的例子在宋人诗词中不胜枚举。李清照最喜以雨写泪：“伤心枕上三更雨，点滴霖霪，点滴霖霪”（《添字采桑子》）、“小风疏雨萧萧地，又催下、千行泪”（《御街行》），这里已难分辨出哪是雨水、哪是泪水，用她自己的话说就是“到黄昏、点点滴滴，这次第，怎一个愁字了得？”正缘于雨泪同滴的意义，宋代诗人们在表现雨泪俱下时，常用一个“滴”字描摹落雨，表现内心无边的哀怨：

无端一夜空阶雨，滴破思乡万里心。

——张咏《雨夜》

雨滴空阶如自语，风吹长木更相呼。

——孔平仲《西斋冬夕》

“滴”字虽然弱化了降低了雨的外在侵害能力，却强化了雨的心灵震撼力，雨成了心灵里流下的泪水，滴破诗人苦难的心灵。刘若愚先生说，意象是指用来唤起心象（mental picture）或感官知觉的词语表达，雨泪同滴之“雨”淋漓尽致地传达着诗人无尽的乡思客愁。

秦观词云：“自在飞花轻似梦，无边丝雨细如愁”。（《浣溪沙》）“愁”的意绪表现为一天凄凄惨惨、冷冷清清、无边无际的迷蒙细雨，主观抽象的情感有了可经验可感觉的形式。而周邦彦的“小帘朱户，桐花半亩，静锁一庭愁雨”，雨的哀怨意义更直截了当。蒋捷一首《虞美人》以听雨贯穿诗人的一生：

> 少年听雨歌楼上，红烛昏罗帐。壮年听雨客舟中，江阔云低断雁叫西风。　　而今听雨僧庐下，鬓已星星也。悲欢离合总无情，一任阶前点滴到天明。

这里雨是诗人的抒情线索，“少年不识愁滋味”的诗人伴着红烛罗帐听雨，寻欢作乐，一任风雨的流逝；而壮年飘泊，听雨舟中，在江阔云低的凄愁风雨里，还听到了肃杀秋风中的孤雁哀鸣，这里已多了几分惆怅、几分感伤。而待到诗人两鬓如霜，立于僧庐檐下，木然听雨，诗人似乎数着落雨，痴痴地听到清晨，它成为一种经历、一种情感，而这情感与经历总离不开雨这一意象所包含的无限愁苦的内容。

如果我们对宋人“雨—愁”意象仔细分析一下的话，就会发现表现诗人愁苦的几种基本象征形式。

其一，雨的阻隔、断绝与诗人的孤独幻灭。宋人吟雨诗中常用“隔”字，它在空间形式上是种限制和障碍，在心理形式上则表现出幻灭与迷茫。其中的“雨中断桥”是有代表意义的。陆游有诗谓：“数间茅屋谁知处，烟雨濛濛隔断桥。”（《书怀》）断桥，意味着路的消逝。德国哲学家海德格尔说：“路这个词隐藏着一切关于世界秘密的秘密，一切都是路。”路的深刻象征蕴意使它成为海德格尔的最高格言，无怪乎他以路命名的论文举目皆是，如《林中路》《路标》等。中国的老子和庄子把指向本真状态的境界命名曰“道”，道于是就成为拯救与希望，因为有了路就有了希望，我们常常把希望称作“出路”“活路”，而把没有希望的地方称作“绝路”“死路”，其秘密就在于此。这样断桥所揭示的不仅是路途不通、前程破灭，也意味着人类普遍存在的理想破灭、前程渺茫的悲哀。

其二，冷雨萧萧与诗人的凄凉飘泊之感。宋代诗词常常写到“寒雨”“冷雨”“凉雨”，往往喻示着诗人内心的抑郁与悲凉，矛盾与痛苦。客居他乡的诗人总是在凄凉的风雨中吟哦，“江湖行客梦，风雨故乡情”（文天祥《翠玉楼》），“万叶秋风孤馆梦，一灯夜雨故乡心”（汪元量《酬王昭仪》）。雨成为诗人情感活动的场，雨愈是凄凉，诗人愈是飘泊，而背景愈是萧索凄凉，反映诗人飘泊流离的悲痛就愈深刻细微，从而形成一种诗歌表现的张力（tension）。

其三，风雨如磐——险恶的政治与生活环境的象征。雨意悲凉在诗人的反复吟唱中添愁益恨，成为一种险恶政治与生活环境的象征。在这种象征里，它作为自然物象的意义越来越淡漠，其思想意义愈来愈大，以至于成为一种专门的思想符号。陆游诗云：“因思世事悲身事，更听风声杂雨声”，使人联想到东林党人“风声雨声读书声，声声入耳”的警联，风雨之声不是对自然的谛听，而是对世事变迁与政治风云变幻的关切。“风雨孤臣泪，乾坤逐客心”，诗人们以知识分子的责任感忧虑着家国时事、政治云烟；萦绕诗人心头的风雨寄托着政治的寓意，而每当政权更迭新旧交替的关口，象征的风雨就更多地飘进诗的世界。南宋诗人文天祥《过零丁洋》云：

山河破碎风飘絮，身世浮沉雨打萍。
惶恐滩头说惶恐，零丁洋里叹零丁。

在国家欲亡大厦将倾的形势下，诗人忧心如焚，国家如风吹飘絮，个人似寒雨浮萍，飘絮之风与凄凉之雨暗示着极端险恶的政治环境，以至于风雨如磐、凄风苦雨、风雨飘摇等词语都很少用于描述纯粹的自然景象，而成为表达特定政治内涵的专门术语了。

三、“一滴时时入昼禅”

唐代诗僧皎然有《山雨》诗云：

一片雨，山半晴。长风吹落西山上，满树萧萧心耳清。云鹤惊乱下，水香凝不然。风回雨定芭蕉湿，一滴时时入昼禅。

这位诗僧写雨飞动灵妙，虽动而静，又不给人以枯寂死灭之感，风回雨定，芭蕉润泽，引入禅意的雨中沉思。“一滴时时入昼禅”道出了两种意味：雨是音乐的，所以“心耳清”；雨是沉思的，所以“入昼禅”。

宋人好议论，但这种议论绝不同于玄言诗抽象的理论阐发，而往往是凭意象而寓理，借象征而议论，思想与象征有机融合。诗僧“入禅”的雨，成了宋人沉思的寄托。宋人陈与义《愚溪》中说：“寒声日暮起，客思雨中深。”而这“客思雨中深”，不是对现实苦难的种种思索，而是导向对现实的逃避，对人生种种不幸的消解，引入人生诗意的宁静。南宋韩淲诗云：“灯火凉秋夜，空山雨到檐。……沉思仍静听，香鼎伴书签。”（《晚雨可爱》）陆游亦有诗谓：“剡曲高秋一草亭，雨来迫我醉初醒。豪吞平野宜闲望，急打虚窗入静听。”（《秋雨》）韩淲雨中的“沉思仍静听”与陆游的“急打虚窗入静听”，都是通过对雨声的谛听，把人引入生存本身的聆听，引入沉静的境界。海德格尔说，静是什么，它不是无声，以召唤世界与万物的方式发出命令，便是静的声音。在这种静的声音聆听中，天地交融，万物进入自身。这与中国传统哲学的“夫物芸芸，各复归其根，归根曰静”的精神是一致的。而在诗人的沉思中，雨成为诗人返回本真沉静状态的使者，雨声是具有神性的召唤意义的诗性言说，所以诗人们爱听雨声。陈与义有诗云：

自移一榻西窗下，要近丛篁听雨声。

——《纵步至董氏园亭三首》其二

为着丛篁听雨，诗人们不惜移榻西窗，这难道仅仅是个人的嗜好吗？雨在这里是自然的象征，它启示着人们摆脱尘世的林林总总，置身于本真的诗意状态中。宋人方岳的一首《听雨》颇有意味：

竹斋眠听雨，梦里长青苔。
门寂山相对，身闲鸟不猜。

面对世俗的门紧闭着，雨中入眠，连梦里也长出青苔，身心闲静得连鸟都不猜疑、不防范，在竹斋听雨的境界里诗人归入自然，身心完全物化，世界不复存在，雨把人从喧闹的世界带入诗意的栖居。

随着禅学的兴盛，禅意的雨飘进了宋代诗坛。江西诗派的代表人物黄庭坚诗谓："百痾从中来，悟罢本谁病。西风将小雨，凉入居士径。苦竹绕莲塘，自悦鱼鸟性。红妆倚翠盖，不点禅心静。"（《又答斌老病愈遣闷二首》之一）雨带给这位诗人的是野径清凉和一片洁净的梵心。连大理学家朱熹也在《梵天观雨》中写道："读书清磬外，看雨暮钟时"，伴着黄昏的清磬晚钟，梵寺观雨，这种情趣似乎早已脱离了理学，而导向了生命温馨的禅悦——"层云生薄晚，凉雨遍空山"。

从雨中客愁到雨中禅思，雨汇聚着诗人的泪水与悲哀，洗涤着诗人的心头浊热，也实践了对苦难的消解与超越，淅淅沥沥的雨展示着中国诗人情感发展的心路历程。

四、“雨来细细复疏疏”

自然界的雨千姿百态，气象万千。有细雨霏霏，也有大雨滂沱，像“霖雨如倒井，黄潦起洪波”（傅玄《雨诗》）等，描绘了电闪雷鸣中的疾风骤雨，但在宋诗中真正成为审美艺术形式的，不是那些惊心动魄的疾风骤雨，而是淅淅沥沥、飘飘洒洒、如烟如丝、若有若无的细雨、微雨、轻雨、小雨、烟雨。杨万里《小雨》诗云：

雨来细细复疏疏，纵不能多不肯无。
似妒诗人山入眼，千峰故隔一帘珠。

这些迷迷离离、细细疏疏“纵不能多不肯无”的细雨，构成了婉约清丽苍茫迷离的经典审美形式：

黄昏犹是雨纤纤，晓开帘，欲平檐。江阔天低，无处认青帘。

——苏轼《江城子》

自在飞花轻似梦，无边丝雨细如愁。

——秦观《浣溪沙》

小雨丝丝欲网春，落花狼藉近黄昏。

——李弥逊《春日即事》

此身合是诗人未，细雨骑驴入剑门。

——陆游《剑门道中遇微雨》

并不是自然界只有这些“似梦如尘澌澌，乍无还乍有”的细雨微雨，但它却是传统审美意象的主要形式。从历史发源上看，细雨歌吟一直是中国文学的传统。《诗经·东山》中有“我徂东山，慆慆不归。我来自东，零雨其濛”的诗句，这可以说是中国最早的细雨诗了。诗人们的审美视野一直对准轻微飘逸的无边细雨。陶渊明的“霭霭停云，濛濛时雨”（《停云》）、谢玄晖的“空濛如薄雾，散漫似轻埃”（《观朝雨》），描绘的都是散似轻丝、薄如云雾的细雨意象，宋代诗人们踵继前贤，选择了细雨的自然物象，也就选择了细雨的审美形式。

从生命意蕴上分析，诗人们在绵绵细雨中看微雨洗尘，东风轻寒；望草色有无，柳绿桃红，仿佛心灵也被细雨浸润，流露出惬意的清凉。“洗开春色无多润，染尽花光不见痕”（韩琦《次韵和子渊学士春雨》），雨的微妙之处在于滋润万物而不露刀凿斧痕，因此它带给心灵的不是狂欢大笑，而是浮现于嘴角的恬静与适意。

从审美心理上看，“江山惨淡真如画，烟雨空蒙自一奇”（杨万里《船过灵州》），这种婉约朦胧的物象，造成了美学上一定的间隔与距离，正与传统美学的雾中看花的审美习惯相吻合。宗白华先生说：“风风雨雨，也是造成间隔化的好条件：一片烟水迷离的景象是诗境，是画意。”（《美学散步》）当然，艺术的间隔是有条件的，它不是堵隔如墙，而是迷离中透出亮色，朦胧里闪着辉光。因此，在审美物象上它就不能是如堵如墙的暴雨豪雨，而只能是迷离朦胧的细雨了。陆游的《春雨》一诗是有典型意义的：

倚阑正尔受斜阳，细雨霏霏度野塘。
本为柳枝留浅色，却教梅蕊洗幽香。
小沾蝶粉初何惜，暂涩莺声亦未妨。
造物无心宁遍物，凭谁闲与问东皇。

诗人正凭栏爱晚，而细雨忽来，春柳新绿，梅朵幽香，在雨的滋润与清新里，诗人浸润在造化无心、闲问东皇的愉悦清新的心境里。宋代赵昌父《雨中偶题》中有“漠漠青山雨，霏霏白鹭烟。诗材来远近，画本极中边”的诗句，日暮微雨带来了“诗材来远近”的无尽诗绪，也带来了“画本极中边”的审美愉悦。

一个语词、一种意象呈现着世界，也呈现着时代的气象，雨的意象汇聚着宋人的哀乐悲欢，也汇聚着宋人独特的审美感受。宋人对雨的意象情有独钟，也影响着后代诗人的审美情趣，深得宋诗韵致的同光诗人郑孝胥，自称禀性喜雨，平生爱诵宋人姜夔“人生难得秋前雨，乞我虚堂自在眠”二句，这虽是后话，但也足见宋人吟雨诗的影响深远了。

石头的言说

在中国文化中，石头是具有原型意义的艺术意象。《红楼梦》里最富象征意义的是大荒山里青埂峰下那块冷峻顽固的石头。石头是一种人格，它代表着与世俗抗争的人格风范和情操；石头是一种结构，它是曹雪芹构思《红楼梦》的结构线索；石头是一种传统，石头的精神规定性是从传统文化中获得的；石头是哀婉的，它代表着一代知识分子被弃的命运，反映着出世的清净的理想世界；石头是无言的，但它又是一种最深刻最彻底的哲学和艺术言说。总之，石头是象征的，要理解《红楼梦》的思想和艺术蕴涵，我们先要说破石头。

一、石头的命名与象征

王蒙先生说《红楼梦》里："最动人的还是石头的故事，窃以为《石头记》的名称比《红楼梦》好，《红楼梦》这个题名起得多少费了点劲，不像《石头记》那样自然朴素，'不着一字，尽得风流'。至于《情僧录》《风月宝鉴》《金陵十二钗》云云，就透出俗气来了。"（《红楼启示录》）《石头记》的命名之所以比《红楼梦》朴素生动，是因为曹雪芹描绘的是石头的故事，石头是全书的主要结构线索。小说由石而玉，由玉而石，石头在全书结构中起着重要作用。《红楼梦》在总束全篇时，借王夫人之口说道："就连咱们这一个，也还不知是怎么着！病也是这块玉，好也是这块玉，生也是这块玉……"虽然，以王夫人对世界的执迷，她难以看到"玉"是"石"的幻相，但却可以看出，这里的玉（即石）在整部小说中具有总领全书的意义。全书主要人物的命运，人物性格的矛盾冲突都系于一石。

在中国传统文化中，石与玉有着不同的符号象征意义。第一，石头代表的是自然是原始是不假雕琢的本真，晋人孙楚《石人铭》谓石："大象无形，元气为母。杳兮冥兮，陶冶众有。"石头是混沌自然的元气所成，它的本质由"杳兮冥兮"的"道"构成，这是古人对石头自然属性的本质理解。宋代杜绾《云林石谱》谓："天地至精之气，结而为石，负土而出，状为奇怪。"石是对自然对造化的最本质言说，石隐藏着世界的全部秘密。某些星球可以没有阳光没有空气没有水，却不能没有石头。

与石相反，玉所象征的是人为是文明是崇尚雕琢的人工。《说文》谓："玉，石之美。"就根本属性而言，玉乃是石。而玉的地位之所以高高凌驾于顽石之上，完全是凭借社会的承认，如果没有文明，没有世俗的价值判断，则玉无异于石。玉的地位完全是依靠社会的承认实现的，离开了社会价值和文明尺度，玉则什么也不是，因此它所象征的意义只能是雕琢与人工，所谓"玉不琢，不成器"，正道出了这一底蕴。在文明社会里，玉象征着政治秩序和社会地位，《尚书·舜典》有“班瑞于群后”的记载，瑞即玉，它是社会秩序的象征。《周礼·春官·大宗伯》云：“王执镇圭，公执桓圭，侯执信圭，伯执躬圭，子执谷璧，男执蒲璧……以玉作六器，以礼天地四方。”所执的玉器不同，代表的品阶地位也就不同，于是玉成为一个人身份的象征。古代贵族以玉炫耀自己的富有尊严，成为一种普遍的风气，不仅贵族阶级广泛搜集，甚至连一个国家也以拥有玉玩珍宝为贵，《左传》《史记》都曾记录过为争夺玉器而发生的大规模战争，这样玉的根本意义，就代表着世俗的种种欲求。王国维谓“所谓玉者，不过生活之欲之代表而已矣”(《红楼梦评论》)，正是这个意思，玉的这种品性与石的自然本真、超越世俗，是根本对立的。

第二，石象征着傲岸孤介独立不群超凡脱俗的人格精神。中国古典文人往往以石自况，引石自喻，他们追求的正是这样一种人格精神。《周易·豫》六二爻辞谓：“介于石，不终日，贞吉。”《象》曰：“不终日，贞吉，以中正也。”这里石被赋予中正不移的人格精神。《淮南子·说林训》谓：“石生而坚，兰生而芳，少有其质，长而愈明。”坚贞孤介是石的自然属性，也是它的人格属性，但这种人格精神往往不为世俗世界所容，因此石在世俗世界的命运是悲剧的、无用被弃的。白居易《太湖石》一诗谓：“天姿信为异，时用非所任。磨刀不如砺，捣帛不如砧。何乃主人意，重之如万金。岂伊造物者，独能知我心。”石生有异质，而不为流俗所重，不合时宜，面对茫茫尘世，百无一用，只有对自然造化剖白一片心迹，这正是一代中国知识分子的命运写照。太湖石因白居易等人的推重而名闻天下，而这里表现的是诗人无可奈何的人生感喟，这样的石的人格精神必然是出世的隐遁的逍遥的。

与石的落魄命运相反，玉在世俗社会里为世人珍重，因而它的人生意义也就不同，它的人格风范是入世的拯救的取悦于世俗的。《论语·子罕》：“子贡曰：‘有美玉于斯，韫椟而藏诸？求善贾而沽诸？’子曰：‘沽之哉，沽之哉，我待贾者也。’”玉是孔子及其门徒的人格意象，自比美玉反映着他们的精神自信与高标自置，而待价而沽是他们人生理想的选择。古代知识分子的修炼琢磨大都是为了使自己成为思想智慧的美玉，而所谓“明主”“知音”就是他们的“善贾”，这是以儒家为代表的古典士人“达则兼济天下”理想的最高象征，这就是所谓“君子比德于玉”。《礼记·聘义》把“君子比德于玉”发展得更具体形象了，即曰“九德”——“温润而泽，仁也；缜密以栗，知也；廉而不刿，义也；垂之如坠，礼也；叩之，其声清越以长，其终诎然，乐也；瑕不掩瑜，瑜不掩瑕，忠也；孚尹旁达，信也；气如白虹，天也；精神见于山川，地也；珪、璋特达，德也；天下莫不贵者，道也。《诗》云：‘言念君子，温其如玉。’故君子贵之也。”儒家把无生命的玉理想化了人格化了。人类的优秀品质都集于玉之一身。其实并不是玉具有如此之多的优秀品质，才被世人推重，恰恰相反，它是由于人们的推重才被赋予如此之多的优秀品质。《礼记》的话是富有意味的，“天下莫不贵者，道也”，可谓卒章显志的话，人们之所以以玉为象、比德于玉，追求的还是“天下莫不贵者”。像玉那样为世人推崇器重，是引玉自喻的根本目的，因而以玉为象征的理想必然是建功立业传之久远，争取社会的认同。

第三，石与玉是代表着不同的人生体验的哲学语言。儒家重锻炼重陶冶重入世，因此玉是儒家哲学的重要象征物，玉是他们智慧与才情的比喻，待价而沽是他们的人生选择。而佛道两家贵自然法原始重遁世，因此石是佛道思想的深刻表现形式。石为玉之根，玉的本质是石。但玉又是被文明异化了的石头，人们推重玉是因为它是雕琢是文明是入世，但在佛道看来，石才是本真是先天，玉是空幻是后天。石是本相，玉是幻相，所以佛道哲学往往选择石作为哲学语言，表达对宇宙人生的体验。道家把自己的隐居之所称为石室，佛家讲求“聚石为徒”，都把它作为一种哲学语言。佛家有一则顽石点头的故事说，晋僧竺道生尝于虎丘山聚石为徒，讲《涅槃经》，群石皆为点头。过去人们都把“顽石点头”看作是佛法巨大的感动力量，其实，它还有一层寓意，顽石是最自然最本真最无成见的存在，顽石点头是对佛法最根本的默认。而石头本身也是一种深刻的哲学语言，选择何种意象作为哲学语言，就体现着怎样的思想情趣。庄子在自己的著作里经常描写的是那“广莫之野”“无何有之乡”的树木，而曹雪芹描写的则是大荒山中青埂峰下的一块顽石，石头是艺术意象，也是一种哲学语言。

二、《红楼梦》石与玉的两个世界

在《红楼梦》里始终贯穿着石与玉两个世界的冲突，这正像一枚硬币的两面，石是玉的根本，而玉又是异化了的石头，这样又构成了两者的根本冲突，石与玉的冲突是建立在传统文化规定性基础上的。

在时空世界里，石代表的空间是神界，时间是原始；玉代表的空间是俗界，时间是现实。石源于神界，玉跌落于俗界；石是本真，玉是人为；石代表自然无为，玉代表世俗欲求。

《红楼梦》就是以石在神界中诞生而开篇的。石头来自于女娲炼石补天之时，于大荒山无稽崖炼成的三万六千五百零一块弃而无用之石，女娲意味着造物，是神界，“无用”是这块石头的根本属性。“用”是适用规范，是合目的性，而“无用”才是自然才是本真，这里的“无用”是出世是本源是无目的，而在道家哲学看来“无用”这才是最自然最本真的，是自然的“无用之用”。《红楼梦》将这块石头放到“无稽崖”下，正是指示原始混沌的苍茫远古，石正是从神界和远古中获得了神性品格。

从神界跌落入俗界，是由石而玉的结果。玉即欲，用王国维的话说就是人世间种种欲望。驱使石幻化成玉的内在动力有两种：一是利欲，一是情欲。利欲体现的顽石“见众石俱得补天，独自己无才，不堪入选，遂自怨自叹，日夜悲号惭愧”，这表现了入世欲望。情欲体现为对三生石畔绛珠仙草的灌溉之恩，用小说的原话就是“携带弟子得入红尘，在那富贵场中温柔乡里受享几年”，富贵场，主要指功名利禄，限于男性世界，它是利欲；温柔乡，主要指儿女私情，连接女性世界，它是情欲。“玉”是利欲与情欲的集中体现。玉是异化了的生命，因此它是悲剧的。曹雪芹不遗余力地嘲笑讥讽玉的目的正在于此，第八回有一首《嘲顽石幻相》的诗：

女娲炼石已荒唐，又向荒唐演大荒。
失去幽灵真境界，幻来亲就臭皮囊。
好知运败金无彩，堪叹时乖玉不光。
白骨如山忘姓氏，无非公子与红妆。

诗题为“嘲顽石幻相”，石之幻相就是玉，玉是锻炼是人为是造作。这个过程是失真，由石而玉在曹雪芹看来是异化的过程，是一个由真生幻，由“幽灵真境界”走向“亲就臭皮囊”的过程。在世俗的眼里是金玉生辉，而在曹雪芹看来，由于失去了自然灵性，正是“金无彩”“玉不光”。

因为曹雪芹一直向往着青埂峰下逍遥任性的原始境界，神界的石才是理想的逍遥游的世界，即“天不拘兮地不羁，心头无喜亦无悲”，虽然玉为世俗所贵重，但它一经琢磨，失去自然，必然是束缚与羁绊。

但是“红尘俗界之玉，既然本源于神界之石，是由一块真石蜕变而成的假玉，因而假玉在红尘中的生涯又必然是短暂的，最终还是要还原为石之本真，复归于神界本源，从哪里来，必然要回到哪里去”（梅新林《“石”“玉”精神的内在冲突》）。所以一僧一道应允携石头下凡时，曾有预言“待劫终之日，复还本质，以了此案”。经过十九个春秋的悲欢离合、生死磨难后，最终石又被携回原处，形质归一，应了当年的预言。石与玉把《红楼梦》的世界划分成神界与俗界两个层面，神界是理想世界，俗界是现实世界。《红楼梦》是一个由神界到俗界再回归于神界的故事。形式上是由石到玉、再由玉还原于石的循环历程，也是从象征到故事、再从故事到象征的过程，这个过程可以概括为：

世界	形式	表现
神界 ↓ 俗界 ↓ 神界	弃石 ↓ 宝玉 ↓ 顽石	象征 ↓ 故事 ↓ 象征

在情感世界里，石与玉代表着神缘与俗缘两种爱情世界，

神缘的爱情是以石为象征的“木石姻缘”，而以玉为象征的“金玉姻缘”则是世俗的婚姻。

以木石和金玉作为理想与世俗两种姻缘的象征，作者是颇费匠心的。木是道家经常选用的自然本质符号，庄子经常描绘那些“树之于无何有之乡，广莫之野”而“不夭斤斧，物无害者”的大树，它是自然之道的象征。选择天然任性的木与冷峻寂寞的石相配，构成一段神缘的象征，本身意味着这种情感是天然的富有神性的。而金玉姻缘则另有寓意，金与玉一样，它们都依靠世俗社会的承认，适应人们的富贵荣华的欲求，而有了非同寻常的意义。金与玉本身就是世俗的选择，金与玉在传统文化里是最具人为意义的符号，这样玉只能与金相配，构成《红楼梦》的世俗姻缘。

贾宝玉林黛玉的爱情是建立在反世俗反礼教重感情重本源的神性基础上的。他们依靠的不是父母之命媒妁之言的后天培养，而是似曾相识一见钟情的先天吸引。黛玉的任性与心直口快都是她石性性格的体现，她一出场作者就借宝玉之口点出她的名字出处：“西方有石名黛，可代画眉之墨”，虽名为玉，本质是石性，黛玉不过是代玉，是假借。而另一桩金玉良缘，却是人为是造作是世俗。一方面这桩婚姻依靠的是以贾母、王夫人等为代表的世俗社会的承认，贾母等人为着传宗接代富贵荣华的梦想，刻意地精心地撮合这段姻缘，而不是自然生命的相互吸引。另一方面薛宝钗为着实现这桩姻缘也不遗余力，按照一种礼教规范去雕镂自己的天性，在世俗欲望的驱使下，把自己规范成一个举止言谈望之如春温其如玉的大家淑女形象。因此，自然的源于神界的“木石姻缘”与人为的源于俗界的“金玉良缘”构成了《红楼梦》情感世界的根本冲突——“都道是金玉良缘，俺只念木石前盟，空对着，山中高士晶莹雪，终不忘，世外仙姝寂寞林。叹人间，美中不足今方信，纵然是齐眉举案，到底意难平。”

三、《红楼梦》石与玉的两种人格冲突

在人的世界里，石性与玉性代表着不同的人格精神。石与玉把《红楼梦》里的人物划分为两大阵营，石头是体现着超越世俗返回本真的人格美学，而玉则反映着执迷现实追功逐利的人生理想。主人公贾宝玉是石，甄宝玉才是玉，这一点后面还会谈到。林黛玉是石性的，薛宝钗是玉性的，晴雯是石性的，袭人是玉性的。在结构性人物里甄士隐是石性的，贾雨村是玉性的。石性与玉性体现着《红楼梦》里的人格冲突。

以贾政为代表的封建贵族阶级，费尽心机地要把贾宝玉雕刻成适应他们需要的通灵宝玉，玉代表着他们对功名利禄的追求，代表着传宗接代香火延泽的梦想。因此他们规劝贾宝玉的是经济仕途，逼迫贾宝玉去学孔孟之道，读

四书五经，考取功名。而贾宝玉却总是以自己的石性对抗着社会对他的改造异化，对贾府上上下下视为命根子的通灵宝玉，他表现得漫不经心，甚至捧玉、砸玉、骂玉，他既不想接受经济仕途的人生梦想，更不接受世俗世界为他安排的“金玉良缘”，而追求本真自然的“木石前盟”。

林黛玉的基本性格也是石性的。林黛玉与贾宝玉性格的相通是石性的相遇，林黛玉不屑于人情世故，一任天性，她更不与宝玉去谈功名事业之类的混账话。黛玉对那块“通灵宝玉”表现得格外冷淡，贾宝玉几次摔玉、砸玉、失玉，大家乱成一团，而独黛玉冷漠置之，比起玉来黛玉更注重宝玉的人本身。而薛宝钗则不同，她的命运始终与玉联系着，她对于玉是欣赏的赞美的艳羡的，所以作者有意描写了她赏玉的情形，把那“大如雀卵，灿若明霞，莹润如酥，五色花纹缠护”的宝玉，托于掌上，品评鉴赏，这是一个极富象征的细节，它不仅意味着薛宝钗端庄淑雅、温润圆熟的玉性品德博得贾府上下的喜悦，也预示着薛宝钗的命运与玉所代表的世界相始终。

《红楼梦》的那块欲望象征的“通灵宝玉”，映照出贾府里众多人物的心灵世界，展现着不同的精神追求。贾母、王夫人、袭人、王熙凤等人把“通灵宝玉”视为至命之宝，他们用性命护卫着象征世俗欲求的玉。第三回宝玉摔玉时，吓得众人一拥争着拾去，贾母更是露骨地说：“你生气，要打骂人容易，何苦摔那命根子！”在世俗界里“欲”（玉）

即是命根子，这一点是富有启发意义的。而宝玉失玉一回中，整个贾府都慌乱起来，袭人甚至哭道：“要是上头知道了，我们这些人就要粉身碎骨了！”欲（玉）是世俗的基础，是社会秩序的代表，因此每一次玉的变故，都在贾府中引起巨大的变动。而看破幻相的作者，是以冷峻的眼光去看贾府里护玉的人们，作者的目光无疑是奚落的冷峻的嘲讽的，因为作者看到的是石头。贾宝玉在癞头和尚还玉后的一段话颇有意味：“你们这些人，原来重玉不重人哪。你们既放了我，我便跟着他走了，看你们就守着那块玉怎么样？”

就《红楼梦》而言，“重玉不重人”是点题的话。玉是秩序、是符号、是社会、是世俗，而石才是人才、是本真、是自然、是神圣。重玉不重人，是对人类整个存在的颠倒，作者是借助玉与石来控诉文明对人类的异化，是向整个社会的大声抗议。一块玉把《红楼梦》划分成了两个世界，也划分出人类自然生命与社会生命的两个层次。贾宝玉看破了玉、识破了玉，自然也就识破了人、识破了社会、识破了人生，这正是《红楼梦》的创作主旨所在。

《红楼梦》是一部悲剧小说，贾宝玉是其中的主要悲剧人物之一，而贾宝玉的真正悲剧是他具有石与玉双重角色。贾宝玉是源于神界的石头，他的原型是女娲炼石补天遗留下的弃石，但俗界里他却是灿若明霞、莹润如酥的通灵宝玉。贾宝玉的自然角色是石、是出世、是顽劣，而他的社会角色是玉、是入世、是机巧，人们往往只注意到他玉的角色，看不到他的本质，因此贾府上上下下的人都对他寄予玉的呵护与希望。不仅贾政、贾母、王夫人等长辈想把他雕刻成一块晶莹澄澈惹人喜爱的宝玉，希望他做一位入世的有所为的贵族阶级的继承人，即使薛宝钗、史湘云等人也屡屡提醒他要在仕进科举上有所作为。贾宝玉不是玉，而在世人眼中他却是玉，人们按照玉的标准衡量他、要求他、雕琢他，这是贾宝玉性格的根本冲突，贾宝玉的真正悲剧是一块自然本质的石头坠入尘世成为他无力承担的通灵宝玉。

四、说破幻相：真假宝玉之间

为了说破贾宝玉的幻相，《红楼梦》设计了另一个人物甄宝玉。王希廉说："《红楼梦》一书全部最要关键，是真假二字。"（《红楼梦总评》）而人们往往只注意了甄士隐之"真"，贾雨村之"假"，而忽略了贾宝玉之"假"，甄宝玉之"真"。贾宝玉是假宝玉、真石头，甄宝玉则是真宝玉、假石头，因此甄宝玉才符合玉的精神、玉的品格，于是他第一次出场就是一番经济道德之类的言论：

> 后来见过那些大人先生，尽都是显亲扬名的人，便是著书立说，无非言忠言孝，自有一番立德立言的事业，方不枉生在圣明之时，也不致负了父亲师长养

育教诲之恩。

幼年的甄宝玉也曾有与贾宝玉一样的容貌、一样的禀赋，而在“大人先生”的教化之下，他向世俗世界妥协了，一块自然的石头被同化成贵族阶级宠爱的宝玉，这同贾宝玉最终不肯向世俗教化妥协形成了鲜明的对比，因此贾宝玉对甄宝玉的禄蠹旧套极为反感，对他寄身功名的理想“愈听愈不耐烦”，“冰炭不投”。他自称是“至浊至愚的顽石”，恰恰说明他最终未被同化，成为与统治阶级抗衡的顽石。

贾宝玉的本质是一块顽石，因此他的精神气质里一直渗透着向世俗挑战的顽石精神。脂评谓宝玉是“今古未有之一人”，这一形象之所以亘古未有，正因为他是一个具有顽石精神的人。尽管以往的文学也塑造了许许多多正义向上奋发有为的形象，但他们或殉家国，或取功名，并未跳出英雄模式的窠臼，他们最终免不了是一块玉，他们的冲突往往是正义与非正义、正统与非正统的冲突。而贾宝玉形象完全脱离了这种冲突模式。贾宝玉一任天性追求个性解放的自然品格，是以往文学形象中少有的，他始终以他的顽石品格向同化他的社会道德文明教化作斗争，贾宝玉并没有具体的敌人，与他冲突的不是某种政治力量、某个人物，而是整个人类被异化的命运。

毗陵驿宝玉与贾政的相逢也是富有象征意义的，这时的宝玉“光着头，赤着脚，身上披着一领大红猩猩毡的斗篷”，在一僧一道的挟持下，了却尘缘，飘然而去，唱着“渺渺茫茫兮，归彼大荒”的歌声，消逝在迷迷茫茫的远方。而在毗陵驿的雪夜中，贾政追赶着随僧道而去的宝玉，累得气喘吁吁，最后只见“白茫茫一片旷野，并无一人”。

贾政是贾府男性势力的最高代表。在他身上体现着深刻的玉的精神，一方面他是树立在贾宝玉等晚辈面前的入世的楷模，一方面他又处心积虑地想把宝玉雕刻成晶莹温润为世推重的“宝玉”，但他最终面对白茫茫大地一无所获，这象征着玉的失败、石的胜利。通过故事高唱自然人性战胜世俗的欲望，除曹雪芹外尚无第二人。

贾宝玉源于石，必归于石，因此贾宝玉的归宿不是出家成了和尚，而是重新回到大荒山下成为顽石，这就是甄士隐所说的“形质归一”，形是玉，质是石。许多人指出贾宝玉后来应当出家为僧，遁入空门，其实这只是皮毛之见。贾宝玉的基本性格是石，他的性格是沿着弃石、顽石、迷石、醒石的线索发展的，所以《红楼梦》在全书的结尾处又重新让石头出场，以照应全书：“方知石兄下凡一次，磨出光明，修成圆觉，也可谓无复遗憾了。”在历尽红尘凡劫之后，贾宝玉重新归结为一块冷峻寂寞的石头，比他出家当和尚更有精神的震撼力，更能揭示世俗的悲剧与生命的空幻。正是在这一点上，我宁可相信后四十回不是续书。

石头是无言的，但无言的石头比起喋喋不休的言辞是更本真的言说。陆游有诗云：“花如解语还多事，石不能言最可人。”(《闲居自述》)沉默的石头蕴含着世界最丰富最生动的秘密，“石不能言最可人”，实在是一句道破石头底蕴的话。

海德格尔认为石头沉默的言说是存在的言说，它是宁静的言说，也是召唤的言说。海德格尔在《诗中的语言》中说：“石头正在言说，痛苦本身有言词。沉默了很久以后，石头现在对追随陌生的灵魂的漫游者讲说它自己的力量与坚忍。”(转引自余虹《思与诗的对话——海德格尔诗学引论》)石头以沉静的方式言说着世界的秘密，石头以沉默的方式召唤人加入到世界的原始宁静中。因为石头是最本源的，它比人比时间都更古老，比原始更原始，它是世界的见证人，因此它隐含着一切关于人类和宇宙的秘密。

石头是哲学的，石头是艺术的，石头是人生的，选择了石头意象的艺术表现，也就选择了石头的哲学、石头的艺术、石头的人生，因为它代表着人类所有的哲学启示、艺术体验与人生领悟，这样石头就是语言的，《红楼梦》的石头就是这样一种语言。在这样的语言里，石头讲述着人类的故事，讲述着人类的命运，讲述着思想和艺术传统。

后 记

《一个被思想照亮的夜晚》是本书其中一篇的篇名。之所以用此作为书名，源于对明代哲学家王阳明“龙场悟道”的心理感动。王阳明是哲学家，但他的哲学领悟却完全是诗人式的，龙场之夜是一个充满浪漫主义神秘色彩的夜晚。在四围青山的环绕中，在漫漫无边的长夜里，在荒凉萧瑟的流放地，王阳明“中夜大悟”，竟一跃而起，大呼小叫，手舞足蹈，以诗人和艺术家的方式宣告了他对“圣人之道”的彻悟。这个夜晚王阳明从困苦的嗟叹中解脱，从心与物的阻隔中超越，一道思想的光芒划破夜空，照亮世界，而这个夜晚终将被中国哲学史长久记忆。

龙场悟道让我们坚信思想的力量。法国哲学家帕斯卡尔（Blaise Pascal，1623—1662）说：“人只不过是一根苇草，是自然界最脆弱的东西；但是，他却是一根能思想的苇草。”在自然界的林林总总的生命世界里，人是最脆弱的，让人挺立于天地之间的是思想，思想让人成为不可摧毁的生命坚韧的苇草。经历了囚禁、杖刑、追杀、流放的王阳明，正是凭借思想的力量，走出困境，实现精神的突围。

思想是精神之光，思想所到之处都是一种呈现，一种呼唤，一种照亮。中国古代哲学常常用“光”这个词比喻思想、比喻精神、比喻艺术，被称为“光的形而上学”。《庄子·庚桑楚》谓：“宇泰定者，发乎天光。发乎天光者，人见其人，物见其物。”宇泰即心灵，庄子相信宁静安定的心灵会发出“天光”，而这种心灵的天光，辉映万物，让世界敞开，让世界出场。“一切智明为世界灯”（《华严经》），“心灯”一词以灯喻心，是佛家对精神显现的描绘，一切思想和智慧都是对世界的照亮。

动物只能限制在生物性的混沌范围内，只有人凭借思想的能力可以站出自身，摆脱纯生物性的黑暗和蒙昧，在开放的世界中，在存在之光的照耀下，走向澄明之境。一切伟大的思想家都是文明的擎火者、照亮者。

思想并不是哲学。海德格尔一直追问是谁把思想弄成了哲学，进而又把哲学弄成了形而上学。思想没有哲学那般体系化、逻辑化，却也因此更自由、灵活，充满诗性，呈现出思与诗融合的特征。意大利学者维柯在《新科学》中指出，人类早期文化是充满诗性的，诗性的天文、诗性的地理、诗性的物理、诗性的历史、诗性的哲学、诗性的逻辑等等，总之一切都是诗性的。诗不是一种轻飘浪漫的状态，而是一种切近本真的人生。长期以来我们习惯了用学术的理性化、逻辑化、体系化的表达，而回到原初、回到本体，解释思想最恰切的语言只能是诗性的、象征的。

思想是路，是力量；思想是光，是照亮；思想是诗，是澄明。基于这样的理解，我将自己的学术短文、随笔，分为“思想是路”“人迹板桥霜”和“文化是以诗开篇的”三类，编辑成集。这里有我人生道路上的一点思考，有对古今一些历史人物和学者的分析追忆，也有一些以随笔形式写成的学术论文。虽然当初没有一个明确的写作思路，但是辑成一集，还是有一定的思想和笔法上的一贯性、联系性，正像一行行深浅不一的足迹，连起来便是一条道路。回望自己学术道路上歪歪斜斜的脚印，既有一种幼稚凌乱的愧怍，也有一种激励自己奋然前行的力量。

张烨、赵新宇二位同学帮助我将全书校订一遍，纠正了许多错误。与责任编辑白彬彬先生函札往来，却从未谋面，但是我仍然能感受到他的勤勉认真。谨此致谢。

二〇二一年六月于哈尔滨在宽堂